普通高等教育农业部“十二五”规划教材

普通高等教育农业农村部“十三五”规划教材

“大国三农”系列规划教材

普通高等教育“十四五”规划教材

中国农业经济史纲要

第 3 版

李　军　冯开文◎主编

中国农业大学出版社
China Agricultural University Press
·北京·

内容简介

本教材根据中国农业经济史发展的一般规律和重要问题，以专题的形式编写，分为古代篇、近代篇、现代篇以及量化历史研究方法与案例篇。本教材既涉及农耕文明变迁、经济制度变革等传统内容，又涉及农食系统转型、农业交流与合作等现实内容，同时增设了对量化历史研究方法的介绍。本教材的每一章还设置了思考题，旨在帮助学习者既能更快地了解章节内容，也可进行深入的思考。本教材可用于农业院校及其他高校学生完善农业知识，增加农业历史素养。

图书在版编目(CIP)数据

中国农业经济史纲要/李军，冯开文主编. --3版. --北京：中国农业大学出版社，2023.5(2024.8重印)

ISBN 978-7-5655-2983-2

Ⅰ.①中… Ⅱ.①李…②冯… Ⅲ.①农业经济史—中国 Ⅳ.①F329

中国国家版本馆CIP数据核字(2023)第083229号

书　　名　中国农业经济史纲要　第3版
Zhongguo Nongye Jingjishi Gangyao

作　　者　李　军　冯开文　主编

策划编辑	张秀环	**责任编辑**	石　华
封面设计	李尘工作室		
出版发行	中国农业大学出版社		
社　　址	北京市海淀区圆明园西路2号	**邮政编码**	100193
电　　话	发行部 010-62733489,1190		读者服务部 010-62732336
	编辑部 010-62732617,2618		出　版　部 010-62733440
网　　址	http://www.caupress.cn	**E-mail**	cbsszs@cau.edu.cn
经　　销	新华书店		
印　　刷	北京溢漾印刷有限公司		
版　　次	2023年10月第3版　2024年8月第2次印刷		
规　　格	185 mm×260 mm　16开本　17.75印张　437千字		
定　　价	56.00元		

图书如有质量问题本社发行部负责调换

第3版编写人员

主　编　李　军(中国农业大学)
冯开文(中国农业大学)

副主编　卢　勇(南京农业大学)
杨乙丹(西北农林科技大学)
赵艳萍(华南农业大学)
石　涛(山西大学)

参编人员(按姓氏笔画排序)
马　烈(中国社会科学院)
马国英(中国社会科学院)
尹金辉(中国农业大学)
何红中(南京审计大学)
张　敏(湖北大学)
张春晖(中国农业大学)
张晏齐(中国农业大学)
陈俞全(中国农业大学)
赵　勇(北京城市学院)
赵启然(中国农业大学)
胡　鹏(西北大学)
段　伟(复旦大学)
陶　冶(农业农村部农村经济研究中心)
韩丽敏(烟台大学)

第2版编写人员

主　编　冯开文　李　军

编　者　(按姓氏笔画排序)

马国英(中国农业大学)
冯开文(中国农业大学)
孙　芳(河北北方大学)
石　涛(山西大学)
李　军(中国农业大学)
李　琪(中国农业银行)
张　敏(湖北大学)
张春晖(中国农业大学)
张雪莲(河南工业大学)
郭建强(北京市农业科学院)
赵　勇(北京城市学院)
赵保住(北京市门头沟区政府)
赵晓光(河南省新乡市工商联合会)
黄进华(哈尔滨工业大学)
黄英伟(中国社会科学院)

第1版编写人员

主　编　冯开文　李　军

编　者　（按姓氏笔画排序）

马国英（山西大学）

冯开文（中国农业大学）

孙　芳（中国农业大学）

石　涛（山西大学）

李　军（中国农业大学）

李　琪（中国农业大学）

张　敏（湖北大学）

张春晖（中国农业大学）

张雪莲（中国农业大学）

郭建强（中国农业大学）

赵　勇（中国农业大学）

赵保住（中国农业大学）

赵晓光（中国农业大学）

黄进华（哈尔滨工业大学）

黄英伟（中国农业大学）

第 3 版前言

呈现在读者面前的是《中国农业经济史纲要》的第 3 版。2008 年，我们组织编写并出版了《中国农业经济史纲要》第 1 版，2015 年《中国农业经济史纲要》第 2 版出版。本教材先后入选普通高等教育农业部“十二五”规划教材、普通高等教育农业农村部“十三五”规划教材，并在 2021 年入选中国农业大学“大国三农”系列规划教材以及中国农业大学出版社的普通高等教育“十四五”规划教材。

“务农重本，国之大纲。”党的二十大报告做出了“加快建设农业强国”的重大决策部署，这一论述明确了新时代新征程农业现代化的主攻方向，充分说明了党中央始终坚持把解决好“三农”问题作为全党工作重中之重。农业哺育了中华文明，也形成了中华民族对农业的深深眷恋和高度重视。知名的经济史学家安格斯·麦迪森指出，1890 年农业仍占中国国内生产总值的 68%以上，农业部门使用了全部劳动力的 4/5。80%左右的耕地用来种植粮食，仅粮食生产一项就占了经济总产值的 60%。因此，传统农业不仅支撑了中国的人口增长，也使得人均生活水平直到 19 世纪中叶以前都维持在稳定的水平，并接近世界平均水平。即使进入现代社会，面对世界百年未有之大变局，稳住农业基本盘、守好“三农”基础是应变局、开新局的“压舱石”。历史和现实都告诉我们：农业不仅是全面建设社会主义现代化国家的重中之重，也是关乎民族复兴、国家安定的重要命题。

历史研究是一切社会科学的基础，只有从历史出发审视现实，才能将现实看得更加通透。同理，要想更好地理解当今中国农业经济的深层逻辑，就必须了解农业经济的历史。正因为如此，习近平总书记才会强调：“我们要坚持用大历史观来看待农业、农村、农民问题，只有深刻理解了‘三农’问题，才能更好理解我们这个党、这个国家、这个民族。”《中国农业经济史纲要》第 3 版正是基于这一目的而编写的。

建设农业强国是一项长期而艰巨的历史任务。随着全面建设社会主义现代化国家的开启，需要培育大批“懂农业、爱农村、爱农民”的新型人才。高等农业院校作为培养农业人才的高等机构承担着发扬与传承农业文化的天然历史使命。相对而言，中国的农业史教学主要集中于农业科技史，各个高校对农业经济史的教学与研究尚显得薄弱。如同经济学和经济史之间存在明显的互补和协同共进机制一样，农业经济学、农业经济管理与农业经济史之间存在不可或缺的共存共进关系。农业经济的研究需要对国际、国内的一些历史农业问题做分析，以历史视角从全球农业发展的角度总结一些规律，提炼仍在采用的各种制度。这样的研究不仅有利于实现学科创新，丰富农业经济学的科学内涵，更能指导我国未来的农业政策。以此思想培养，学生不仅可以了解问题的来龙去脉，分析农业经济问题的本质，而且学生具备了从全球的视野去分析问题的能力，具有更高的国际化视野。正如美国农业经济学鼻祖泰勒(H. C. Taylor)所言，历史研究有助于农业经济学家发现那些对任何时期农业发展都可能会产生影响的“潜在力量”，且每一个农业经济学家都应该是一个农业历史研究者。中国丰富的农业传统蕴藏着无限的可供探寻的规律与经验，当今的农业建设不能脱离对历史的回顾与思考，农业经济学理论需要来自经济史料的事实验证，建之于"空中楼阁"的研究极易给人以研究空洞无物之感。为给当前农业经济学研究提供史学素养，农业经济史的教学与研究迫切需要加强。正是怀着这种对农业经济史的钟爱和重视，我们才着手编写《中国农业经济史纲要》第 3 版，并将其作为一件重要的事业。

与前两版相比，本教材的第 3 版做了较大幅度的修改与调整。在本教材的第 3 版中，我们借鉴了很多学者的观点，除保留传统问题，还增加了一些新的专题。例如，对农食系统和量化历史的讲解，以期能够对近几年学术界的新热点、新方法和新观点进行提炼，并满足教材使用者的需求。第 3 版教材的另外一个改变是我们不仅邀请了西北农林科技大学、南京农业大学、华南农业大学以及山西大学农业史研究领域的翘楚作为合作主编，也邀请了中国社会科学院、复旦大学、西北大学、山西大学、湖北大学等高校和科研机构的专家参与编撰。各位专家学者在编写过程中各自负责自己所擅长的专题，展现了兢兢业业的学术态度、渊博深厚的学术造诣和一丝不苟的学术风范。本教材最终得以顺利完稿是全体编写者的共同心血。在此，请允许我们对各位编写者的辛苦付出表示由衷的感谢和敬意！同时感谢中国农业大学经济管理学院、本科生院、中国农业大学出版社对本教材的支持与帮助！

需要指出的是，本教材之所谓纲要是源于编写内容难免有所疏漏，同时受认知水平等因素的影响，本教材也有不少可以改进之处。在本教材的使用中，希望我们能不断修正谬误，增进见识，以求奉上日臻完善的研究成果供大家使用。

本书编写者的具体分工：专题一　李军（中国农业大学）、段伟（复旦大学）；专题二　石涛（山西大学）；专题三　何红中（南京审计大学）、张晏齐（中国农业大学）；专题四　卢勇（南京农业大学）；专题五　杨乙丹（西北农林科技大学）、李军（中国农业大学）；专题六　赵艳萍（华南农业大学）；专题七　马烈（中国社会科学院）；专题八　张敏（湖北大学）；专题九　韩丽敏（烟台大学）；专题十　马国英（中国社会科学院）；专题十一　冯开文（中国农业大学）、赵勇（北京城市学院）；专题十二　尹金辉（中国农业大学）；专题十三　陈俞全（中国农业大学）；专题十四　冯开文（中国农业大学）、陶冶（农业农村部农村经济研究中心）；专题十五　张春晖（中国农业大学）；专题十六　赵启然（中国农业大学）；专题十七　胡鹏（西北大学）。

编　者

2022 年 8 月

第 2 版前言

一部经济史的教材得以再版，对于我这样的爱好者来说，实在是可喜可贺；再版的又是一部偏冷的农业经济史著作，更加觉得难能可贵；居然还能作为农业部的“十二五”规划教材而再版，便不能不让人有些喜不自胜了。不为别的，为我们赶上了可以安心修史的盛世；为自己的爱好能稍登大雅之堂，就教方家；为可能引发的、出乎预料的嘉许或批评……但绝不是为了一丝一毫的自得，更不容许自己有一星半点的骄矜。因为深知在农业经济史这个领域中，我们只是一个后来者，且缺席很久；也深知现在拿出来的这个本子，经不起方家的重锤。为了教学，只好勉为其难地仓促出品。这是再版时必须说的话。

关于本次再版，我们主要做了以下工作。

一、瘦身

瘦身工作的主要表现就是全书由原来的 26 个专题减少到 24 个。

理由之一，可以说出版社的意见和我们不谋而合。编辑书籍和写文章一样，总有一些自恋情结，对于已经写完的东西，总是难以下手删除。但到了再版的时候。理性多于感性的时候也就多些，以前不舍得，现在不能再不舍得。更重要的是，这些年来的教学经验表明，本书专题史的风格选得很准，起码很适合我们的研究团队和研究状态。正因为坚持专题史风格，就更不应该在本书内容设置上求全责备、面面俱到，而是应该在形成基本体系的基础上有所取舍。这是再版瘦身的主要理由之一。

理由之二，本书分为古代、近现代和当代三个部分。三者虽不能做到整齐划一，但起码要进行适当的互相照顾，内容不能出入太大，偏向太重。照顾到各部分的整合关系，无关宏旨的若干专题被删除了。

理由之三，在各部分内部要尽可能地演绎出一定的逻辑关系，尤其是制度和经济发展之间的关系。例如，古代部分，地理环境、制度环境属于第一板块；农作物的种植、农业经济的发展、农产品贸易、灾荒与救济属于第二板块；农业经济思想属于第三板块。近现代部分分为三个板块：第一板块包括两次工业化、农业政策、土地制度、农业赋税；第二个板块主要是传统农业经济的变化、新民主主义农业经济的发展；第三个板块还是农业经济思想；第三个部分有意避开了文献众多的发展状况，只设制度和思想两个板块。本书整体上强调经济制度是经济发展的关键影响因素，并对此进行分析，仅仅从专题的安排上看，可以说是不遗余力的。

为了体现这些逻辑，本书还对初版各专题的位置进行了调整。从医学意义上讲，调整也是瘦身所不可缺少的。此外，本书还在各专题内部对一些过时的、不必要的信息做了适当的删减。

二、添加

除了新的绪论，添加的内容就是近现代中国的两次工业化。后者就是把它看作近现代农业经济发展的背景，因此也就非加不可。其主要原因是中国的这两次工业化没有得到足够的认识，更不应该被遗忘；工业化应该被看作经济发展的主要使命和主要业绩，或者说就是经济的发展；与外国资本主义相比，它对农业经济的影响孰轻孰重，不言自明；站在民族复兴的今天来看，前人的艰难尝试意义非凡。

三、规范

对注释的方式进行了适当的规范。虽然基本上贯彻了使用脚注的基调，但通过个例，演示了夹注规范的使用方法。当然，本书还不忘强调一个作品中最好只有一种注释方式的原则。在本书的再版中，还是留下了遗憾。这主要是对农业科学技术进步重视不够，包括分量很重的古农书。

古代篇　成就辉煌

专题一　地理环境与农业，李军、石涛；专题二　土地制度与演变，石涛、马国英；专题三　农业税、地租与农民负担，张敏；专题四　古代农作物的种植，李军；专题五　农业经济的发展，张敏；专题六　古代农产品贸易，张敏；专题七　古代的灾荒与救济，李军；专题八　古代农业经济思想，石涛、李军。

近现代篇　蹒跚前行

专题九　近现代中国的两次工业化，冯开文；专题十　农业政策，黄进华；专题十一　近现代土地制度，石涛、马国英；专题十二　近现代农业赋税，张敏；专题十三　传统农业经济的变化，黄进华；专题十四　新民主主义农业经济的发展，黄进华；专题十五　近现代农业经济思想，李军。

当代篇　走向复兴

专题十六　农业政策的变化，郭建强；专题十七　农村土地制度的变革，赵勇；专题十八　农业税费与国家工业化，黄英伟；专题十九　乡村中小企业的发展，孙芳；专题二十　变革与成长中的农业合作社，冯开文、赵保住、赵晓光、李琪；专题二十一　农业一体化发展道路，冯开文；专题二十二　农业的封闭与开放，张春晖；专题二十三　农村社会保障制度，张春晖；专题二十四　农业经济思想相关问题研究，张雪莲。

本书由冯开文审定。中国农业大学出版社和经济管理学院的领导、老师们，对此书的帮助最大。中国农业大学出版社的老师们在此书初版、评审农业部规划教材以及最近再版的过程中都一直给予了难以忘怀的支持和帮助，没有他们，本书不可能以农业部“十二五”规划教材的身份面世。特别要感谢魏秀云、席清、姚慧敏等老师。感谢所有对此书有过贡献的人。

冯开文

2014 年春于中国农业大学

第1版前言

构想与实践的距离

一、初衷

编写一部中国农业经济史是内心由来已久的一种奢望，也是出于对历史问题的始终钟爱。贯穿中国通史，仅有岳琛《中国农业经济史》、杜修昌《中国农业经济发展史略》、曹贯一《中国农业经济史》等数部。但这些著作鲜有涉及当代农业经济的，也就很难提供通过历史关注现实、历史服务现实的研究视角、观点，甚至资料。其余多为农业经济史的断代史，有侯大乾、岳琛《中国近代农业经济史》，黄希源《中国近现代农业经济史》，桑润生《中国近代农业经济史》，沈元瀚《简明中国近代农业经济史》，郑庆平等《中国近代农业经济史概论》，詹玉荣《中国近代农业经济史》等。还有一些农业通史的著作也只有一部分属于农业经济史的内容，这些著作有唐启宇《中国农史稿》，阎万英、尹英华《中国农业发展史》，吴存浩《中国农业史》，李根蟠《中国农业史》等。显而易见，这些著作或多或少存在一些问题。

①出版时间久远。多数在20世纪90年代之前出版，不能反映和吸收当今学术研究的最新成果。

②体例单一。均是按照朝代顺序展开论述，不能揭示历史事件之间的联系性，不利于找出历史事件之间的规律性，更没有把历史事实和经济学、制度经济学、农业经济学等理论联系起来，不能很好地提高学生分析问题、解决问题的能力，因此不能满足研究生教学的实际需要。

③内容有所偏重和缺乏。一般集中在土地制度、农业生产、农业政策等方面，对于灾荒的救济、农业经济思想、农业推广、农产品贸易、农业国的工业化等方面的阐述有所缺失，不能为中国当前的农业经济发展提供很好的借鉴。

④时代不连贯。通史叙述的时代最晚截至1949年新中国成立，缺乏当代农业经济史内容。

这些现象的存在足以说明编写一部通史性的农业经济史的必要性和急迫性。这里，非常感谢经济管理学院农业经济史博士点的成功申报，特别是研究生院的研究生教材项目资助终于使这种冲动变成了一种现实的尝试。

二、构想

我们深深明白，要在短短的一年时间里，做到对几千年的农业经济历史都有所研究，无疑是一件老虎吃天的难事。删繁就简的结果导致了其写成一个专题式、纲要性的农业经济史，以求清晰地向研究生揭示中国农业经济发展变革过程中的主要成就、突出问题、重大事件、关键人物、重要思想和理论等，展示中国农业经济史的发展脉络；通过历史知识、理论和历史分析方法，丰富和完善学生的知识结构；为解决当前的“三农问题”提供借鉴和启示。本书力求展现以下特点。

①不求展示历史的细枝末节，只求清晰描绘历史的发展脉络。

②以专题的形式，展示经过筛选的历史事实。

③吸收经济学，尤其是制度经济学等最新的理论成果，以经济理论分析历史、贯穿历史，同时通过历史事实补充和加深学生对农业经济学以及经济学、管理学理论的理解和认识。

④注重历史事实的案例分析，强调历史分析方法的创新。

⑤不仅要揭示以前的农业经济变迁，而且要展示改革开放以来的农业经济变革，把历史和现实直接连接起来，以便更好地发挥历史事实对今天的借鉴作用。

三、重点

当然，要编成纲要性、专题式的农业经济史，重点突出是必不可少的。从时代来看，本书的重点在于古代，要充分展示古代中国农业经济的辉煌成就以及隐藏其后的因素等。与近现代相比，更注重当代。从各个具体时代来看，古代部分的重点是土地制度、赋税制度等封建经济的显著特征，包括农产品国际贸易、农业救灾等新兴的研究领域。近代部分则以资本主义农业的产生和发展、外国资本主义对中国的影响以及中国新兴的农业经济现象为重点；当代部分则以土地制度、组织制度的变革为主要线索加以串联。

四、遗憾

十分遗憾的是，展现在您面前的这个本子距离我们的构想还有非常明显的差距。比如，案例研究的特色还不是十分明显，研究深度还很不够等。其主要原因是时间紧导致主编对不同研究专长的作者的组织工作也不是很出色，任务本身又有非常强的挑战性，尤其是主编能力与研究生教材的要求间存在一定差距。还要说明的一点是，本书基本采用脚注的形式，当代部分的两个文献综述式的专题的参考文献过多，就采用了夹注的形式。

五、感谢

感谢所有的编写者，他们的严谨和认真以及精诚合作，将使我们终生铭记。当然，对于分工协作的成果，我们还是坚持各个专题文责自负。需要指出的是，我们根据内容对各个专题进行了整合，部分章节也融合了几位作者的心血，对由此减少的相关作者的撰写内容深表歉意。虽然章节经过了整合，但需要导致内容存在些许重复，敬请读者见谅。对于书中存在的谬失，我们将在以后的修改中予以完善。

各专题编者的具体分工：专题一　农业经济发展的阶段性变化　张敏；专题二　地理环境与中国农业　李军、石涛；专题三　土地制度与田制演变　石涛、马国英；专题四　农业税制与农民负担　张敏；专题五　古代农作物的种植　李军；专题六　古代农产品贸易　张敏；专题七　古代的灾荒与救济　李军；专题八　少数民族农业经济的发展　张敏；专题九　古代农业经济思想　石涛、李军；专题十　资本主义与近现代农业　黄进华；专题十一　政府的农业政策　黄进华；专题十二　近现代土地制度的发展　石涛、马国英；专题十三　近现代农业税赋　张敏；专题十四　农业与工业化　黄进华；专题十五　新民主主义农业经济的发展　黄进华；专题十六　近现代的灾乱与农业　石涛、马国英；专题十七　近现代农业经济思想　李军；专题十八　国家农业政策的变化　郭建强；专题十九　农村土地制度的变革　赵勇；专题二十　农业税费与国家工业化　黄英伟；专题二十一　乡村中小企业的发展　孙芳；专题二十二　变革与成长中的农业合作社　冯开文、赵保住、赵晓光、李琪；专题二十三　农业一体化发展道路　冯开文；专题二十四　农业的封闭与开放　张春晖；专题二十五　农村社会保障制度　张春晖；专题二十六　农业经济思想相关问题研究　张雪莲。

对中国农业大学经济管理学院的各位领导、研究生院有关领导以及主管科研的各位老师，我要特别给予真诚的感谢。中国农业大学出版社汪春林社长，席清、姚慧敏编辑的大力支持也是本书能够成功面世的重要助力。

冯开文

2008 年 8 月

目　　录

古代篇

近代篇

现代篇

量化历史研究方法与案例篇

古代篇

专题一　地理环境与中国农业

地理环境是影响农业发展的重要因素。在一定地理环境的作用下，中国农业诞生、发展，并形成了与西方农业迥然的特点。地理环境与农业的作用是相互的，地理环境在塑造农业的同时，人类的农业活动也在改变地理环境的样貌，过度的农业开垦造成了难以估量的生态危机。

一、关于地理环境

（一）地理环境的定义

由于地理环境的客体太庞大、外延太广泛、内涵太丰富，加之人类改造自然与社会的不断作用使其不停地发生变化以及各种因素的互相渗透，学界对地理环境的定义难以形成共识。比较传统的定义是1876年由法国地理学家列克留（E. Reclews）提出的“地理环境即自然环境，通常指存在于人类社会周围的自然界。”这个概念一直被沿用。中国20世纪80年代出版的《辞海》《地理学词典》等都是这样定义的。用现在的观点看列克留的定义能够发现明显的缺陷，即定义较为笼统、模糊和简单化，内涵与外延不够确切。[①] 它既没有将受人类影响的自然环境纳入地理环境的考察范围，也没有将地球表层以外的自然界剔除。这样的定义是简单地将地理环境理解为自然环境，容易低估其在人类社会发展中的作用。

一些地理学者在研究中认识到传统地理环境定义的不足，对其进行了一些适当的修正和补充。如《中国大百科全书·地理学》在对地理环境定义时特别指出，地理环境可以分为自然环境、经济环境和社会文化环境。[②]《人文地理学词典》则将地理环境等同于环境，认为其包括自然环境和人文环境两个方面。[③] 这些修正和补充又过度泛化理解了地理环境，将很多不属于的地理环境的客体强加于地理环境的定义，这样就容易高估地理环境在人类社会中的作用，陷入地理环境决定论的错误。

过高或者过低地估计地理环境的范围和价值都是不可取的。因此学者们在长期的思考中逐渐将地理环境定义为与人相关的自然环境的总和。例如，《马克思主义大辞典》将地理环境定义为：“同人类社会所处地理位置密切联系的自然条件的总和，与人口因素、物质资料生产方式一起构成社会物质生活条件。地理环境是由各种自然条件、自然要素相互联系构成的有机整体，包括地形、山脉、森林、河流、湖泊、海洋、土壤、矿藏、气候、动植物等。”[④]《地理环境综合

---

① 曹诗图：《地理环境概念辨析》，《地理学与国土研究》1999年第2期。

② 中国大百科全书总编辑委员会《地理学》编辑委员会：《中国大百科全书·地理学》，北京：中国大百科全书出版社，1990年，第64页。

③ 张文奎主编：《人文地理学词典》，西安：陕西人民出版社，1990年，第263页。

④ 徐光春主编：《马克思主义大辞典》，北京：崇文书局，2017年，第55页。

研究》将其定义为："环绕并影响人类社会、地球表层空间范围内的自然界以及在自然环境的基础上改造形成的人化自然及与自然环境有着内在联系、具有地域分布规律的部分人工环境。"①而宁可则认为，地理环境，或者社会发展的自然环境、自然条件、自然基础是社会物质生活和社会发展的经常的必要条件之一。它包括在历史上形成的、与人类社会生活相互起作用或可能相互起作用的自然条件，如地理位置、地形、气候、土壤、水文、矿藏、植物、动物，等等。地理环境是由上述诸方面及其交互作用形成的复杂系统。不仅如此，不能只从自然物质及其运动规律来看待地理环境，还应从人与自然的交互作用来看待。这样，地理环境不仅和各个地区、各个国家的人类活动构成了一个复杂的大系统，而且整个人类社会和整个地球已经形成了一个十分复杂的更大系统。② 在这个定义之下，地理环境与自然界被分割，它是整个自然界中只与人类社会发生关系的那一部分。随着人类社会的发展、人类活动范围的扩大，地理环境的概念也会随之扩大。它在这个概念上又与自然环境有着密不可分的关系：即使是人类劳动的产物，也具有一定的地理属性。

从对这些地理环境的定义进行分析可知，地理环境既不是一个单纯的地理与环境的简单相加，也不是所有泛化的人类社会行为的总和，而是其与人类社会所处的、与人类社会发生关系的各种自然条件的总和。在这种定义下，地理环境既不单单是人类历史活动的沉默背景和消极旁观者，也不是一切社会活动的决定者，而是人类历史创造活动的参与者，是这种活动的对象和材料。地理环境为社会的发展提供着有利或者不利的条件，而它本身也在与人类活动的交互中不断地被改变。

人类社会的活动都是在大地之上，不论畜牧业、农业，还是工业，都与地理环境密切相关。历史好比演剧，地理就是舞台；如果找不到舞台，哪里看得到戏剧！③ 如果不明白地理环境的变迁，我们就无法理解农业史。

（二）地理环境决定论及其批判

人类社会的政治、经济、文化等活动在一定程度上都受到自然环境的制约，越是在古代，受到的制约越大，这就为地理环境决定论提供了土壤。地理环境决定论的思想渊源由来已久。早在古希腊时期，当时的历史学家希罗多德就认为全部的历史都必须用地理观点来研究，希波克拉底强调地理环境对人的体质和性格的决定作用，修昔底德、色诺芬等强调气候、地区水平、垂直构造以及土质肥沃对生活方式产生的影响。亚里士多德提出地理环境既是人类生存的物质环境，又是制约社会存在的相关体系，他认为地理位置、气候、土壤等决定着民族和社会的发展。虽然欧洲北方寒冷地区的民族精力充足、富于热忱，有大无畏的精神，但是拙于技巧、缺少理解、缺乏政治生活，不善于统治其他民族。亚洲热带地区的民族则善于技巧、富于理解。相对应的是，其在精神和热忱上有所不足，欠缺勇敢的精神。而希腊人处在寒带和热带之间，兼具两者的优良品质。

亚里士多德等的观点在此后不断地被堆累和继承。直到18世纪，随着资本主义生产关系的空前扩大和发展，亚里士多德等的观点进而流行起来。法国启蒙思想家孟德斯鸠在《论法的精神》中将亚里士多德的观点扩展到不同气候的特殊性对各民族生理、心理、气质、民族性格、

① 唐兆民：《地理环境综合研究》，成都：电子科技大学出版社，2016年，第3页。

② 宁可：《地理环境在社会发展中的作用》，《历史研究》1986年第6期。

③ 谭其骧撰，顾颉刚修改：《发刊词》，《禹贡》第一卷第一期，1934年。

道德面貌、法律形式、宗教信仰和政治制度所起的决定性作用，认为气候王国才是一切王国中的第一位。19 世纪的德国地理学家拉采尔是地理环境决定论学说的集大成者。他所著的《人类地理学》认为地理环境既决定国家经济发展的水平，也决定该民族的政治制度的形制和文化发展程度，任何一个民族的命运都受到土地、天空和动植物界的制约。另一本《政治地理学》则运用达尔文生物学的观念研究人类社会，提出了地理环境决定政治生活的论点，认为国家的本质在于为了占有领土而和邻国在竞争中发展，国家犹如植物，为了生存就要不断扩张生存空间，取得领土。英国史学家巴克尔是另一位地理环境决定论的重要代表人物。由其所著的《英国文明史》将气候、粮食、土壤和地形看作决定人类生活和命运的四个主要因素，并认为这四种因素也是整个社会发展的基础。他的思想相继在日本和中国得到传播，20 世纪初就出现四种中文译本。拉采尔的学生森普尔将这一思潮传入美国，其著作《美国历史与地理环境》《地理环境之影响》将地理环境决定论的思想进一步传播。20 世纪 40 年代《地理环境之影响》被翻译成中文，①这部著作对中国学者产生了较大影响。

地理环境决定论在其认识上有着明显的错误和局限，自提出之日起就受到了各种各样的批判。例如，19 世纪初德国哲学家黑格尔在《历史哲学》中的观点就认为地理环境对社会发展具有巨大的意义，同时强调这种作用是通过人们的劳动方式实现的，主要在于人，地理环境对社会发生作用的形制取决于人们所使用的生产工具的水平。俄国思想家普列汉诺夫也深刻地批判了地理环境决定论存在的错误。其在承认地理环境对民族生理、心理特征有一定影响的同时，指出气候和土地对人的影响不是直接的，而是间接的，自然环境之所以能够成为人类历史进程中的重要因子，其主要原因是它对生产力发展的影响。

中国对于地理环境决定论的认识和批判在很长一段时间内都受到斯大林的影响。他在《论辩证唯物主义和历史唯物主义》中论述道，地理环境无疑是社会发展的经常和必要的条件之一，它当然影响着社会的发展——加速或者延缓社会发展进程。但是它的影响并不是决定性的影响，因为社会的变化和发展比地理环境的变化和发展更快，快得不可比拟。欧洲在 3 000 年内就已经更换过三种不同的社会制度：原始公社制度、奴隶占有制度、封建制度；在欧洲东部，即苏联甚至更换了四种社会制度。在同一时期，虽然欧洲的地理条件不是完全没有变化的，但是变化极小，连地理学也不会提到它。一些稍微重大的地理环境变化都需要几百万年，而人们的社会制度的变化，甚至是极其重大的变化只需要几百年或者一两千年。由此应该得出结论：地理环境不可能成为社会发展的主要原因、决定原因，在几万年间几乎保持不变的现象决不能成为在几百年间就发生根本变化的主要原因。② 斯大林的观点指出地理环境既不能决定社会的性质和面貌，又不能决定社会制度及社会形态的更替。他认为地理环境只是社会及生产发展的外部条件，而不是内在因素，所以它只能加速或延缓社会的进步和生产力的发展，却不是社会和生产力发展的决定力量。正如鲁西奇批判的那样，“社会发展的经常和必要的条件是什么意思？地理环境怎样对人类社会起作用？加速或者延缓社会发展进程，与决定社会发展进程，到底有什么不同？”斯大林的论点在否认了地理环境决定论的同时，也陷入了“地理环境不变论”的泥淖。③ 从实践上来看，这种全盘否定和批判地理环境决定论的态度使

① [美]森普尔：《地理环境之影响》，陈建民译，上海：上海商务印书馆，1943 年。

② 中共中央马恩列斯著作编译局：《论辩证唯物主义和历史唯物主义》//《斯大林选集》下，北京：人民出版社，1979 年，第 440 页。

③ 鲁西奇：《人地关系理论与历史地理研究》，《史学理论研究》2001 年第 2 期。

得人们在长时间内不能正确地认识和处理人与自然、社会与地理环境的关系，从而走上了另一条错误的道路。

20 世纪 80 年代以后，随着解放思想、实事求是理论的推广，中国学术界重新认识和批判了地理环境决定论和斯大林论断，重新认识和评价了普列汉诺夫的地理环境理论。普列汉诺夫的地理环境理论继承和发扬了黑格尔的地理环境观点：一方面肯定了地理环境的社会作用；另一方面指出了孟德斯鸠等地理环境决定论的缺陷。他认为孟德斯鸠等的局限之一就是只强调了地理环境对社会发展的决定作用，却不了解地理环境到底是通过何种途径来决定社会发展的。普列汉诺夫认为地理环境先对社会生产力发生作用，决定生产力的发展，再以生产力为中介决定整个社会的性质和发展，同时他指出，人和人类社会有着自身的特点和发展规律，他们并不像动植物那样消极地接受地理环境的影响和决定，而是对地理环境有着巨大的反作用，从而形成人与地理环境之间的相互作用。这种相互作用也不是一成不变的，而是一种可变的量。在社会发展中，地理环境作用的形成和大小取决于当时的生产力和科学技术水平。具体来说，当人们还不了解自然力的时候，他们就只能盲目地受它支配，而一旦人们了解它，那时候自然力就要被人们控制了。① 普列汉诺夫的理论正确揭示了地理环境在社会作用中的基本方式和途径，是一种全面、系统、深入的马克思主义地理环境学说。

二、中国古代农业的起源与发展

农业是人类历史上一次伟大的变革，农业的发生标志着人类开始进行发展经济，通过自己的劳动获得增值产品。中国是农业发生和发展最早的地区之一。中国的原始农业大约产生在 1 万年前，即进入新石器时代初期便在黄河流域、长江流域分别以麦作和稻作的方式成长起来。从这时开始，农业就成为中华民族最重要的经济活动，成为先民最重要的生产和生活方式，维系并推动着中国传统社会的发展。中国传统社会的农业化过程大致可以分为三个阶段。

第一个阶段：春秋战国至秦汉时期，北方旱作农业在黄河流域的形成和确立。黄河流域丰厚的土地资源为这个时期的农业开发和利用提供了得天独厚的条件。在这次农业化的过程中，中国传统农业的基本面貌确立，传统的农业技术、耕作方式、种植品种初步确立，中国传统农业的制度和体系初步形成。

第二个阶段：农业化过程是以稻作为主的传统农业向长江流域的扩张。虽然早期长江流域拥有优良的自然条件，但是受限于人口等因素未能得到充分的开发和利用。从魏晋南北朝开始，大量的北方人口开始向南方迁徙，长江流域得到了持续不断的开发，长江流域的稻作农业得到了前所未有的发展。唐代中期，中国的经济重心已经不可逆转地向长江流域转移，并最终在宋代完成了经济重心的南移。稻作农业为中国传统农业提供了更丰富和更广阔的经济内容和发展活力，极大地丰富了传统农业的种植内容和技术，促进了中国传统社会的又一次繁荣和发展。

第三个阶段：农业化过程是以明清时期外来农作物的引进、商业性农业发展和种植业专业化区域为特征的传统农业的深化。中国传统农业在明清时期出现了一次较大的突破。这种突破表现在：第一，一些外来高产作物的引进极大地改变了中国传统农业的种植结构，如玉米、马

① 普列汉诺夫：《谈谈历史》//《普列汉诺夫哲学著作选集》第 2 卷，北京：生活·读书·新知三联书店，1961 年，第 254 页。

铃薯和花生等。第二，商业性农业的发展促进了农业经济作物种植范围的逐渐扩大，农业生产标准化程度不断被提高。农业经济作物不仅是养家糊口的粮食，而且成为一种市场交换的商品作物。第三，种植业专业化区域的出现，如山东的东昌府，江苏的松江府、太仓州是当时最主要的产棉区，江浙的湖州、苏州、江宁等地区是最重要的桑蚕养殖区，山东、江西、湖南等地区的烟草种植也极为普遍。①

(一)中国古代农业的起源

一般认为距今 1 万年至 4 000 年的新石器时期是中国农业的起源和原始农业时期。在古史记载中，最初是"神农乃始教民播种五谷"。② "神农"是古代传说中的一位人物，被尊为农业的始祖。据郝懿行《尔雅义疏》所解："神者，引之治也"。③ "神农"二字也可解释为"治田"，即对农业的治理。事实上，原始农业的生产活动主要由妇女经营，其发明权首先应归功于妇女。从世界范围看，中国是农业发达最早的国家之一。夏代，农业已是主要的生产部门。夏商时期，石器工具主要用于农业活动。其种植方式既简单又粗放，主要是刀耕火种，采取"撂荒"的方式进行生产，即先放火烧荒，种上一二年后撂下，再另选新地，以同样的方式经营，这是原始农业的初期阶段，可称之为刀耕农业。西周开始普遍采用耦耕，即使用耜来耕作生产。"耦"是两人配对合作，"耦耕"即是以两人合力耕田作为基本劳动力的生产单位，也可称作耜耕农业。春秋战国时期，铁木农具出现了，铁器在农业生产上被广泛使用，并与牛耕结合，这意味着中国古代农业开始了。

中国农业之所以能较早发生并较快发展起来主要得益于中国优越的地理条件和优良的自然环境。中国地处东亚大陆，大部分土地分布在温带、暖温带和亚热带，最适宜人类的居住、生存和发展。在土壤方面，早期原始农业主要集中在中国的黄河流域和长江流域，这两个流域的土地受河流冲刷，土壤条件肥沃。黄河中下游流域的黄土地带质地疏松、土性肥沃、气候温暖湿润、植物繁茂、动物众多、水源充足，又地处平原和台地，这些便利条件为农业活动提供了广阔的耕地空间。在新石器时代早期的南庄头遗址、案板遗址到裴李岗文化、磁山文化、仰韶文化、龙山文化遗址都发现了丰富的农业遗存；长江流域的土壤也十分肥沃，水利资源丰富，气候湿热，极有利于农作物的生长。据现有的考古发现证明，5 000 多年前，今浙江良渚地区先民的稻作农业生产相当成熟，已有明确的道路系统和灌溉系统。在气候方面，根据满志敏等的研究可知，新石器时代，尤其是仰韶文化时期(距今 7 000—5 000 年)正处在全新世界的大暖期，此时的气候条件转向温暖和湿润，为原始农业提供了良好的发展条件。从黄河流域的前仰韶文化到仰韶文化是一个飞跃的发展阶段，达到了新石器时代的顶峰，而这个过程又与中国气候环境进入大暖期并发展到鼎盛时期一致，显然气候条件为先民提供了一个很好的发展舞台。④在地理环境方面，根据中国所处的地理位置和复杂地形，其主要分为西部和东部：西部为内陆气候，属干旱和半干旱地区；东部为季风气候，属湿润和半湿润地区，多为平原、丘陵地貌，地势较为平缓，耕作灌溉非常便利，为农作物耕种提供了优越的条件。

① 贺耀敏：《中国古代农业文明》，南京：江苏人民出版社，2018 年，第 1-4 页。

② 〔西汉〕刘安：《淮南子》卷十九《修务训》，上海：上海古籍出版社，1989 年，第 208 页。

③ 〔清〕郝懿行：《尔雅义疏》卷上又一《释诂下》//《宋元明清十三经注疏汇要》第十二册，北京：中共中央党校出版社，1996 年，第 435 页。

④ 满志敏：《中国历史时期气候变化研究》，济南：山东教育出版社，2009 年，第 116 页。

中国发达的农业经济和农业文明就是在这样优渥的地理条件和自然环境中成长起来的。从7 000多年前起，黄河中下游流域、长江中下游流域的原始农业就已经开始向不同的类型发展：黄河中下游成为中国最早的旱地农业发祥地，而长江下游则成为中国最早稻作农业的生产地区。

(二)中国古代农业的发展

春秋战国时期，中国实现了由奴隶社会向封建社会的演变，农业也在这个过程中逐渐发展，实现了从粗放型农业向精耕细作农业的转变，中国的主要农业区实现了由西向东、由北向南的拓展。其大致可以分为以下几个时期。

1. 东汉以前

春秋战国时期，铁犁、牛耕的出现以及小型水利灌溉工程的兴建使黄河中下游地区的农业得到了进一步的发展。西汉中期，黄河中下游地区从农主牧副兼营林渔的经济格局转变为单一的农耕经济格局。山东半岛地区、晋北地区都被开辟为新的农业生产区。秦在成都平原修建都江堰，使其成为天府之国；在关中兴建的郑国渠进一步促进了关中地区的农业发展。在南方，楚兴建了中国历史上最早的大型灌溉工程——芍陂，吴王夫差在太湖地区开发孟渎。这些水利工程都极大地扩充了新兴农业区的范围。除此之外，在耕作制度方面，普遍推行深耕和施肥；在耕作技术方面，掌握了熟耰、易耨等，为中国发展精耕细作的农业奠定了基础。

秦、西汉定都关中，关中地区的农业得到了更加深入的开发，这是中国治水活动最频繁的时期。80%以上的治水活动都集中在关中、关东地区，水利建设促进了农业的迅速发展。西汉时期，关中平原、成都平原、关东地区成为中国最主要的三大农业区。关中平原气候温湿、土壤肥力高，在《禹贡》的九州土壤分级中，雍州黄壤肥力为上上，是九州土壤的第一等。这里水资源丰沛，有八水绕长安之说，泾、渭、灞、丰、镐、浐、沉、涝八水都有丰富的水资源，灌溉便利。其与修建的郑国渠、漕渠、白渠、六辅渠、龙首渠、灵轵渠、成国渠、蒙笼渠等形成了良好的灌溉网络。为了巩固边陲，西汉政府在黄土高原、鄂尔多斯高原、河套平原、河西走廊地区大力发展屯垦戍边，特别是河套地区的土质疏松、土壤肥沃、易于开垦和灌溉方便，农业因此而发展迅速。虽然鄂尔多斯高原由屯垦戍边成为阡陌相连、村落相望的农耕区，但是环境十分脆弱，气候干旱、土壤沙质、植被稀少，并不适合农业的发展。虽然该地区曾兴盛一时，但西汉以后就因环境恶化而被遗弃。

西汉时期，耕作的技术也得到极大提高，区田法和代田法逐渐普及，尤其是抗旱保墒的旱作技术促进了北方旱作农业的极大发展。在农作物方面，豆类、小麦都得到扩种和发展。丝绸之路的畅通也有利于苜蓿、胡麻、甜菜、胡萝卜等新型作物的传入，中国的农作物品种得到了丰富。

2. 东汉至南北朝

中国古代农业开始出现从西向东、从北向南转移的趋势。由于长期战乱给黄河中下游地区的农业造成了破坏，人口锐减、土地荒芜、水利失修、水患频发，关中地区的农业失去了当年的重要地位，而关东地区，尤其是洛阳地区的农业则逐步繁荣。西汉时期，开拓的黄土高原、河套平原地区被游牧民族重新占领，西汉时期向北推进的农业线重新回到吕梁山—渭北高原一线，渭北高原、陇东高原成为半农半牧地区。

与北方萎缩的农业生产相比，江淮流域的农业区迅速成长。由于北方的连年战乱，大量的北人南迁。其中太湖平原、江汉平原、洞庭湖平原和成都平原接纳的北方流民最多。这些平原地区的自然条件优越，农业基础较好，由北人南迁带来的先进丰富的农业技术和经验促进了这些地区农业的迅速发展。

中国耕作制度开始运用多种间作、套作、轮作技术，特别是豆科作物和禾本科作物的轮作。这些耕作制度对恢复地力，提高复种起到了巨大的推动作用。自南北朝开始，人们普遍使用绿豆、小豆、胡麻等作为绿肥。由于大量的北人南迁，小麦的种植也被推行到南方，传入的高粱成为中国主要的粮食作物之一。在田间管理方面，北方旱作区使用冬灌，而南方水稻区则有了“烤田”技术。

3. 隋代至唐代中叶

隋唐时期，中国北方的农业得到了一定程度的复苏。首先是关中地区。隋唐为了发展关中地区的农业，建都长安的隋唐十分重视水利设施的修建，因此陕西在隋唐时期是全国水利设施建设最多的地区，这些水利设施的修建促进了关中农业区的重新开发。其次是关东地区。为了辅助关中地区的农业发展，自隋代起就开挖利于灌溉、漕运的广通渠，并发展引黄、引汾灌溉，这些河渠的开挖促进了黄河中下游地区农业的恢复和发展。唐玄宗天宝八年(749 年)，正仓储粮达 200 万石的仅河南、河北、河东、关内四道，义仓储粮达 1 000 万石以上的仅河南、河北两道。由此可见，当时中国主要的农业和产粮地区仍在华北平原、黄淮平原、关中平原及黄土高原部分地区。最后是在东汉、南北朝时期由农还牧的边陲地区得到了重新开发。唐玄宗时期，伊州甚至可以每年向中央纳贡稻米，陇右、河西的粮食生产除了供应屯区军需，其还能供应长安，边区农业得到了发展。

在北方农业恢复发展的同时，南方的农业生产也有极大的进步。首先，在耕作技术上，随着水利建设和农具的进步，建立了与耕、耙、耱、锄旱作农业技术相异趣的耕、耙、耘、耥的水田农业耕作技术。其次，在粮食作物结构上，水稻、麦子开始由旱地进入水田，云南出现了水稻、大麦的一年两熟制，岭南地区出现了双季稻，江淮地区的农业进一步发展和壮大。

4. 唐代中叶至元代

唐中期的安史之乱是北方农业由盛转衰的转折点。长期的战乱导致黄河中下游几个主要的农业区遭到了严重破坏。人口逃亡、水利失修以及黄土高原长期被过度开发引起了水土流失加剧，下游河湖被淤被垦，生产环境恶化。五代时期，黄河流域军阀混战，农业几乎处于停滞状态。北宋时期，中原王朝受到辽、金、元少数民族的攻伐，黄河中下游成为主战场，农业生产受到了严重破坏。金元统治时期，由于游牧习俗，统治者把大量的耕地改为牧场，水利事业的发展受挫，中国长期苦心经营的北方农业处于凋敝状态。

与此相对应，南方农业迅速发展。其原因是在安史之乱后，大量人口的迁入为南方农业的开发提供了丰富的劳动力资源，水利工程技术的进步为江南地区大规模地开发水土资源创造了条件。宋代，苏轼说“吴、蜀有可耕之人，而无其地”。五代时期，在太湖流域开发的塘浦圩田系统促使太湖流域的农业和水利建设达到了空前的发达状态，并成为这个时期的江南水土资源开发范例，形成了“野无闲田，桑无隙地”的景象。

靖康之乱之后，长江中下游的人口再次大幅度增加。具有丰富耕作经验的北方人民在自然条件优越的南方兴建水利，开发土地资源。太湖流域和宁绍平原大兴围湖垦田之风，镇江的练湖、绍兴的鉴湖、上虞的夏盖湖、余姚的汝仇湖以及宁波的广德湖都被垦成平地。江西、福建平原狭小，寸土皆耕，丘陵山地都被辟为梯田。这些湖田的围垦、山地梯田的普遍开发推进了农业的发展。东南地区由此成为全国粮食生产基地。太湖流域有“苏湖熟，天下足”的美誉。诸多证据证明，在北方农业日趋凋敝的情况下，中国的主要农业地区已经由北方转入南方。

随着农业重心的转移，作物品种、耕作制度也发生了相应的变化。由于南方水田农业的扩大，水稻成为中国最主要的粮食作物。由于大量北人的南迁，江南小麦的需求增加，小麦种植面积也大幅度增加。南宋时期，稻麦两熟制遍及江淮流域，成为最主要的粮食耕作制度。农具和农业技术也得到了极大的发展，元代开始出现了高效组合式的简单农业机械，如四牛拉的大犁、用砘车结合耧车下种、用畜拉的耧锄牛耕等，同时形成了由耕耙、耘田相结合的水稻、棉花栽培技术等。宋代陈旉的《陈旉农书》是现存最早、最完整、最系统的农业理论著作，标志着中国传统农业技术已基本形成。

5. 明代至清代鸦片战争之前

明清时期是中国传统农业向纵深发展的时期。在这个时期，中国的传统农业在土地、人口的压力下得到了精益求精的发展，农业经济在作物品种、田间管理以及耕作制度方面都出现了巨大变化。人口的急剧增长导致开发边区成为迫切的需要，明清时期的政府大规模开展了向东北、西北的屯垦运动。除了边境地区，一些农业边际地都被充分开发和利用，如沼泽、丘陵和盐碱地等。自进入明代以来，大量移民主要由江西进入湖广，有"江西填湖广"之说，在洞庭平原大量兴建垸田，改造湖区，变湖荒为湖田。"湖广熟，天下足"谚语的出现标志着两湖地区已成为中国经济发达区和商品粮生产基地。同时，多熟制及间作、套作技术的建立促进了田间管理的发展。在黄河流域，最早见于唐代的两年三熟制到了明清时期才真正成为最基本的耕作制度。其基本形式为一季秋粮，隔年间种一季冬作物。在长江流域，稻麦两熟制继续扩大，江南的双季稻逐渐增多，华南地区普遍推行一年三熟，即二季稻加一季旱作物。虽然中国的间作、套作技术在西汉时期已经出现，但那时其只用于瓜果、园艺。南北朝时期，禾豆轮作只见于少数地区。明清时期，大面积的间作、套作技术开始普及，且形成了若干的搭配组合，如麦豆间作、粮菜间作、稻豆套作和麦棉套作等，关中平原还出现了菠菜、萝卜、蒜、兰、粟、麦间作的二年三熟种植技术。在作物品种方面，玉米、甘薯、马铃薯、花生等高产作物被引入，并以其耐瘠高产的特性得到了迅速推广，尤其是玉米一跃成为中国最主要的旱作粮食作物，中国丘陵山区的农业开发因此而得到巨大的推动。

随着商品经济的发展，多种经济作物也得到了迅速发展，其中发展最快的是棉花，尤其是山东的东昌府、江苏的松江府、太仓州成为当时主要的棉花生产基地。十分之六七的松江、太仓土地种植棉花，占了耕地，农民弃本业转向蚕桑、植棉生产。农村中的蚕桑缫丝、植棉织布逐渐成为农民的生计产业。

(三)关于中国农业起源地的争论

一般传统观点认为，黄河流域是人类最早活动的区域之一，对长江流域的地位则相对关注不够。实际上，据近些年来的考古发现证明，长江流域也是一个很重要的农作物栽培中心，以栽培水稻为主。这自然是由其所处环境的不同而造成的。植物学者李惠林认为，根据气候、地理以及植物之不同，中国农业是双起源的。① 他主张北方以抗旱、耐冷的粟、黍为主，配合其他的干果作物，如柿、栗、枣等，构成一个复合的旱地作物农业系统；南方则以水稻为主，结合其他的水生作物，如菱、藕等，构成一个复合的水生作物农业系统。据一些资料显示，在公元前5 000年，长江流域的农业似乎比同时代的北方进步，浙江吴与钱山漾遗址出现了三角形石犁与

① [美]李惠林著，林枫林译，黄雅文校：《中国植物的驯化(续)》//华南农业大学农业历史遗产研究室编：《农史研究》第19辑，北京：中国农业出版社，1990年。

耘田器，此在黄河流域尚未发现过。① 长江流域农业的发展在中世纪前是缓慢的，西汉初期，南方的农业仍处在较为原始的阶段，“饭稻羹鱼”“火耕而水耨”。② 黄河流域在此时已成为农业高度发达的地区。

黄河流域的气候比现在的气候更温暖、更湿润。低温和干旱威胁较轻，黄土高原和黄土冲积平原的土质疏松，旱作农业技术又较简单，花费劳动少，较易开垦，以木、石、蚌、骨为材料制成的工具及原始农业技术较易生产剩余产品，从而使奴隶劳动成为可能并得到发展。黄河中下游的古文化主要兴盛于黄河支流及支流的两旁或支流流入干河的河湾处，如洮、渭、泾、洛(陕西)、汾、伊、洛(河南)、卫、漳等河及其支流。水与水之间多系平缓的黄土原岗或丘陵，人们可以沿河谷来往及经河的汇流处通向另外的河流，越过这些河流的分水岭也不困难。相形之下，那时的长江流域过于炎热潮湿，不如黄河流域适于人类居住，不少地区覆盖着大片的原始丛林，平原地区则湖泊沼泽四布，榛莽丛生，土质紧密。种植的农作物主要是水稻，平整土地和引水灌溉的劳动量大，技术要求高。在原始的生产工具和技术条件下，这些因素对大量开垦造成了许多困难。一些被大面积的河湖、沼泽、丛林和榛莽阻隔的比较发达的地点也不易扩大交往，连成大片，形成强大的力量，人口发展因此受到限制。因此，黄河中下游地区首先成为中国古代经济文化的中心地区。

从三国两晋南北朝开始，长江流域及其以南，特别是长江下游的经济发展速度逐渐超过了黄河中下游。除了人为的因素(如战乱及人口迁移等)，地理环境的缓慢变化也是其逐渐发展的原因之一。近 2 000 年来，中国气候的总趋势是逐渐变冷，长江流域及其以南的气候从过于炎热潮湿变得更适于人类居住和农业开发。随着人口的增长和农业技术的进步，垦田面积明显增加，这个地区在降水量、温度、总热量等方面的优势被充分显示。由于水稻，特别是双季稻的普及，长江流域在全国经济中占据了更加优势的地位。反之，黄河流域的气候渐趋寒冷，水体大为减少，很多湖泊逐渐消失。气候干燥以及黄土高原经过长期开发，其天然植被遭到严重破坏，水土流失加剧，土壤肥力下降，水利灌溉日益困难，由此引起了水旱灾害。北方地区是全国政治军事重心，阶级斗争与统治阶级内部的斗争比较激烈，战乱比南方地区频繁，周边地区经济文化比较落后的民族南下。这些情况在一段时期里对北方地区的农业生产造成了破坏，影响了其经济发展。上述各种因素导致黄河流域的经济发展从唐宋以后陷于停滞、缓慢的状态，而长江流域及其以南地区则取代了黄河中下游成为全国的经济重心，并随后又成了全国的文化重心。在这样一个人与自然及人与人的复杂的交互作用中，我们可以充分认识地理环境对社会发展速度所起的作用。③

三、地理环境与中国古代农业

(一)地理环境对中国农业的影响

1. 国家的起源与地理环境关系密切

据墨菲的介绍，斯图尔德注意到最早的国家产生在条件恶劣的地区，如洪水泛滥的黄河流

① 田学斌：《中国人的经济学》，北京：中国言实出版社，2015 年，第 148 页。

② 司马迁：《史记》卷一百二十九《货殖列传》，北京：中华书局，1959 年，第 3270 页。

③ 宁可：《中国古代历史发展的地理环境》//《平准学刊》编辑委员会：《平准学刊》第三辑上册，北京：中国商业出版社，1986 年；国风：《中国农业的历史源流》，北京：经济科学出版社，2006 年。

域、尼罗河的干旱地区、伊拉克和叙利亚同样干旱的底格里斯河和幼发拉底河以及秘鲁海岸的焦土地区和墨西哥高原的缺雨区。这些地区的显著特征就是若没有灌溉，农业不是奄奄一息，就是难以存在。同样的理论逻辑也适应于中国。黄仁宇认为，由于15英寸等雨线的存在，中国农业社会的官僚机构必须置身于一个强有力的中央体系之下。魏特夫则称中国为水帝国，认为治水是中国国家形成的根本原因。虽然这种观点广存异议，甚至颇受批判，但不容置疑的是，治水是形成集体合力的重要手段。在中国这样一个高度敏感的受水利或水害影响的国家，农业对于灌溉有着很高的需求与依赖，治水成为中国的重大社会问题。一方面，灌溉实施可使农业获得高产，提供更多的剩余产品，减少饥荒的发生；另一方面，水利设施的建设与维护具有显著的规模效应。水利工程又是一项公有项目。公有项目的价值就十分突出，所在居民为了获得更多的收益就愿意付出更多的集体行动，为公用项目的提供而承受较大的成本。对公用项目的依赖是这些地区形成国家制度的重要推动力。

2. 地理环境对中国农业的生产力、生产方式和农业结构的选择都起着重要的推动作用

首先，优越的地理条件能创造高的农业生产力。距今七八千年前的新石器时代中期，虽然黄河流域和长江流域都有原始农业的起源，但唯独黄河中下游迅速实现了农业革命。这是有其深刻的地理基础的。黄河中下游地处暖温带，森林草原及落叶阔叶林地区自然生产力高，辐射干燥指数为1左右，收入的净辐射恰好能将降水量全部蒸发，以利于生物的生长发育和有机质、营养元素在土壤中的积累。由于黄土疏松，透水性好，沼泽类型少，这个地区主要分布森林、灌丛和草甸等植被类型，土壤是这个地区生态系统中巨大能量与物质的储存库。此时黄河流域的自然环境是气候湿润、雨量适中，森林分布不茂密，河湖畅流而少沼泽，黄土土质疏松，比较适合早期木石器时代的农业耕作。用石斧砍伐了森林或放火烧荒之后，使用简陋的农具就能翻耕种地，利用落后的生产工具就能在这样优越的地理环境中创造领先的生产力。黄河中下游的森林与草甸的交错分布，宜农宜牧，有利于以渔猎畜牧为主的原始社会逐渐实现农业革命，这里也是小米与高粱野生品种的分布中心区，它们的驯化为农业革命提供了物质手段。而长江三角洲地区则处于河湖纵横、沼泽遍地的环境中，气候多雨潮湿，森林杂草茂密，土壤以黏质湿土为主，使用木石器农具很难开垦。长江流域农业以水稻为主，水稻的耕作对水利的要求很高，斜坡需要蓄水，洼地需要排水，而木石器农具很难担负这种耕作，因此长江流域的农业生产发展比黄河流域的农业生产发展要慢一些。封建社会的早期，黄河中下游很快成为中国农业与政治文化的中心。据《尚书・禹贡》记载，战国时期的雍州，即今天的黄土高原地区，是全国农业自然生产力最上等的地方，关中平原修建的大量的水利工程使得占天下1/3的关中地区能生产占天下3/5的生产总值，显然这样高的农业生产力与优越的地理环境条件是分不开的。

其次，地理环境的特性决定了农业生产方式的不同。与世界其他古代文明的发源地相比，中国所处的自然环境是相当恶劣而严酷的。英国历史学家汤因比在其著作《历史研究》中指出，人类在这里所要应付的自然挑战要比两河流域和尼罗河的挑战严重得多。人们把它变成中国古代文明的摇篮，这一片原野除了有沼泽、丛林和洪水等灾难，还有更加多的气候上的灾难，它不断在夏季的酷热和冬季的严寒之间变换。① 这种地理环境的特性是形成中国农业经

① ［英］汤因比、［英］索麦维尔（D. C. Somervell）节录，曹未风等译：《历史研究》上册，上海：上海人民出版社，1959年，第92页。

济发展道路的重要原因。中国农业经济是建立在精耕细作基础上的，以土地经营为核心的综合经济。中国土壤与气候的特性以及频频发生的水旱灾害使大面积的粗放经营难以建立——“广种未必多收”。《晋书·傅玄传》提道：“农夫务多种，徒丧功而无收”，只有小面积的精耕细作，才能有效减轻不利自然条件的影响。如北方农民的种耕工序只要做到“劳欲再”“不惮劳力”，就可达到“旱亦保泽”的效果。《齐民要术·卷首·杂说》提到的农谚云：“锄头底下三分泽”，也是以精耕细作消弭旱灾。施肥、水利灌溉对旱灾的缓解作用就更明显，因此精耕细作的水平决定着中国农业产量的多寡。正如北魏贾思勰所说：“凡人家营田，须量己力，宁可少好，不可多恶”。

与欧洲地区的地理环境相比，中国可利用的土地面积远少于欧洲，欧洲平均海拔为三四百米，适于农业的平原面积有100亿亩，占全部面积的57%。中国平原面积为12亿亩，仅占国土面积的8.5%，即使加上海拔500米以上的丘陵地带，理论上可开垦的面积也只有19亿亩，为欧洲平原面积的1/7。中国的人口数量曾经与欧洲的人口数量略相近，因此人地矛盾十分突出。直到今天，中国人均占有耕地面积不足世界平均水平的1/4，耕地与人口的矛盾仍旧十分突出，所以中国政府一直强调要严守18亿亩耕地红线，提高耕地质量。[①] 中国尖锐的人地矛盾要求农民的生产经营必须以增加单位面积的劳动投入等，而不是以扩大耕地面积的方式来提高农业收获量。这种状况必然会造成中国农民劳动生产率低下，同时出现黄宗智所言的“过密”“内卷”等问题。虽然这种劳作方式会在一定时期出现农业的繁荣，但生产制度没有创新，生产工具与生产技术也没有出新的突破。如牛耕自汉代以来在一些地区仍旧被广泛使用。珀金斯评论道：“大部分在20世纪初期还使用的技术，中国在14世纪的某些地方就已经为人们所熟悉。这一点是比较容易证实的。”[②]20世纪浙江农村“所有农民都是完全按阴历的同一节令，以完全一样的方法，用与他们祖先所用的同样简陋的农具做同样的操作。福建农民惯用的方法一如其祖先，因袭同样的轮作制，使用同样的肥料。”[③]云南、贵州一些地方耕种方法一沿旧制。农具均系古来形式，如水车、犁、耙、铲、锄等类。[④]

欧洲的森林与草场面积远高于同期的中国，农民的生产经营方式选择了大面积的粗放耕作，其产量的提高有赖于耕地面积的扩大。在此基础上，历史上的欧洲农民发展了农牧混合经济。虽然两者的差异在一定时期并不能看出，但随着社会发展到封建主义与资本主义的交替时期，差异就逐渐显现。农牧经济与耕织经济中的粮食生产均以耕地为本，生产可变率低，农牧经济中的畜牧业以及与之相联的毛纺业却具有较高的可变率。当社会生产发展到一定阶段时，它就随着社会需求的增加而不断发展，从而走上商品化经营的道路，对资本主义发生、发展起着不可替代的作用。虽然中国耕织经济中的纺织业在明清时代呈现一定的商品化生产倾向，但始终未摆脱自然经济的桎梏。其根本原因就在于中国的纺织业以桑、蚕、棉、麻等为基本原料，它们与粮食生产一样也是以耕地为本，这就使中国历史上的纺织业因社会需求而增加生产的弹性较小，未形成商品生产的大潮流。其更重要的原因是农民在精耕细作制度下的劳动生产率较低，除了缴纳租赋，所剩无几。因此绝大多数农村人口都必须投入土地经营，被捆绑

---

① 中央一号文件《中共中央、国务院关于做好2022年全面推进乡村振兴重点工作的意见》。

② [美]德·希·珀金斯著，宋海文等译，伍丹戈校：《中国农业的发展(1368—1968年)》，上海：上海译文出版社，1984年，第99-100页。

③ 章有义编著：《明清及近代农业史论集》，北京：中国农业出版社，1997年，第40页。

④ 章有义编：《中国近代农业史资料 第二辑 1912—1927》，北京：生活·读书·新知三联书店，1957年，第397页。

在土地上。这些因素制约了中国传统农业由自给自足的自然经济向商品经济的转化，也决定着历史上的中国农业本身无力进行大规模的技术改造，更不可能出现欧洲曾经的以农业积累促进工业化进程的现象。

最后，以农为主的小农经济是中国传统社会的经济基础，中国一开始走上以农为主的道路，并最终发展成单一的农业经济与地理环境的要素有着很大的关系。黄河流域文明最初建立在以农为主的经济基础上，早期仍是农牧结合的经济。春秋时期，还有不少游牧民族分布在黄河中下游地区。中原人口从汉代开始增长，耕地逐渐不足，农业有了单一化的趋势，牧业仍占据相当大的比重，直到明清时期，这种以农为主转化为单一农业的步伐才开始加速，到了近代越发明显。其主要原因是中国东部湿润，季风区雨热同期，生长季热量和水分充分，特别适宜农作物的生长，而南方的亚热带、热带地区粮食作物甚至可以做到一年两熟或一年三熟。粮食作物在生长季充分利用了一年中最为丰富的水热资源，产量很高，而这种湿润对于畜牧业的发展则是一种相对不利的因素。北方冬季严寒，缺乏草场，需要棚圈，这是扼制畜群发展的一个重要因素；南方夏季气候湿热，缺乏高爽通风的牧场。江南地区森林茂密，在开发初期难以发展畜牧业，随着农业的开发，森林被破坏，植被向着旱生方向演替，畜牧业才有发展的可能。虽然汉代至唐代的北方仍有相当比重的畜牧业，但是其主要以养马为主，以用于军事和役用。中国人民的食物构成很早就以粮为主。

与欧洲的地理环境进行对比更能明了地理环境对以农为主的中国农业构成的影响。欧洲所处的地理位置比中国更偏北，相当于青岛—兰州，最北已经到达北极圈。由于地中海、波罗的海等海洋深入内陆，在大西洋暖流和大西洋西风的影响下形成了温和湿润的温带海洋性气候。欧洲没有严寒的冬季，一月 0℃等温线受海洋影响，南北走向一直升至挪威海岸，最北可达北纬 71°附近，而中国的一月 0℃等温线在北纬 34°以南，与欧洲相比，两者相差了 37 个维度。欧洲的夏季温和，只有地中海沿岸的七月均温高于 20℃，中国只有呼伦贝尔市、大兴安岭地区的夏季与欧洲相似。在海洋西风气流的影响下，欧洲降水丰富，大部分地区的年降水量为 500～1 000 毫米，但是各地的降水季节分布不一，西欧全年湿润多雨，地中海沿岸则是冬季多雨，夏季干旱少雨。

在地中海沿海地区，当地的生物群落是温带绿硬叶森林灌丛，木本植物在农业中占重要位置，如油橄榄、无花果、柑橘、葡萄等，在木本作物的间隙才会种植豆类、饲料、小麦等粮食。虽然地中海气候的雨热不同期促进了当地木本经济作物的发展，但是粮食生产受到限制。夏季干旱使它们能发展以羊为主的畜牧业，草场资源得到充分利用。这种农、林、牧结合方式是充分利用地中海地区地理环境的最好的农业结构。英国全年温和湿润，生长温带落叶林，农业开发较晚，直到中世纪才进行大规模的农业开发，而其夏季热量不丰富，冬季牧草仍能生长，牧业始终占据着重要的位置。北欧黏湿的森林土壤需要八头牛拉动的大铁犁才能开垦，农业开发非常艰难。

由此可知，以农为主的中国农业结构是在当时的生产力条件下充分利用自然资源，并发挥优势的最好形式。

（二）农业生产对地理环境的影响

地理环境并非是一成不变的。在历史进程中，地理环境也随之变迁。环境变迁的动因包括自然因素和人为因素两个方面：由自然因素造成的环境变迁一般具有周期性，除非突发变异，否则变迁过程通常会比较缓慢，周期较长；由人为因素造成的环境变迁的变化速度远远超越由自然因素引起的变化。农业是利用与改造自然的产业。作为最重要的人类活动，农业生产活动的生产发展势必会对地理环境变化产生巨大的反作用。

邹逸麟指出中国环境变迁有三个重要的时期和地区：第一个是从战国至汉武帝时期，黄河中下游地区单一农耕经济局面的确立；第二个是11～13世纪两宋时期，东南地区生态平衡被破坏；第三个是15世纪以后的明清时期，南方森林山地的开发，玉米、土豆等耐旱作物的传入对中国造成的破坏。[①] 单一的农耕经济是社会稳定的唯一产业的思想在当时人们的心中根深蒂固。

秦汉时期，为了保护原有的农业耕地免受匈奴的侵扰，从秦始皇时期就开始积极向边疆地区移民。秦汉两代推行的实关中和戍边郡的移民政策将大量的移民迁徙至黄河上游的鄂尔多斯草原和河西走廊、河套平原地区以及黄河中游除了关中盆地、汾涑水流域的其他地区。在整个秦汉时期，这一带的人口日益增加，田亩日益垦辟，本来是以畜牧射猎为主的生产方式变成以农耕为主的生产方式，土地利用形式发生了巨大的变化。虽然畜牧和农耕两种生产活动都会改变植被的原始情况，但后者的改变程度要远远超过前者。在进行畜牧狩猎活动时，草原和森林等天然植被基本可以不受影响，农耕活动需要大规模地开垦土地、砍伐森林。植被一经破坏，水土流失就会加剧，黄河中游的泥沙含量就会增加，下游的河患就会增多。而东汉至唐代，受到政治和战争等因素的影响，这些地区大多重新回到游牧民族的统治之下，以农为本的汉族人口急剧减少，而以畜牧为主的游牧民族人口增加。这种情况在土地利用上的反映就是耕地的减少和草场、林场的扩展，植被的破坏暂停，甚至得到一定的恢复，这个改变使得黄河下游的水患大为减少，形成了一个长期安流的局面。[②] 从唐代开始，由于人口压力加大了开垦的力度，黄河的水患不可避免地又逐渐增多，为宋代以后黄河的屡次决溢、改道埋下了深深的伏笔。

黄河中下游地区的开垦和植被遭到破坏不仅导致了下游的水患，而且当地出现了沙漠化。统万城的湮没与毛乌素沙漠的形成就是显著的案例。统万城位于今陕西靖边县以北红柳河的北岸。公元5世纪初，赫连勃勃攻下长安后，执意不肯在长安建都，而是在鄂尔多斯草原上建立统万城，当时此地水草丰美，林木茂盛，赫连勃勃发出“临广泽而带清流”的赞叹。唐代，这里成为夏州的州治所在地，大量土地被垦荒为田，繁荣一时，到唐代后期，这里受到流沙侵袭，直至宋太宗下令毁弃。史念海对此曾分析道，秦汉时期，相当多地区的草原被改变为农田，但对森林的破坏还不是过分得严重。唐代在这方面却远超过秦汉时期。秦和西汉都曾经在鄂尔多斯高原培植林带，唐代在这个地区不是培植，而是较大规模地砍伐。当时砍伐的地区还南及于横山山脉。由横山山脉森林的破坏和鄂尔多斯高原南部草原的开垦引起了当地的沙碛，这里现在是毛乌素沙漠。如果追溯毛乌素沙漠形成的过程，这个时期就不应轻易放过。今陕西靖边县北白城子于唐代为夏州，这座十六国时期赫连勃勃夏国的故都，历经北魏、北周及隋代，到唐代时依然为北陲的雄镇，到唐代后期，夏州附近已成茫茫的沙漠，而夏州城也被称为“碛中”了。

森林的破坏、草原的开垦、沙漠的扩大导致了无定河的变迁。无定河的名称也是自唐代才开始有的。这条本是清流的河水由于含泥沙过多，泥沙的堆积使河床频繁摆动，甚至连原来的

① 邹逸麟：《我国生态环境演变的历史回顾——中国环境变问题初探(上)》，《秘书工作》2008年第1期；《正确应对我国生态环境的重大变化——中国环境变迁问题初探(下)》，《秘书工作》2008年第2期。

② 谭其骧：《何以黄河在东汉以后会出现一个长期安流的局面——从历史上论证黄河中游的土地合理利用是消弭下游水害的决定性因素》，《学术月刊》1962年第2期。

名称都保留不住。① 自唐代以来，流沙湮没的不仅仅是统万城，还有西北与北部大片的耕地与众多的城市。

唐宋时期，中国的生态环境已经整体趋于恶劣。由于前一时期黄河中上游的环境被破坏，这一时期黄河流域的环境日趋恶化，为患日益严重，区域经济也因此逐渐衰退，经济中心南移又使得长江中下游地区的环境随之开始恶化。尤其是安史之乱和靖康之乱后的两次大规模人口南迁导致了南方的人地矛盾趋于紧张，平原可以耕种的土地已经开垦殆尽，人们便开始与山争地，与水争田。唐宋以后，江南的山区就开始广泛采用名为畲田的垦作方式。范成大在《劳畲耕并序》描述其过程为："春初斫山，众木尽蹶。至当种时，伺有雨候，则前一夕火之，藉其灰以粪。明日雨作，乘热土下种，即苗盛倍收"。少数民族刀耕火种式的粗放畲田垦作尚不至于严重破坏水土流失，汉族山区的农业区在斫山砍树之后还要用铁犁、牛耕进行深耕，天然植被遭到严重破坏，生态环境更加恶化。除了畲田，与畲田相比，梯田的耕作方式更加精细。在河湖地区，为了扩大田地，开始大规模地采用圩田或者围田的办法开垦湖泊沼泽，即在水中间稍微高出一点的湖滩地周围筑圩，涝则排水，旱则放水。当时的长江中下游地区出现了一系列侵占原有水域的水田类型，如渠田、溪田、渚田、沙田等。宋代以后"苏湖足，天下熟"的美誉其实是建立在当地山区植被破坏、土壤侵蚀、下游河湖减少、蓄水面积缩小和水旱灾害逐渐加剧的基础之上。

明清时期，由人口的急剧增长所形成的巨大生存压力被转化为资源开发的强大推动力，掀起了一次以农业垦殖为核心的资源开发浪潮，尤其是16世纪以后耐旱作物的传入，如马铃薯、红薯、土豆等高产旱作类品种的引进极大地提高了粮食的产量，人口有了爆发式的增长，其对中国的自然环境变迁也产生了极其深远的影响。唐宋时期，与山争地、与水争田的趋势更加突出。前一时期那些较容易开发的平原、低丘山地已经开发殆尽，此前开发的难度相对较大的省际交边山区、江河湖海滩涂、沿边偏僻地区是这个时期开垦的主要扩张对象，尤其是山区的土地在这个时期被开发和利用达到了新的高度。与前期相比，那些地理位置更深、海拔更高的山被开发出来，往常高山峭壁、崇山峻岭的人迹不可通达之处也播种其上。明代湖广布政使司的黄州府"地狭民稠，深山邃谷，耕锄殆遍"，②福建布政使司的永福县"邑居万山之中，地之平旷者不得什一……则漳、泉、延、汀之民，种菁种蔗，伐山采木，其利乃倍于田。"③由于清代人口大幅度增加，土地兼并，赋役繁重等，一大批失去土地的农民背井离乡，形成一股流民浪潮。这些流民主要流入省际交边的山区成为棚民。江西、福建的交界处"西至宁国，北至江宁，南由徽州绵延至江西、福建，凡山径险恶之处，土人不能上下者，皆棚民占据"，④这些人"其山居无田者，则又以锄山为业，艺麻穄豆稗茨芦菔之属以给。地逼仄或壁立，不能留足，上下如猿猱。用火耕法，三年一易，又间植桐漆、植茶以资旦夕。"⑤这些人主要以伐木、造纸、烧炭等为生。在北部的秦岭、大巴山，南方的浙西、闽西、赣南、湘西等地的山区，大批的原始森林因此被毁，以至于山谷日辟，山顶皆田。明清时期，被引入和推广的玉米、红薯、马铃薯等作物对土壤、气候、地

① 史念海：《由历史时期黄河的变迁探讨今后治理黄河的方略》//《河山集》二集，北京：生活·读书·新知三联书店，1981年。

② 〔民国〕《麻城县志》卷二《建置志》。

③ 〔万历〕《永福县志》卷一《风俗》。

④ 〔光绪〕《乌程县志》卷三五《杂识》。

⑤ 〔嘉庆〕《太平县志》卷三《风俗》。

形、旱涝的耐性很高导致了明清时期山区土地持续性地垦殖和扩张。在山地开发程度加深的同时，山地利用的水平却难以有整体性的明显突破，山区是生态环境矛盾比较集中的地区，具有脆弱易损且恢复困难的弱点。一旦山区森林植被遭到破坏，区域的大气环流和大气的干湿状况就必然会被改变，从而引发水土流失。该区域的生态功能不但会受到削弱，而且会加剧平原地区的自然灾害，甚至会导致生态系统长期恶化而得不到恢复。据研究表明，这个时期的森林覆盖率：秦汉为46%～41%、魏晋南北朝为41%～37%、隋唐为37%～33%、五代辽宋金夏为33%～27%、元为27%～26%、明为26%～21%、清前期为21%～17%、清后期为17%～15%、民国时期为15%～12.5%。[①] 明清时期，由山区持续开发带来的森林破坏引起了长江各支流上游的水土流失严重，加速了沿江河道和湖泊的淤浅，成滩和长洲相继被开垦，恶性循环就此形成。

农业生产和地理环境之间有着密不可分的联系，地理环境构成了农业生产的基底，农业生产过程一边利用和适应地理环境，一边改造或者破坏生态环境，两者之间构成一个相互作用、相互制约的整体。在这个整体内部，任何一个构成要素的变化都可以引起一系列的连锁反应，因此我们在农业生产的过程中对自然环境的改变要慎之又慎。如果抱着人定胜天或者人与自然对立的思想，妄图去征服自然，就必然会受到自然的报复和惩罚。恩格斯说，我们不要过分陶醉我们对自然界的胜利。对于每一次这样的胜利，自然界都报复了我们。每一次胜利，在第一步都确实取得我们预想的结果，但是在第二步和第三步却有了完全不同的、出乎预料的影响，常常把第一个结果又取消了。这段话非常生动地阐明了人类与自然之间的关系。

思考题

1. 简述人类对地理环境的认识的变迁。
2. 中国古代精耕细作农业技术体系形成的原因是什么？
3. 试析农业发展对地理环境的影响。

① 樊宝敏、李智勇：《中国森林生态史引论》，北京：科学出版社，2008年，第37页。

专题二　土地制度与田制演变

不等同于田制，土地制度包含了除去农业用地制度的其他土地制度。中国古代是以农业为主的社会，大多数学者将中国古代土地制度与田制合并叙述。作为中国古代最主要的生产资料之一，土地配置与农业生产力和生产关系的发展密切相关。自周代起，国家政权便开始注意掌握这种经济资源配置权和收益权的必要性，并设计一系列与土地所有、占有、处置以及使用有关的制度体系，以实现合理分配与有效使用。

一、土地及其利用

自女娲抟土造人神话起，中华民族发展的历史和命运就始终与土地密切相关。古代社会在土地资源相对有限的基础上建立了最为庞大的农耕社会，且在数千年后的今天仍然持续满足着最多的人口，在这样一个农业国家里，财富的首要基础是土地，一切社会、经济思想乃至政府的政策都以土地的分配和利用为中心。[①]

认识土地是利用土地的前提。中国古代对土地的认识最早源于农业生产实践将其作为滋生万物、生长植物的根本。《说文解字》中对“土”的解释是“土者，吐也”。古人通过观察植物生长过程发现，植物从地面以上开始生长到地面以上，并把这一过程形象地概括为“土”字，在其后加上语气助词“也”，就成为“地”字，所以两者其实是一回事，[②]管仲称“地者，万物之本原，诸生之根菀也。”[③]

土地利用，即人类根据土地资源特性，按照一定的经济、社会目的，采取一系列生物和技术手段对土地资源进行长期性或周期性的经营活动，是一个将土地从自然生态系统变为人工生态系统的过程，[④]包括土地垦殖、毁林开荒、草原放牧和城镇建设等。[⑤] 中国地形复杂多变，可资利用的土地资源相对有限，质量也参差不齐。为便于对其进行配置和管理，自西周起，历代均设专职官员执掌此事，对土地质量的高下进行评判，以确定税赋的数额，所谓“相地而衰征”。[⑥]《周礼》将全国土地分为山林、川泽、丘陵、坟衍以及原隰五大类型，[⑦]《管子》按地势分

---

① 冯友兰、严金明、黄贤金：《中国哲学简史》，赵复三译，天津：天津社会科学院出版社，2005 年，第 18 页。

② 朱德举：《发展中的土地科学》，济南：山东画报出版社，2001 年，第 27 页。

③ 《管子校正》//《诸子集成》第 5 册，北京：中华书局，1954 年，第 236 页。

④ 史培军、宫鹏、李晓兵等：《土地利用/覆盖变化研究的方法与实践》，北京：科学出版社，2000 年，第 1 页。

⑤ 何凡能、李美娇、杨帆：《近 70 年来中国历史时期土地利用/覆被变化研究的主要进展》，《中国历史地理论丛》2019 年第 4 期。

⑥ 徐元诰撰，王树民、沈长云点校：《国语集解》，北京：中华书局，2002 年，第 227 页。

⑦ 山林指高山峻岭之地，川泽指江河湖泽之地，丘陵指丘陵之地，坟衍指水湿与低平之地，原隰指高而平坦之地。杨天宇译注：《周礼译注》，上海：上海古籍出版社，2016 年，第 651 页。

为渎田、丘陵和山地三大类，其下又分18小类，是最早的土地分类和分等系统。[①] 后来采用的土地分类不外乎三种：一是按自然土地类型；二是按土地利用现状；三是按土地质量好坏，生产力水平之高低。[②]

随着社会经济的发展和人口的增长，如何有效地使用土地，以满足日益增长的人地矛盾，始终是农业生产模式选择的根本目的。在长期变化发展中，古代土地利用活动策略大致表现出以下四个趋势。

第一，强本节用的使用策略，尽可能规避将土地资源投入农业生产之外的用途。早期的土地开发尚能满足人口增长的需要，商鞅为“民胜其地”给出的解决方案是“务开”，即增加耕地面积。唐中后期至清乾隆时期，耕地垦殖逐渐趋近极限，人地关系高度紧张成为古代的基本国情，生产的宗旨是满足温饱而不是赚取收益，土地也由基本的“生产资料”变为“生存资料”。因此，尽管中国人自西汉以来就已经形成了“夫用贫求富，农不如工，工不如商，刺绣文不如倚市门”[③]的清晰认知，但“重农抑商”的地位仍然不可撼动。土地利用的发展不是生产效率的提升，而是“精耕细作”的经营模式的纵深，大量的人口被安置于第一产业，农业的劳动生产率却始终保持在较低水平，呈现出一种没有发展的增长。[④]

第二，丰衣足食的生产策略，以粮食和桑、麻等纤维作物为主要生产对象，限制果树、花卉等园艺作物的种植以及畜牧业的发展。对古代社会而言，粮食生产具有重要的政治意义。墨子称“凡五谷者，民之所仰也，君之所以为养也。故民无仰则君无养，民无食则不可事”，[⑤]认为五谷是民众赖以生存之本，粮食不能不加紧生产，田地不能不努力耕种，财物不能不节制使用。[⑥] 而以一家一户为单位、自给自足的经济特点促使“种谷以备灾害”成为小农抵御风险的生产习惯，不把大土地集中用于某一种经济用途。尽管为满足消费采取了多样性种植方式，但是作物结构仍然以衣、食等刚需产品原料为主，其他作物，特别是经济作物难以开展规模种植，从而形成了土地利用低水平和同构化的长期均衡模式。即使马铃薯、红薯、玉米等经济作物在明代后期被引进并被广泛推广，其属性也与粮食颇为相似。

第三，顺时而为的经营策略，主张适应自然规律而非消极应对或盲目抵抗。农业生产具有的“二重性”既取决于人类对自然界生命运动规律的认识程度和干预手段的先进程度，又受到社会经济条件的制约。[⑦] 土地的开发和利用形式需要依据地势高下、水分多少、肥力丰瘠、土质软硬等自然条件予以综合判定。《管子》在《地员篇》中就对每一类土地的物理性质、水质特点、宜种作物分别进行了“五谷宜其地”的详细论述。[⑧] 与此同时，古代社会还形成了一套专门

---

① 马义娟：《土地评价与土地管理》，北京：中国科学技术出版社，2004年，第1页。

② 陈文毅：《关于土地分类与评价问题的探讨》//《农业经济论丛》第3册，北京：中国农业出版社，1982年，第236页。

③ 司马迁：《史记》，北京：中华书局，第129卷，第10册，2013年，第3944页。

④ 黄宗智在《华北的小农经济与社会变迁》和《长江三角洲小农家庭与乡村发展》中发展了克利福德·格尔茨提出的“内卷化”理论，将通过在有限的土地上投入大量的劳动力来获得总产量增长的方式，即边际效益递减的方式，称为没有发展的增长，即中国经济发展的“内卷化”。《华北的小农经济与社会变迁》，北京：中华书局，2009年；《长江三角洲小农家庭与乡村发展》，北京：法律出版社，2014年。

⑤ 〔清〕毕沅校注，吴旭民校点：《墨子》，上海：上海古籍出版社，2014年，第16页。

⑥ 祝明、王东明：《防灾减灾救灾新格局》，北京：国家行政学院出版社，2018年，第16页。

⑦ 韩茂莉：《中国古代农作物种植制度略论》，《中国农史》2000年第3期。

⑧ 〔唐〕房玄龄注，〔明〕刘绩补注，刘晓艺校点：《管子》，上海：上海古籍出版社，2015年，第377-386页。

的历法体系，以“观天”而“授时”，指导生产活动的开展，即“顺天时，量地利”，以不失农时为要。① 这种做法对古代精耕细作生产模式的产生和发展具有积极作用。战国时期，北方地区已经初具传统；魏晋南北朝，根据不同的土地等级进行“耕”“耙”“耱”等操作，并且将这些经验收录于农书，成为可供指导生产的理论。②

第四，持之已久的技术策略，注重产量而非生产效率的长远维系。中国古代一方面以小土地为经营单位，以实现对土地破坏相对较小的循环式利用；另一方面则严格限制对土地质量和产量存在削弱作用的生产技术的创新和传播。对土地的技术性开发主要遵循“尽地力”的思想：一是土地开发，即开垦一切可耕种的土地，扩大土地的利用面积；二是土地使用，即每一块已被使用的土地发挥出最优的效用。③ 由此，针对不同的土地特点，形成三个方向的技术保护和整治措施。

第一个方向：解决由土地大规模开垦而导致的水土流失。土地开垦，即破坏乔木、灌木、多年生草本植物等天然植被，代之以水土保持能力较差的一年生或两年生农作物的过程。④ 自原始社会起，水土流失就对土地利用产生了严重的影响。唐虞时期的蜡祭祝辞“土反其宅，水归其壑，昆虫毋作，草木归其泽”⑤中的愿景折射了当时水土流失情况的普遍性与严峻性。在长期的应对中，中国古代积累了丰富的水土保持经验，包括禁止在山林、沟壑进行耕作，⑥建造堤堰、陂塘等农田水利工程，⑦采用梯田、淤田进行耕作⑧等。

第二个方向：解决由土地持续高强度使用而造成的土地退化。土地退化，即土地生产力的衰减乃至丧失。植被破坏、土壤侵蚀、土地沙化和盐碱化及土地污染等主要源于自然作用和人为作用两方面。⑨ 最初的办法是对使用时间进行限制，农业耕作实现了撂荒耕作、休闲耕作、连作耕作及复种轮作的演变，⑩山林、草原等则遵循“以时禁发”的原则。⑪《吕氏春秋·任地》提出的“地可使肥，又可使棘”⑫表明当时的人们已经认识到用地和养地之间的矛盾，并提出可以针对土质、肥力、湿度等条件进行技术性的人为干预的五大原则。⑬ 受此影响，在后期的生

---

① 《孟子·梁惠王》称：“不违农时，谷不可胜食也。”杨伯峻：《孟子译注》，北京：中华书局，2019 年，第 8 页。

② 《齐民要术》《王祯农书》《马首农书》均有对根据不同土地类型和特点进行农业耕作处理的论述。

③ 钟祥财：《中国古代农业生产结构和生产资料的管理思想》，《复旦经济论丛》1986 年，第 2 集，第 384 页。

④ 中国科学技术协会主编，中国自然资源学会编著：《中国资源科学学科史》，北京：中国科学技术出版社，2017 年，第 22 页。

⑤ 〔汉〕郑玄注，〔唐〕孔颖达等正义，黄侃经文句读：《礼记正义》第 26 卷，上海：上海古籍出版社，1990 年，第 226 页。

⑥ 李敖：《齐民要术》，天津：天津古籍出版社，2016 年，第 26 页载：“肥硗高下，各因其宜，丘陵阪险不生五谷者，树以竹木”。

⑦ 中国科学技术协会主编，中国自然资源学会编著：《中国资源科学学科史》，北京：中国科学技术出版社，2017 年，第 23 页载“《陈旉农书》提及宋代五陵山区以十分之二三的土地来修筑陂塘”。

⑧ 陈文华、张忠宽：《骖鸾录》//江西省科学技术协会、江西省历史博物馆编印：《中国古代农业科学技术成就展览（资料汇编）》1980 年，第 103 页载：“岭陂上皆禾田，层层而上而顶，名梯田”。〔元〕脱脱等撰：《宋史》卷 95《河渠志五》，北京：中华书局，1977 年，第 2373 页，唐宋关中一带盛行引洪漫地的淤田法，北宋熙宁专门成立了淤田司，十年间共淤田五六万顷，“凡九州二十六县新旧之田，皆为沃壤”。

⑨ 陈述彭：《地球系统科学：中国进展·世纪展望》，北京：中国科学技术出版社，1998 年，第 1104 页。

⑩ 杨庆媛、陈展图、信桂新等：《中国耕作制度的历史演变及当前轮作休耕制度的思考》，《西部论坛》2018 年第 2 期。

⑪ 黎翔凤：《管子校注》，北京：中华书局，2004 年，第 261 页。

⑫ 〔汉〕高诱注，〔清〕毕沅校，徐小蛮标点：《吕氏春秋》，上海：上海古籍出版社，2014 年，第 923 页。

⑬ 《吕氏春秋》载“凡耕之大方：力者欲柔，柔者欲力；息者欲劳，劳者欲息；棘者欲肥，肥者欲棘；急者欲缓，缓者欲急；湿者欲燥，燥者欲湿”。〔汉〕高诱注，〔清〕毕沅校，徐小蛮标点，《吕氏春秋》，上海：上海古籍出版社，2014 年，第 923 页。

产实践中，人工施肥、土壤移植等其他土壤改良方式逐渐被发展。

第三个方向：解决由土地不当利用造成的环境污染问题。中国古代对土地资源保护经历了由无意识被动开展到自觉主动开展的过程。春秋战国时期对土地资源的保护已经具有相当明确的目的。1975年在湖北出土的《睡虎地秦墓竹简》对农田水利、作物管理、水旱灾荒、山林保护等均做了详细规定。① 根据保护对象，后世施行的技术措施可分为对土地资源的数量保护（如限田、授田）、防治土地资源污染的环境保护（如稻田养鱼、污泥育肥等）、维护土地的生产潜力（如秸秆还田）和提高土地资源生产力的地力保护（如禁采、禁伐）等类型。通过保存土地资源，恢复和改善土地资源的物质生产能力，防治土地资源的环境污染，有效延缓由土地退化与环境恶化所带来的负外部性，保持了土地垦殖和土地整治活动之间的平衡，从而实现土地利用的长期动态均衡。

二、地权与土地制度

土地的开发和利用促进了包括所有权、使用权以及收益权在内的土地产权实现形式的分化。土地所有权是地权制度的核心，是指土地所有者拥有的、得到国家法律保护的排他性专有权利，可以是占有权、使用权、收益权、处分权等权能的集合。② 土地所有制本质上是对所有权的划分，因国权与民权的归属占比不同，其可分为公有、国有和私有三类。三者交织，贯穿了中国古代社会的发展历程。从总体来看，其大致经历了从"原始公有"到"国家所有"再到"私有"的演变。

原始社会土地为氏族公有。大约在距今一万年前，黄河流域与长江流域进入新石器时代，脱离了刀耕火种，并发展了种植业和养畜业，以能够稳定地获得食物来源，土地制度随之出现。甲骨文中各种"田"字的共同特点就是将土地划分为若干规整的小方块，以便定期进行分配与再分配。这个阶段制度的主要特征：一是土地为集体所有；二是个人可以占用并且经营，生产所获除供部落使用，还归使用者家庭与个人使用。

夏朝末期，分配不均和私有化现象日益明显。随着公社制度的解体，土地由氏族公有逐渐过渡为国家所有。在王权统治下，名义上国家土地所有权的主体是国家，实质上却是以帝王为中心的个人所有，并对其进行配置，是政治统辖权与土地所有权的统一，基于国家统治权的土地权利都是以国家名义存在和行使的，所以称"普天之下莫非王土"。③ 帝王并不直接统治王畿以外的地区，而是通过逐级分封的方式进行间接管理，形成土地国有形式下的多级贵族所有制。

西周之后，贵族阶层对土地，特别是耕地占有的排他性日益增强，私有制萌芽逐渐壮大。春秋战国时期出现了"公田"与"私田"的划分。④ 自商鞅变法确立土地私有制以来，两者逐渐

---

① 睡虎地秦墓竹简整理小组：《睡虎地秦墓竹简》，北京：文物出版社，1978年，第26页。

② 高向军主编：《土地经济学教程》，北京：中共中央党校出版社，2005年，第416页。

③ 〔宋〕朱熹：《四书章句集注・孟子集注》卷9《万章章句上》，北京：中华书局，1936年，第306页。

④ 周谷城：《中国社会史论》，长沙：湖南教育出版社，2009年，第37页。秦朝以前，"公田"指天子代表国家所有的田，"私田"指天子代表国家分给贵族的禄田，耕地农民实际上只是"公田"或"私田"的佃农，没有土地所有权。

被“官田”和“民田”所取代。[①] 这种对土地所有权的基本分类方式直至清末并无较大改变。作为土地名义所有者的国家仅仅享有所有权初始分配的权利,成为决定土地的实际所有者身份和地位的基础。土地的实际所有者被称为“田主”或“地主”。[②] 依据生产方式不同,其又分为大地主、自耕农和半自耕农。

大地主所有的土地主要来自赐地、侵占、荫户及依法特权占据等。贵族、官僚、富户等构成中国古代大地主的主体。唐代以前,贵族与官僚地主具备对国家政治和经济的双重垄断,是大地主中的主流。唐宋时期,随着士族势力的没落,以商业地主、农业地主为代表的平民地主阶层开始兴起,并逐渐超过前者。自耕农和半自耕农的土地所有权源于国家授田或认可,其客体主要是耕地和林地。唐代末期之后,自耕农和半自耕民的土地所有权主要通过土地买卖得以实现。

此后,中国古代地权运动的基本轨迹是国家占据土地的名义所有权,并按照一定的等级进行初始分配;土地兼并现象普遍,绝大部分土地属民间私有,国有土地占比很小,且官田仍然持续民田化;[③]私有制程度不断加深,平民地主逐渐取代官僚、贵族地主,自耕农、半自耕农占土地所有者的绝大多数,占有的土地总量也为全国土地的绝大多数;[④]佃农从人身依附转变为土地依附关系,自耕农分化明显;土地所有权分化速度加快;土地资本化逐渐转向资本土地化。

这些变化的主要原因有三个:其一,国有制对小农的授田奠定了平民地主土地所有权的制度基础,积累了小农经济经营的社会基础;其二,生产力和生产技术的发展,尤其是耕作技术和先进农具的推广和使用降低了以家庭为单位进行的生产经营活动的难度;其三,科举制度的实行使得平民地主的代言人能够通过合法渠道进入国家政治空间,将自身利益与国家利益相契合,催生了与非特权土地产权保护相关的法律制度和政策,形成“耕读传家”的发展模式。随着小农经济的发展壮大,国家选择让渡部分土地所有权,私有制逐渐壮大。相对来说,一方面,小农土地所有权的整体力量比较薄弱,又极易受到自然灾害和政府政策等因素的影响,极易丧失地权,沦为官田或被大地主所兼并;另一方面,尽管大地主的土地所有权始终是占据主要影响力的一方,但历朝均对其采取一定程度的限制,诸如,禁止兼并、增派税赋等。因此,大土地所有与小土地经营成为中国古代土地资源配置的基本模式。

地权形式决定了土地占有、使用并索取的受益者身份。为保障土地关系有效性,自国有制实行以来,律法层有关土地资源的制度体系也逐渐确立。其主要包括土地登记制度、土地使用制度和土地国家管理制度。

---

① 秦小红:《农民制度理性》,广州:中山大学出版社,2017 年,第 242 页。在公田被废除后,官田的范围实际上扩大了,其设计不仅仅限于天子祭祀的需要和贵族俸禄,还能满足公共目的。《明史·食货志》第 4 册,上海:上海古籍出版社,1988 年,第 1881 页。依据来源和使用形式被取以不同名称,诸如,“还官田,没官田,断入官田,学田,皇庄,牧马草场,城壖苜蓿地,牲地,园林坟地,公占隙地,诸王、公主、勋戚、大臣、内监、寺观赐乞庄田,百官职田,边臣养廉田,军、民、商屯田”等。杨国桢:《明清土地契约文书研究》,北京:中国人民大学出版社,2009 年,第 1-2 页。民田的范围及于一切非公共目的的土地。按土地的自然属性分类,有水田、桑田、旱田、洋田、洲田、滩田等;按耕地状况分类,有荒田、熟田、小地等;按所有者身份分类,有僧田、族田、社田、会田、客田等。

② 杨国桢:《明清土地契约文书研究》,北京:中国人民大学出版社,2009 年,第 2 页。这种说法在汉唐时期就已经出现,仅用于表明土地与土地所有者之间的关系,不具有阶级意义。

③ 赵冈:《永佃制研究》,北京:中国农业出版社,2005 年,第 31 页。

④ 郑学檬:《简明中国经济通史》,北京:人民出版社,2005 年,第 72 页。

(一)土地登记制度

土地登记制度是指中央或地方政府依法将土地的权属、用途、面积等情况登记在专门的簿册上,同时向土地所有者和使用者颁发证书以确认所有权和使用权的一种法律制度。① 秦朝实现统一后,秦始皇命百姓自行申报占有的田产数量是中国历史上首次进行的全国性土地登记,②其内容仅针对耕地。名田宅的做法既保留了国家对土地的所有权,又保障了农民对土地的永久使用权。自南宋起,《鱼鳞册》被作为土地登记和编号的簿册。《鱼鳞册》记载土地所有权人的姓名及土地位置、面积等信息,没有产权人的土地不进行登记。除耕地,林地、园地、草地等土地类型也被纳入登记范围。按照政府设计,登记的土地需要按照质量进行详细分类。据现存的《鱼鳞册》显示,这种提法只是流于形式,在实际操作中只按田、地、山、荡(塘)进行简单区分。明清沿用此法,《赋役黄册》《实征册》《编审册》等关于田产的分类与《鱼鳞册》保持一致。

(二)土地使用制度

土地使用制度也称土地经营制度,是指对土地使用的程序、条件和形式的规定,是土地所有制的反应和体现。③ 按土地所有制与使用制关系的不同,土地使用制可以分为两种类型:一种是以自耕制为代表的"两权合一"型,土地所有权与土地使用权由同一个产权主体行使;另一种是以租佃制为代表的"两权分离"型,所有权与使用权由不同产权主体行使。自耕制基本与土地私有制同时出现。其在秦汉以后成为社会基本经济关系。所有的耕地都被称为自耕田、自种田或自业田,由自耕农或地主自行耕种,并向国家缴纳赋税。租佃制肇于唐中期,成于宋代,流行于明清。所有的耕地都被称为租田,并按照一定的比例从使用者处获取报酬,即地租。其实质上是土地所有权或土地资本的有息借贷。地租收取包括定额制与分成制两种,唐、五代时期以定额制为主,明清时期逐渐被分成制所取代。土地使用制以唐宋时期为界经历了从自耕制向租佃制的转化。④

(三)土地国家管理制度

土地国家管理制度是指国家政权以社会代表的身份对全国土地在宏观上进行管理、监督和调控的制度、机制和手段的集合。⑤ 其主要包括土地权属管理和土地利用管理两方面。土地权属管理是指国家确认和保护土地所有者、土地使用者的合法权益以及调整土地所有权、使用权关系的一种管理。据甲骨文所见,商代官职"小猎臣"专管王田农、猎事务,西周设"山虞""译虞""虞师"等官员对天子所有的各类土地和自然资源进行专门管理。自秦汉以来,随着私有制的产生和发展,政府相应地为小农土地所有权提供保护,即承认小农土地私有权、严格农村户籍、禁止土地兼并等。

---

① 杨永芳编著:《土地法学》,开封:河南大学出版社,2007 年,第 104 页。

② 臧知非:《秦汉土地赋役制度研究》,北京:中央编译出版社,2017 年,第 69-71 页。关于土地登记制度开始的时间,学界尚无定论。一种看法认为商鞅"名田宅臣妾衣服以家次"即为土地登记制度的开始,就其性质而言,是土地国有向土地私有制的转变形态,到秦始皇"使黔首自实田",农民才取得土地所有权;另一种看法认为名田制是在实田制之后对农民土地私有权的进一步认可,始行于西汉;第三种看法认为,"名田"不是独立的土地制度,因为其源于"行田"制,也就是国家授田或田宅制度。它既可以存在于国家授田制之下,也可以存在于土地私有制之下,自身不能反映土地所有权的性质。

③ 高向军主编:《土地经济学教程》,北京:中共中央党校出版社,2005 年,第 423 页。

④ 钟金雁:《宋代东南乡村经济的变迁与乡村治理研究》,昆明:云南大学出版社,2017 年,第 26 页。

⑤ 高向军主编:《土地经济学教程》,北京:中共中央党校出版社,2005 年,第 433 页。

土地利用管理是指国家通过一系列法律、法规和政策，采用行政、经济和规划计划等手段，确定并调整土地利用结构、布局和方式，以保证土地资源合理利用的一种管理。土地利用通常与国家战略有关。管仲认为政府应该对山泽池林进行管理，安排百姓上山砍柴，下水捞鱼，再出售给政府换取营生，从而实现全国经济的长期运行，因此需要采取严格的立法和执法措施限制土地等自然资源的开发和利用程度，"山林虽近，草木虽美，宫室必有度，禁发必有时"。① 秦汉至南北朝，农业生产成为国家发展的重心，绝大多数土地以耕地形式被利用，"田尽而地，地尽而山"，②并分配给成年劳动力，用于粮食生产。北魏之后，在粮田的基础上增加了桑田、榆田和麻田等经济作物的生产用途。

三、田制的演变

耕地作为中国古代最主要的土地资源类型，古人称土地制度为田制，③主要包括以耕地为代表的土地关系及由此产生的使用和管理制度。中国传统社会所实行的田制按时间序列主要包括井田制、名田制、王田制、屯田制、占田制以及均田制。

井田制或许是中国最早的田制，产生于先秦时期。④ "井田"是为适应古代农业生产排水和灌溉的需要，被人为划分成正方形的耕地，始见于《春秋穀梁传》。⑤ 井田制分配和使用的原则是长宽各"一里"的方块田按照"井"字形分为九个区域，每块面积为 100 亩。⑥ 居中的一块称为"公田"，四周为"私田"，由八户共同耕作。公田属国有，其中部分土地作为公用菜地、水井和宅第；私田则由八户均分。为获取耕地使用权，农户必须先种公田，再种私田，且井内要共同生活，互相扶助。作为一种国家土地所有制，井田制在某种程度上充当了分封、赏赐和计算俸禄的角色，国家摊派的田赋和徭役也按此制调拨。

公元前 594 年，鲁国实行初税亩。井田制被正式废除后，商鞅在秦国按军功爵制实施的名田制成为秦汉时期影响较大的制度。名田按照户籍计口授田。其主要制度安排：第一，将所有人户登记在册，建立严密的户籍制。第二，士兵每次在战斗中击杀 1 名敌军，就可获得 1 级爵位和 1 顷田地、9 亩宅地，并可向官府申请 1 名庶子。国家授出的土地即成为私人所有，可以买卖，国家不再收回。第三，爵位达到五大夫，便可享有 300 户税邑，⑦以上各级依次递增，还能养"客"。第四，爵位只能降等继承，与其所挂钩的田、宅及其他待遇都不可被世袭。名田制是在人地关系宽松的条件下设计并实行的，最初收效良好。据张家山出土的汉简《二年律令》可知，当时的名田制有二十等爵，分别规定了有爵者、无爵平民和其他不同人等 20 种授田标准。随着爵制的轻滥以及人口的增长，名田制的标准逐渐与实际脱离，土地兼并现象严重。

王田制是东汉王莽经济制度改革的核心，名字取于"普天之下莫非王土"，实质是企图以恢

---

① 黎翔凤：《管子校注》，北京：中华书局，2004 年，第 261 页。

② 〔元〕王桢撰，缪启愉译注：《东鲁王氏农书译注》，上海：上海古籍出版社，1994 年，第 599 页。

③ 万国鼎：《中国田制史》，北京：商务印书馆，2011 年，第 1 页。

④ 《周礼》《孟子》《左传》《国语》《论语》《司马法》和《春秋穀梁传》等都有对井田制的记载，但学术界对其是否被真实执行过存在争议。孙顺顺：《学术史视野下井田制研究的演进》，济南：山东大学，2020 年。

⑤ 《春秋穀梁传译注》上，上海：上海古籍出版社，2016 年，第 544 页载"古者三百步为里，名曰井田。井田者，九百亩，公田居一。"

⑥ 这里的 100 亩只是授田的基本数额，由于土地的肥瘠良恶不同，有的无须休耕，有的需要休耕，因而在实际授田时又有所调整。

⑦ 税邑是指从某一地区的农民中划出若干户，其赋税由有爵者享用，不必上缴国库。

复土地国有来抑制土地兼并。东汉王莽时期一方面废除土地私有制，禁止民间的土地买卖，只能由国家授予，男丁8口以上的人户可以分得900亩，超额部分由宗族邻里接收；另一方面，将奴婢划归私属，不得买卖，违者流放。但是土地私有的废除只是空想，王田制的诏令一经颁布便遭到个体土地所有者的强烈反对，在其发布后的第三年便宣布取消，"诸名食王田，皆得卖之，勿拘以法。犯私买卖庶人者，且一切勿治"。[①]

屯田制肇于汉代，曾在张掖、敦煌等西北边郡实行。《居延汉简》和《敦煌汉简》的发现证实了这里的屯田曾延续相当长的时间。屯田的劳动生产者主要是戍卒，他们保持着军事编制，有一套严格的管理制度。屯田卒的口粮和日用衣物都由国家供给，到边塞居住的戍卒家属也可以领一份口粮。除了军屯，边郡屯田也招募内郡的农民实行民屯。他们初到边塞可以享受政府的一些优待。如在一段时间内免除赋税徭役以及得到口粮和衣服的补助等。东汉政府还把一些刑徒派到边郡屯田。汉代西北边郡的屯田对当地的开发有一定的积极作用。由于不注意保护生态环境，汉代西北边郡的屯田导致本来就很严酷的生态条件更加恶化。东汉后期，封建国家的朝政日趋腐败，无暇顾及边郡的屯田事务，边郡屯田逐渐废弛。曹魏继承这项制度，并将屯田制进一步发展，即用军事组织编制管理劳动者，把民间的人身依附关系移植到国家制度，士兵和农民成为国家的佃客。其目的是用政治强制手段阻止他们逃避服役和纳税，可以说，曹魏屯田制是在国家对众多个体民户失去控制的条件下对土地国有制的重新强调。

西晋司马氏代魏而立标志着豪族地主中的世族地主取得了支配国家政权的地位，因此，晋武帝在平定吴国叛乱，稳固政权之后，立即颁布了占田法令，以期在保护世族地主利益的前提下发展小农经济，平衡国家与地主争夺土地人口的矛盾。占田制的积极性可以概括为两点：第一，西晋占田制对官贵占田以及拥有劳动力有明确规定，对大土地私有制经济的发展有一定的限制。据历史记载，西晋少有西汉及东晋时占田千万顷的大地主。第二，与曹魏屯田制下的屯田客相比，西晋农民地位有所提高。在课田外，小部分私田属于农民，且不承担租赋，农民的生产积极性得到了提高。据历史记载，280年，西晋有民户246万户，282年，增加到377万户，在短短的二三年间就增加了131万多户。[②] 占田制中有关等级占田的规定表明国家公开承认了身份性地主的政治特权与土地占有相结合的合法性。

占田制的消极性表现在两个方面：第一，剥削加重。曹魏户调规定其所收田租为每亩4升，户出绢2匹，绵2斤而已，不得擅自提高或增加，而西晋户调是曹魏的1.5倍，田租是曹魏的2倍。第二，西晋农民的人身依附性增强。占田是没有保证的自发行为，课田则是有保证的强制性行为。以丁男之户为例：一旦成丁，必须佃种50亩的课田，在交纳相应的租税后，其余的20亩是否能占到，国家是不管的。因为占田不是授田，只是对已占有私田的承认，因此，西晋农民的显性身份是奴隶，也就是说，西晋时的农民要么是私奴，佃种地主的土地，要么是官奴。在佃种封建国家的公田时，西晋农民只有占到其余20亩土地，才可以体现其自耕小农的隐性身份。

均田制是继西晋占田制之后又一项重要的土地制度。在具体内容上，它对农民的授田规定比占田制的规定更为详细，而对官吏占田限额的规定不及占田制。从均田制的政策目标上看，制定者最关注的四点：其一以此把农民束缚在国有土地上，让他们拥有最基本的生产和生

① 《汉书》卷99《王莽传》，北京：中华书局，1962年，第4130页。

② 杨子慧主编：《中国历代人口统计资料研究》，北京：改革出版社，1996年，第335页。

活资料，以达到稳定流民、巩固政局的目的；其二通过均田制的实施，国家农业税收具有长期稳定的来源，国家的财政利益能得到保证；其三借此抑制豪强的土地兼并，缓和土地占有的两极分化，巩固国家对豪族大家和地方势力的控制；其四以授露田的方式，促进荒地的开垦，扩大耕地面积，为农业经济的发展创造必要的资源条件。

南北朝是中国封建社会发展史上一个比较特殊的时期。南北分治、政权频更严重扰乱了当时的国家政治和社会局势。然而，这个时期各地的农业生产曾不同程度地得到恢复和发展，这应当归因于当时的当权者所推行的重视农业的经济政策和有效的土地制度，其中魏孝文帝为突出代表。

北魏的均田制并不是凭空产生的，除了现实因素，北魏早期统治者的有关政令已经为这项土地制度的产生提供了某些先行思想依据。如魏世祖太武帝拓跋焘初为太子监国时曾下令：全国以 5 口计 1 户，田地按照人户均分，每户约得 20 亩，不足 5 口算做“贫家”，依据口数酌情减少。农户间以人力和牛力互助，无牛人家为有牛人家耕种 20 亩中的 7 亩，“老小”之家无牛则偿种 2 亩。而在魏孝文帝于太和元年(477 年)所颁布的诏书[①]中，“一夫制治田四十亩，中男二十亩”[②]等也早就见诸文字，可见，均田制是北魏统治者考虑已久的产物。

均田制的政策条文十分详细具体。其中关于农民的土地分配制度规定，15 岁以上的男子可占有露田 40 亩，妇女 20 亩，每养一头牛可多得 30 亩，最多可养 4 头牛。每户必须种植 50 棵桑树、5 棵枣树、3 棵榆树，不能种桑的地方则归还 1 亩，但枣树和榆树仍须依规种植。露田在劳动者死后需要归还国家，桑田为永业田，不需归还。归还之田不得种植桑树、榆树和枣树。除向国家缴纳田赋，所得盈余归各家自行处置，若不足缴纳田赋，则需自行添买。在可以种植麻的地方，男子每人可分 10 亩麻田，妇女 5 亩，死后归还国家。身患残疾者满 11 岁可得正常的半数，70 岁以上的老人不需要归还所占田地，寡妇在免税的同时可按正常妇女分得田地。民田的归还仅限每年的正月，其他时间发生的变动必须等到翌年的正月。相比之下，对官吏的田亩数额限制则简略一些，每户就近分派田地，刺史可得 15 顷，太守 10 顷，治中、别驾各 8 顷，县令、郡丛 6 顷。如有人事变动，则直接转交给继任者。不得私自发卖，违者论罪。

施行均田制的先决条件是必须有足够的还授土地，土地权属又不太稳固。北魏时期正具备这些条件。均田制是以国有为主，私有为辅的混合型的土地所有制，也是国家大动乱、大改组的土地所有权动荡的产物。有的人在战乱中逃走、死亡，土地无主；有的人又开垦种植；有的人在战乱中转移，丢了原属自己的田地，又种了别人的田。田地权属不定是这个时期的特点，所以民众对国家统一还授田地政策的抵制不大。均田制对原有豪强地主予以照顾，对拥有奴婢、耕牛的大户在授田和户调上也有优待，而自耕农在原种植田地上按照均田令进行调整，所授田亩面积足够其种植，对其基本利益也未触动。在均田制中，露田是按人丁有授有还，体现了田地国有制；桑田属永业田，可以买卖，又体现了田地私有制，各方均予以照顾。均田制还清理了“荫庇户”，使其成为正式编户，直接给政府纳税，不再向宗主交租，减轻了负担，也增加了国家财政收入。均田制的推行基本达到了限制土地兼并、安定社会的目的。

唐代后期至北宋前期，以安史之乱为标记，中国社会处于急遽的变化之中，这种变化经历了二三百年，在北宋时期基本定型，从而呈现许多新的社会面貌，中国古代社会进入了它的后

---

① 在均田制颁布之前。

② 《魏书》(一)，北京：中华书局，1974 年，第 144 页。

半期。土地制度的变化是唐宋变革最根本性的特征之一。一般观点认为宋代是没有“田制”的朝代，所谓“不立田制”。宋代于各路置转运使，“不务科敛，不抑兼并”或谓“富室连我阡陌，为国守财”。[①] 在前代名声很不好的“兼并”之于宋代已经属于“合法”。田主（地主）一词，唐已有之，宋则普遍。清初顾炎武说，前代称之为“豪民”或“兼并之徒”者“宋以下则公然号为‘田主’矣”。[②] “不立田制”不等于没有土地制度，更不等于没有土地政策。相对于土地可以“私相贸易”而言，“不抑兼并”也不是无条件的。

宋朝土地制度大体有三个特点：第一，沿袭晚唐自由垦辟土地的政策。晚唐鼓励垦荒的政策在宋代得到延续。北宋前期数十年间，鼓励垦荒的政策被高度重视。它以恢复和发展生产为直接目的，从制度上来讲是对没有授田的一种补偿。而前代开垦荒土常要受到法令的限制，不能随意“过限”。第二，放任对土地的买卖，“不抑兼并”。一方面，无地的客户在占有若干田亩之后可以脱离地主而上升为主户成为（半）自耕农；另一方面，为官僚豪势之家兼并土地大开方便之门。第三，国家为维护土地私有权制定了详尽的交易法律，正如《袁氏世范》卷三“田产宜早印契割产”条说，官中条令唯田产“交易”一事最为详备。当时国家也制定了田产继承法，即私有土地由本主的子孙后代继承，只有当无任何继承人时，这类户绝田则收归国家，转化为官田。

宋代的土地政策导致了土地兼并的加剧与土地转移的频繁。土地兼并历来有两种形式：“贵者有力可以占田”是凭借政治地位对土地的巧取豪夺；“富者有资可以买田”是通过买卖的形式达到兼并的目的。宋代，后者是主要且合法的方式。应注意的是，当时国家对土地买卖也并不是无限制和无条件的。从总体趋势来说，国家的干预逐渐减弱，土地所有权转移的“自由度”逐渐加大。

四、土地流转

土地流转在实质上是所有权的分割与转让。根据地权结构，中国古代的土地契约主要有买卖、抵押典当、租佃、雇佣、耕畜买卖以及附属于土地契约的官文书与官田契约六类。对应的交易形式则主要分为买卖、信贷以及租佃三种。[③]

卖，也称绝卖，是土地处置权、使用权和收益权由原业主向新业主的让渡。秦汉时期，国家掌握着相当数量的国有土地，不仅包括承前代遗留下来的公田、非私人占有的土地（包括山、林、川、泽等）、占有人已死亡的绝户地以及由国家依法收回、没收的土地，而且包括屯田兵所辟之田，等等。汉代将国有土地中的可耕地称为“公田”或“官田”，分已垦和未垦两大部分。国家常把公田假（借）给贫民耕种，征收约 3％的假税。[④] 当时，一些权家豪强也乘机从国家借得大片公田苑囿，再转手租给无地或少地的农民，赚取与 50％民间田租的差价。汉武帝曾颁布《告缗令》，没收了大量商人的土地占有权。此时，土地兼并与反兼并的斗争也十分激烈，常常采取赤裸裸的暴力对抗形式，国家对土地占有权的干预也呈现暴力色彩。秦始皇与汉高祖均有进行大规模人口迁徙的指令，汉武帝甚至规定大型宗族不可聚居，严厉打击土地占有过多之人。

---

① 〔宋〕王明清撰，王松清点校：《挥麈录》，上海：上海古籍出版社，2012 年，第 188 页。

② 赵俪生：《日知录》第 2 版，成都：巴蜀书社，1996 年，第 100 页。

③ 龙登高：《中国传统地权制度及其变迁》，北京：中国社会科学出版社，2018 年，第 27 页。

④ 假税税率为“三十税一”。

豪族地主对抗国家干预的主要手段是政治权力与土地占有在新的形势下的重新结合。官僚地主依靠政治权力保护经济利益，扩大土地占有，不具身份优势的豪强地主则利用经济实力寻求与行政集团合作，间接攫取政治权力，从而形成了所谓“荣乐过于封君，势力侔于守令”[①]的经济强权，操纵国有制下的土地流转。这种操纵与对土地的掠夺紧紧联在一起，且常常与国家发生公开的冲突。

在东汉刘秀依靠豪族地主的支持夺取政权后，豪族地主特权身份的稳固性被极大地增强，许多地主以宗族为骨干，拥兵自重，“大者连郡国，中者婴城邑，小者聚阡陌”。[②] 随着地主经济的日益壮大，魏晋南北朝时期的世族门阀统治和地主庄园经济逐渐形成，大批破产的小农转入私家门下，中央皇权的统治被大大削弱。

土地兼并从西汉中后期开始萌发，经东汉和三国时期的发展壮大，到西晋时达到高潮，成为一种主要的土地占有形式。凭借大规模的土地集中，地主阶级无论是在政治，还是在经济，都对皇权的统治地位形成了较大的离心力。西晋王朝的建立是以司马氏为首的士族官僚地主的胜利，是统治阶级内部矛盾激化的结果，也是大土地占有壮大发展的结果。从西汉中期的限田、限权到西汉末期的王田私属再到东汉的刘秀度田、三国时期的曹魏屯田，一系列限制土地兼并政策均以失败告终。西晋前所未有地处于大土地占有的膨胀和上升的时期，大土地占有、小土地经营的基本经济结构框架由此被确立。

北魏均田制规定，为防止土地休耕与土地转让对收益产生的影响，土地每转让一次，田赋征收率则翻倍；劳动力到课税年纪即可以向国家申领田地，失去劳动能力的老年人及已故者所占用的田地需归还国家；若奴婢、牛等没有，则将原多发之田地归还国家，桑田不许归还，只是税率翻倍。

早在唐代建立之初，大土地私有通过土地买卖和兼并而违法发展就露出端倪。如高祖武德年间，太子李建成与其家族肆意兼并土地。唐太宗贞观年间，当时，益州因有灌溉之利，靠近水源的土地一顷便价值千金，引起富豪强宗竞相争夺。自唐高宗、唐武后时期开始，社会上层强势集团所进行的土地买卖和兼并成为一种普遍现象。如高宗永徽五年（654 年），贾敦颐迁任洛州刺史，经济实力较强的家族都占有大规模的“籍外”土地，经过清查共计 3 000 余顷。在京师长安，富商邹凤炽经常与当朝权贵结伴出游，自家“邸店园宅，遍满海内”，[③]富有程度可与商祖猗顿和白圭相提并论。睿宗下达的敕令称寺观大规模占有田地和水碾等生产资料对民间产生了重大不利影响。唐玄宗开元二十三年（735 年）时，60 岁的温县人屈突仲任因沉迷声色，将武周时期其父留下的家仆数十人，资产百万和众多房产息数出售。可见，唐高宗、武周及唐中宗、唐睿宗时期，一部分贵族、官僚、富商、寺观、地主的大土地实现“田业已成”。这种境况对整个土地所有权的结构造成了一定冲击，均田民户等的小土地遭到了兼并、侵夺和侵损。

实际上，据《通典》的编纂者自注，虽然均田制措施完备，亦徒为具文。[④] 大土地私有欲壑难填，“不限多少”，各类田庄的数量越来越多，规模越来越大，肆意吞食着大片国有土地和广大民户的小土地，“致令百姓无处安置”。唐政府已没有土地授予民户的均田，所控制的在籍户口也大量流失，从而瓦解了均田制实施的前提和基础，均田制最终走向崩溃，这个结果对土地所

① 〔南朝宋〕范晔：《后汉书》卷 49《仲长统传》，北京：中华书局，1965 年，第 1651 页。

② 〔晋〕陈寿撰，〔南朝宋〕裴松之注：《中国史学要籍丛刊・三国志》上，上海：上海古籍出版社，2011 年，第 76 页。

③ 〔宋〕李昉：《太平广记》卷 495，北京：中华书局，1961 年，第 4062 页。

④ 万国鼎：《中国田制史》，北京：商务印书馆，2017 年，第 171 页。

有权的状况及结构造成了根本性的冲击。以国有土地为主的官私二元土地所有权结构在此期间完成了向以现实大土地私有为主的官私二元土地所有权结构的重大演变，官僚、贵族等社会上层强势集团成为土地资源的最大现实拥有者。

在唐代的均田制遭到破坏后，由于封建国家对土地买卖限制与干预的废除，较为接近完全自由的土地私有制得以确立。正唯如此，唐代中期至明代中叶的土地市场发展较为迅猛，土地买卖范围与规模不断扩大，土地买卖形式也可见多样化发展之势，土地市场迈入了形成与发展的阶段。明清时期，随着社会经济的发展，地权市场范围进一步扩大，除此，土地市场的发育还出现了新的迹象：一是地权与资本的相互转化。资本流向土地，在明清之前，史不绝书。通过出卖土地，获得资本用于商业经营，至明清时才见于史端。二是土地经营权进入市场。自明代以来，定额租制得以长足发展，至清代前期，已在全国范围内占据主导地位，地主的土地所有权与经营权逐渐分离，土地经营权呈市场化发展趋势。正因如此，大规模的土地交易规模得以形成，土地市场化趋势日益加快。

此时出现的信贷交易主要有典、当、质押三种。[①] 典，也称活卖，是中国传统社会特有的土地制度，是一种保留赎回权的土地转让行为。土地所有权被分割成田面权与田底权两部分。租佃则是原业主以土地处置权为代价从佃户手中获取部分收益权的行为，可分为普通租佃与永佃。永佃通常拥有较长租期，且不能进行佃权转让。

虽然明代国有土地有官庄、屯田、没官田、无主荒地等，法律禁止买卖，但明代中叶以后逐渐向私有和民田转化，并进入土地市场。官田多招人承佃，承佃既久，逐渐变为自身世业，与民田无异。虽然官田禁止买卖，但在佃权的转让过程中，形式上的承佃契约变成买卖契约，实际上也就实现了地权的转移，特别是屯田，这种现象更为明显。马文升说："屯地多为势家侵占，或被军士盗卖。"[②]清廷庄田旗地本来是严禁买卖的，后来也被卷入土地市场。针对旗地典卖的现象，康熙曾规定，官兵地亩不准越旗交易，兵丁种地不许全卖。这项规定实际上默认了旗地在旗内的交易，缺口一开，旗地交易势头日渐难遏，至乾隆年间不得不继续放宽，准其不计旗分，能融买卖。由于旗人家庭人口繁衍极其腐化骄奢，不事生产，开始多以保留地权，出典旗地的方式进入市场。尽管清王朝多次大规模为旗人赎回典田，但旗地卷入土地市场，由典而卖的趋势难以阻遏。乾隆四年(1739 年)，民典旗地就达数百万亩，典地民至数十万户。乾隆十年(1745 年)，旗地之典卖者更是多达 50%～60%。[③]

就社会经济单元而言，地权转让的主体不外乎个体小农家庭以及包括商人在内的地主大户。他们的经济特征与土地买卖行为决定了地权交易的主旋律和土地市场发育的状况。自宋代以来，个体小农家庭经营渐趋成熟，小农对小块土地的独立经营与占有能力增强。两宋时期，主户在总户数中的比例呈上升趋势，在主户中占绝大部分比例的小农家庭数量增加；在无地而佃耕的客户中，少数小农家庭也可通过购买土地上升为主户。明清时期，小农对自有土地仍多能世世相守。应该强调的是，小农对小块土地的占有正是在不断典当、买卖地权之中实现的。自宋代以来，小农家庭经营与市场已形成密切的内在关联，这种特征使其田地经常出入市场。农民出卖田地并不是作为商品的剩余粮食来出售的，而是在其农业再生产或人口再生产

① 龙登高：《中国传统地权制度及其变迁》，北京：中国社会科学出版社，2018 年，第 27 页。

② 李国祥、杨昶主编，姚伟军、李国祥、汤建英等编：《明实录类纂·经济史料卷》，武汉：武汉出版社，1993 年，第 633 页。

③ 胡钢：《明清时期土地市场化趋势的加速》，《古今农业》2005 年第 2 期。

出现中断与危机时，通过出卖田地换取其他需求的满足，或者通过地权的转让来换取购买能力，以恢复和延续其再生产。

地主所有的土地则在诸子均分与土地买卖之下，由集中而分割，地权集中的势头受到遏制，地权的分散与转移因此而加强。虽然地主大家庭特别忌讳田产分割，但对于多数大家庭而言难以避免，田地分割也在意料之中。可见，地主阶级固然是土地兼并者，但子孙在分家自立后又是土地的出卖者。地权转移的高频率意味着农业的自然经济色彩的渐褪，商品经济色彩的渐浓；土地买卖愈频繁，土地畸零现象就越突出。相反的，在自然经济条件下，土地占有在空间上就易于连片。地权转移的零细化是经济规律作用于地权市场的表现，特权、法权等非经济因素在地权转移过程中的干涉、强制作用逐渐降低，土地市场发育日臻成熟。

思考题

1. 简述中国土地利用的类型。
2. 简析中国古代地权变化。
3. 简要梳理中国古代田制演变。
4. 简要概括中国古代土地租佃制发展的特点。

专题三　农业税与农民负担

税收是一个历史范畴，它的原生形态是原始社会中的“贡”。建立于农业经济基础之上的中国古代社会面向农业和农民征缴的农业税是国家财政的基础。中国古代的税收主要有田赋、人丁税和徭役三种形式。随着土地私有制的发展和农民对国家依附关系的削弱，税收变革的主要趋势是逐步从人口税转化为土地税、资产税，劳役税、实物税转化为货币税，货币化程度不断提高。无论如何变化，税赋一直是中国劳动人民的沉重负担。事实上，中国古代农民的负担远不止国家正式的税收和摊派。封建地租、高利贷、商人盘剥和官员的勒索等都可能成为农民的负担。

在中国古代社会，农民负担不仅一直是一个影响农业发展的重大问题，而且二者往往会形成良性或恶性的循环。一旦农民负担过重，轻则干扰农民生产，重则导致农民揭竿而起，由此引发的农民起义战争将严重破坏农业生产，而农业经济的衰退又会进一步加重农民负担。反之，当农民负担在一定合理区间时，农民得以繁衍生息，有剩余资本购置农具，改良农田。稳定的社会环境提供了兴修大型水利工程的外部条件，从而促进农业发展，而农业生产的发展也会为农民提供较多的粮食剩余，从而减轻农民负担。

关于农民负担的定义，不一而同。钱穆在《国史大纲》中把古时劳动人民的负担总结为税、役、赋和贡四类。“税”即田租，也就是农民耕种土地需要向统治者缴纳一定额度的土地租税；“役”即农民有为统治者从事劳役的义务，如疏浚河渠、修宫殿等；“赋”是在战争等特殊时期农民需要贡献牛、马、车或者劳力；“贡”是在年节时期向统治者进献的土特产品。在钱穆的总结中，农民负担被视为需要向统治者缴纳的税收。《中国农民负担史》（五卷本）也将古代农民负担的研究范畴明确为“中国封建社会农民的赋役负担”。[①] 这显然是对农民税收之外负担的一种省略。毛泽东在《寻乌调查》中用列举法将寻乌地区农民所受的剥削分为地租剥削、高利剥削和捐税剥削，这些无疑都是封建时代农民必须承受的负担。李茂岚在《中国农民负担问题研究》将农民负担定义为“农民无偿向社会提供剩余价值的总和。它是阶级社会的产物，是社会生产关系的反映。自夏商进入奴隶社会以来，随着土地私人占有和农业赋税制的产生，中国就出现了自由农民对国家以赋税形式承担地租的农民负担。”[②]虽然社会形态不同，农民负担的内容也不同，但都表现为不同阶级利益的分配关系。卜风贤统计了农民负担与总收入的比重，认为国家赋税给农民带来的负担约占农民总收入的50%，其中当负担较低时，它约为30%；当负担较高时，它可达70%，这也基本是自耕农的负担来源。虽然佃农需要缴纳的土地税低于自耕农，但他们需要承担的地租剥削和其他各种负担合计占农民总收入的50%～70%。[③]

---

① 《中国农民负担史》编委会编著：《中国农民负担史》第一卷，北京：中国财政经济出版社，1991年，第1页。

② 李茂岚：《中国农民负担问题研究》，太原：太原经济出版社，1996年，第7页。

③ 卜风贤：《传统农业时代乡村粮食安全水平估测》，《中国农史》2007年第4期。

一、中国古代主要农业税种类

税收是一个古老的经济范畴,与国家的诞生有直接关系。维持国家机器需要税收作为基础。税收的规范性、制度性等特征也决定了其需要国家暴力机关作为后盾。在漫长的古代历史中,农业是社会的主要产业。农业和农民的税收一直是古代王朝财税的基础,工商业税一般都只作为农业税的补充。由于小农经济的脆弱性和多数王朝都出现了横征暴敛,税收成为古代农民身上的沉重负担。一般来说,农民的税收有三类:对土地征收田租、对人征收口赋和对丁征收徭役。

(一)田租

田租是依据土地多寡向土地所有者或使用者征收赋税的一种形式。早在夏朝时期就有“因田制赋”的传统,经过商周两代的发展,它已经得到不断完善。《孟子·滕文公上》记载的“夏后氏五十而贡,殷人七十而助,周人百亩而彻,其实皆什一也。”就是对这一时期土地田租制度的反映。周朝时期,地税制度已经十分完善,在《周礼》记载的九赋中,邦中之赋、四郊之赋、邦甸之赋、家削之赋、邦县之赋、邦都之赋都是地税。

随着封建地主土地所有制的逐步确立,私有土地的征税范围更加广泛,在国家财政中的地位也更为重要。在奴隶制逐步瓦解的春秋时期,齐国首先采取了“相地而衰征”的田赋制度,将税赋等级与土地等级相结合,依据土地肥力、面积等征税。同时,主政齐国的管仲在税收上采取“取民有度,用之有止”的原则,依据收成丰歉规定田赋“二岁而税一,上年什取三,中年什取二,下年什取一,岁饥而不税”,确保了对税源的培育和保护。此后,晋国的作辕田、鲁国的初税亩、郑国的作丘赋都是国家承认私人占有土地并对其征税的政策。战国时期,各国已经基本确立封建地主土地私有制,并以此为基础不断完善田赋制度。在秦国商鞅变法后,“废井田,开阡陌”,将土地分配给农民,“使地皆为田,而田皆当税”。秦国的田赋制度是依据土地的总产量进行征税,这是一种定率田租制。① 这种定率田租制的优点是可以依据收成征税,多粮食者多征税。这种定率田租制相对公平合理,并为汉代所沿用。

汉代的田赋制度承袭秦制,更为完善,被称为田租,国家向土地所有者课征收益税。纵观两汉时期,田赋制度由田租、刍藁、附加和减免四个部分组成。其中田租为正税,整体税率极轻,汉初为“什五而税一”,汉文帝时进一步降低为“三十税一”。尽管东汉光武帝初年曾因战争一度采取“什一之税”,但不久也恢复到“三十税一”,并一直沿用至汉代灭亡。与“什一之税”相比,“三十税一的田赋是旧中国历史上是最轻的。”②除了田赋,汉代还有刍藁土地附加税。刍藁是指供给官府的马匹牲畜饲料,这笔费用显然需要从民众身上获得。依据 1973 年湖北江陵凤凰山十号汉墓出土的简牍信息可知,刍藁分为户刍和田刍,其中田刍按照田亩征收,因而田刍可以被视为一种制度化土地的附加税。此外,汉代的田租还有临时附加和复除(减免)制度。汉灵帝曾下令每亩加征十钱用以修筑宫殿,这就是一种附加。东汉后期,由于政治腐败,临时附加数量和频率明显增加。与之相对应的是,东汉代政府也会依据灾荒、抚慰、恩幸、贫困等因素减免田税。

---

① 黄天华:《中国税收制度史》,上海:华东师范大学,2007 年,第 49 页。

② 《中国农民负担史》编委会编著:《中国农民负担史》第一卷,北京:中国财政经济出版社,1991 年,第 49 页。

魏晋南北朝至唐代中叶，中国的税制逐步形成以人丁税为主的特点，但田赋一直以地税的形式存在，例如，西晋时期的课田就是指需要负担田租的土地。这个时期，田赋逐步由定率田租制变成定量田租制。唐代前期，地税的地位得到法律的明确，这成为唐代中叶两税法的前身。《唐律疏议》记载："应输课税，谓租、调、地税之类。"就负担而言，唐开元年间，定每亩田税为二升；天宝年间，地税岁收一千二百四十万石，同时期正租岁收一千六百四十万石。可见，地税在全国赋税中的重要地位。

在唐代两税法之后，地税成为税收的主干之一，土地所有者要按田亩纳。宋代沿袭了两税法的政策，在田赋上按夏秋两季征收，《宋会要·食货》记载："盖以土色肥瘠别田之美恶，定赋调之多寡。"其中夏税收取货币，秋税收取实物。与唐代相比，货币税的比重被大大提高。元代，"元之取民，大率以唐为法。其取于内郡者，曰'丁税'，曰'地税'……取于江南者，曰秋税，曰夏税"。虽然南北方征税办法各不相同，但都存在对耕地收税的田赋。

明代的田赋沿袭了两税法，分为夏税和秋粮，并在自唐宋以来的变迁中更加完善。为了更好地征收田赋，明朝清丈土地，编造了《鱼鳞册》(土地清册)，"图其田之方圆，次其字号，悉书主名及田之丈尺四至，编类成册，其法甚备。"表明统治者对土地税的重视。明代万历年间，为了稳固税源，张居正主持了清丈土地和实行一条鞭法。关于清丈土地方面，《明史》有详细记载："用开方法以径围乘除，畸零截补。於是豪猾不得欺隐，里甲免赔累……总计田数七百一万三千九百七十六顷。"万历年间的全国土地面积比弘治年间增加三百万顷。在实施一条鞭法方面，奉行"役归于地，计亩征收"的原则，使赋役归于田亩，并以货币税为主。这是明代大量白银流入中国，且明代中叶以后商品经济高度发达的结果。

清代初期，田赋沿用明代的夏税秋粮制，夏税不过五月，秋征不过十一月。依照土壤肥力将田亩分为上、中、下三等九则，分别制定税率。清代的田赋课征形态自顺治时期开始效仿一条鞭法以征收银钱为主，因而也被称为地银。《清世祖实录》记载，清代顺治十年(1653 年)，"户、兵、工三部遵谕改折各省本色钱粮，归于一条鞭法，总收分解，请永为例，从之。"经过康熙、雍正、乾隆三代，清朝逐步推行摊丁入地的改革，彻底废除人口税，按照单一的土地标准征税。康熙五十五年(1716 年)，广东各州县开始把丁银摊丁入地田征收，雍正元年(1723 年)正式诏令全国推行此法，乾隆四十二年(1777 年)，全国所有地区都实行摊丁入亩。此次改革历时半个多世纪，既是中国封建社会末期的一次重大改革，又是一条鞭法的继续和发展。

(二)丁税

丁税即人口税，夏代的"力役之征"应当是这种人头税的初级形态。[①] 随着生产力和商品经济的发展，丁税是逐步从力役中演化出的。丁税实质上反映的是一种人身依附关系。

《周礼·地官·载师》规定："凡宅不毛者，有里布；凡田不耕者，出屋粟；凡民无职事者，出夫家之征；以时征其赋"。"凡无职者，出夫布"的"夫布"指人口税，这是中国最早关于依照人口征税的记录。不过，这里的人口税带有对无业游民进行惩治的特点。

春秋战国时期，更加完善的人口税所反映的是生产力的发展与对人身依附关系的削弱。商鞅变法颁布"初为赋"。《史记》记载："民有二男以上不分异者，倍其赋。"这里的赋就是以人口为课税对象。随着变法的深入，商鞅进一步实施"以其食口之数，赋而重视之"的口赋政策。秦代口赋也称为户赋，最初征收时起到了鼓励生产的作用。随着时代的发展，口赋逐步转化为

① 黄天华：《中国税收制度史》，上海：华东师范大学出版社，2007 年，第 22 页。

一种横征暴敛的恶税。秦代民谣有“渭水不洗，口赋洗”①的说法，可见底层劳动人民对口赋的痛恨。

汉承秦制，汉代的算赋和口赋都继承自秦代。虽然汉代田赋较低，但人口税却很高。汉初算赋规定一算一百二十钱，文帝时削减至“民赋四十”，不久又恢复至一算一百二十钱。此后对算赋的减免多是就一时一事的具体情况而实施的。汉武帝时，又针对儿童征收口赋，以弥补战争的开支。汉代的口赋给人民造成了沉重的负担。《汉书·贡禹传》记载：“起武帝征伐四夷，重赋于民，民产子三岁则出口钱，故民重困。至于生子辄杀，甚可悲痛”。人口税将百姓逼到“生子辄杀”的地步。在封建社会，即使汉代的轻徭薄赋，也只是一个相对概念。

魏晋南北朝，中国先后实施曹魏的租调制、西晋的课田户调制、南朝推行的“租布”及“三调”制和北魏制定的新租调制，最终综合形成隋唐时期的租庸调制。这些税收制度都具有按照人丁户口授田并计征的特点，从汉代的征收货币变为征收实物。唐代的租庸调制建立在完整的户籍制度和均田制的基础上，租的课税对象是田，是指按照国家分配的土地缴纳粮食，“每丁岁入租粟二石”；庸的对象是身，指人的徭役，《旧唐书》卷四八《食货志上》对此有详细的记载：“凡丁，岁役二旬。若不役则收其庸，每日三尺。”调的对象是户，是指缴纳绵、布、麻等。“调则随乡土所产，绫、绢、絁各二丈，布加五分之一。输绫、绢、絁者，兼调绵三两，输布者麻三斤。”租庸调制是以人丁为本的赋税制度，虽然租的课税对象是田，但这是建立在均田制“凡天下丁男给田一顷”的基础上的，土地与人口高度绑定。

随着均田制的瓦解，租庸调制逐步失去了社会基础。在唐代中期的两税法改革后，虽然租庸调制被两税法取代，以人丁为计量标准的人口税几经变动，地位越来越低，但一直都是封建王朝国家税收的重要组成部分。宋代，有“丁口之赋”，即丁身米钱，就是指人口税。元代，北方实施丁税与地税并行的政策，“每丁岁科粟一石，驱丁五升”。明代前期并无人头税，但是明代中期以后实行徭役折算为银，一部分按丁征派，即为丁银，等于恢复了人头税。② 清代初期，人口税被称为丁赋或丁银，每个16～60岁的成丁都需要缴纳丁银，直至摊丁入亩政策的推行，人口税才彻底退出历史舞台。

（三）徭役

徭役始于夏代的“力役之征”，是指统治者强迫平民从事无偿劳动，包括力役、杂役、军役等过程中形成的一系列制度的总称，是赋税制度的补充形式。周代规定城郭地区年满20～60岁，郊野地区年满15～60岁的夫男，为征调服役者。春秋战国时期，各国纷纷完善了徭役制度，徭役分为兵役和力役。《孟子》《墨子》《商君书》都有关于这个时期徭役制度的描述。

秦汉时期，徭役制度分为更卒、正卒和戍卒三种：更卒即为有一定期限的徭役，一般而言需要在本郡县服役一个月；正卒是指服役与郡国或者京师的兵役，服役期限为1～2年；戍卒是指征发的边境守卫。

魏晋南北朝时期，徭役制度主要有正役、运役、兵役、匠役、吏役和杂役：正役是指国家法律规定的固定天数的徭役，主要是从事大型工程建设；运役是指为了政务或军务，输送粮食或其他装备的徭役；兵役是指以兵充役或以民充兵的一种制度安排；匠役是指以工匠身份服务于官府的徭役；吏役是指为官府从事打杂干活，并耕种公田的徭役；杂役则是指没有固定的规定，法

---

① 黄天华：《中国税收制度史》，上海：华东师范大学出版社，2007年，第73页。

② 薛理禹：《明代丁银源流考》，《历史教学》（下半月刊）2010年第10期。

定之外的其他徭役的合称。

唐代，均田制和租庸调制确保了国家的服役人口来源。租庸调制中的庸就是要求劳动人口“岁役二旬”。在两税法实施后，虽然“其租庸杂徭悉省”，但是在实际操作中却依然未阻止徭役。《资治通鉴》记载，唐文宗时“百役繁兴”，唐僖宗时“各地租税之外，更有他徭”，这些都说明徭役在实质上仍然存在。

宋代，徭役再次成为国家规定，正所谓“以两税输谷帛，以丁口供力役”，将徭役分为职役与杂徭，职役又称差役。《宋书》记载：“役出于民，州县皆有常数”。随着时间的推移，供役无度造成宋代徭役繁重，北宋中后期，地方官府及大小官员还对服役者敲诈勒索，职役逐步成为一项积弊。杂徭又称夫役，多为官府临时拆迁，主要从事地方建设。在王安石变法后，宋朝开始实施募役法，允许出钱免役，这是商品经济发展的结果。元、明、清三代都先后推行了缴纳钱财免除徭役的政策或改革，如元代的雇役制度、明代的一条鞭法和清代的摊丁入亩改革。

元明以后，徭役制度有了新的发展。第一，职业性徭役。如元代的站役、匠役，明代的军匠役制度等。《明史》记载：“凡军、匠、灶户，役皆永充。”以便对军人、工匠和制盐者进行管理。这种制度严重束缚了人口的流动，在明代中叶后流弊渐显。第二，里甲和均徭制度。里甲役以里甲制度为基础，每一百一十户为一里，其中十户为里长，其余百户编为十甲，每甲设甲首。每年里甲役由一名里长带着一名甲首和一甲之户为官府服役，十年一轮换。均徭根据认定资产薄厚确定差役之轻重，不愿服役者可以缴纳银差代替。第三，清初基本继承了明代的徭役制度，在摊丁入亩后，理论上就取消了徭役制度。《清史稿》记载：“自丁粮归于地亩，凡有差徭及军需，必按程给价，无所谓力役之征”。实际上，官府在征用劳力时仍然是无偿获取。①

二、古代社会农业税的发展与农民负担

(一)农业税的起源

税收的诞生与国家政权的形成息息相关。随着史前军事民主制度的建成，氏族部落的管理人员、宗教人员和军事首领逐步脱离生产劳动，而原始税收也由此产生。夏、商、西周时代，国家政权的不断完善导致了定制的农业税的产生。

夏朝，农业税被称为“贡”。孔注的《尚书》记载，贡是“从下献上之称，谓之所出之谷，市其土地所生异物，献其所有”。最初的贡应当是源于先人自愿而虔诚的祭祀，随后演变为本部族劳动者的自愿上供以及外部落的贡献。② 随着私有制和国家的出现，这种“贡”的强制性越来越强。《尚书・禹贡》记载了“禹别九州，任土作贡”。在夏朝成立时，田赋、盐贡和人头税这三大直接税都已经产生。《孟子・滕文公上》说的“夏后氏五十而贡”，即每个家庭可以分到耕地五十亩，但必须将其中五亩公田的劳动成果献纳于上，其征缴率约为1/10，反映的就是夏朝的税收制度。

与夏朝较为粗糙的税收制度相比，商代的税收有了很大发展。《孟子・滕文公上》记载的

---

① 黄天华：《中国税收制度史》，上海：华东师范大学出版社，2007年，第574页。

② 黄天华：《中国税收制度史》，上海：华东师范大学出版社，2007年，第12页

“殷人七十而助”是指农村公社的成员每耕种七十亩土地就需要耕种七亩公田。助法的实质是劳役地租,公田上的所有产物都上交给奴隶主,私田无须缴纳赋税,这就是“但借其力,以助公田,而不复税其私田。”这种制度促使劳动者的生产积极性在一定程度上被调动起来,比夏朝的贡法更接近后世的赋税。

西周时期实行彻法。彻的本意是通,即通公私。在助法中,虽然能够在劳动时间和耕地面积上对民众进行限制,但无法控制劳动者的工作质量,最终的结果是“民不肯借力于公田”,因此彻法在井田上不再做公田和私田的区分。

夏朝到西周,中国的税收制度不断完善。其征收的基础是农业经济的不断发展。这个时期的税收基本都是直接税。直接税“作为一种最简单的征税形式,同时也是一种最原始古老的形式。”①中国税收在先秦时期的诞生及其发展轨迹完全符合这个论断。

(二)农业税的变迁

作为一个历史范畴,税收会随着历史条件的变化而发生变迁。以历史的角度来看,社会生产力、土地所有制、社会稳定程度、统治者好恶能力和商品经济发达程度等因素导致农业税的征收也历经多次变迁,历代之中又多有反复,按征税标准划分,素来有因田而税和因人而税两个标准。因田而税是指根据纳税人所掌握土地的多少或土地上收成的多少来缴纳税款。因人而税是指依据人口数、成年人口数或户数缴纳税款。虽然这两种征税标准几乎贯穿了整个封建社会,但两种征税标准在不同的历史时期的国家税收制度中的比例却大不相同,二者的此消彼长构成了中国封建时期农业税的变化主线。

1. 因人而税的确立

先秦时期,因地而税的比重显然更大。这是由于当时的生产力水平低下,青铜工具数量稀少,农具以木、石为主,个体小农难以存活,人们只能以血缘关系为纽带,进行集体耕作,从而被束缚在土地上,因此形成了因地而税的传统。

战国时期,随着铁犁、牛耕的推广,人们开垦土地、独立生产的能力大大提高,手工业和商业也随之发展起来。于是征税的原则从以因地而税为主逐渐过渡到以因人而税为主。秦汉到唐代中期,这种趋势越来越明显。

秦汉时期,中国的农业税既包括田赋,也包括人口税。人口税在这个时期的比重高于田赋。《通典·食货典》称秦代的税制为“舍地而税人”。汉承秦制,采取“轻田租”而“重赋于民”的赋税政策。② 田租税率低至三十税一,但算赋和口赋却是农民的沉重负担,甚至逼得老百姓“生子辄杀”。此外,汉武帝时开始实施盐铁专卖制度,即国家垄断盐铁的生产经营权,利用垄断价格获利。由于盐是人们的基本生活资料,每人每天都必须消费,有学者认为“对盐实行专卖,事实上等于增加一笔人头税”,同理,铁制工具是当时生产领域最重要的生产工具,任何农业劳动者都必须使用,铁专卖也“带有人头税性质”。③

魏晋南北朝至唐代中期,因人而税的原则被彻底贯彻和执行。这个时期的税收制度都具有按照人丁户口授田并计征的特点,以唐代的租庸调制最为典型。由于这段时间战乱频

① 中共中央马克思恩格斯列宁斯大林著作编译局:《马克思恩格斯全集》第8卷,北京:人民出版社,1961年,第543页。

② 郑学檬:《中国赋役制度史》,上海:上海人民出版社,第39页。

③ 黄天华:《中国税收制度史》,上海:华东师范大学出版社,2007年,第115页。

繁，荒地数量较多，统治者吸取了两汉时期“富者田连阡陌，贫者无立锥之地”的教训，故统治者有条件，也有决心实施更有力度的均田制度或采取封建国家土地所有制，直接将人民编制到土地上，如曹魏时期的屯田制或按人口户籍把土地分配给农民，以期平均土地，如西晋时期的占田制。唐代均田制的基础就是封建国家土地所有制，①并按照人口分田。在这种情况下，人口数量与土地数量直接挂钩，因而不论是课田还是调户，都可视作以人丁为本的赋税制度。②

因人而税的纳税标准在一定历史时期起到了促进生产的作用，因此《资治通鉴·唐纪五十》就说：“夫财之所生，必因人力，故先王之制赋入，必以丁夫为本。”一方面，在人口较少，而荒芜土地较多的时候，因人而纳税可以起到鼓励劳动者开垦土地的作用。另一方面，在古代农业生产中，人是最活跃的生产力要素，当地权分配较为平均的时候，一户人口的多寡确实可以反映该户的生产能力。

2. 由因人而税向因地而税的转变

因人而税的政策只是抓住了人在创造物质财富过程中的能动作用，却忽视了人和生产资料必须结合才能创造社会财富的原理，③所以因人而税会逐渐失去其优点，反而衍生弊病。第一，在土地兼并的条件下，因人而税会导致“贫者避赋税而逃逸，富者务兼并而自若”的局面。西汉和东汉的末年都出现了严重的土地兼并，失地农民为了躲避人口税，不得不依附于地主豪强。尽管自北朝至隋唐，统治者采取了均田制以限制土地兼并，但随着王朝执政能力的下滑，唐代中期以后的土地兼并再次兴起，最终导致了均田制的名存实亡。第二，在人口接近土地承载上限的时候，人口繁多，因人而税无法再起到鼓励劳动者开荒的作用。因人而税执行较好的时期往往是战乱过后、人口数量较少的时期。据《旧唐书·地理志》的估计，唐代贞观年间人口仅1 300余万人，这时的均田制有较为充足的未垦耕地为后盾。天宝年间，中国人口高达5 200万人，其结果是“各户受田一般都不足数”。④ 第三，随着商品经济的发展和土地兼并，大量流民离开土地，这些人本应缴纳的丁税无从征缴，从而导致国家税源的流失。为了保证国家税源，丁税又会限制农民的流动性。

由于因人而税的政策有这些弊端，随着唐代中期土地占有关系的变化，中国的征税标准逐步过渡到因地而税。在两税法改革后，新税制包括田亩之税和居人之税。其中田亩之税是田赋，居人之税按照每户财产多少所定户等征收，应当算为财产税。陆贽在《均节赋税恤百姓六条其一论两税之弊须有厘革》中把其描述为“资产少者，则其税少；资产多者，则其税多。两税法改革是中国封建社会赋税制度的一次重大变革，也标志着因人而税向因地而税的转变。

宋代，国家税收按税目可以分为公田之赋、民田之赋、城郭之赋、丁口之赋和杂变之赋，其中仅丁口之赋是人丁税，且仅在南方部分地区实施。明代万历年间，张居正推行一条鞭法改革，其首要就是合并赋役，将役归于地，计亩征收，使赋役统一于田亩，随夏秋二税一起征收。⑤

清代的摊丁入亩改革是最彻底的废除人口税，改按照土地征税的一次改革。实际上，在摊丁入亩的改革前，全国丁银的征收总额已经很低，康熙二十四年(1685年)，全国丁银仅

① 贺昌群：《汉唐间封建土地所有制形式研究》，上海：上海人民出版社，1964年，第281页。
② 黄天华：《中国税收制度史》，上海：华东师范大学出版社，2007年版，第265页。
③ 袁方、宋静存：《中国改革发展文库》下，北京：团结出版社，1999年，第3321页。
④ 《中国农民负担史》编委会编著：《中国农民负担史》第一卷，北京：中国财政经济出版社，1991年，第319-321页。
⑤ 《中国农民负担史》编委会编著：《中国农民负担史》第一卷，北京：中国财政经济出版社，1991年，第255页。

为 3 136 932 两，田赋银则为 2 444 余万两；雍正二年(1724 年)，全国丁银仅为 3 291 299 两，田赋银则为 2 639 余万两。① 丁银约田赋的 1/8。由此可见，摊丁入亩的改革确实顺应了当时经济发展的需求。

应当指出的是，因人而税向因田而税的变化并非直线前进，而是曲折发展。在人口锐减的王朝初年，丁税往往被放在相对重要的位置，如元代初年曾在北方地区实施丁税和地税并行的政策，丁税少而地税多者纳地税，地税少而丁税多者纳丁税；清初也曾恢复丁银制度，直至摊丁入亩政策的推行。

不论是因人而税，还是因田而税，都有其背后的运行逻辑和历史必然性。自唐宋以来的税收标准的变革标志着中国封建社会的某些因素在发生变化。第一，人身依附关系逐步减弱。人口自由迁徙的权力得到扩大，农民的流动性有所增强。第二，土地市场的交易更加活跃。因地而税的背后是土地主的更换频繁。土地作为一种商品越来越多地出现在交易市场，固然从某种程度加剧了土地兼并，但是也促进了市场要素的成长。第三，人口的快速增长。人口增长是均田制破产的主要原因之一，以租庸调制为代表的丁税逐步被废止。同时人口增长也是丁税地位下降，直至完全取消所产生的结果之一。清代人口从康熙五十年(1711 年)的 2 400 万增长到道光二十年(1840 年)的 41 200 万，其中固然有统计口径的因素，但是人口的迅速增长是不争的事实。② 第四，大土地所有者的利益受损，“庶族地主”和“士族地主”区别不再明显。在因人而税的政策下，抑制兼并更多的是依靠政治手段，而缺乏经济手段。而贫苦农民为了躲避人头税只能依附豪强地主，从而导致豪强地主的力量不断壮大，甚至威胁中央王朝的安全。唐代中期以后，士族地主逐步退出历史舞台，这与税收制度的变化显然是有关的。

(三)农业税与人民负担之间的辩证关系

农业税是农业社会的主要税种，中国古代的农业税征收与人民的负担息息相关。如果我们从社会理财的角度以及赋役制度本身来看，税收是国家政权运行的前提，尤其在一些政治比较清明的时期，合理的税收为政府救荒、建设、国防和济贫工作提供了物质基础，有利于减轻人民的负担。在漫长的古代社会，农民无时无刻不处于封建剥削和奴隶制剥削的桎梏之下。在这种社会性质下，农业税无疑是地主阶级、封建政权利用行政、法律等强制手段对农民进行的超经济剥削，因此农业税在中国古代的大部分时期作为古代农民沉重负担的性质显然更加明显。

在自然灾害发生之际，合理的税收可以为灾害救济提供支持。《孟子·梁惠王上》记录了战国时期魏国的救灾活动：“河内凶，则移其民于河东，移其粟于河内；河东凶亦然。”显然，粮食不会凭空产生，“移其粟于河内”的做法就需要国家统治者的再分配作为支撑。《册府元龟》记载，唐开元十三年(725 年)，唐玄宗诏令“元率地税，以置义仓，本防险(俭)年，赈给百姓。”说明唐代初期的地税主要用以防灾备荒，这个时期的唐代地税因而也被称为义仓税。义仓税的制度在贞观、开元和天宝年间都得到了认真贯彻执行。它基本用于在灾年进行救济，其他情况不得挪用。③

在一些灾年，统治者会选择减免赋税，以减轻百姓负担。春秋时期，管仲就在齐国采取了

① 《中国农民负担史》编委会编著:《中国农民负担史》第一卷，北京：中国财政经济出版社，1991 年，第 566-567 页。
② 《中国农民负担史》编委会编著:《中国农民负担史》第一卷，北京：中国财政经济出版社，1991 年，第 566-568 页。
③ 《中国农民负担史》编委会编著:《中国农民负担史》第一卷，北京：中国财政经济出版社，1991 年，第 268-269 页。

根据年景确定税率的政策。汉代，复除制度逐步完善，且以财产作为减税标准，民赀不足两万的家庭才能免税，使得税收带有劫富济贫的色彩。清代，中国税收蠲免规定已经成熟，根据不同灾情，政府可以选择蠲赋或者缓征，蠲免力度也达到历史最高水平。①

政府利用税收救灾济贫或减免税收的行动无疑会减轻农民负担。纵观中国历史，农业税的征收并不如诏令或文件中说得那么美好。在漫长的封建社会中，统治者大多奉行“外儒内法”，往往会以儒家仁政自我标榜，宣传轻徭薄赋的政策，国家的财政需求却是刚性的，加上封建赋税制度的特点之一就是赋税本额由国家规定，征收费用则由各地自定，称为耗羡，因此形成了中国古代税收史的一个独特现象，正税轻而摊派重。宋代的正税并不算高，“宋田赋率每亩在一斗上下”，②但两税附加惊人。《中国财政史辑要》记载：“民之财，莫甚于输纳二税之弊，大率较之，逐年秋租加耗之人或过于正数，官收一岁之租，而入输两倍之赋。”明清时期，由于百姓所缴纳的碎银在重新熔铸中会有损耗，这部分损耗被称为火耗，需要重新向百姓加征。在这个过程中，火耗不断加重，不少地区火耗甚至是赋税的几倍。

在封建王朝中，官僚系统的腐败会造成税收的加剧。瞿同祖将清代地方政府官员和基层税吏、乡绅的舞弊手段总结为：第一，通过不催缴税款、帮助免除劳役等名义向农民索贿；第二，以代收代缴税款为名从中截留；第三，在征收税款过程中做手脚中饱私囊。③ 这样权力异化的案例几乎在每个王朝都会上演。此外，封建王朝还有所谓预征制度，即提前征收未来赋税，有的甚至预征数十年。

(四)黄宗羲定律及其历史根源

事实上，在封建统治者中不乏有识之士认识到了轻徭薄赋、减轻农民负担的重要意义，并积极进行税制改革，如唐代的两税法、宋代的王安石变法，明代的一条鞭法和清代的摊丁入亩、火耗归公。这些税制改革大抵遵循合并税种，将加派、加征变为正税，以避免贪弊，侧重于按资产征税等。在每次改革之后，改革成效会迅速削弱，反而导致税收更重，正税之外又会滋生新的加税，最终的结果是农民负担越来越重，这就是黄宗羲定律。

黄宗羲定律是明末清初的思想家黄宗羲总结历史经验得出的规律。黄宗羲在《明夷待访录》中列举了自唐代两税法改革到明代一条鞭法改革的各种情况，指出在两税法改革后，“虽租庸调之名浑然不见，其实并庸调而入于租也。”明代行一条鞭法，“未几而里甲之值年者，杂役仍复纷然……嗟乎！税额之积累至此，民之得有其生者亦无几矣”。黄宗羲敏锐地意识到封建赋税制度的三害：“田土无等第之害，所税非所出之害，积重难返之害。”他提出的赋税制度的三害直指封建王朝的税收的弊病。王家范先生在曾将黄宗羲的这种描述简化列为下列公式：

两税＝租庸调＋横征(法外之征)

一条鞭法＝(租庸调＋横征)＋横征

摊丁入亩＝(租庸调＋横征＋横征)＋横征

普遍式：$B=a(1+nx)$(n 为变革频率；x 为横征)

---

① 尚春霞：《清代赋税法律制度研究(1644—1840)》，北京：光明日报出版社，2011 年，第 120 页

② 陈登原：《中国田赋史》，上海：上海书店出版社，1984 年，第 116 页。

③ 瞿同祖著，范忠信、晏锋译，何鹏校：《清代地方政府》，北京：法律出版社，2011 年，第 78-82 页、第 105-109 页。

在这个公式下，虽然两税法、一条鞭法、摊丁入亩等改革都在前代基础上提升了税收征收效率，但其中却包含着赋税绝对值的增长，而"这种赋税绝对值的算术级数累进实际上抵消了自唐宋明清以来农业增长所带来的全部积极成果"。[①]

在唐代两税法改革中，本就是将所有税收合并于两税，也即"两税之法，乃取暂时法外之法，收入于法之中"，[②]但建中四年（782 年）又出现了加征情况。陆贽评价："聚兵日众，供费日多，常赋不充，乃令促限；促限才毕，复命加征；加征既殚，又使别配；别配不足，于是榷算之科设，率贷之法兴。"此时距离两税法的颁布仅过去四年。明代在张居正变法后一度将加征并于田亩，不久后，政府在正税的基础上征收辽饷加派、剿饷加派和练饷加派，合成三饷。明代三饷加派一年内高达 2 000 多万两白银，其"数额之巨、扰民之深、影响之大，足以厉民亡国。"[③]在清代摊丁入地和火耗归公实施后，耗羡之外又有耗羡的情况就出现了，耗羡日益增加，人民负担日趋加重。[④] 晚清时期，为了镇压太平天国起义，清朝的各地督抚向来往商贾征收厘金以资军费，每年征收厘金达 2 000 万两白银。随着太平天国运动的失败，本为权宜之计的厘金制度却成为清王朝的常制，并为民国所沿用，直至 1931 年才被废除。

从客观来看，黄宗羲定律的历史症结在于国家财政支出不断呈现刚性增长的趋势，而赋税的增长却是有限的。一方面，古代财政收入的增长极为有限。中国古代的税收过于依赖农业，在未有根本技术突破的情况下，农业税的增长显然有其极限。在新王朝建立后，土地会集中于地主阶级，地主阶级凭借自身政治特权会隐匿人口、田产等，以达到避税的目的。作为封建王朝主要税源的自耕农不断破产，最终导致王朝税收入不敷出。另一方面，古代财政支出却会随着王朝承平日久而不断增加。在王朝中后期，统治者日益追求奢靡之风、持续困扰的三冗问题等都可能造成财政开支的加大。中国历史上存在着明显的机构设置不断膨胀、官员数量不断增加、官民比持续上升的趋势现象。据统计，汉朝官员总数大约为 7 000 人，唐朝大约为 18 000 人，北宋大约为 34 000 人；明朝中期，官员总数已达到 10 万人。[⑤] 官员的绝对增加速度远超人口的增长速度，这无疑会加重百姓的赋役负担。在封建时代的制度设计中，农民从来不是制度设计者考虑的主体，也不具备任何议价权利。当农民负担与国家财政之间发生冲突时，统治者只可能选择进一步剥削农民。在这种制度根源下，中国历代财政改革的出发点都不是减税，而是只能通过并税来减少征收中出现的弊病，因此黄宗羲定律在中国历史中长期存在。

三、古代地租剥削与农民负担

在封建制度下，农民的负担不仅来源于税收，而且来自地主阶级的经济剥削。经济剥削的范围广泛，包括地租、高利贷和商人盘剥等，其中最主要的就是封建地主凭借土地所有权向农民收取地租，这就构成了中国古代农民最沉重的负担之一。

（一）早期地租剥削

西周时期，统治阶级剥削农业生产劳动者的主要形式是劳役地租。[⑥] 劳役地租的剥削方

① 王家范：《百年颠沛与千年往复》，上海：上海远东出版社，2001 年，第 166 页。
② 王夫之：《读通鉴论》卷二十四，北京：中华书局，1975 年，第 711-712 页。
③ 《中国农民负担史》编委会编著：《中国农民负担史》第一卷，北京：中国财政经济出版社，1991 年，第 525 页。
④ 《中国农民负担史》编委会编著：《中国农民负担史》第一卷，北京：中国财政经济出版社，1991 年，第 572 页。
⑤ 倪玉平：《中国历史上为何存在"黄宗羲定律"》，《人民论坛》2021 年第 20 期。
⑥ 阎万英、尹英华：《中国农业发展史》，天津：天津科学技术出版社，1992 年，第 59 页。

式较为简单粗暴，也称为劳动地租或徭役地租。在实施劳役地租的地区，“农奴每年用一定时间在封建地主的土地上为土地所有者提供一定量的劳动。”[①]在这种制度下，百姓负担沉重，《诗经》中“王事靡盬，不能蓺稷黍。父母何怙?”的发问就反映了这个时期的劳动人民对劳役地租的不满。虽然劳役地租限制了农民的耕作时长，但是无法对农民耕种公田的产量进行监督。在这种情况下，农民往往选择重视私田而忽视公田，甚至会在劳动中采取怠工等方式进行反抗。对于剥削者而言，劳役地租也是一种不经济的剥削方式。随着商品经济的发展，劳役地租逐步被实物地租和货币地租所取代。在整个历史时期，劳役地租一直以各种形式在少数地区延续下来。东汉崔寔曾经评论：“上家累巨亿之赀……生死之奉，多拟人主。故下户踦岖，无所跱足，乃父子低首，奴事富人”，表明这个时期的佃户对地主的人身依附。清代，尽管清律规定，地主与佃户“平日共坐同食，彼此平等相称，不为使唤服役”“并无主仆名分”，但不少地区的主佃关系仍不平等。例如，长沙地区的地主就常“擅将佃户为仆，恣意役使……甚有呼其妇女至家服役，佃户不敢不从者”。[②]

(二)租佃制度的形成与发展

西周时期，地租主要向国家和贵族缴纳，公田名义上归属国家所有，因而这种地租剥削并非是典型的租佃制度。中国正式的租佃制度产生于战国时期，此后延续 2 000 余年。战国时期，土地私有制和土地买卖处于起始阶段，中国在这个时期尚处于人少地多的状态，因此土地兼并没有造成严重的社会问题，租佃制度也还处于起始阶段。西汉中期以后，随着土地兼并的加剧，租佃制度逐步发展起来。

在唐代均田制被破坏后，土地兼并愈演愈烈。陆贽在《均节赋税恤百姓六条其六论兼并之家私敛重于公税》中描述了唐代中期以后的情况：“有田之家，坐食租税，贫富悬绝，乃至于斯……今京畿之内，每田一亩，官税五升，而私家收租殆有亩至一石者，是二十倍于官税也。降及中等，租犹半之，是十倍于官税也。”宋代后，乡村竞争性租佃市场已经出现。根据张锦鹏的推算：“宋代全国地主有 110 万～300 万户，佃农有 300 万～600 万户。”[③]这个数量已经足以构成一个乡村竞争性租佃市场，宋代佃权交易由此更加活跃，契约租佃关系成为乡村经济关系的主导。[④] 这表现在：第一，土地买卖频繁，出现了“贫富无定势，田宅无定主”[⑤]的说法。在不同版本的《名公书判清明集》的“户婚门”中，60%以上的记载涉及地权转移，[⑥]可见，这个时期地权转移之频繁。有学者估计，南宋淳祐年间的地权转移率为 8.5%～10%。[⑦]第二，这个时期关于地权转移的模式和制度安排更加完善。宋代，典卖、卖绝、断骨、倚当、抵当、质举等地权转移方法的出现标志着地权转移的多元化。此外，宋代田宅牙人不断发展壮大。田宅牙人是专门负责土地交换的群体，“人户交易，当先凭牙家索取阄书砧基，指出丘段围号，就问见佃人，有无界至交加，典卖重叠。”[⑧]国家法律也规定了田宅牙人的权利义务，包括进

① 张跃庆、张念宏、冯晓宏等:《经济百科辞典》，北京:中国工人出版社，1989 年，第 310 页。
② 同治《长沙县志》卷 20。
③ 张锦鹏:《宋代租佃效率研究》，《中国经济史研究》2006 年第 1 期。
④ 杨瑞璟:《宋代乡村社会经济关系研究》，昆明:云南大学出版社，2018 年，第 128 页。
⑤ 〔宋〕袁采:《袁氏世范》卷下《治家 · 富置产当存仁心》，天津:天津古籍出版社，2016 年，第 171 页。
⑥ 郦家驹:《两宋时期土地所有权的转移》，《中国史研究》1988 年第 4 期。
⑦ 周龙华:《从两则土地税税额材料看宋代的土地买卖》，《贵州社会科学》1992 年第 1 期。
⑧ 〔宋〕袁采:《袁氏世范》卷下《治家 · 田产宜早印契隔产》，天津:天津古籍出版社，2016 年，第 167 页。

行产权调查、告知亲邻、监督双方必须使用“正契”、将田债契约上交官府并纳税盖章等。[①] 第三，宋代佃权转移更加多元化，出现了“永佃权”和“二地主”等新的称谓。总之，土地租佃中出现的许多新现象都是宋代以后社会经济发生巨变的结果，租佃市场也由此更加趋于合理。

（三）实物地租向货币地租的转化

地租的基本形式包括劳役地租、实物地租和货币地租。在中国封建时代，实物地租和货币地租的形式更加普遍。实物地租是封建社会发展到较高阶段的产物。在西欧，实物地租占据主要位置需要追溯到13～14世纪封建庄园经济趋于瓦解之后。中国自战国确立地主经济后就长期以实物地租作为地租的主要形式。在实物地租下，佃户向地主缴纳的地租因地而异，一般旱地多为小麦、黍、粟等，水田则以稻谷为主。在古代社会，土地仅能维持农民温饱，大部分佃农都会耕种粮食，因而实物地租在中国古代也被称为“谷租”。

随着商品经济的进一步发展，货币地租诞生且比重越来越大。在中国古代，货币地租也称为“钱租”，农民需要向地主缴纳一定数量的货币作为地租，是实物地租的一种转化形式。货币地租的产生是社会生产力和社会分工发展的产物。在封建社会早期，货币地租比重很小。随着明代中期到清代前期农产品商品化的趋势不断加强，商品粮数量增加，经济作物种植面积扩大，货币地租也随之发展起来。明代，使用采取货币地租的主要还是皇庄和大土地所有者；清代，货币地租的流行范围更加广泛，“全国十八行省，皆有一些田地收取货币租子”。[②] 总体而言，货币地租依然只是实物地租的一种补充。

实物地租向货币地租的转化更有利于激发农民的生产积极性。农民在货币地租下可以根据市场自行安排生产计划。农民为了获取货币就必须将农产品投入市场，这部分的农产品也就因此带有部分商品经济的性质。不论哪种地租形式，都是农民的沉重负担。

思考题

1. 试论中国古代赋役制度的变迁规律。
2. 简述黄宗羲定律的产生原因及破解之策。
3. 阐释中国古代农民负担的总体特征。

---

① 杨瑞璟：《宋代乡村社会经济关系研究》，昆明：云南大学出版社，2018年，第118-119页。

② 周远廉、谢肇华：《清代租佃制研究》，沈阳：辽宁人民出版社，1986年，第189页。

专题四　粮食与食物安全

传统中国是一个以农为主的农本国家，农耕经济是国家的主要经济命脉，农作物的选择与种植关乎国家经济与社会民生。在历史发展中，以“五谷”为中心的粮食作物和本土与外来作物相融合的经济作物逐渐形成，它们共同构成了中国现在农作物的基本格局。粮食问题在古代就已得到极大关注，被视为民生问题之首。中国古代对粮食安全的重视集中体现于重农政策。供需矛盾、自然灾害、社会因素等都会影响粮食安全。

一、五谷与农作物起源

受地理环境影响，黄河中下游地区成为中国古代经济文化的起源地之一。原始社会，先民们播种的粮食作物的种类可能相对较多，夏、商、周时期常以百谷对粮食作物加以概括，《诗经》《尚书》《周易》等典籍均有提及。

继百谷之后，出现了九谷、六谷和五谷等说法。《周礼》中的九谷有两种说法：一是指黍、稷、秫、稻、麻、大小豆、大小麦；另一种是无秫、大麦，有粱、苽。[①] 虽然汉代的《氾胜之书》和西晋崔豹的《古今注・草木》提到的九谷的具体指代内容各有不同，但都包括了黍、稻、麦、豆等作物。

五谷是春秋时期出现的对中国古代粮食作物的概括性称呼，黄河流域的粟、黍，长江流域的水稻均属于五谷的范畴。百谷到五谷的转变表明了先民们对农作物进行了人工选择和集中栽培，[②]且已有了分类的观念。万国鼎指出，五谷一词最早的记录可见于《论语》，其指代的具体内容却出现在汉朝。[③] 有关五谷的说法并不统一，最主要的有三种：第一种是指黍、稷、麦、豆、麻；第二种是指黍、稷、麦、豆、稻；第三种是指稻、稷、麦、豆、麻。[④] 这三种说法的共同点是都包含了稷、麦、豆三种作物；其不同点是第一种有麻无稻，第二种有稻无麻，第三种有稻无黍。古代经济文化中心在黄河流域，稻的主要产地在南方，而北方种稻有限，所以五谷中最初无稻。两种说法结合起来就得出稻、黍、稷、麦、菽、麻六种作物。《吕氏春秋》里有四篇专门谈论农业的文章，其中《审时篇》谈论栽种禾(稷)、黍、稻、麻、菽、麦这六种作物的情况；《吕氏春秋・十二纪篇》说到的作物也是这六种。很明显，稻、黍、稷、麦、菽、麻就是当时的主要作物。所谓五谷，就是指这些作物，或者指这六种作物中的五种。随着社会经济和农业生产的发展，五谷的概念也在不断演变，现在所谓五谷实际只是粮食作物的总名称，或者泛指粮食作物罢了。[⑤] 五谷中

---

① 曾雄生：《中国农学史》，福州：福建人民出版社，2012 年，第 8 页。

② 梁家勉主编：《中国农业科学技术史稿》，北京：中国农业出版社，1989 年，第 55 页。

③ 万国鼎：《五谷史话》，北京：北京出版社，2018 年，第 1-2 页。

④ 沈志忠：《汉代五谷考略》，《中国农史》1998 年第 1 期，第 104-106 页。

⑤ 万国鼎：《五谷史话》，北京：北京出版社，2018 年，第 3 页。

的菽是当今世界各国大豆的直接来源或间接来源。在新石器时代，中国就开始种植麻（大麻）。在五谷中，最重要的农作物就是小麦和水稻，现今依然是国人的主要粮食。

二、农作物种植结构的改变与粮食产量的提升

农作物种植结构又称作物布局，是指一国或一地区范围内的作物区域分布。① 农作物种植结构的改变与当地的自然和人文环境密切相关。在长期的劳动生产实践中，农民群众通过调整农作物的主要品种及种植方式，形成了相对稳定的生产方式和农业格局。② 农作物种植结构不断改变的目的之一是促进粮食产量的提升。历史经验在一定程度上对此有所印证。

农业的起源与产生大致发生于旧石器时代晚期进入新石器时代的交汇点，可视之为中国农业发展进程中的第一次革命，农业的起源以粮食作物的栽培为标志。③ 在农业产生至新石器时代结束期间，农业是原始农业，这个阶段的农作物种植以驯化野生植物为主。据考古发现证明，黄河流域至少在七八千年前就已经种植黍、粟等旱作作物，长江流域在 1 万年前就已种植水稻。原产西亚的小麦则在距今约 4 500 年传入中国，小麦传入是中国农业发展进程中的第二次革命。在传入中国北方地区后，随着冬小麦的培育成功，其独特的续绝继乏之效，使之逐渐取代粟、黍，成为北方旱作农业的主要作物，在此基础上，中国逐渐形成了“北麦南稻”的生产格局。

夏商周时期的主要作物是黍（黄米）、稷（谷子、粟）、麦（小麦）、菽、麻等，形成了明代以前中国北方主要的粮食作物结构。夏商周时期，粟、黍在粮食作物中占据绝对重要的地位。据于省吾统计，殷墟卜辞中涉及“黍”的卜辞有 106 条，记载“稷”的有 36 处，数量远超其他作物，可见两者在商代已普遍种植。④ 黍耐旱、耐碱、生育期短的特点与黄土高原干旱盐碱地的自然条件相适应，因此成为当时的主要粮食作物之一。但是黍的产量不及粟，粟较为耐旱。粟不仅是黄土高原地区具备天然适应性的作物，也是先秦时代黄河流域的主要粮食作物。在这个时期，水稻的种植区域继续向北方推进，当时的豳、唐、鲁，即现在的陕西彬州、山西太原、山东曲阜等地均有水稻种植。然而当时小麦的种植尚不普遍。

春秋末期至战国时期，铁犁、牛耕的出现与普及促进了生产力的提高，农业生产技术的进步促使耕作制度发生变革，由休闲制转向连种制。战国时期，先民们就已经认识到精耕细作对粮食产量提升的作用，《庄子・则阳》中记载了粗放种田导致产量不佳，而精耕细作可以产量颇丰的案例。春秋战国时期的粮食种植结构发生了诸多变化。菽、小麦的地位开始上升，黍的地位下降，开始出现五谷的说法。豆类在春秋战国时期发展迅速，《战国策・韩策》记载：“韩地……五谷所生，非麦而豆，民之所食，大抵豆饭藿羹。”⑤足见豆类种植之普遍。《四民月令》将豆类列为应当种植和出售的粮食。其原因在于当时推行的连作制。豆类的根部不仅具有固氮肥田的功用，豆类作物是与谷类作物轮作，以维持地力的理想作物之一，且豆类可于春夏两季播种，对土壤和气候条件的要求较低，适应了备荒与扩大耕地面积的需要。

---

① 任继周：《中国农业系统发展史》，南京：江苏科学技术出版社，2015 年，第 107 页。
② 曾濰嘉：《古代农作物种植结构的变迁与区域农业经济的发展》，《农村经济与科技》2017 年第 4 期，第 167-168 页。
③ 李群主编：《中国农业史概论》，北京：科学出版社，2021 年，第 26 页。
④ 于省吾：《商代的穀類作物》，《东北人民大学人文科学学报》1957 年第 1 期，第 81-107 页。
⑤ 〔汉〕刘向集录，范祥雍笺证，范邦瑾协校：《战国策笺证》下，上海：上海古籍出版社，2006 年，第 1491 页。

秦汉时期，精耕细作技术初步形成。黄河流域的先民们在长期的实践中总结出适时耕作的理论。其主要目的在于抗旱保墒，进而保障粮食生产。为了适应旱地耕作的环境，汉代的赵过提出"一亩三甽，岁代处"①的代田法，此法实际上是对"上田弃亩，下田弃甽"垄作法的继承和发展。《氾胜之书》记载了汉代栽培技术的又一成就：区田法。区田法对土壤肥瘠的要求较低，关键在于用粪肥田，以提高单位面积的粮食产量。秦汉时期，粮食作物的种植结构有所调整，且品种也渐趋丰富。作为五谷之长，粟仍是中国北方地区最重要的粮食作物。南方的长江流域则以水稻种植为主，且水稻的种植区域不断向北推移，也有了关于在今北京地区水稻种植的记载。虽水稻的种植区域较为广泛，但其产量却低于粟。有学者指出，汉代亩产粟为3小石，稻谷则低于粟，为2.77小石。② 从秦汉开始，菽的地位逐渐下降，开始向副食转变。随着生产工具的改进，水利设施建设、牛耕以及肥料的使用，小麦的种植进一步推广，并逐渐成为北方地区的主要粮食。自秦汉以来，大麻作为粮食作物的种植逐渐变得不重要。汉代，芝麻、苜蓿、葡萄、石榴等陆续从西域引进，而中国南方的甘蔗、茶的种植更为普遍。秦汉时期已注意到播种前对种子的处理。《氾胜之书》记载的溲种法便是用骨汁、羊矢、附子等进行拌种处理，以提高种子的防虫、抗旱能力。在这个时期的种植制度上，广东地区已有一年两熟制，黄河中下游的连种制已定型，轮作复种、间作套种等也已出现。

魏晋南北朝时期，粮食作物的品种繁多，包括谷、粟、黍、稷、梁、大豆、小豆、大麦、小麦、水稻和旱稻等。其中黍和粟所占的比重仍旧很大。《齐民要术》有关粟、黍、稷的记载非常丰富，其中品种大约有86种。同时大量的北方荒地的存在使菽和黍在北方的地位上升。南方水稻种植面积进一步扩大，西晋郭义恭的《广志》记载的水稻品种有13个，而《齐民要术》则记载了24种。水稻品种的增加是长江流域稻作农业进步的重要表现，水稻和粟并列为主粮。由于南方存在着大面积的山地丘陵，随着北方人南迁，北方的旱地粮食作物传入南方，其中尤以小麦最为突出。小麦适宜水稻轮作，在南方颇受重视。如"太兴元年(318年)，诏曰：'徐、扬二州，土宜三麦，可督令熯地，投秋下种，至夏而熟，继新故之交，于以周济，所益甚大。昔汉遣轻车使者氾胜之督三辅种麦，而关中遂穰。勿令后晚。'"③当南方发生大旱，水稻难以耕种或者很难正常成长时，政府一般会下令以麦救灾。南朝宋元嘉二十一年(444年)政府就下诏云："比年谷稼伤损，淫亢成灾，亦由播殖之宜，尚有未尽。南徐、兖、豫及扬州、浙江、江西属郡，自今悉督种麦，以助阙乏。"④这个时期的南方地区还开始种植高粱。麻在这个时期已经不是主要的粮食作物，而是用作油料作物，其他油料作物也开始种植。例如，油菜和芸苔，但用来榨油是比较晚的事情。

唐代，随着轮作制、复种制的推广和面粉加工技术的革新，麦类生产在粮食作物中的比重呈现上升趋势。与此相对应的是，面食在北方的逐步盛行。唐代中期以后，中国的经济重心东移南迁，水稻在农业经济中的地位上升，关中、河内、河套、幽蓟等地水稻种植地位突出，新疆和东北地区已经有了水稻的种植。政府粮食形态的财政收入在很大程度上取决于江南水稻生产区。在北方地区，麦类的生产规模十分大，而南方地区的麦类生产范围也被进一步扩展。中国南方水稻代替北方的粟成为粮食作物中的主导产品，而北方地区的小麦已经与粟的地位相若。

① 〔汉〕班固撰：《汉书》，北京：中华书局，1962年，第1138页。

② 吴慧：《中国历代粮食亩产研究》，北京：中国农业出版社，1985年，第117页。

③ 〔唐〕房玄龄等撰：《晋书》卷二六《食货志》，北京：中华书局，1974年，第791页。

④ 〔梁〕沈约撰：《宋书》卷五《文帝纪》，北京：中华书局，1974年，第92页。

在山区，山药成为重要的粮食作物，而荞麦的种植也较为普遍。就全国而言，粟在主粮中仍占首位，麦居其次，水稻次之；就地域而言，南方水稻始终占绝对优势。而黄土高原以及华北地区的主粮仍以粟为主，麦则次之，稻米所占的比重很小。唐代是中国历史上与汉代并重的盛世，诗人杜甫描绘的"开元盛世"就呈现了"稻米流脂粟米白，公私仓廪俱充实"的丰收场景。据统计，这个时期的粮食生产比汉代提高了 150%。①

从宋元开始，中国作物种植结构开始发生较大的变化。虽然小麦原产北方，在南方较早种植，但面积毕竟十分有限。宋代以后，随着中国经济重心的南移，大量北人南迁，种麦的先进技术随之传入南方，小麦在南方的客观需求量大增，小麦在长江流域的江浙、淮南、湖南等被广泛种植，而岭南地区也开始种植小麦。在这种背景之下，稻麦两熟制在南方形成。宋代引进的占城稻在长江流域发展较快，并引起了一系列种植制度的变革，可称之为中国粮食生产的第三次革命。从宋代开始，稻麦为主的粮食结构在全国形成，粮食产量大大增加。据统计，宋代每个农业劳动力(男性)一年生产粮食为 2 710～6 930 斤，平均水平为 4 000 斤，与汉代每个劳力年生产粮食 2 000 斤相比，生产率提高了近 1 倍。② 宋代，棉花开始在江南传播，黄河中下游的棉业也有所发展。宋以前的油料作物以芝麻为主，发展至宋代时油菜种植开始兴起。

自明清以来，水稻在粮食作物中的种植地位明显上升，明代已经是"稻居什七"，在北方几省则是"小麦居半"，但南方几省的小麦种植只占 1/20。清代水稻种植的北界已经到达北纬 44°，在新疆的伊犁、沿河西走廊、河套到辽河流域都有关于水稻种植的记载。自明清以来，北方的高粱(蜀黍)、粟(谷子)种植仍十分普遍。明清时期，棉花的种植更加广泛，蚕桑和麻类的生产相对受到排挤。明朝后期，中国从海外引进了一些重要的作物，如马铃薯、玉米、番薯、花生、烟草、南瓜和番椒等，这些高产域外农作物大多不择地而生。它们的引进对中国农业生态和粮食结构的变迁产生了极大的影响，可称之为中国粮食生产的第四次革命。

纵观历史时期中国农业的发展：先秦至两汉时期，北方的农业生产技术水平略高于南方；自魏晋南北朝以来，经济重心南移，南方的农业进入大发展阶段；唐宋之后，南北方的农业都有了不同程度的发展；清代，中国的传统农业进入发展的最高峰，传统农耕土地的充分开发和扩大、先进的农作制度以及传统的精耕细作农业技术的推广都极大地促进了粮食产量的提升。③中国历代粮食平均亩产统计如表 4-1 所列。

三、古代主要的粮食作物

中国古代的粮食作物以禾谷类为主，尤以稻、麦为重，两宋时期形成了南稻北麦的种植格局。粮食作物的推广以及农业耕作技术的改进极大提高了中国粮食的产量。人口的增加、灾害频发等致使原本就稀缺的土地、粮食更为紧张。为了缓解粮食供应问题，在 13 世纪以后，尤其是从 16 世纪开始，中国掀起了一个引进美洲作物的高潮。

① 赵德馨主编，郑学檬、杨际平、陈明光等著：《中国经济通史》第四卷，长沙：湖南人民出版社，2002 年，第 30-33 页。

② 赵德馨主编，葛金芳著：《中国经济通史》第五卷，长沙：湖南人民出版社，2002 年，第 221-225 页。

③ 史志宏：《清代农业的发展和不发展(1661—1911 年)》，北京：社会科学文献出版社，2017 年，第 128 页。

表 4-1　中国历代粮食平均亩产统计①

朝代	古亩每亩面积/平方市尺①	古亩比今亩(今亩为 100)②	古亩平均产量				折合今制每市亩平均产量/市石		后一朝代与前一朝代的增减情况/%	
			北方(麦)		南方(稻米)		北方(麦)④	南方(稻米)⑤	北方(麦)⑥	南方(稻米)⑦
			古石	今市斤③	古石	今市斤				
先秦	1 640.3	27.3	1	0.2			0.732			
两汉	4 479.0	74.7	3	0.6	2	0.4	0.804	0.536	↑9.7	
魏与西晋	4 554.0	75.9	3	0.6	3	0.6	0.791	0.791	↓1.5	↑47.6
东晋南朝	4 860.0	81.0			5	0.9		1.111		↑40.5
北朝	10 497.6	176.0	3	1.2			0.686		↓13.3	
隋唐	4 752.6	79.2	1	0.6	1.5	0.9	0.757	1.136	↑10.3	↑2.3
宋	5 189.4	86.5	1	0.6	2	1.2	0.694	1.387	↓8.3	↑22.1
元	7 472.7	124.5	1	1.2	2	2.4	0.964	1.927	↑38.9	↑38.9
明清	5 529.6	92.2	1	1.2	2	2.4	1.302	2.604	↑35.1	↑35.1

①的计算方法,以先秦为例:周制"六尺为步,步百为亩",则一平方步为:6 尺×6 尺=36 平方尺;一亩为:36 平方尺×100=3 600 平方尺。战国尺长为 22.5 厘米,即 22.5/33.3≈0.676 市尺(因一市尺为 33.3 厘米),故先秦一平方尺为:0.676^2≈0.456 9 平方市尺;一亩为:0.456 9 平方市尺×3 600≈1 644.84 平方尺。

②≈(①÷6 000)×100。

③,④≈(③×②)×100,⑤仿此。

④,⑥,⑦中的"↑"表示增产,"↓"表示减产。

(一)本土粮食作物

在中国所有的本土粮食作物中,水稻无疑是最重要的,至今仍在国民经济生活中扮演着重要的角色。虽然粟在历史时期一度是主粮,但现在的地位已经逐渐降低。

1. 粟

粟的种植相对较早,是中国历史上重要的粮食作物和救荒作物之一。结合考古实物资料可证实,粟在中国的驯化时间约在 1.1 万年前,"再结合全球末次冰消退却导致华北地区尝试种植的时间约在 1.2 万年前",因此,粟的起源距今为 1.1 万～1.2 万年。② 粟在魏晋南北朝以前的社会生活中具有相当重要的地位,一度与水稻一起成为主要的粮食作物。从古代掌管农业的官员名称看,秦汉的"治粟内史""搜粟都尉"都以"粟"指代农业。《吕氏春秋》《齐民要术》等都将粟谷的记载放在最显著的位置,由此可知,粟在古代农业生产中具有的重要地位。明清以后,由于水稻、小麦种植面积的扩大,玉米、甘薯等作物的引进,粟谷的种植才逐渐减少,并丧失了主粮的地位,成为杂粮,在杂粮中的位置次于玉米、高粱。

2. 水稻

早在新石器时代早期,中国就已经开始种植水稻。江西仙人洞和吊桶环遗址证明了中国的栽培稻驯化史可追溯至距今 1.5 万年前后。③ 夏商周时期,水稻种植向北方推移。河南安

① 余也非:《中国历代粮食平均亩产量考略》,《重庆师范学院学报(哲学社会科学版)》1980 年第 3 期,第 8-20 页。

② 何红中、惠富平:《中国古代粟作史》,北京:中国农业科学技术出版社,2015 年,第 12 页。

③ 曾艺:《野稻驯化,万年之源——认识江西万年稻》,《农村·农业·农民》2021 年第 9 期,第 57-59 页。

阳殷墟出土的甲骨文中就有稻的记载，且郑州白家庄商代遗址也发现了稻壳，这就反映了黄河流域在商代确有水稻种植。[①] 西周时期，水稻种植的北线已经达到山东、山西、陕西一带。此时，种植水稻的主要目的是酿酒。春秋战国时期，虽然北方水稻的种植扩展到关中、河内、河东和河南等地区，但种植面积与产量都不大，北方仍以粟、黍等为主。

魏晋南北朝时期，大量南迁的北方人为江南地区带来了劳动力和农业生产技术，其中包括陂、堰、渠、塘等水利设施的建设，水利工程的建设或溉田或排水扩大了水稻的种植面积，江南出现"地广野丰，民勤本业，一岁或稔，则数郡忘饥"[②]的盛景。

隋唐时代，由于大运河的开辟，江淮所产可经由漕挽转输京师，最高年至400万石。而北方的水稻主要分布在幽州、并州、绛州、同州、雍州、陇州、渭州、兰州一线以南的地区。自五代以来，圩田、围田、涂田、沙田、梯田等田制的兴起促进了东南水域稻田的开垦与种植。粮食生产的稳定上升成为两宋时期经济重心南移的基本条件。与南方的勃兴相比，北方的栽培仍旧有限。韩茂莉指出，北方水稻多种植在灌溉条件便利的地带，因此呈现栽培地区有限、总面积小和稻田多以点状、线状分布在低洼地区及河湖周围等特点。[③] 正是因为这样的分布特点，水稻在北方的地位不如麦、粟等旱地作物。

元明清时期，政府定鼎燕幽，对南方稻米的依赖更加严重，南方岁运400余石以供军国之需，18～19世纪江苏、浙江、安徽三省负担的漕粮占岁额的60%以上。明清之际，水稻的生产在地区上发生很大变化，湖广跃居主要产地的第一位，江浙降为第二位，两广处于第三位。在这个阶段，黄河流域的水稻生产却更加衰落。其主要表现为种植地区极为零星分散，没有范围较大的产区；种植时间极短，屡兴屡废，没有形成长期的持续产区；没有得到中央的强力支持。清朝中后期，随着人口的持续增长，粮食不足的情况愈发严重，原先的稻米产量已经不能维系国家的粮食安全，进口粮食成为一个重要的补充渠道。晚清至民国期间，稻米的进口数量呈上涨趋势，1867—1886年的二十年间，洋米的年进口数量在5万吨(100万担)以内；1887—1920年的三四十年间，大致在50万吨(1 000万担)以内；1921—1949年二十八年间，则在50万～130万余吨(1 000万～2 600万担)。"[④]

3. 黍

黍又称黄米。在以黄河流域为中心，东到黑龙江，西到新疆的新石器时代遗址中曾发现多处黍的遗迹。经过科学的鉴定，年代最早的黍粒是甘肃省秦安县大地湾遗址一期文化层中出土的碳化黍粒，经碳十四测定，距今时间大约为5 000年，可见黍的栽培有近9 000年的历史。黍不仅是粮食作物，还是酿酒的重要原料，在商周时期占有重要的地位。由于黍的单位面积产量不如谷子，作为日常饮食也不如小米好吃，因此在黄河下游地区的种植不如谷子多。在《吕氏春秋》《齐民要术》等的记载中，黍的地位排在粟之后，居于第二位。随着稻麦的推广，黍一般只在北方高寒地区种植，逐渐处于杂粮的地位。

4. 菽

菽是大豆的古称。《诗经》中有"中原有菽，庶民采之"[⑤]的诗句。先秦时期，五谷的说法或

① 邹逸麟：《历史时期黄河流域水稻生产的地域分布和环境制约》//《椿庐史地论稿》，天津：天津古籍出版社，2005年，第285页。

② 〔梁〕沈约撰：《宋书》卷五十四《列传第十四》，北京：中华书局，1974年，第1540页。

③ 韩茂莉：《宋代农业地理》，太原：山西古籍出版社，1993年，第204-205页。

④ 李竞雄等主编，马藩之等编著：《作物栽培学》上，北京：高等教育出版社，1958年，第38页。

⑤ 高亨注：《诗经今注》上，上海：上海古籍出版社，2018年，第314页。

是“黍稷菽麦稻”或是“麻黍稷麦豆”或是“稻稷麦豆麻”，都包含大豆。《战国策·韩策》云：“民之所食，大抵豆饭藿羹”，[①]证明大豆在古代确实是主要粮食作物。大豆在汉代已经被普遍种植。《氾胜之书》专门记载了大豆的栽培技术，并认为“大豆保岁易为，宜古之所以备凶年也。”[②]并提倡每人要种五亩大豆，“谨计家口数种大豆，率人五亩，此田之本也”，[③]还指出利用区种法种植大豆，亩产可达到16石(约合今亩产396.5斤)，产量很高。从东汉开始，又有大豆作副食的记载。元代《王祯农书·百谷谱集之二·大豆》介绍大豆可作主食，作粥饭；可作备荒食粮；可作饲料；可作副食、豆腐、酱料，等等，用途相当广泛。

5. 高粱

高粱是中国原产，还是从国外引进，学术界至今未有定论，颇有争议。在历史文献中，直到晋代出现“蜀黍”一名，唐代才有高粱的名称。唐代陆德明在《尔雅释文》中云：“按蜀黍，一名高粱，一名蜀秫。以种来自蜀，形类黍，故有诸名。”[④]因此过去许多学者都认为它是西晋时期才从国外引进的。近些年来的考古发现却证明，在距今5 000多年前的仰韶文化就有了高粱的碳化物，为高粱起源本土提供了例证。高粱首先种植于中国西南地区，元代逐渐增多，明代以后北方种植普遍，扩展到东北地区则是近百年的事。

6. 麻

古代的麻是指大麻，是新石器时代重要的纤维作物兼食用作物。甘肃省东乡区林家遗址曾出土新石器时代的大麻籽说明了其作为食用大麻的种植历史至少在5 000年以上。大麻籽在古代可供食用，所以被列为五谷之一，到了南北朝时期，人们还在吃麻粥。宋元以前，中原没有棉花，人们做衣的原料主要是丝和麻。东汉末年，在开始实行的户调制中，调主要就是指丝麻织品。宋元以后，棉花在全国普遍种植，棉织品逐渐取代了麻织品，大麻的种植日益减少。

这些作物在中国本土起源。实际上，中国灿烂的文化体系在为世界文明做出贡献的同时，也吸收了其他一些地区的先进成果，众多外来作物的引进就是其中重要的特征。这些作物的引进与传入或多或少对农业经济产生了较大的影响。

(二)域外粮食作物

1. 小麦

小麦是五谷中最重要的农作物之一。有关小麦原产地的说法，学界众说纷纭。赵志军认为小麦原产于西亚。有关小麦传入中国的路径，他提出了两种可能路线：一是欧亚草原路线，小麦从西亚传入中亚后，向北进入欧亚草原，并借助草原的青铜文化传入蒙古高原，然后到达中国北方文化区，再借助南北向的河谷通道向南传入黄河中下游地区；二是绿洲通道，小麦经由中亚传入塔里木盆地，然后沿塔克拉玛干沙漠南北两侧的绿洲通道向西传播，再经河西走廊传入黄土高原地区。[⑤] 有专家认为它原产于西亚，中国黄河流域的小麦是后来引进的。迄今发现最早的小麦在距今3 800年左右的孔雀河畔古墓沟墓地。此种说法对学界影响较为深远。唐启宇则认为大麦、小麦在中国有史记载以前就已经开始种植。一些学者以甘肃东山灰

---

① 〔汉〕刘向集录，范祥雍笺证，范邦瑾协校：《战国策笺证》下，上海：上海古籍出版社，2006年，第1491页。

② 石声汉：《氾胜之书今释(初稿)》，北京：科学出版社，1956年，第22页。

③ 同②。

④ 陈文华：《农业考古》，北京：文物出版社，2002年，第52页。

⑤ 赵志军：《小麦传入中国的研究——植物考古资料》，《南方文物》2015年第3期，第44-52页。

遗址出土的小麦为依据，认为中国的小麦可能是张骞通西域之后才传入的。后经考古发现证明东山灰出土的小麦不是中国出土的最早的小麦，且其所处的年代约在夏商时期，故此说法不足信。甲骨文中的“来”“麦”二字，专指小麦；“牟”字则专指大麦。据学者考证，二麦来源于莱牟(今山东莱芜)，蔓延于济水流域，而后到达中原、西北地区。[①] 据《诗经·思文》所载“贻我来牟”[②]可知，在公元前21世纪始有大麦、小麦传入。商周时期，先民们对小麦的收成十分重视，在卜辞中有“告麦”的祭礼，《礼记》有“登麦”的祭礼，在一定程度上反映了黄河流域小麦种植的普遍。小麦在传入后曾对中国的政治格局产生了重大影响，赵志军认为小麦是助秦统一天下的重要力量。秦国在韩国水工郑国的建议下修建了郑国渠。郑国渠的修建使得秦川水土环境得以彻底改善，变成千里沃野的天府之国，粮食产量大增，小麦的种植面积和亩产大幅增长，为秦国统一六国奠定了经济基础。[③] 确如司马迁在《史记》中所载的那样“于是关中为沃野，无凶年，秦以富强，卒并诸侯。”[④]

两汉时期，关中、河东、冀南等地区种植的主要是秋种夏收的冬麦，也称“宿麦”。在陕晋冀北部寒冷地区，由于生长季节短，其主要种植春种秋收的春麦，也称“旋麦”。这个时期的大麦和小麦栽培开始向南向北延伸，冬麦向长江上游的荆州以及淮北地区发展，而春麦则开始向河北北部发展。

魏晋南北朝时期，春麦栽培向西北推进到甘肃陇西、河西、武威、敦煌、高昌等地区，向东北方向推及勿吉、失韦等地区。冬麦栽培随着四五世纪北方人的南移而向江淮、浙赣等地区推广。《晋书·五行志》记载：“元帝太兴二年，吴郡、吴兴、东阳无麦禾，大饥。”[⑤]吴郡、吴兴、东阳即今江苏、浙江湖州、浙江东阳。可见，在4世纪初，麦在江浙一带已经取得了一定的地位。唐启宇认为，大抵在南方进行麦作生产的主要目的是继青黄不接时的粮食需要或于水旱灾荒后劝种小麦以济匮乏。二者对南方的水稻生产都起着补助作用，与北方以小麦为主要的农作物不同。[⑥] 隋唐时期，随着生产力的进一步发展，麦作范围又有所扩展。龟兹、吐蕃、南诏、两广等地区都有麦作种植的记载。唐代后期，东南山地烧山而种的畲田被开发，麦作栽培开始向山地发展。

宋元时期，麦作在南方的种植有了较大的发展。北宋时期已经发布劝江南、两浙、荆湖、岭南、福建诸州等地区的农民专种粳稻者杂植诸谷的诏令，[⑦]诸谷自然包括大麦和小麦。此诏令的目的是提倡多种经营的方式，避免由单一种植可能导致的危险。12世纪，建炎至绍兴年间，由于北方南移的移民增多，饮食习惯的差异使之对麦的需求增大，从而带动麦价大涨，刺激了麦的生产，因此麦的种植面积迅速增加。庄绰在《鸡肋编》中提道：“绍兴初，麦一斛至万二千钱，农获其利，倍于种稻。而佃户输租，只有秋课。而种麦之利，独归客户。于是竞种春稼，极目不减淮北。”[⑧]由此可见，小麦在南方的种植已经不亚于北方。麦、稻的生长季节不同，只要安排适时，就可以在秋季收稻以后种麦，夏季收麦以后插秧，同一块田一年可以两熟。麦的推

---

① 唐启宇编著：《中国作物栽培史稿》，北京：中国农业出版社，1986年，第57页。

② 高亨注：《诗经今注》下，上海：上海古籍出版社，2018年，第534页。

③ 赵志军、贝云：《小麦秦统一天下的力量》，《中华遗产》2010年第1期，第122～137页。

④ 〔汉〕司马迁撰：《史记》，北京：中华书局，1959年，第1408页。

⑤ 〔唐〕房玄龄等撰：《晋书》卷二六《食货志》，北京：中华书局，1974年，第808页。

⑥ 唐启宇：《中国作物栽培史稿》，北京：中国农业出版社，1986年，第58页。

⑦ 〔元〕脱脱等撰：《宋史》，北京：中华书局，1977年，第4159页。

⑧ 〔宋〕庄绰撰，萧鲁阳点校：《鸡肋编》，北京：中华书局，1983年，第36页。

广并不妨碍稻的栽培面积。大抵在南方种麦后，一套稻麦两熟制的生产经验便被摸索出来。北宋朱长文的《吴郡图经续记》①提道，吴中土地肥沃，物产丰富，割麦后种稻，一年两熟，稻有早晚。其后，《陈旉农书》和《王祯农书》均对稻麦两熟制进行了论述。据《王祯农书》记载，南方在种麦方面已有相当高的技术水平，单位面积产量也比较高，并不比北方差。此外，麦作栽培在南方救荒中发挥了很大作用。《救荒活民书》记载："二麦于新陈未接之时，最为得力，不可不广也"，②因此政府多次下诏推广麦的种植，以促进了长江中下游麦的种植面积不断扩大。

小麦不但向南方推广，而且北方也在发展。元代以前就曾流传"收麦如救火"的农谚。在生产工具方面，唐代已使用麦钐，元朝初年，又有了新的改进，创造了麦笼、麦钐、麦绰等快速收麦器。据推断，南宋时期，全国小麦总产量可能已经接近谷子，或者超过谷子而居粮食作物的第二位。明清时期，由于稻麦一年两熟制的实行以及19世纪中叶后交通的发达，移民的踊跃和新开垦地的需要，麦的种植大量增加。据明代宋应星《天工开物》的估计来推算，当时小麦约占全国粮食总产量的15%以上。虽然这是一个粗略的估算，但可反映小麦在明代粮食作物中仅次于稻而居第二位。纵观历史，中国小麦无论在栽培地域，还是产量，都呈不断发展的态势。在新中国成立后，小麦之发展速度也超过其他各种粮食作物。以1949年和1979年的总产量做比较，1979年的产量是1949年产量的4.54倍。

2. 占城稻

早熟占城稻的引进和推广是中国粮食生产的第三次革命，对中国南方地区的开发和经济重心在南方的确立起到了较大的积极作用。

占城稻原产于今越南中南部的占城，何时传入中国不详。宋代政府对它的推广主要针对的就是原有稻种不耐旱的缺点。据《宋史》卷一七三《食货志》记载，宋真宗祥符四年（1011年），"帝以江、淮、两浙稍旱即水田不登，遣使就福建取占城稻三万斛，分给三路为种，择民田高仰者莳之，盖旱稻也。内出种法，命转运使揭榜示民。后又种于玉宸殿，帝与近臣同观；毕刈，又遣内侍持于朝堂示百官。稻比中国者，穗长而无芒，粒差小，不择地而生。"③

从原始资料来看，政府对占城稻的推广十分积极，涉及的区域、面积也很宽泛。按每亩用种三升计，"三万斛"稻种就可以种植100万亩稻田，即使用现代的眼光看，一次性地改良100万亩也是一项重大的工程。如果成功，必将取得巨大的经济效益与社会效应。如果失败，后果就十分惨重。在政府的全力保障下，该制度获得了成功，在长江流域得到推广。据李纲记载，在洪州地区乡民所种的稻田中，70%是占城稻。④

3. 玉米

明代中后期，中国人口增加，灾害多发，人地矛盾突出，传统农业技术制度已经不能满足日益增长的粮食需求。在中外交流加强以及航海技术进步等诸多因素的共同刺激下，寻求新的均衡制度成为必然。明代中叶以后，一大批具有耐旱性、适应恶劣生存条件的作物开始进入中国，如玉米、甘薯、马铃薯等。它们的传入改变了中国传统粮食作物的种植格局，农业的种植经营从此不仅仅局限于平坝和浅丘坡地，还向山地扩展。明清时期，美洲作物的引进可视为中国

① 〔宋〕朱长文撰：《吴郡图经续记》上，台北：成文出版社有限公司，1983年，第2176页。

② 〔宋〕董煟：《救荒活民书》//李文海、夏明方、朱浒主编：《中国荒政书集成》第1册，天津：天津古籍出版社，2010年，第62页。

③ 〔元〕脱脱等撰：《宋史》，北京：中华书局，1977年，第4162页。

④ 〔宋〕李纲：《李纲全集》中，长沙：岳麓书社，2004年，第1006页。

粮食生产的第四次革命，影响深远。何炳棣认为玉米、番薯的传入对中国产生了极大的影响，尤其在南方地区，"粮食生产革命和人口爆炸是互为因果的。"①邹逸麟认为虽然美洲高产旱地农作物的传入和推广为中国亚热带山地的深度开发创造了条件，有积极意义，但也产生了许多社会性的问题。②

玉米原称玉蜀黍，原产于中南美洲，15 世纪伴随哥伦布发现新大陆而传入世界各地。玉米传入中国的路线主要有三种：第一种，从西班牙传到麦加，再由麦加经中亚、西亚引种到中国西北地区；第二种，先由欧洲传到印度、缅甸等地，再由印度、缅甸等地引种到中国西南地区；第三种，先由欧洲传到菲律宾，然后由葡萄牙人或在菲律宾等地经商的中国商人经海路传到中国。玉米的集中产区的北界以秦岭为界，主要产于陕、鄂、川、湘、贵、桂六省区。19 世纪中后叶，玉米开始向平川地区推广。进入 20 世纪，玉米逐渐成为黄河中下游的重要粮食作物。

4. 甘薯

甘薯也称番薯、红薯、地瓜、白薯等，原产于美洲中部的墨西哥、哥伦比亚一带。据考古资料显示，8 000 年前的秘鲁就有番薯，美洲印第安人将其驯化为粮食作物。1492 年，随着哥伦布对新大陆的发现，番薯传向世界各地。明代中后期，发达的海上交通使中国与东南亚的商贸往来更加频繁，番薯就在此时进入中国。

甘薯进入中国的路径大致有三种说法：第一种为从越南引入广东东莞与电白区；第二种为自文莱引进；第三种为自吕宋（今菲律宾）引进。其中最后一种说法得到的认可最多。甘薯具有耐旱、耐涝、耐风雨、病虫害较少、适应性强、不与稻麦争地、产量大等优点。明代陈振龙的后代陈世元有关于甘薯产量的详细记载："薯，上地一亩约收万余斤，中地约收七八千斤，下地约收五六千斤。"③鲜薯"每万斤，晒干三千五百斤零"，④大约每三斤鲜薯，晒薯干一斤。当时北方的粮食产量，"凡膏腴上地，更际丰年，每亩收谷子（即小米）一大石，计官斗三十余斗，连稃不满五百斤。如大麦、高粱、荞麦。到秋收成，轻重大略相等"。⑤ 清代末期，两湖番薯耕地面积为一万八千顷（1 800 000 亩），以 6 石的番薯单产量计，清末两湖每年可产番薯 1 080 万石左右。⑥ 甘薯在中国的集中产区分布在杭州湾以南的东南各省，但四川和山东中南部也有较多的生产。

5. 花生

花生的原产地是巴西，明代传入中国。中国最早记载花生产地的是江苏太湖一带的地理历史文献，如《常熟县志》《嘉定府志》《种芋法》等。花生先种植于闽广等地，17 世纪开始扩展到浙、赣、皖、湘、川等地，18 世纪向黄河流域推移，19 世纪中期以后遍及全国。由于山东半岛成片的沙土地和丘陵地区适于花生的种植，山东在清代末期已经成为中国种植花生面积最广、输出额最高的省份。

---

① 何炳棣：《美洲作物的引进、传播及其对中国粮食生产的影响（三）》，《世界农业》1979 年第 6 期，第 25-31 页。
② 邹逸麟：《中国历史地理概述》，上海：上海教育出版社，2007 年，第 237-238 页。
③ 农业出版社编辑部：《金薯传习录种薯谱合刊》，北京：中国农业出版社，1982 年，第 53 页。
④ 同③。
⑤ 农业出版社编辑部：《金薯传习录种薯谱合刊》，北京：中国农业出版社，1982 年，第 52 页。
⑥ 龚胜生：《清代两湖地区的玉米和甘薯》，《中国农史》1993 年第 3 期，第 47-57 页。

四、古代的粮食安全

"食为政首",粮食问题自古以来便被政治家们视为民生问题之首。《洪范·八政》记载:"一曰食。二曰货。二者生民之本。兴自神农之世。"[①]《管子·牧民》言"仓廪实,则知礼节,衣食足,则知荣辱",[②]足见粮食问题的重要性。

(一)古代的农业与食物系统的脆弱性

据分布广泛的史前遗址表明,早在 8 000 年左右,生活在黄河、长江等流域的中华先民已经开始了定居农业生活,将渔猎采集时代的攫取型经济模式推进到生产型经济模式。与渔猎采集相比,种植谷物和养殖家禽、家畜重构了新型的食物生产系统。谷物和家禽、家畜的周期性生产为人们带来了较为稳定的食物来源,推动了人口的持续增殖,进而为文明的诞生和社会的进步奠定了基础。

随着新型的农业—食物系统的重构,人们的生计安全越来越依赖于农业生产。考古学家对史前人体骨骼残骸的碳十三(^{13}C)测定和 C、N 稳定同位素分析表明,人们在龙山文化时期摄取的粟、黍、麦、稻米等谷物显著高于仰韶文化时期。其中,河南新密市新砦遗址和山西襄汾县陶寺遗址人骨同位素食谱分析结果显示,在居民食物结构中,植物性食物占主要地位,动物性食物比例较低。[③] 龙山时期,黄河中下游地区的植物性食物主要由粟、黍和小麦等谷物构成。

在将食物和营养越来越多地投向谷物生产之际,新的生存安全风险也悄然来临。据现代耕作学的常识表明,谷物生产通常要经历相当长的生命周期,其中冬小麦的生长期通常为 220～240 天、春小麦生长期为 90～110 天,早稻生长期为 90～125 天、晚稻生长期为 150～180 天,春播粟生长期为 120～140 天、夏播粟生长期为 90～140 天,黍一般为 80～90 天。在前现代农业生产体系下,粮食稳定产出的实现取决于平稳的气候和气象条件。在相对漫长的生长周期内,粮食生产遭遇季节性的天气几乎是必然的,饱受自然灾害的冲击通常是常态。毕竟,任何一次飓风、暴雨、干旱、蝗虫肆虐通常都具有不可预期性,都可以对粮食的稳定产出造成致命的打击。

与渔猎采集时代低水平的食物保障相比,稳定的农业生产的确更有利于食物的获取。在人类的自然再生产和社会再生产的双重压力下,更多的食物养活更多人口,更多的人口也迫切需要更多的食物。二者一旦出现结构性的失衡,人类安全生计往往就难以维系。为此,人们就需要不断提高生产力水平,向更成熟和发达的科学技术要食物。早在先秦时期,中国北方劳动人民在农耕生产实践中就已经深刻认识到天时、地利和人力在农业中的辩证关系,形成了天、地、人"三才合一"的农耕哲学,逐渐熟悉了植物随着气候的季节性变化而发生萌芽、成长、开花、结实、枯荣的规律性变化,学会了观测天象的规律性变化,积累了较为成熟的农学知识。

然而,农业科学和技术的革命性变化往往需要经历漫长的探索。中华先民在以木石农具为代表的原始农业阶段徘徊了 6 000 年左右,直到战国秦汉时期,才将其逐渐改造为更先进和更高效的铁犁、牛耕的生产方式,并将粮食平均亩产从春秋战国时期的大约 91 市斤提高到秦

---

① 李民、王健撰:《尚书译注》,上海:上海古籍出版社,2012 年,第 173 页。

② 李山,轩新丽译注:《管子》,北京:中华书局,2019 年,第 1 页。

③ 靳桂云:《龙山文化居民食物结构研究》,《文史哲》2013 年第 2 期,第 99-111.

汉时期的大约117市斤。[①] 然后，又经过了2 500年左右，机械化动力、化学肥料、新型育种技术和高效农药等被应用于农业生产，在更大程度上缓解了人们的食物危机。

农业是自然再生产和社会再生产的统一，食物的占有和分配具有显著的阶级性。尽管既定的土地面积和农业技术能够产出足以保障所有人需要的食物，也并不意味着所有人都不饿肚子。因为特定社会形态中的阶层分化往往意味着不同阶层对个体食物保障能力的参差不齐。在传统农业时代，土地和粮食的占有量通常与权力大小和稳定程度成正比，这就决定着食物占有和分配在阶层分化以及生计安全风险向底层民众下移的常态化。

历史上的农食系统的脆弱性还体现在资源禀赋或农业生产条件的区域差异。土地和水资源是发展农业的最大约束条件。通常，大河流域的冲击带和低地平原的土壤更肥沃且更易于耕作，又有丰沛的水资源，食物生产能力更强，因此更容易成为人口集中地和食物的核心供应地。较低的地势和水资源分配的季节性不均衡容易导致这些地方暴发水灾。于是，每次水灾往往以大规模的人口损伤和食物损毁，甚至社会经济系统的断裂为代价。与之相比，虽然高原或高地能有效避开水灾，但较高的水分蒸发、贫瘠的土壤和水资源的短缺往往会导致旱灾的频发。在"水灾一条线，旱灾一大片"的成灾机理下，旱灾同样会产生沉重的社会经济灾难。事实上，历史上相当一部分受灾程度深、持续时间久和灾害后果严重的巨灾都是旱灾。

农业能够为人类提供更为稳定的食物来源，农业的发展支撑了人口的持续增殖和社会的不断进步，所以人类需要和更依赖于发展农业。农业的自然再生产和社会再生产属性决定了自然秩序的扰动和社会秩序的变革会导致农业与食物系统凸显脆弱性。如何熨平农业与食物供给的周期性波动，保障人们获得安全生存需要的食物就成为摆在历代统治者面前必须破解的难题。

（二）食物安全与粮食安全

1. 食物安全问题

有关食品安全管理的规定，早在周代就已有记载。据《礼记》记载："五谷不时，果实未熟不粥（鬻）于市"，[②]严禁未成熟的五谷、果实进入市场；"禽兽鱼鳖不中杀不粥（鬻）于市"，[③]不在狩猎季节和狩猎范围的禽兽鱼鳖也不得在市场上出售。汉代，国家从法律层面对食品安全进行管控，《二年律令》记载："诸食脯肉，脯肉毒杀、伤、病人者，亟尽孰（熟）燔其余。其县官脯肉也，亦燔之。当燔弗燔，及吏主者，皆坐脯肉臧（赃），与盗同法。"[④]律令规定私人及官员皆不可贩卖有毒肉脯，违反者将遭受处罚。唐代推行的唐律是在汉律的基础上加以细化的，对私人行为的限制更为详备。此外，唐代设置了市署对市场加以监管。宋代，一些不法分子弄虚作假，"且如小人以物市于人，敝恶之物，饰为新奇；假伪之物，饰为真实。如绢帛之用胶糊，米麦之增湿润，肉食之灌以水，药材之易以他物。巧其言词，止于求售，误人食用，有不恤也"。[⑤] 宋代设立行会对商品质量进行把关，行会的行首主要负责评定物价和监察。清代的食品安全监管相对成熟且科学，许多措施沿用至今。清王朝对茶叶的监管比较具有代表性，为防止茶叶造假贩

---

① 卜风贤：《传统农业时代乡村粮食安全水平估测》，《中国农史》，2007年第4期，第19-30。

② 〔汉〕郑玄注，〔唐〕孔颖达等正义，黄侃经文句读：《礼记正义》下，上海：上海古籍出版社，1990年，第259页。

③ 同②。

④ 朱红林：《张家山汉简<二年律令>集释》，北京：社会科学文献出版社，2005年，第26页。

⑤ 夏家善主编，贺恒祯、杨柳注释：《袁氏世范》，天津：天津古籍出版社，2016年，第97页。

假，首先，核发牌照，并为茶叶商人颁发“经营执照”和“注册商标”，授予出口权；其次，命令官员对茶叶进行质量抽查，倘若茶叶包装与牌号不符，便要接受处罚。[①]

2. 粮食安全问题

与食物安全不同，粮食安全问题侧重于粮食生产领域。中国古代对粮食安全问题高度关注。“在粮食生产领域内，历代统治者都提倡以农为本的思想和政策，重农思想和农本观念成为古代社会发展经济、治国安邦的选择。”[②]

先秦是古代粮食安全思想的萌芽时期，《诗经》《周礼》《吕氏春秋》等文献中均有相关记载。《诗经·大雅·桑柔》记载：“好事稼穑，力民代食。稼穑维宝，代食维好。”[③]告诫君王要以农为本。《诗经·唐风·鸨羽》中提到“不能艺黍稷。父母何食？”[④]表现了当时广大农民对农业的重视，当时全社会都十分重视农业生产，而农业生产也是以粮食生产为核心。《周礼》强调政府在粮食生产中的重要作用，并提出抗灾救灾的措施，例如，建立的仓储制度等已经具备了粮食安全思想的雏形。《礼记·王制》提出“耕三馀一”，即粮食安全系数为50%，按粮食的年度计算，年末库存率（包括政府和民间库存）相当于半年的粮食消费量。《管子》是先秦时期粮食思想的集大成者。管仲认为，强国富民的根本是发展农业生产。先秦时期还形成了对粮食丰歉的认识与灾害循环说。

秦汉时期，古代粮食安全思想已初步形成。秦朝统一六国后，其将重农政策作为基本国策。“使黔首自实田”，承认土地占有关系，并通过法律的形式进行保护，《云梦秦简》中关于农业管理的记载极为丰富。西汉初期，民生凋敝，国家采取“轻徭薄赋”的农业政策，以恢复生产。汉文帝、汉景帝亲自参加籍田礼，以示对农业生产的重视。汉武帝提出“用事者争言水利”，[⑤]改善农业生产的条件。汉昭帝、汉宣帝继续推行农本政策，多次减免田租。东汉沿袭了西汉重视农业的政策，颁布“假民公田”诏令，除了减免租赋，还多次赈济贫民。秦汉时期，地方各级官员也十分重视农业生产和粮食问题，贾谊和晁错的论述就颇具代表性。从当时的现实情况出发，两人分别从经济和政治层面提出粮食安全在社会经济和国家良性运行方面的重要作用，与此同时，还注意到家庭和个人的粮食安全问题。贾谊和晁错对古代粮食安全理论进行的探索标志着古代粮食安全思想的初步形成。

魏晋至隋唐时期，粮食安全思想进一步发展。魏晋南北朝时期，中国社会动荡不安，民生凋敝，国家和社会处于粮食危机的边缘。粮食安全仍是国家的重中之重，北魏贾思勰的《齐民要术》提道：“治生之道，不仕则农”。[⑥] 其根本目的在于“劝农”。隋代，隋文帝在重农措施方面推行均田制，限制土地兼并，并注重粮食的仓储，设立官仓和义仓。唐代的粮食安全思想进一步走向成熟，刘晏对粮食安全问题的认识更为全面，包括粮食生产、流通及救灾等。

宋元时期，与粮食安全密切相关的荒政思想全面成熟。虽然宋代推行的稻作两熟制和稻麦两熟制大大提高了粮食产量，但人口增加、自然灾害的出现会导致饥荒的发生，于是出现了荒政思想。荒政思想可分为备荒和救荒两个方面：在备荒方面，朱熹首创社仓制度，通过民间

① 王安：《中国古代如何监管食品安全》，《遵义》2016年第6期，第78-79页。

② 吴宾：《中国古代粮食安全问题研究》，杨凌：西北农林科技大学，2007年。

③ 高亨注：《诗经今注》下，上海：上海古籍出版社，2018年，第482页。

④ 高亨注：《诗经今注》下，上海：上海古籍出版社，2018年，第167页。

⑤ 〔汉〕司马迁撰：《史记》，北京：中华书局，1959年，第1414页。

⑥ 〔后魏〕贾思勰著，缪启愉校释：《齐民要术校释》第2版，北京：中国农业出版社，1998年，第22页。

互助组织实现饥荒时开仓赈济，并在每年春夏季节救济贫民；在救荒方面，范仲淹提出“发司农之粟，募民兴利”的“以工代赈”之策不仅可以救济灾民，还可以修建公益工程。南宋时期，董煟的《救荒活民书》是第一部有关荒政的专著，反映出当时的荒政思想已较为成熟。元代仍非常重视农业生产，颁布《农桑辑要》，推行一系列重视粮食生产的措施和政策。

明清时期，古代粮食思想基本定型。这个时期仍推行重农政策，提高粮食产量，荒政制度也较为完备，粮食流通的作用得到普遍关注。重农政策的核心在于粮食，明代徐光启提道：“至于农事，尤所用心，盖以为生民率育之源，国家富强之本。”①因此要劝民耕种，鼓励粮食生产。农业生产的基础在于开垦荒地和兴修水利，故有徐光启所言“水利之兴废，乃吴民利病之源也”。② 针对明清时期人口增加、灾害频仍带来的粮食问题，在政策上借鉴前代，实行“预弭为上，有备为中，赈济为下”③的荒政思想。明清时期，经济作物大量种植，粮食的商品化成为必然趋势，“苏湖熟，天下足”则是粮食流通及商品化的重要体现。

需要注意的是，古代粮食安全的概念有别于现代意义的解释。一般认为，它包括两层含义：一是宏观意义上的粮食安全，即一个国家在粮食自给和粮食储存量上要满足国家政府机构的正常运转、征战以及赈灾之需，这是基于政治需要的粮食安全概念；二是微观意义上的粮食安全，即能够基本满足人民群众的最低的生活需求，对粮食的营养安全和食品安全则要求不多，普通百姓通过主要粮食作物能维持生命的需要，这就说明粮食是安全的。

（二）古代粮食安全的影响因素

虽然中国古代的农业技术较为先进，但未能长久地提供足够的粮食。纵观中国古代历史，影响粮食安全的因素有以下三个方面。

首先，供需矛盾是影响粮食安全的基本因素。粮食的供需矛盾即农业生产与人口数量的矛盾。中国古代的农业生产技术在很长时间内能够满足社会需求。进入清代后，农业在劳动生产率以及一系列按人口平均的农业指标，如人均耕地面积、人均粮食占有量等方面都不仅低于传统农业曾经达到的高点，而且从变化的趋势上观察至少从 18 世纪中期以后就一直在不断恶化。④ 造成这一现象的原因在于人口增长的速度超过粮食生产的速度，进而影响人们的生活，粮食危机由此出现。此外，虽然气候的变化会导致粮食产量的波动，但并非是简单的因果关系。据方修琦等研究可知，气候变化的影响“是由气候变化与暴露于气候变化中的社会系统的脆弱性共同决定的”。⑤ 换而言之，历史气候的变化对粮食安全的影响并不是唯一因素，耕地、人口、政策等对气候变化的影响有着放大或抑制作用。

其次，自然灾害是影响粮食安全的主要因素。卜风贤指出：“一个时代的社会秩序越混乱，

① 〔明〕徐光启撰，石声汉校注，西北农学院古农学研究室整理：《农政全书校注》上，上海：上海古籍出版社，1979 年，凡例第 5 页。

② 〔明〕徐光启撰，石声汉校注，西北农学院古农学研究室整理：《农政全书校注》上，上海：上海古籍出版社，1979 年，第 342 页。

③ 〔明〕徐光启撰，石声汉校注，西北农学院古农学研究室整理：《农政全书校注》上，上海：上海古籍出版社，1979 年，凡例第 4 页。

④ 史志宏：《清代农业的发展和不发展（1661—1911 年）》，北京：社会科学文献出版社，2017 年，第 140-141 页。

⑤ 方修琦、郑景云、葛全胜：《粮食安全视角下中国历史气候变化影响与响应的过程与机理》，《地理科学》2014 年第 11 期，第 1291-1298 页。

那么饥荒威胁的风险性就越大;灾害发生越加频繁,那么饥荒威胁的风险性也越大。"[①]水、旱、蝗灾都会直接影响农业生产的丰歉,灾害进一步导致饥荒的出现,也就是粮食危机。据邓拓的研究可知,中国古代灾荒的发展具有三种特性,即时间和空间上的普遍性、各种灾害之间存在连续性和灾荒的周期具有明显的积累性。[②] 有灾害就有饥荒,自然灾害发生得越频繁,致灾范围越大,农业生产遭受的破坏也就越强。

最后,社会因素对粮食安全也有一定的影响。社会的稳定和变革对粮食生产发挥了正向作用:在社会安定的时期,国家的经济建设、粮食生产、粮食分配等能够平稳有效地进行,社会变革在一定程度上可以促进农业生产技术的进步,从而保障粮食安全。在中国传统农业时代,粮食不仅是农民的生活收入来源,也是国家赋役和个人支出的重要组成部分。因此,国家税收政策的制定也会影响人均粮食量,过度剥削会加重农民的饥荒风险。

从根本上看,受制于社会各种条件,古代的粮食安全观仍具有很强的局限性,如重本轻末的思想往往忽视了粮食自由贸易对粮食安全的重要作用,闭关锁国的政策在客观上导致无法正常开展国际贸易活动;中国古代粮食安全不仅受到自然灾害和战争等因素的影响,而且与古代社会阶层结构和粮食分配密切相关;古代粮食安全停留在一个最低层次之上,粮食的营养安全涉及不多等。

思考题

1. 中国农作物的发展演变情况如何?
2. 美洲作物对中国经济发展有何影响?
3. 如何保障国家的粮食安全?

---

① 卜风贤:《传统农业时代灾荒风险和粮食安全评价》//《灾害风险管理与空间信息技术防灾减灾应用研讨交流会论文集》2007 年,第 17 页。

② 邓拓:《中国救荒史》,北京:北京出版社,1998 年,第 51-61 页。

专题五　古代的灾荒与救济

中国自古而来就是一个灾害频发的国度。在不同的历史时期，中国灾害之多、爆发之频繁、灾害烈度之大，实属仅见。在长期的防灾救荒实践中，中国人民积累了丰富的与灾害共存的经验，创造了许多卓有成效的救荒措施。这些救荒措施是中华文明赖以延续和发展的重要支撑，时至今日仍具有一定的借鉴价值。

一、饥荒的中国

20 世纪 20 年代初，西欧学者用“饥荒的国度”概括他目睹的处于灾荒惨景中的中国。① 的确，中国一直是灾害频发的国家。与其他国家相比，中国灾害之多、暴发之频繁，实属罕见。据测算，公元前 206 年到 1936 年，中国暴发的灾害总数达 5 150 次，平均约每四个月便有一次。② 尤其是明清至民国时期，灾害活动频次和强度尤其凸出。其中，明清两代死亡千人以上的灾害共 783 次，共死亡 57 626 049 人。③ 明清至民国时期，全国共发生死亡万人以上的重大灾害 221 次，致死 42 737 008 人，其中水灾 65 次、飓风 53 次、疾疫 46 次、旱灾 22 次、地震 21 次。④ 对于频发的灾害，邓拓先生曾不无悲哀地总结道：“从公元前 18 世纪直到公元 20 世纪的今日，将近 4 000 年间，几乎无年无灾，也几乎无年不荒。⑤ 美国的中国问题专家彭尼・凯恩更是总结出“对外国人来说，饥荒真是中国的一大特色”的结论。⑥ 中国历代灾荒统计如表 5-1 所列。

自然灾害的发生与气候、地理因素关系甚密。法国学者魏丕信总结中西方灾害产生差异的原因时指出，中国大陆的特征是在气候、水资源以及由此决定的农业生产方面具有高度的不确定性、季风的无规律性。主要河水流量的突然变动、这些河流上游盆地的侵蚀以及随之而来的淤积和洪水、靠近干燥不毛的沙漠地区都是造成不确定的因素。相比之下，欧洲温和、良好的气候无疑是相当有利的。⑦ 可见，多变的气候与中国“饥荒的国度”之间具有密切关系。

中国历史上的灾害在上古时代的神话传说中可以找到蛛丝马迹。根据《淮南子・览冥训》的记述，女娲炼五色石补好天空、折神鳖之足撑四极的传说，与当时“水浩洋而不息”的境况是相对的，其主要目的是“止淫水”。在黄帝和蚩尤大战时，蚩尤请风伯和雨师相从，黄帝则请名叫“魃”的天女相助，很可能反映了当时水旱交加的境况。大禹“三过家门而不入”的 13 年治水历程折射了当时由黄河中上游地区降水量的骤增而导致黄河泛滥成灾的事实。此外，上古时

① WALTER H M. China: land of famine. American Geographical Society, 1926.

② 邓拓：《中国救荒史》，北京：北京出版社，1998 年，第 38 页。

③ 高建国：《中国自然灾害经济损失趋势评价》，《国际地震动态》1994 年第 9 期。

④ 夏明方：《“旱魃为虐”——中国历史上的旱灾及其成因》，《光明日报》2010 年 4 月 27 日，第 12 版。

⑤ 邓拓：《中国救荒史》，北京：北京出版社，1998 年，第 7 页、第 38 页。

⑥ 彭尼・凯恩：《中国的大饥荒(1958—1961)》，北京：中国社会科学出版社，1993 年，第 30 页。

⑦ [法]魏丕信：《十八世纪中国的官僚制度与荒政》，徐建青译，南京：江苏人民出版社，2003 年，第 4 页。

期许多文化的中断与自然灾害关系密切。例如,7 000 年前繁盛一时的河姆渡文化之所以消失很可能是由长江水位提高引发的洪灾,或者由海中咸水倒灌而导致的;辽河流域灿烂的红山文化在距今 5 000 年左右突然消失得无影无踪很可能是由天灾所致。

表 5-1 中国历代灾荒统计

次

朝代	年份	旱灾	水灾	风灾	地震	雨雹灾	霜雪灾	蝗灾	地沸	饥疫	总数	频率
西周东周	867	30	16		9	5	7	13		9	89	0.1
秦汉	440	81	76	49	68	35	9	50		27	375	0.85
三国两晋	200	60	56	54	53	35	2	14	2	30	304	1.5
南北朝	169	77	77	33	40	18	20	17		33	315	1.9
隋唐	318	134	120	65	55	37	27	34	5	40	515	1.6
五代	54	26	11	2	3	3		6			51	1.0
两宋	487	183	193	93	77	101	18	90		32	874	2.0
元	100	86	92	42	56	69	28	61		79	513	5.4
明	276	174	196	97	165	112	74	93		157	1011	3.7
清	296	201	192	97	169	131	74	93		164	1120	3.8

资料来源:根据邓拓的《中国救荒史》的相关数据整理和计算。

殷商时期,政治经济中心在山西东部、河北中部、河南全境和山东西部一带,当时的人口也主要集中于此。因此,这些地区的环境变化和自然失序往往意味着这是由巨大的灾害所导致的后果。当时,黄河中下游地区气候相对温暖湿润,植被和森林覆盖状况较好,包括大象在内的热带、亚热带物种能在此繁衍生息。大陆性季风气候特征又决定了黄河中下游地区夏秋两季多雨、冬春两季干燥少雨和偏北风不断的气候状况。于是,水灾、旱灾、风灾和雹灾就成为这个时期的人们摆脱不了的灾害。《说苑・君道篇》记载:"汤之时,大旱七年,雒坼川竭,煎沙烂石"。《通鉴前编》言:"河亶甲立,是时嚣有河决之患,遂自嚣迁于相。"殷商时期的灾害在甲骨文中均有记载,卜辞中的"大旱""不雨""烈雨""疾雨""延雨""大掫风"等频频出现就是印证。

西周时期,中国的政治经济和文化中心出现了向西转移的趋势。在天水至关中一带,农业开发已达到相当高的水平,政治经济和文化地位显著提高。黄河中下游地区气候持续变得干旱寒冷,旱灾成为主要的灾害类别。周厉王二十二年至二十六年(公元前 857 年至公元前 853 年),暴发了持续五年之久的"大旱",《太平御览》卷八引《随巢子》言:"厉王之时,天旱地坼。"周宣王时期旱灾仍持续不断,从即位开始直到六年后土地才得到雨水的滋润,《诗经・大雅・云汉》以"旱既大甚,涤涤山川,旱魃为虐,如惔如焚"进行了刻画。周幽王时期,干旱依然持续,《国语・周语上》用"三川竭,岐山崩"形容周幽王二年(公元前 1780 年)的旱灾情形,郑玄用"田莱多荒,饥馑降丧,民卒流失"总结了由旱灾造成的严重后果。

春秋至西汉,气候再次转为温暖湿润,包括黄土高原在内的广大地区成为适宜农业耕作的地带。铁犁、牛耕在这个时期逐渐成为主导性的耕作方式,人们在铁农具和耕牛的助力下,垦草为田之风盛行。尤其是战国时期,关中地区和中原地区的诸侯国在争夺霸权和武装统一的主旋律下,加剧了对自然界的开发,水土流失问题凸显。秦至西汉时期,农耕业进一步兴起,黄土高原农耕区向西北拓展。兵民大规模屯田开荒,天然植被有所减少。《汉书・食货志》记载,汉武帝时期,曾使"数万人渡河,筑令居,初置张掖、酒泉郡,而上郡、朔方、西河、河西开田官,斥塞卒六十万人戍田之。"当时西北地区的农业开发加剧了黄河中上游植被的破坏和水土的流失，从而导致黄河下游泛滥成灾成为常态。与之同时，农业开发和干旱环境又为蝗虫肆虐提供了条件，大陆性季风气候特征的影响又使得这一时期的旱灾、水灾、风灾、雨雹灾、霜雪灾、蝗灾和饥疫问题逐渐加重。《汉书》记载，汉武帝元鼎三年（公元前 114 年）四月，关东大旱，40 余郡国爆发饥荒，“人相食”；汉成帝建始四年（公元前 29 年）九月，黄河在馆陶及东郡金堤决口，4 郡 32 县受灾，淹没农田 15 万余顷，毁官亭庐舍 4 万所。

东汉至魏晋南北朝时期，气候转为寒凉。竺可桢考证认为，该时期的气温相比于秦汉时期降低了 2.5～3 ℃，平均气温比现在低了 1.5 ℃左右。① 于是，由低温干旱的极端天气诱发的灾害频频见诸史册。《后汉书》记载，东汉建武二十二年（46 年），匈奴占据的蒙古高原和黄土高原地区爆发连年的旱灾和蝗灾，“赤地数千里，草木尽枯，人畜饥疫，死耗太半”；汉明帝永平年间，洛阳一带“大雪积地丈余”导致许多民众沦为乞丐。与低温干旱相伴的是，在大陆性季风和上游水土流失的多重原因下，黄河泛滥以及频繁出现疫病、蝗灾等。其中，东汉永初元年秋（107 年），河南连降大雨，伊河、洛河、汝河特大洪水，造成 41 郡国 315 县大涝；永兴元年（153 年）七月，黄河泛滥数千里，死数十万人；西晋咸宁元年（275 年）十一月，京都大疫，死 10 万人。《晋书・食货志》对永嘉年间丧乱惨景进行了描述：“雍州以东，人多饥乏，更相鬻卖，奔迸流移，不可胜数。幽、并、司、冀、秦、雍六州大蝗，草木及牛马毛皆尽。又大疾疫，兼以饥馑，流尸满河，白骨蔽野。”在自然灾害频发的同时，北方游牧民族南下将黄河中下游地区打造为持久的战场，北方旱作农业生产受到强烈冲击，养活人口的能力骤然下降。为躲避战乱，大批中原士民“北顾而辞”，纷纷离开家园南下到江淮、闽广等地区。《晋书》曾言：“京洛倾覆，中州士女避乱江左者十之六七。”

隋唐五代时期，气候再次转为温暖湿润，长安城内一度种植了柑橘、梅树等南方果树。黄河中上游地区的黄土高原和蒙古高原等地的草场因适宜于农作而日益萎缩。在牛耕、铁制农具和成熟农作技术体系下，农耕业继秦汉以后达到新的高峰，并不断向黄土高原西部和北部边缘推进。② 隋唐长安城的规模史无前例，在长期的建造过程中耗用无数木材。于是，黄河中上游地区的水土流失进一步加剧，黄河泛滥再次成为生活在中下游地区的芸芸众生的噩梦。据史料记载，在唐代 289 年的历史中，黄河决溢达 20 余次。隋朝末年，河南、山东大水，“死者日数万人”。③ 唐神龙年间，同官县暴发大雨雹，“漂溺居人四百家”。④ 五代封建割据、连年战乱、堤防失修以及人为破坏导致黄河决溢多达 19 次。与水灾相伴随的是，受大陆性季风气候影响的旱灾和蝗灾。唐贞元元年（785 年）前后的大旱灾使得“灞、浐将竭，井皆无水”。旱灾中暴发的蝗灾“东白海，西至河陇”，蝗虫“群飞蔽日，旬日不息，所经之处草木叶及畜毛吃尽，饿殍枕道”。

宋元时期，翻耕工具得以改进，黄土高原不仅平坦的塬、峁、梁的顶部与河谷地被尽数开垦利用，而且缓坡和陡坡也遍布耕地。宋建都开封，元将政治中心南移至大都，为建设都城和宫殿，吕梁山、秦陇、贺兰山等地区的森林持续遭到破坏。于是，黄河中上游植被的日渐稀疏、生态环境的恶化、水土流失的加剧、河床抬高和河水泛滥成为常态。北宋时期，黄河及其支流共出现泛溢 154 次。其中，皇佑三年（1051 年），宋仁宗听从河北转运使李仲昌的建议，引黄河改

---

① 竺可桢：《中国近五千年来气候变迁的初步研究》，《中国科学》1973 年第 2 期。

② 夏悦、王国会、沈禹颖等：《黄土高原草地植被的嬗变》，《草业科学》2021 年第 9 期。

③ 〔后晋〕刘昫等撰：《旧唐书》卷六十七《李勣传》，第 1674 页。

④ 〔后晋〕刘昫等撰：《旧唐书》卷七《中宗睿宗》，第 94 页。

道六塔河东流，随后决堤，直接冲废半个河北，河北守军减损 2/3 左右。宋神宗时期，引黄河水入东汉故道，黄河夺淮入海，加剧了黄河乱流。其中，曹村决堤就冲掉了 30 万顷田地。建炎二年(1128 年)，东京留守杜充下令开决黄河大堤以阻金兵，不仅事与愿违，还淹死百姓 20 万以上。北宋以后，气候加剧转寒，寒冷气候也流行于华南和西南部。其主要体现在太湖全部结冰、杭州春节降雪、荔枝和柑橘被冻死等。[①] 于是，旱灾、蝗灾、疫病等在更广大的范围内暴发。天禧元年(1017 年)黄淮海平原的蝗灾肆虐于 130 个州、军。南宋淳熙中期，江南连续三年大旱。1232 年，金汴京大疫，死亡 90 余万。1327—1329 年，北方连续三年大旱，陕西尤为严重，麦苗枯死，"人相食"，饥民 100 余万。1358 年，华北又遭大旱，涌入京师的流民由于饥疫，死亡相枕，官府前后收葬，达 20 余万人。

明清时期，冷暖气候交替出现成为中国历史上灾荒最频繁的时期，水灾、旱灾、蝗灾、地震和风灾等不断施虐。在北方地区，日益增长的人口和严峻的人地矛盾迫使人们拿着农具，牵着牲畜向更高的高山高原和更深的山谷川地进军，在这些不适宜耕作的地区种植土豆、玉米和红薯等美洲农作物。为了营建北京，黄土高原地区的森林被群起砍伐，参天巨木覆盖的祁连山、六盘山在清代完全成了光山秃岭。为防御蒙古内侵，明朝在黄河中上游地区设置宣府、大同、偏头关、延绥、宁夏、固原、甘肃七镇推行屯田制度。数十万兵户在黄河中上游地区过度开垦，加剧了水土流失和黄河泥沙含量，进而导致下游河床持续抬高，决口风险增大。黄河下游的水患和中上游的干旱的并存形成了"越垦越穷，越穷越垦，越垦越流失"的恶性循环。其中，崇祯大旱在 1637 年始于陕西北部，1646 年终于湖南，波及 23 个省区，以河北、河南、山西、陕西、山东最甚。甘肃省死亡人数达 80%以上。光绪初年的丁戊奇荒波及山西、直隶、陕西、河南、山东等省，造成 1 300 余万人死亡，另有 2 000 余万灾民逃荒到外地。明代河南发生水灾共 101 次，有 64 个州县遭受水灾，占 61.4%。[②] 清代山东共发生涝灾 245 年次，其中黄河、运河洪灾 129 年次。[③] 清光绪十三年(1887 年)郑州黄河大水灾，最保守的估计死亡 150 万人。在南方地区，1870 年长江中上游发生罕见的大洪水，合川、涪陵、万县、宜昌等沿江城市均遭灭顶之灾。

纵观中国数千年的历史，几乎年年有灾，处处有灾，灾荒的发生频率和为害程度随时间的推移而呈加快、加剧的趋势。其中，水灾、旱灾最多，为害最大，在时间分布上具有准周期的特点。在空间分布上，灾荒既有普遍性，又呈现地域的差异性。

二、灾荒减损制度的变革与农业抗灾技术的推广

按照现代危机管理专家罗伯特·希斯的观点，危机管理按照时序应包括灾害减损、灾害准备、应急反应和灾后恢复四个阶段。其实，为了预防灾荒的发生和降低灾害的损失，中国人民在先秦时期就将工程技术、市场流通制度等措施综合运用于备灾救荒，在秦代以后，又制定了天气和粮食价格的监测制度，创设了常平仓、义仓、社仓等专门备荒仓储。

(一)水利工程的兴修

春秋战国时期，各诸侯国着眼于增加农业产出和预防水旱灾害，就已兴修了包括芍陂、漳

① 竺可桢：《中国近五千年来气候变迁的初步研究》，《中国科学》1973 年第 2 期。

② 吴朋飞、李娟、费杰等：《明代河南大水灾城洪涝灾害时空特征分析》，《干旱区资源与环境》2012 年第 5 期。

③ 孙百亮、梁飞：《清代山东自然灾害与政府救灾能力的变迁》，《气象与减灾研究》2008 年第 1 期。

水渠、都江堰、郑国渠等在内的著名水利工事。《华阳国志·蜀志》记载，都江堰修成后，成都平原因此“沃野千里，号为陆海。旱则引水浸润，雨则杜塞水门”，“水旱从人，不知饥馑，时无荒年，天下谓之天府”。《史记·河渠书》称赞郑国渠建成后，“于是关中为沃野，无凶年，秦以富强，卒并诸侯”。

秦汉政府在中央和地方都设有主管水利工程的机构和职官。汉武帝专门颁发《水利诏》，明确“通沟渎，畜陂泽，所以备旱也”，先后在关中地区兴建了六辅渠、白渠等一大批水利工程。东汉永和年间，会稽太守马臻主持修建溉田 9 000 余顷的鉴湖，“浙以无凶年”，造福绍兴地区七八百年。此外，汉朝还在汉水、淮水流域和华北、河套、河西走廊及新疆等地修建了农田水利设施。

黄河泛滥是历代官府治水的重中之重。西汉时期，黄河决溢日趋频繁，政府设有河堤都尉、河堤谒者等官职，每年拨出大量经费治河。汉武帝时期，黄河在瓠子(今河南濮阳西南)决口，大片土地被淹 20 多年。元封二年(公元前 109 年)，武帝派汲黯等率数万军卒抢堵瓠子决口，并亲临现场，命令随从百官自将军以下皆参加搬运柴草。经过治理，黄河几十年未发生大的决口。西汉末年，严峻的河患再次使治河成为国家当务之急。汉成帝和汉哀帝年间，朝廷公开征求治河方案，待诏贾让曾上“治河三策”。东汉永平十二年(69 年)，明帝鉴于河决魏郡 60 年，黄河及支流汴水、齐水乱流，年年泛滥，任命王景主持治河。王景从荥阳东至千乘出海口，修筑千里大堤，将黄河第二次大改道的新河线固定，同时整治汴渠，使河、汴分流，在汴渠引黄段修建引水闸和调控闸。在工程完成后，东汉政府恢复西汉旧制，在滨河地方设置管理河堤的官员，建立岁修制度，加强维修管理。从此之后，黄河下游河道出现了 800 年的相对安流局面，河患大为减少。

唐代中央掌管天下河渠堤防的是尚书省，负责水利工程计划、施工、管理事务的为都水监。尚书省下属工部的水部郎中和水部员外郎掌“天下川渎陂池之政令，以导达沟洫、堰决、河渠。凡舟楫灌溉之利，咸总而举之。”为了对水资源的利用、分配、节水等进行管理，唐朝还制定了专门的行政法规《水部式》，将水资源管理成绩作为官吏考核的标准之一。在规范的管理体制下，唐代农田水利工程得到极大发展，先后兴建农田水利工程 253 处，其中灌溉面积在千顷以上的水利工程就有 33 处。

北宋时期，冗兵、冗员、冗费和积贫、积弱日益严重。宋神宗年间，王安石颁布《农田水利约束》，在全国掀起农田水利建设热潮，其时“四方争言农田水利，古陂废堰，悉务兴修”。《宋史·食货志》记载，在熙宁变法后的七年间，京畿及各路兴修水利工程 10 739 处，溉田 36 万余顷。随着南方地区稻作农业发展和经济实力的提升，发展圩田取得了巨大成就。尤其是太湖地区的圩田适应了当地多湖泊、多河渠的环境特征，将灌溉耕种、防洪疏导和水运交通结合在一起。范仲淹曾赞赏圩田曰：“方数十里，如大城，中有河渠，外有门闸，旱则开闸，潦则闭闸，拒江水之害，旱涝不及，为农美利。”圩田面积的盲目扩大也带来水道不畅、舟船搁浅等新问题，迫使当时的政府三令五申禁止盲目围湖造田。

元朝工部尚书贾鲁治河取得了巨大成就，在中国减灾史上留下显赫身影。明朝著名水利专家潘季驯先后四次出任河道总督，主持治理河患，倡导“束水攻沙”法，借淮河之清以刷黄河之浊，筑高堰，建遥堤、塞决口，取得了治河的突出成就，黄河河道因此基本稳定了 200 多年，在很大程度上扭转了黄河长期分流的混乱局面。潘季驯的《河防一览》为中国古代水利学的经典之作，对后世防洪治河产生了深远影响。

明朝开国之初,太祖朱元璋就给地方官下诏,凡民间有关水利工程修筑事宜,必须迅速呈报,及时办理。进京觐见的官吏,他都要询问农田水利之事。除颁布让工部都水清吏司专掌全国农田水利的政令,他还派国子监生分行天下,督促吏民兴修水利。清朝康熙皇帝认为,“水利一兴,田苗不忧旱涝,岁必有秋,其利无穷。”明清两代政府,尤其是清朝把兴修农田水利作为防灾减灾的对策,实施有方,成绩明显。康熙皇帝亲政后,将“三藩”、河务、漕运列为三大政事。在平定“三藩”之乱后,他把治河放在最重要位置,六次南巡,调查研究,听取汇报,制定治河方略,亲理河工。康熙年间和乾隆年间,黄淮海平原受灾程度明显减轻与治河有直接关系。清朝后期,随着西方列强侵略加剧、国家政治生态恶化和社会失序,官方组织的农田水利工程建设逐渐凋敝,国家防灾和减灾能力日趋下滑,“饥荒的国度”随之成为近代中国的代名词。

(二)粮食流通与价格调控

与灾害具有相似的特征,粮食生产同样具有地域性和周期性。于是,粮食或食物在社群和区域之间的均衡分配就成为当时防灾减灾的重要举措。

通过平籴法和平粜法,在丰收年份以平价收购粮食,在歉收年份以平价出售粮食是中国人民在备灾救荒领域的一大创举。春秋末期,政治家范蠡明确指出:“夫粜,二十病农,九十病末,末病则财不出,农病则草不辟矣。上不过八十,下不减三十,则农末俱利”,因此建议按照“贵出如粪土”和“贱取如珠玉”的原则,调剂粮食的余缺。战国时期,曾任魏文侯相的李悝呼吁统治者按照“大熟则上籴,三而舍一,中熟则籴二,下熟则籴一。使民适足,贾平则止。小饥则发小熟之所敛,中饥则发中熟之所敛,大饥则发大熟之所敛而粜之。故虽遇饥馑水旱,籴不贵而民不散,取有余以补不足也”的原则,调剂粮食的周期性余缺,成功预防了饥荒的暴发。

将丰产地区的粮食漕运或转运到人口较为集中的地区,以便减少灾害暴发时的人口伤亡是历史时期常用的备灾手段。早在公元前 647 年,晋国发生饥荒,秦穆公下令从秦国都城用庞大船队通过渭河、黄河、汾河运送几千吨粮食到晋国都城绛。公元前 483 年,吴王夫差扩展邗沟,开荷水运河,接通泗水。尽管核心目的是争霸,但漕运粮食也是核心目的之一。汉建武二十四年(48 年),在洛阳南修阳渠引洛水以为漕。隋唐时期,由于关中地区人口增加和水土流失导致了黄河中上游地区粮食生产受阻,中央政府经常从长安东迁至洛阳,贵为天子的唐高宗甚至自嘲为“就食天子”。于是,改革黄河漕运成为国家经济领域的重头戏。唐朝以后,漕运或调运粮食备荒救灾日趋频繁,其中,开宝六年(968 年)二月曹州发生饥荒,“漕太仓米二万石振之”,大德二年(1298 年)五月因“淮西诸郡饥”“漕江西米二十万石以备赈贷”均是典型例证。清朝主要采用截留漕米平粜。据《光绪漕运全书》记载,乾隆朝平粜 20 次,共计米麦 62 万余石;嘉庆、道光朝各 5 次、2 次,共计米麦分别为 8.1 万石、10 万石。清朝粜米每石比市价便宜 100～300 文,即比市价低 10%～20%。

禁止以邻为壑的粮食遏籴也是历史时期备荒救灾的重要措施。早在春秋时期,齐桓公在葵丘(今河南省兰考县境内)与诸侯会盟之际,盟约第五条就规定“毋遏籴”。孟子曾将“无曲防,无遏籴”,看作是君子所为。西晋时期,晋武帝司马炎专门出台《诏议通籴法》,明确要求“今宜通籴,以充俭乏。主者平议,具为条制”。随后,“毋遏籴”在历代灾荒治理中被频频采用。例如,南宋淳熙七年(1180 年)九月,为防止各地在备灾救荒中奉行孤立主义政策,宋孝宗明确诏令“禁诸路遏籴”。

(三)备荒仓储制度

中华先民很早就掌握了粮食的仓储技术。河北磁山遗址粮食窖穴出土的粟灰堆积、浙江余姚河姆渡遗址出土的大量稻壳和稻谷、甲骨文和金文对“仓”字的形象刻画以及河南偃师商城遗址出土的规律分布的20余座国家粮仓都印证了早期仓储制度的延续和发展。自仓储制度确立后，古人对储备粮食“以丰年之有余补荒年之不足”的特定功能已有清醒的认识。通过仓储形式来积储备荒就成为历朝历代都积极推行的备荒制度。

在专门的备荒仓储创建之前，执行备荒救灾的仓储主要是各级各类官仓。据史料反映，周武王慷商纣王之慨散发钜桥（今河北曲周东北）官仓的粟米发挥了备荒赈灾职能，以赈恤灾民和流民。周王朝在建立后出于“以治年之凶丰”等目的，专门设置了廪人以积储和备凶荒。对此，《礼记·王制》揭示了其意义：“国无九年之蓄曰不足，无六年之蓄曰急，无三年之蓄曰国非其国也。”并呼吁天子在季春之月布德行惠，“命有司发仓廪，赐贫穷，振乏绝”，在仲秋之月“修囷仓”和“趣民收敛”。

战国时期，李悝鉴于“籴贵伤民”和“籴贱伤农”的矛盾，创常平之法，“使民无伤而农益劝”，其实质就是运用已有的轻重、敛散、平粜等手段，将“取丰年之有余，补凶年之不足”的民食调节原则具体化、制度化。影响深远的常平之法不仅在中国，而且在其他国家，特别是美国20世纪30年代的经济危机的救济中发挥了重大的作用。①

常平仓制度正式确立于西汉宣帝时期，在隋唐时期得以完善和发展。五凤四年（公元前54），大司农中丞耿寿昌奏请设置常平仓，“以谷贱时增其贾而籴，以利农，谷贵时减贾而粜”。开皇三年（583年），隋王朝在陕州开始设置常平仓，并在京师设置了常平监，以管理和开拓常平事务。贞观十三年（639年）十二月，唐太宗下诏在洛、相、幽、徐、齐、并、秦、蒲州等地设置常平仓，明确制定各地常平仓储粮标准，常平仓真正实现了在全国范围内的推广，备荒救灾职能在更大程度上得到发挥。

按照古代荒政学家的观点，常平仓“专以凶荒赈籴”或“常平以赈粜”，②也就是通过平价粜卖的方式，对城市灾民进行救助，从而道出常平仓独特的救荒模式。历史上的常平仓事实上并不单一地发挥赈粜功能。例如，经过“安史之乱”的冲击，唐宪宗于元和元年（806年）正月立下新规：“应天下州府每年所税地子数内，宜十分取二分，均充常平仓及义仓，仍各逐稳便收贮，以时出粜，务在救人，赈贷所宜，速奏。”③至此，常平仓开始兼具赈贷职能。熙宁二年（1069年）王安石推行变法，以青苗法取代常平法，将常平仓和广惠仓所积钱谷充作贷本，每岁夏秋未熟前贷放，“使出息二分”，④收成后随夏秋两税归还，明确了常平仓主要发挥赈贷功能。

宋代以后，常平仓时兴时废，弊端丛生，在救荒中的作用相差唐宋甚远。总体而言，常平仓通常承担的是平籴平粜职能，在灾荒年景按照“俭岁则减市价十之一”的原则进行赈粜。

经过明代的凋敝，清代常平仓制度发展到新的高峰。顺治十七年（1660年），户部议定常平仓籴粜之法：“春夏出粜，秋冬籴还，平价出息，凶岁则按数给散贫户”。⑤ 康熙三十一年（1692年），常平仓“存七粜三”作为通例颁行全国，为常平仓的持续运转奠定了制度基础。嘉庆年间和道光年间，常平仓政的败坏已经十分严峻。咸丰至治年间，在内忧外患的猛烈冲击下，常平仓和其他仓储一样遭受了毁灭性的打击。虽然一些受战乱冲击较弱的省份还保留常

① 李超民：《中国古代常平仓思想对美国新政农业立法的影响》，《复旦学报（社会科学版）》2000年第3期。
② 〔宋〕董煟撰：《救荒活民书》卷下《社仓·金华县社仓规约》。
③ 〔后晋〕刘昫等撰：《旧唐书》卷四十九《食货下》，第1433页。
④ 〔清〕徐松辑：《宋会要辑稿》食货四《青苗上》，第6042页。
⑤ 《清史稿》卷121《食货二·赋役仓库》。

平仓，但仓谷要么无法补充，要么被各项动拨，救荒功能几乎戛然而止。

与常平仓着眼于城市备荒救灾相比，根据“丰歉循环论”而创建的义仓主要承担的是乡村或县域的备荒救灾。义仓创建于隋文帝开皇五年(585 年)，设计师是时任工部尚书、襄阳县公的长孙平。当时，设在乡间的义仓仓本来自农户秋收后按照规定标准缴纳的粟或麦，在经营管理上具有明显的民办色彩。贞观二年(628 年)四月，唐太宗采纳了尚书左丞戴胄等人的建议，再次重建义仓，明确了义仓“岁不登，则以赈民。或贷为种子，则至秋而偿”的功能定位。永徽二年(651 年)闰九月，唐高宗诏令按照“上上户税五石，上中以下递减一石，中中户一石五斗，中下户一石，下上七斗，下中五斗”的标准征收义仓税，进一步稳定了义仓仓本来源，但义仓粮谷被挪作他用的问题也日益凸显。

义仓在“安史之乱”遭到致命打击。元和元年(806 年)，唐宪宗诏令抽取地税的十分之二充实常平仓和义仓，二仓出粜和赈贷可以便宜行事。于是，常平仓和义仓开始合流。唐宪宗以后，常平仓和义仓的管辖权逐渐下移到诸军、各州，救荒仓储的定位逐渐演变为各州诸军、应付军费、行政事业费的财政机构，救荒功能显著下滑，直至退出唐代灾荒治理的历史舞台。

两宋时期，义仓兴废无常。建隆四年(963 年)三月，宋太祖鉴于“岁或小歉，失于备豫”的荒政窘况，诏令“诸州于所属县各置义仓”，仓本随夏秋两税“每石别输一斗”收纳。乾德四年(966 年)八月，宋太祖就以“访问重叠供输，复成劳扰”为由叫停了义仓。庆历元年(1041 年)九月，宋仁宗“诏天下立义仓”，但三年后再次诏罢义仓。熙宁二年(1069 年)初，宋神宗默许恢复义仓的试点建设，1069 年年七月再次叫停义仓。在“元祐更化”中，义仓旧法再次恢复，义仓和常平仓经常性的合流使得它们的制度边界不再清晰。宋室南渡之初，“义仓之法亦名存实亡”，尽管南宋王朝曾加强义仓的重建，但在不断经受由挪移、侵盗及疏于管理造成的霉变等流弊后，义仓的备荒救灾功能急剧萎缩。

明代前期的备荒仓储以预备仓为主，义仓不再有存在的必要。明代中期以后，随着预备仓制度的破坏，国家救荒能力显著下滑，兴建义仓再次被提上议程。弘治十六年(1503 年)八月，举办义仓受到明代政府的允可。此时的义仓已经不再是由国家组织举办的备荒仓储，而是逐渐演变为由民间举办的救荒仓储。

清代的义仓在制度设计上沿袭明代，基本特征可以概括为“官倡民办”。仓本通常由义民主动捐输或地方官员劝捐而来，官府则负责催纳，开仓赈救灾民或饥民通常由士绅料理，官府则负责监查和督促。如果对义仓进行细分，其可被划为公共义仓和家族义仓两类：公共义仓的救助对象较为广泛，与常平仓、社仓的救助对象通常差异不大；家族义仓通常只面向同一个社区内的贫困血亲人群。

南宋时期，以魏掞之和朱熹为代表的理学名士创建的社仓是继常平仓之后中国古代备荒制度的又一创举。这种备荒仓储通常设置在乡村或墟镇，以乡村贫民为主要救助对象，仓本多由民间筹集而来，运行中多由民间管理。

最早创设社仓赈救乡民的是南宋名士魏掞之。宋高宗绍兴二十年(1150 年)，魏掞之在建宁县长滩铺设仓，在歉收时贷给乡民，不收利息。《宋史》因而称“诸乡社仓自掞之始”。淳熙八年(1181 年)十二月，浙东大饥，朱熹上书宋孝宗，劝请推行社仓法。随后，宋孝宗令“下朱熹社仓法于诸路”。在南宋以后的相当长的时期内，朱子社仓遭到了冷遇。正统元年(1436 年)五月，明廷接受了顺天府推官徐郁的建议，允许在顺天府试办社仓，直到万历中期，才在全国范围内通过“卖官鬻爵”的方式广泛劝捐来筹建社仓。

清代的社仓是在明代备荒制度的基础上逐渐建立起来的。康熙十八年(1679 年),谕令乡村立社仓,由乡村敦重善良之人负责管理。康熙十九年(1680 年)明确了社仓的社区化原则,要求仓谷只能“留本村镇备赈,永免协济外郡”。康熙五十四年(1715 年)颁布了劝输旌奖的标准,鼓励各地广泛设置社仓。雍正时期,各省陆续掀起了大规模建置社仓的高潮。乾隆后期至道光年间,疏于管理、仓米亏空和挪作他用等弊病越来越成为社仓运行的主旋律。

除了常平仓、义仓和社仓,还出现过惠民仓、预备仓、营田仓等由官方举办的备荒仓储。南宋以后,备荒仓储的地方化实践成为流行之风气,出现了更多由民间举办的备荒仓储,如南宋时期的“端平仓”“赈粜仓”“济粜仓”等,明清时期的“惠穷仓”“备赈仓”“康济仓”等。

作为历代的备荒措施,仓储制度存在一些不完善之处,在实施过程中又发生了诸多流弊。例如,灾年借贷、至期难还、仓本亏空;弄虚作假、谎报仓储虚数;挪作他用,甚至监守自盗、侵吞仓粮等,不一而足。这些流弊大大减弱了仓储制度的防灾备荒功能和作用。

(四)雨雪粮价的监测

及时搜集天气信息,根据自然规律研判极端天气可能带来的灾害,并对各地粮价进行监测,促使粮食在区域与社群之间进行均衡分配,避免灾情的暴发和蔓延,这是历史时期中国备荒救灾的重要组成部分。

在继承先秦荒政遗产的基础上,秦朝把上报农作物生长期的雨泽及受灾程度作为一项法令,要求各地严格执行。汉朝建有“自立春至立夏尽立秋,郡国上雨泽”制度。金朝《河防令》规定,沿河州县在汛期随时奏报水情、险情。明朝开始建立黄河飞马报汛制度。清代沿袭这一做法,并加大实施力度。自康熙四十八年(1709 年)起,延长报汛河道长度,从宁夏开始报汛,次第传递水情。

对雨雪天气和粮食价格信息进行搜集和监控在唐代已经成为制度化的治理灾害的内容。唐代刘晏任度支使之际曾于“诸道置知院官,每旬月,具州县雨雪丰歉这状白使司。丰则贵籴,歉则贱粜。或以谷易杂货供官用,及于丰处卖之。知院官始见不稔之端,先申,至某月须如干蠲免,某月须如干救助,及期,晏不俟州县申请,即奏行之,应民之急,未尝失时。不待其困弊、流亡、饿殍,然后赈之也。由是民得安其居业,户口蕃息。”刘晏设官巡检,定期预报气候状况及各地收成,以利于政府早做救荒准备。

清代建立了雨雪、收成、粮价奏报制度和晴雨录。晴雨录是一些地方逐日天气现象的记载,内容包括晴、阴、雷、雨、雪雾和风向。奏报制度和晴雨录最早开始于康熙十一年(1672 年),后来清廷将之推广到全国各省。每逢雨雪或缺少雨雪,地方官都要向皇帝报告雨水入土的深度、积雪的厚度及起讫日期。这类奏折称为雨雪分寸。清廷还要求在奏报雨雪分寸时应报告当时当地的粮价。建立雨雪分寸并报告粮价的一个目的是预为筹划,以调剂粮食。清朝通过建立全国各省气象观测及晴雨录与雨雪粮价奏报制度,能及时掌握全国天气变化和粮价走势。这种奏报制度对预测可能发生的农业气象灾害并采取相应措施发挥了重要作用。

(五)农业抗灾技术与作物的推广

中国古代提倡深耕农作,注意搜集和刊印官私编撰的农书,推广防治农业灾害的技术和知识。著名的《氾胜之书》《齐民要术》《农政全书》等都提出了许多抗旱、保墒、防御低温、防治病虫害和盐碱化等灾害及治蝗对策。

为了提高土地的抗旱保墒能力,汉成帝年间的农学家氾胜之曾在关中地区总结并推广区田法，采取等距点播的方法播种禾、黍、豆、麦等作物，集中进行施肥灌水和精细栽培管理。明清时期，西北干旱地区的人们发明了一种独特的土地利用系统——沙田，提高了土地的保墒、保温、抗风、防虫等能力。为了改良和利用盐碱地，人们发明了引水洗盐、放淤压盐、种稻系盐、绿肥治盐、种树治盐、深翻窝盐等技术。针对山川、原隰冷浸田，人们通过火烧暖土、石灰、煤灰、骨灰、烤田、放水浸田的方式，进行改良和利用。

为了提高土壤肥力，保护庄稼幼苗，宋元时期的农学家已经提出了“用粪犹用药也”的药粪说。据统计，宋元时期粪肥 6 种、饼肥 2 种、土肥 5 种、灰肥 3 种、泥肥 3 种、绿肥 5 种、稿秸肥 3 种、渣肥 2 种、无机肥 5 种和杂肥 12 种。明清时期又出现了烧窑式积制法、煨粪法以及用骨粉、骨灰补充磷肥等。这些肥料不仅显著提高了土壤肥力，也起到保温、保墒、护苗和改良土壤等功效。

蝗虫对中国古代农业生产的威胁甚大。据邓拓《中国救荒史》的统计，秦汉时期蝗灾平均 8.8 年发生一次，两宋时期平均 3.5 年发生一次，元代平均 1.6 年发生一次，明清两代平均 2.8 年发生一次。为了治理蝗虫，早在先秦时期人们已经了解了蝗虫的生长规律，通过“去其螟螣，及其蟊贼”的方法来减少虫灾。《吕氏春秋》记载：“蝗螟，农夫得而杀之”。汉代，人们通过“掘沟阻隔，驱蝗入沟，聚而歼之”的方式，挖沟掩埋蝗虫。唐代，人们已经有意识地利用蝗虫的趋光性在夜间用火诱杀蝗虫。为了鼓励人们扑杀蝗虫，官府还制定了奖励条例。例如，南宋朱熹在会稽县视察蝗灾时曾规定“大蝗一斗，给钱一百文，小蝗每升给钱五十文。”明清时期，人们通过利用衣物、旗帜等鲜艳颜色来驱赶蝗虫以及利用火炮等声响来恐吓蝗虫；通过发展稻-鸭共生农业系统，利用鸭子捕食蝗虫以及利用石灰、稻草灰等杀灭蝗虫等。康熙皇帝亲自到蝗区做调查研究，总结前人治蝗经验和蝗虫生存危害的规律，提出新的捕蝗对策，撰写了著名的《捕蝗说》。

与此同时，历代封建政府把植树造林、禁止乱伐森林、发展抗旱涝的高产粮食作物作为防灾备荒措施。宋真宗因江淮、两浙地区遇旱少水，遣使到福建取占城稻三万斛，分别在长江、淮河以及两浙地区推广。在具有高产、耐旱涝、对土质要求不高等优点的玉米、番薯相继传入中国后，明清政府大力推广种植，玉米、番薯在备荒中发挥了重要作用。

三、灾荒治理政策分野与延伸

早在先秦时期，中国已经形成了较为系统的荒政体系。《周礼・地官・大司徒》记载，周代的荒政达 12 项之多，“一曰散利，二曰薄征，三曰缓刑，四曰弛力，五曰舍禁，六曰去几，七曰眚礼，八曰杀哀，九曰蕃乐，十曰多昏，十一曰索鬼神，十二曰除盗贼。”随着灾荒治理实践的深化，救荒出现了赈济、赈粜和赈贷的政策分野。它们与勘灾、抄割、审户、蠲免、劝分等的有机融合不断完善着中国古代的灾荒治理制度，并留下了丰厚的荒政遗产。

(一)报灾、勘灾、抄割与审户

1. 报灾

先秦时期，中国已经形成了按照丰歉程度将年份划成不同等级或按照收成情况划定饥荒等级的思想。秦朝的《田律》规定，如遇到旱灾、暴风雨、水潦或虫灾损伤了禾稼，地方官要及时如实上报。宋初规定，夏灾上报限四月底，秋灾限七月底；荆湖、江、淮、浙、川、岭南秋灾上报不迟于八月底。县官接报后分行检视，然后上报州官。州官复检后上报三司，确定受灾分数及蠲免比例，特别严重的灾害免复检。宋真宗天禧年间(1017—1021 年)，诏令各路及时报灾，免去复检。元朝报灾时限稍向后延，江南秋灾时限为九月。明初报灾不拘时限。弘治十年(1498年)始定夏灾、秋灾上报时限各为六月底、九月底。万历九年(1581 年)改为内地分别为五月、七月，沿边各为七月、十月。清代夏灾、秋灾上报时限各不出六月、九月。掩沓者或者谎报者均要受到处罚。清代还有定期上报雨雪粮价的制度，即从康熙朝开始，皇帝要求省一级的地方官每年必须向朝廷汇报两次当地的雨雪粮价，时间一般是夏秋两季，例如，降水量多少、粮食价格多少和收成多少。

2. 勘灾

在地方奏报后，要进行勘查，即地方官吏查勘和核实田亩受灾程度，确定成灾分数。清代勘灾有一套严格程序。受灾人户要填写简明申报表。经核对后，申报表作为勘灾底册交由勘灾人员一一核查。勘灾之后，州县官将结果汇总造册，然后上报。清初规定，歉收地方为五分以下不成灾。自乾隆初年起，凡受灾五分之处也算成灾上报。户部在接到各地报灾提请后还要派员复勘，复查属实，勘灾结果便可作为蠲免的依据。

3. 抄劄与审户

抄劄与审户是宋代逐渐成熟起来的灾荒治理制度。抄劄制度是一种服务于救荒和社会救助的户口调查登记制度，在北宋中期至南宋时期的灾民或饥民排查核实中得以广泛推行，对象包括所有遭受灾害而需要赈救的男女老幼。抄劄的内容主要是“庐舍、人口、田土数目”。[①] 审户的目的在于采集灾民的基本信息并登记入册，按照既定的等级标准，确定赈救受灾民户的措施和标准，以作为防范假冒和监督落实赈灾的依据。审户制度完善于宋代，在明清时期得到延续和发展，是勘灾制度在受灾主体层面的延伸。

勘灾、抄劄和审户的目的是精准识别受灾对象及其受灾等级，以此作为救灾的主要依据。宋代的户等通常根据土地和资财的多寡被划分为五等：第一等、第二等为上户，第三等为中产之家的中户，第四等、第五等为贫乏下户，也是救荒的主要对象。例如，在宋神宗元丰以前，灾伤七分及以上、四等及以下的民户通常才可能得到救助。明清时期，16 岁以上的灾民为大口，16 岁以下至能行走者为小口，不能行走的婴儿不计入赈济范围。

(二)赈济、赈粜与赈贷

1. 赈济

赈济是指灾荒之后由政府发放钱粮等对灾民进行救济的制度。其主要有谷赈、银赈、工赈、粥赈、布帛赈等几种形式。从赈灾政策分野的角度，赈灾又可以分为赈济、赈粜与赈贷。

赈济是无偿的给予，也被称为赈给、赈恤等，包括赈口粮、赈粥、赈银钱、赐衣药等。赈给的对象是贫乏无力的自存者，主要包括鳏寡、孤独、病残等弱势人群，流离失所之民，灾歉时城乡赤贫之人，有时为特殊灾民(如贫寒士子、僧人、依附边民等)。明代荒政学家陈龙正曾曰：“大荒之岁，极贫之民，平籴则无钱，赈贷则无偿，二者皆未足以济”。赈济通常发生在重大灾害年景，新皇登基、天降祥瑞等特殊时机也会进行赈济。赈济物资在唐代以前主要来自各级官仓，唐代以后则更多地依赖于专门救荒仓储，如常平仓、义仓、宋代广惠仓等，太仓、正仓、省仓等官仓以及军仓也经常参与赈灾。在特殊情况下，尤其是备荒仓储和官仓无法满足赈灾需要之际，为了彰显道义，最高统治者也会用内库、内帑、上贡米等赈济灾民或流民。

---

① 李华瑞：《抄劄救荒与宋代赈灾户口的调查统计》，《历史研究》2012 年第 6 期。

虽然赈济不要求偿还，但需要达到一定的受灾条件，且社会地位低下，否则通常无法获得赈济。赈济的规模并未有定数，赈济的形式多种多样，包括计户定额赈济、计口定额赈济、计户定期赈济、计口定期赈济；按灾伤分数定期赈济、按灾伤分数计口赈济、按灾伤分数计户赈济等。不过，赈济并不是无限的免费供应，赈济的口粮和银钱通常以满足一定时期的基本生存为限。例如，嘉定八年(1215 年)，知汉阳军黄榦在救荒之际对第四等的丁户进行赈济，从九月初开始，“量其户之多寡，每月给米三斗，给历就请。每旬以一斗为率”。[①]

2. 赈粜

赈粜是以平价售卖粮食的方式对灾民或饥民进行救助。它通常是在中小灾害暴发期间或暴发之后而实施。赈粜有“坊郭之粜”和“乡村之粜”之别，救助的对象是家中无粮食积蓄的中层或中下层民众。相比而言，赈粜一般针对城郭之人，在乡村实施极为少见。其原因是乡村灾民的货币购买力有限。

赈粜的粜本以常平仓为主，中央仓储、州县官仓、军备仓等也经常承担赈粜的职能。根据《旧唐书·本纪》记载，唐玄宗至唐德宗时期，天宝十二年(753 年)八月，京城霖雨，米贵，令出太仓米十万石，减价粜与贫人；天宝十三年秋，霖雨积六十余日，京城垣屋颓坏殆尽，物价暴贵，人多乏食，令出太仓米一百万石，开十场贱粜以济贫民；大历四年(769 年)四月至八月接连下雨，京城米斗八百文，官出米二万石，减估而粜，以惠贫民；贞元十四年(798 年)十月，以岁凶谷贵，出太仓粟三十万石，开场粜以惠民；贞元十四年(798 年)十二月，出东都含嘉仓粟七万石，开场粜以惠河南饥民；贞元十五年二月，以久旱岁凶，出太仓粟十八万石，于京畿诸县贱粜，以救贫人。赈粜的粜本一般来自太仓、含嘉仓等国家粮仓。这些事例表明赈粜在京师长安、东都洛阳和京畿诸县能得以实施，赈粜在乡村就很难实施。

3. 赈贷

与赈粜和赈济相比，赈贷是指在较大灾害的恢复阶段或歉收年景的青黄不接之际对生产和生活难以为继的中等贫困户进行的救助。赈贷的内容包括借给口粮、种子、耕牛、农具、银钱等。赈贷的对象通常为中层或中下层民户，尤其是乡村中的有一定生产能力，但缺乏生产要素的人群。在特殊情况下，赈贷的对象包括安置的流民、垦荒移民、屯田兵民、边民等。赈贷的贷本来源广泛：先秦至秦汉时期以官方府库为主，辅以内帑等；自隋唐始，义仓等专门救荒仓储成为主导性放贷机构，诸色官仓渐成辅助；在特殊情况下，则以内帑、上贡米、度牒银钱、赃罚银钱等为贷本。宋代以后，以劝分、捐纳等方式筹集的社仓或义仓更多地承担着赈贷的职能。

总体而言，从荒政实施目的角度看，赈贷与赈济和赈粜最大的不同就在于赈贷不仅能为灾民或饥民提供口粮，还可以恢复和发展农业生产。与农村商业性放贷或高利贷相比，赈贷的救助对象是“有田无力耕者”，也就是乡村中有土地、有生产能力，但却缺乏农业再生产需要的种子、耕牛、农具的人群。在赈贷数量方面，它通常是有一定限度的。开元二十二年(734 年)八月，唐玄宗在义仓贷粮的敕令中要求，“三口以下给米一石，六口以下给两石，七口以下给三石。”宋真宗景德二年(1005 年)正月，当时河北转运使按照“口一斛，户五斛”的标准发放赈贷，救助当地的灾民和流民。景祐元年(1034 年)二月，赈贷开封府界中等以下的民户每户仅 0.5 石。元丰四年(1081 年)二月，对阶、成、凤、岷等州四等以下民户借支常平粮，“每户不得过两石”。永乐二年(1404 年)，明廷在对苏、松等府被水灾民进行赈贷时，按照制定的《借米则例》，

① 〔宋〕黄榦：《勉斋先生黄文肃公文集》元刻本//《宋集珍本丛刊》第 68 册，北京：线装书局，2004 年，第 76 页。

每户“一口借米一斗，二口至五口二斗，六口至八口三斗，九口至十口以上者四斗”。宣德七年(1432年)周忱创设的济农仓在赈贷时“于中下二等户内验其种田多寡，每家给与二石”。虽然赈贷发放的规模因灾情、受灾民户等有所差别，但通常每户不超过2石。

灾荒之际向受灾民户实施赈贷是一种道义色彩浓厚的社会救助行为，而非一般意义上的以取息盈利为目的的商业性借贷活动。正因为如此，不以取息盈利为目的，按照“秋成抵斗还官”的原则进行偿还，甚至通过蠲免免除借贷者的债务就成为赈贷的一个独特的运行特征。例如，开宝四年(971年)二月，在赈济广南管内州县乡村贫民时，宋太祖诏令“委长吏于省仓内量行振贷”，并规定“候丰稔日，令只纳元数”。宣德年间(1426—1435年)，于谦在讨论边防大计的奏疏中提议鼓励边民垦殖，对缺乏粮种者“官为借给，秋成抵斗还官”。不过，北宋熙宁变法期间以及清代社仓出借钱粮期间，赈贷却法定地要求偿还利息。其中，在王安石推行青苗法后，“改贷粮法而为借助，移常平广惠仓钱斛而为青苗，皆令民出息”，常平仓放贷转变为追求利息收入的商业性放贷，借贷者在偿还时要附加“二分之息”。雍正二年(1724年)议定社仓之法，要求社仓出借“每石收息二斗”，针对不同灾情又补充规定了取息标准，即“小歉减息之半，大歉全免其息，止收本谷”。

赈贷还有一个重要的运行特征就是“非责以必偿”，也就是在灾民无法偿还的时候不需要必须偿还。例如，皇祐四年(1052年)三月，宋仁宗谓辅臣曰：“顷者江南岁饥，贷民种粮数十万斛，且屡经倚阁，而转运督责不已，民贫不能自偿。昨遣使安抚，始以事闻。不尔，则民间之弊，无由上达。其悉蠲之。”当然，不良官吏很多时候也会强迫灾民必须偿还，致使农民“不免复哀求于富家大族，增息而取之”。

历史时期的赈灾还有一种特殊的形式：以工代赈。工赈是指官府利用赈济银、粮兴办公共工程，让灾民参加劳作获得相应的赈济钱物。春秋时期，晏子即推行过此法。唐代已有宣州刺史卢坦以工代赈之事，宋代开始多了起来。欧阳修在知颍州时就曾募饥民修陂塘。神宗熙宁六年(1073年)，北宋政府以诏令形式将以工代赈作为救灾重要措施加以推行。以工代赈是清朝经常实施的一种赈济形式。嘉庆皇帝就说过，“救荒之策，莫善于以工代赈”。由于大多工赈所兴工程属于农田水利建设和治理河患，因而它是一种一举多得的积极救灾对策和措施。

(三)蠲免、展缓与倚阁

1. 蠲免

灾荒之年，历代王朝或免除灾区全部租赋或减征租赋数额或延缓征收时间，以减轻灾民负担，缓解灾民压力。《汉书·昭帝本纪》记载，始元二年(公元前85年)政府下诏：“往年灾害多，今年蚕麦伤，所振贷种食勿收责，毋令民出今年田租”。《文献通考·国用考》称，“宋以仁立国，蠲租之事，视前代为过之，岁不胜书”。

蠲免是历代王朝实施的一项重要的经济政策，旨在免除百姓对官府应尽的赋税或债务，缓解民众的负担和生存压力。唐代以前并没有固定的蠲免标准，只是根据当时的情况颁布诏令。这种滞后的制度对及时开展救荒活动是不利的。唐代以后，随着社会各项制度的日益完备，针对由制度滞后可能带来的无谓的成本损失，赋税蠲免制度也日趋制度化，规定也更加详细。唐高祖年间的《赋役令》曾明文规定，在灾伤年景中，收成减损四分、六分和七分，分别免租、免调和课役全免。开元二十年(732年)《唐大诏令集》卷六六《后土赦书》规定：“天下遭损免州，应损户减一分以上者及供顿州，无出今年地税；如已征纳，听折来年地税。”贞元八年(792年)十二月诏曰：“诸道水灾……其州县府田苗损五六者，免今年税之半；七分以上者，皆免。委度支条以闻。”

宋代的灾伤蠲免制度建设始于宋太祖立国之初。建隆元年(960年)曾规定,县令须承担“有水旱则有灾伤之诉,以分数蠲免”之责。宋代的蠲免范围广泛,并且蠲免数额巨大。蠲免对象包括夏秋税物(含逋负残税)、官府诸色借贷欠负钱物(含赈贷斛斗)、酒曲脚钱、上供钱物等。熙宁四年(1071年)十一月,宋神宗“诏蠲天下见欠贷粮,总计米一百六十六万八千余石,钱十一万七千余缗”。

明清时期,灾伤蠲免进一步细化。弘治三年(1490年)的“灾伤应免粮草事例”定灾伤减免分数为“全灾者免七分;九分者免六分;八分者免五分;七分者免四分;六分者免三分;五分者免二分;四分者免一分”。顺治十年(1653年)规定,被灾八分和九分者,减免十分之三;被灾五分、六分和七分者,减免十分之二;被灾四分者,减免十分之一,被灾三分及以下不予减免。康熙十七年(1678年),更改灾蠲分数:灾伤五分及以下者以“不成灾”论处,灾伤六分者免十分之一,灾伤七分和八分者免十分之二,灾伤九分和十分者免十分之三。雍正六年(1728年)明确的灾蠲标准为被灾六分和被灾七分仍按照免十分之一和免十分之二的标准执行,被灾五分及以下同样不加认定,但被灾八分免十分之四,被灾九分免十分之六,被灾十分免十分之七。

2. 展缓

与蠲免配合推行的救荒措施通常是展缓。展缓以田赋的灾伤缓征为主,田赋税收的展缓在唐代以前并未成为制度化的救荒举措,只是在特定的灾伤或动荡背景下偶尔为之。从宋代开始,灾伤展缓逐渐成为常用的救荒养民举措,《续资治通鉴长编》记载,景德元年(1004年)十一月,“诏京畿诸县调发军马,京东、西诸州运刍粮,民户今年秋税展一月限”,翌年十二月“除海州朐山、东海等县民所逋去年赈贷及倚阁东苗盐米”。

3. 倚阁

缓征赋税的倚阁意指暂时搁置赋税征收。至于何时再收取,或者是否不再收取,则要根据事态的变化而定,因此倚阁又可以看作为展缓的特殊形式。庆历八年(1048年),开封府尉氏县因水灾而倚阁夏税,后经多次展限仍未缴纳,宋廷不得不于四年后宣布蠲除。无论在公文中如何称谓,缓征赋税均以既定的时限为执行标准,该时限通常有一个月、三个月、半年、一年、两年、三年等划分,也有以三十日、百日为期限的。

清朝十分注重赋税和欠赋的倚阁,并将其与赈济和蠲免等救荒措施综合使用,以提升国家救荒养民和改善财政压力的整体水平。以嘉庆二年(1797年)为例,《清仁宗实录》记载,该年实施倚阁共32例,表明当时田赋和欠赋的倚阁实施频率之高,涉及范围之广,在清代救荒中地位之重要。

(四)移民就食

在传统农业时代,粮食或食物的生产受地理位置和自然条件的影响极为明显。相比而言,南方温暖湿润气候下的多熟制和稻作农业能够供应更多的食物,北方干旱气候下的一年一熟或两年三熟制只能供应有限的粟、麦等主粮。长期以来,黄河中下游地区是政治、经济和文化中心,这里是人口的集聚地,也是粮食或食物的核心消耗地。与之同时,即使在同一地理单元,极端天气灾害的暴发及其影响的边界也是有限的。中国地形复杂、自然条件差异明显,有些地方受灾明显,其他地方并无灾害。由于古代交通运输条件有限,粮食运输的成本十分高昂。当一些地方因灾缺乏足够的食物时,灾民被引导至粮食相对丰裕的城市或富庶地区就成为救灾的一项可行性选择。这种独特的救荒方式被称为“移民就食”。

移民就食是指将灾民或饥民转移到粮食丰裕的地方，使其能够获得生存的条件。由于古代粮食储备和运输条件差，一旦发生严重灾荒，大批饥民往往转徙求食。如果政府不出面组织，国家就可能出现灾民乞食四方的流民潮。灾民自发流动乞食，盲目性大，难免沿途抢劫，滋生事端。国家颁布相关的政策法令，组织灾民有序流动，不失为一项有效的救灾对策。

中国古代封建国家在救荒之际经常推行移民就食政策。《汉书·高帝纪》记载，高祖二年（公元前205年），“关中大饥，米斛万钱，人相食，令民就食蜀汉”。《史记》记载，汉武帝元狩三年（公元前1120年），“山东被水灾，民多饥乏……乃徙贫民于关以西，及充朔方以南新秦中七十余万口，衣食皆仰给县官。”甚至有时皇帝也参与其中，唐代的高宗、武则天、玄宗就多次因为关中饥荒而率领百姓与大臣到洛阳“就食”。

（五）赐度牒

度牒是封建国家对于已经得到公度，成为僧尼者所发放的证明文件。度牒制度的目的本来是便于僧籍管理，避免僧尼过多而造成有效劳动力的减少，降低国家赋税收入，并防止更多的土地和人口摆脱国家的控制。通过发放度牒，获得僧籍之人可以免除国家的劳役、赋役。持有度牒的僧尼不但有了明确的身份可以取得政府保护，而且获得免除租税、徭役的特权，因此度牒具有极强的诱惑力，获得僧籍成为许多人梦寐以求的事情。在管制宽松的时期曾多次出现僧尼过多威胁社会正常运行秩序的问题。为此，封建国家也从发放僧籍中看到了聚敛财富的机会，并将其运用到救荒领域。

从新制度经济学的角度而言，通过发放僧籍敛财显然着眼于创租，从本质上看这是一种寻租行为。通过发放度牒进行寻租，在唐代十分盛行。《资治通鉴》记载，唐中宗时“虽屠沽臧获，用钱三十万，则别降墨敕除官，斜封付中书，时人谓之斜封官；钱三万则度为僧尼。”安史之乱后，为了聚集财富与叛军斗争，“卖官，度僧、道士，收赀济军兴”之举也有。

真正将度牒运用于救荒始于宋代。《宋史·英宗本纪》记载，英宗治平四年（1067年），给陕西转运使僧牒，令籴谷赈遭受霜灾和旱灾的州县。《宋会要辑稿·方城九》记载，熙宁元年（1068年），广南东路转运使王靖乞请祠部给度牒，付经略司出卖，以雇民工筑城，宋神宗诏令给五百道度牒。《宋史·神宗本纪》记载，熙宁七年（1074年），“赐环庆安抚司度僧牒，以募粟振汉番饥民”。元祐四年（1089年），苏轼守杭州，大旱，饥疫并作，奏请赐度僧牒以易米，以赈饥民；并请得百道度牒，以募役开浚西湖，筑长堤。持有度牒者通过捐赈获得免税的资格，度牒成为一种特权的象征。拥有者既获得到了实惠，又得到了“慈善”的美誉，成为一种名誉租。

不过，为摆脱财政困境而滥发的度牒只能应一时之急，不可能从根本上改变贫弱局面。事实上，因度牒持有者数目激增，大量课税户口消失，反而进一步导致财政恶化；豪富们操纵度牒市场，从中渔利，致使宋王朝经济日趋凋弊。

（六）劝分与捐纳

1. 劝分

劝分又称为“劝谕”“劝诱”“劝借”“劝贷”“劝捐”等。春秋战国时期，劝分已经出现。公元前639年，鲁国大旱，臧文仲建议“修城郭，贬食省用，务穑劝分”，该建议被采纳后取得了“饥而不害”的救荒效果。晋文公执政时期同样强调“懋穑劝分，省用足财”在国家治理中的重要性。汉唐以前，实施的劝分通常是官府实施救荒的临时性措施，而非经常性的制度化政策选择。

两宋时期，劝分在救荒中的作用进一步凸显，董煟在《救荒活民书》中直言，“救荒之法不一，而大致有五：常平以赈粜，义仓以赈济，不足则劝分于有力之家，又遏籴有禁，抑价有禁。能行五者，则亦庶乎其可矣。”宋代以后，劝分仍是荒政的重要组成部分。“劝率有粮大户借贷接济”至少在明代宣宗年间就已经被朝廷提倡。清代，“倡义助赈”在顺治九年（1652 年）就已经推广到全国，“劝富民贷粟”至少在康熙即位伊始就已经在救荒中推行。然而，仅仅通过道义的规劝很难保证劝分政策的持续实施。为了调动富民捐献钱粮的积极性，缓解王朝救荒的财政压力，富民被纳入权力体系之下的捐纳制度就成为历史的必然。

2. 捐纳

捐纳制度可追溯至春秋战国时期。《管子》曾提醒统治者“上卖官爵，十年而亡”。为了应对从东方肆虐蔓延的蝗灾和疫灾，秦王政四年（公元前 243 年），秦国推行“百姓内（纳）粟千石，拜爵一级”政策。为了缓解当时严峻的蝗灾和旱灾，汉文帝后元六年（公元前 158 年）四月曾下令“民得卖爵”。

两宋时期，国家实施的卖官鬻爵又称为“纳粟”“纳粟补官”“进纳”“入赀”“纳赀”“献纳”“献助”“赀选”等，有时候还包括“募民”。例如，天圣八年（1030 年）正月，诏令纳官补粟赈救河北被水灾民；庆历四年（1044 年）五月，因“淮南比年谷不登，今春又旱蝗”，宋仁宗令“募民纳粟与官，以备赈贷”。

宋末元初，为了表彰“发廪赈乡里”和“助有司赈给”的富民，官府曾采取立“高谊坊”、奖赐“积世好义”之门和旌表为“义士”等措施。明代，义民旌表制度被广泛用于灾荒赈济。为了规范旌表奖劝，正统五年（1440 年）首次设立旌格。成化六年（1470 年），在凤阳、淮安、扬州三府推行“纳米预备赈济”政策。旌奖的标准为捐纳稻米二百石给予正九品散官，二百五十石给予正八品散官，三百石给予正七品散官。嘉靖二年（1523 年）重新强调建坊旌表的标准是“出粟千石赈饥”，同时规定捐银“五十两授正七品”。清代，赈捐的旌表奖劝标准在顺治十年（1653 年）首次加以明确：士民捐助赈米五十石或银百两者由地方官“给匾旌奖”，捐米百石或银二百两者赐“九品顶戴”“捐多者递加品级”。雍正二年（1724 年），修订赈捐旌奖标准：捐米满十石给红花，满三十石奖以匾额，三四百石可授予八品顶戴。乾隆十六年（1751 年），吏部再次明确捐资助赈的奖励标准，“捐银不及三百两者，令督抚量给匾额红花，以示鼓励；捐数三百两以上者，由吏部按银数分等议叙”。

无论是道义的劝分，还是具有旌奖性质的捐纳，在实施过程中都存在一定的问题。前者通常表现为官府或官员以国家强权为要挟强制摊派，从而失去了劝分的道义性；后者则转化为抑勒。这个问题的关键是抑勒所得的钱粮并非用于弥补备荒仓储的亏空，更多的钱粮则是被官员中饱私囊。在某种意义上而言，入粟授官、赐爵是一种短期内不易看出的寻租，授官过多易造成官员的泛滥，实有饮鸩止渴之嫌。①

四、独特的灾害祈禳文化

在长期与灾害相伴的岁月中，中国人民不仅学会了如何更有效地保护自己，在灾荒中不断推动中华文明的延续和发展，也在自己有限的认知水平下发展了独特的灾害祈禳文化。在当时的人们看来，灾害祈禳文化显得幼稚和迷信。站在历史的视角，它们印证了黑格尔著名的论断：“存在即合理”。时至今日，透过这些独特的灾荒文化，依然可以感受到中国人民在传统农

① 李军、辛贤：《中国古代救荒中的寻租》，《中国农村观察》2007 年第 1 期。

业社会中坚强的生存理念和积极向上的生存态度。

(一)灾害祈禳文化

灾害祈禳是指被广泛视为迷信的一种灾害救济制度。它来源于人们对自然界不可预测之事缺乏理解。在科技缺乏的情况下,面对自然灾害,人们感到恐惧和惊慌,只好将灾害的发生归咎于上天的恩威,将一切事物的变化、自然灾害的发生和农业生产的丰歉视为天帝的决定。为规避灾难,人们必须采取各种仪式进行祈禳,以博取上天的欢心,祛却灾害。它的主要内容有灾害的祈禳与反省“六事”。

在古人眼中,灾害是上天对人间的谴责与惩罚,故遇有灾害,直接向上天祈禳、检讨就成为应有之事。中国主要的灾害是水旱,其衍生出两种基本的灾害祈禳行为:旱时祈雨和水时祈晴。祈禳的对象有上帝、龙王、土地神等。祈禳被认为是人与自然达成博弈正和的最佳方式。早在商代,商汤王在桑林中祈雨,并且以剪发、割手来表达为民祈福的决心,遂成为后世的模范,其后历代帝王多有祈雨的行为。在历代帝王祈雨的同时,民间也开始了灾害祈求行为。遍布全国的城隍庙等就曾是民间祈禳的重要场所。

(二)君主自谴或罪己文化

古代国家的最高统治者通常标榜自己为“天子”。他们在借助“天”稳固自身统治地位的同时,也不得不担负起“天”的惩罚。于是,在自然灾害、异常天象暴发后,他们通常要对“天怒”或“天谴”做出回应,甚至下发罪己的诏书。自秦汉以来,君主自谴或罪己文化在救荒中经常出现。据统计,两汉君主灾后下达的自谴诏书计有 30 余次,唐代君主的自谴诏令有 130 次之多。虽宋以后有所减少,但康熙依旧因为天旱而自责不已。

(三)年号改元

中国古代的纪年在汉代以前并无特殊的名称,一般只记某王、某地、某年。至西汉文景时,始有“后”“中”“前”诸名,武帝即位,立“建元”之名,设立年号制度。中国历史上最长的年号当属“康熙”,长达 61 年,而金朝最后一个年号“盛昌”仅存在了半天,由此可见,年号更之频繁。有些年号的更改与灾害密切相关,其中,汉武帝年号的“天汉”就是在旱灾频繁的历史背景下出现的。在汉代诸帝建元、改元的 76 次之中,因灾害而改者有 35 次之多,几乎占总数的一半。两汉以后,因灾改元日渐减少,唐代仅在高宗时期出现过“咸亨”和“通乾”。

(四)因灾求言

求言制度是古代帝王为了掌控国家全局动态,解决信息非对称的努力措施之一。西汉文帝时颁布过此类诏令,其后更成为历朝历代皇帝灾后的必修课。以唐代为例,求言诏令几乎贯穿于王朝始终。其中,太宗 5 次、高宗 6 次、武后 1 次、中宗 1 次、玄宗 2 次、德宗 2 次和文宗 2 次,共计 19 次。因灾求言制度也是灾后政府选拔官员、提举贤能的重要途径。两汉下诏举贤取士的次数共 65 次,其中,因灾举士者 25 次,约占两汉举士总次数的 39%。

(五)策免三公(宰相)

先秦时期,三公作为宰相辅佐君主,总领百官,地位崇高,被君主视为移过的首选。当时不论是君主移过,还是宰相主动受过,都是在一种神秘的氛围中进行的。宰相尚无权公开对“灾异”负责。西汉初年,阴阳灾异观大行其道,宰相被赋予燮理人间阴阳之气的政治功能,开始与“阴阳”挂上钩。自汉成帝永始二年(公元前 15 年)策免宰相薛宣时将“变异数见”写入诏书,君主移过臣下就公开化了。作为宰相的三公,开始承担不同的灾害责任。此后,凡遇到水旱灾害、星变等灾异,君王就要策免宰相中的一人或几人,遂成为惯例。据统计,东汉安帝至献帝兴平二年(195年)期间,因灾害和灵异事件被策免的三公超过同期太尉总数的1/3,因灾异被策免的司空超过同期司空的1/4。在因水、旱、地震等灾害而被削职的三公中,司徒有8人次,司空有23人次,太尉有18人次。

随着宰相构成机制的变化,因灾策免的三公制度也不断发生变化。唐代,作为宰相的官员仍有灾时求免的潜意识,并一度成为唐宋宰相们争权夺利的工具。如中书、门下、尚书三省长官,同平章事、同三品衔的官员,明清以后,常有官员因为灾害而丢官罢职。

(六)因灾大赦

先秦时期,大赦也成为禳弭灾异的重要手段。汉代赦免的次数更多、范围更广。从长期来看,赦免范围的泛化又极易使罪行严重者逃脱法网,导致其成为社会治安的不稳定因素,一些人也会抓住大赦的漏洞而实施犯罪,因此汉代以后对大赦的范围有了更严格的界定。唐代,大赦仅有6次。宋代以后,大赦逐渐成为与改元、上尊号,或者节假日融为一体。清代仅在清世祖时期因水旱、地震实行过1次大赦。

(七)因灾虑囚

虑囚(或称录囚、理囚)是指对监狱在押犯进行审录复核,对狱政管理状况进行监督检查,以纠正错案、督办淹狱、宥减轻系的制度,是中国古代司法制度史上的一项重要制度。因灾虑囚制度同样源于"灾异天谴"论,并在汉代以后屡见不鲜。唐代共有67个年份因灾虑囚,共计74次,几乎每个皇帝都有虑囚的纪录。即使在西方科学思想大量传入中国的清末时期,因灾录囚仍然存在。虽然因灾虑囚于消弭灾害无补益,但虑囚在因灾导致社会矛盾加剧的情况下可以清理冤狱淹狱,改善狱政吏治,释放部分囚犯,从而有利于缓解社会矛盾,安定人心和社会秩序。

(八)避正殿

避正殿是帝王以避其位来回应上天的谴责,显示自己虽身在其位而未谋其政的悔恨。这一做法在汉代时就存在了,后代继承。据统计,避正殿制度在唐代共有25次,11位皇帝参与此项制度。当然,避正殿制度并非意味着对政事的荒废,而是另觅处所处理政务。唐代帝王要"御小殿视事"。这些"小殿"包括延福殿前东廊、帐殿丹霄门外、延英殿等。虽然其后的金章宗、元英宗、明宪宗等有此种举措,但次数逐渐减少。

(九)厌胜文化

根据阴阳五行学说,宇宙间的一切事物无不具有阴阳五行中某些方面的属性,阴阳五行处于相互制约的平衡状态,如果均衡被打破,灾异就会出现。厌胜就是恢复阴阳五行均衡状态的方法。具体而言,厌胜制度包括闭坊、徙市、盖井、禁屠、禜城门、禁止妇女出入、因灾出宫女等制度。这些制度的立足点就是改变阴或阳过盛的局面,使之重新达到和谐状态。例如,闭坊制度,即久旱关闭的坊的南门,久雨则关闭的坊的北门。久旱闭南门是希望以此使阳气不至于过盛,以达到降雨的目的。反之,久雨闭北门是借此抑制阴气的外泄,调整阴阳之气的平衡。虽然厌胜制度是一种非理性的制度,但它有学说上的支持,故而又貌似科学,影响深远。

(十)因灾减膳

历代帝王饮食极其奢侈,唐宰相舒元舆之弟舒元褒在应考贤良方正科时上策说:"尚食之馔，穷海陆之珍，以充圆方，一饭之资，亦中人百家之产，此耕夫十去其一也。”在灾害时期，为了彰显对稼穑的关注以及与民同苦的决心，帝王的因灾减膳也应运而生。唐宋因旱减膳的次数最多，其后日趋减少，清代仅康熙因旱减膳1次。

从根本上看，这些制度是人类与假想中的自然界（上帝）进行的一场交易，也是为获取农业丰收、风调雨顺、祛祸避灾的一系列博弈制度。这些制度是在“天人感应”观的制约下实现的。在这场博弈中，古代的人类完全处于被动状态。用现代的观点来审视，这种博弈完全是不必要的和无实质意义的。在当时的科学水平以及经过检验的“屡试不爽”的“事实”前，这种博弈又被认为是行之有效的。科学证明，久旱自然会有降雨，祈祷到一定时候，自然会与天意“契合”。这些偶然性极强的事件却加强了古人对政治救灾的诚信度，从而导致它们绵延几千年之久。

当然，这些制度不是仅用迷信荒诞能够概括的，它的存在仍旧有着合理性：第一，帝王们灾后救灾的首要目的就是巩固自己的价值体现，维护政治统治的合法性。第二，在安定灾害时期，人们的心理动荡。第三，帝王还可借此缓和社会矛盾。第四，通过灾害时期对吏治、法制的反省与革新，封建统治结构的完善与调整也可以实现。①

思考题

1. 简述中国古代灾荒的发展趋势。
2. 分析赈济、赈粜和赈贷的差异。
3. 中国古代形成了哪些独特的灾害祈祷文化？

① 李军：《中国传统社会的救灾——供给、阻滞与演进》，北京：中国农业出版社，2011年。

专题六　古代的重农思想

重农思想是中国古代经济思想中最重要的思想体系之一。早在先秦时期，重农思想就萌芽了，经过历代的发展，重农思想体系不断完善，内涵不断丰富。重农思想是中国古代以农业为经济基础的产物，同时也为中国农业的发展提供了思想动力。重农思想不仅对中国，而且对东亚其他地区和欧美地区均产生过深远的影响。

中国古代以农立国，历代统治者为巩固其地位都很重视农业生产。重农思想产生的历史渊源是农业生产早已成为人类最主要的生活物质来源。农业作为古代世界的决定性生产部门，"食物生产是直接生产者的生存和一切生产的首要条件"，受到历朝历代的高度重视。古代的重农思想从孕育、初创、发展到形成完整的思想体系不仅影响着中国农业的发展进程，也影响着中国历史和农耕文化。囿于历史局限性、社会生产力发展水平等因素，不同阶段的重农思想的内涵和体系建设带有鲜明的时代特征。历代政治家、思想家都倡导重农思想和理论，以推动农业生产的发展。同时，历代农业生产状况又决定了重农思想的表现形式。

一、夏商西周时期重农思想的萌芽

夏商西周时期是中国的奴隶社会阶段，重农思想此时已经萌发，并出现了掌管农耕的官职。据说，夏禹提出过"善政养民"的治国方针。《论语・宪问》中"禹稷躬耕而有天下"的记载正是历代天子亲耕"籍田"的由来。《论语・泰伯》和《尚书・禹贡》中关于禹"尽力乎沟洫""平治水土"等活动的记录说明水害是影响夏朝发展农业生产的主要障碍，平治水土已经成为当时重视农业生产的主要表现形式。

商王朝吸取夏朝灭亡的教训，非常重视农业生产。殷墟甲骨卜辞记载了祈求丰年的"求年、受年、受黍年"，卜晴雨的"雨足年、雨不足辰"，举行宗教仪式的"登雨、登麦"，统治者督耕的"观黍、省田"内容。《尚书・盘庚》对盘庚以农业生产劝谕商民迁都的记录反映了当时统治者对农业生产的重视。《尚书・洪范》记载："八政：一曰食，二曰货。"①所谓"食"，《汉书・食货志》解释为"农殖嘉谷可食之物"，《唐六典》解释为"肆力耕桑者"，两种解释均强调了农业生产的重要地位。

西周开国君臣从商末"生则逸，不知稼穑之艰难，不闻小人之劳，惟耽乐之从"②的状况中吸取教训，通过继承亲耕籍田活动凸显自己对农业生产的重视。《礼记・月令》记载："天子乃以元日祈谷于上帝。乃择元辰，天子亲载耒耜，措之于参保介之御间"。③ 随后百官和庶民依次翻土耕作，"终于千亩"。《周颂・噫嘻》中"率时农夫，播厥百谷"的播种情形和《周颂・思文》

---

① 〔清〕阮元校刻：《十三经注疏・尚书》，北京：中华书局，1980 年，第 189 页。

② 〔清〕阮元校刻：《十三经注疏・尚书》，北京：中华书局，1980 年，第 222 页。

③ 〔清〕阮元校刻：《十三经注疏・礼记》，北京：中华书局，1980 年，第 1355 页。

中“思文后稷，克配彼天。立我烝民，莫菲尔极，贻我来牟，帝命率育”[①]的祭祀唱词体现了周王朝对农事的依赖和高度重视。籍田礼的施行一方面典型地表现出统治者对农耕的高度重视；另一方面借以告诫百姓，不误农时。周代的统治者还通过确立祭祀天地与后稷等礼仪制度将重农思想制度化，《礼记·明堂位》对鲁公“祀帝于郊，配以后稷”[②]一事就有明确的记载。

在这样的社会背景下，重农思想日渐产生，重农之举俯拾皆是，《诗经》对此有不少记录。如《周颂·丰年》中的：“丰年多黍多稌。亦有高廪，万亿及秭。”《周颂·良耜》中的：“获之挃挃，积之栗栗。”[③]可见，农业已成为当时社会生产的主要部门，谷物已发展为人们食物的主要来源和仰事俯育的重要物资。正因如此，当劳役影响到农业生产的开展时，人们就会出现“王事靡盬，不能艺稷黍。父母何怙”的担忧。《诗经》中的农事诗反映了周代的农耕祭祀贯穿整个农事活动，体现了他们对农耕的重视。周代的重农思想表现为高度重视农业生产的组织以提高生产水平；将农事与祭祀紧密结合以提高农事地位；强化民众对农事的归属感以激发精神力量。

周代的籍田礼延续了多个世纪。至宣王即位这年（公元前827），宣布取消籍田礼，结果遭到大臣们的反对，其中的代表人物就是宣王的卿士虢文公，他借此机会发表了西周统治阶级最有代表性的重农言论。据《国语·周语》记载，虢文公谏曰：“民之大事在农，上帝之粢盛于是乎出，民之蕃庶于是乎生，事之供给于是乎在，和协辑睦于是乎兴，财用蕃殖于是乎始，敦庞纯固于是乎成，是故稷为大官。”[④]虢文公强调了粮食生产在祭祀活动、人口增殖、日常生产生活以及对社会各阶层的“和协辑睦”“敦庞纯固”风气维持的重要性。他的言论不仅体现了西周时期重农思想的最高水平，也是最早关于重农思想的系统阐述。

二、春秋战国时期的重农思想

春秋战国时期，列国并立，群雄争霸，统治者们深知发展农业生产是增强国力的根本物质保障，将农业发展视为政务之本。在此形势下，形形色色的重农思想登上了历史舞台。这个时期的重农思想的特点为农强则国强，积贮备战是施政的重点，最高国策是耕战并重，重农抑末是主流，即“农本论”。此处的“本”有双重含意：从绝对意义上说，是根本之“本”，是政治安定、经济繁荣、战胜守固的根本；从相对意义上说，是本末之“本”。从春秋战国时期开始，中国在重农思想和理论上已经确立了农业是本业，工商业是末业的重农思想。除“农本论”，还有“民富论”“国富论”“民朴论”“贵粟论”“上下俱富论”等重农理论，分别述之如下。

（一）农本论

《管子》和《淮南子》都体现了统治者将农业生产视为国家发展基础的农本观念。《管子·治国》记载：“凡为国之急者，必先禁末作文巧，末作文巧禁则民无所游食，民无所游食则必农，民事农则田垦，田垦则粟多，粟多则国富。”[⑤]《管子·权修第三》说：“上不好本事，则末产不禁；末产不禁，则民缓于时事而轻地利；轻地利，而求田野之辟，仓廪之实，不可得也。”[⑥]《管子·治

① 〔清〕阮元校刻：《十三经注疏·诗经》，北京：中华书局，1980年，第590页。
② 〔清〕阮元校刻：《十三经注疏·礼记》，北京：中华书局，1980年，第1488页。
③ 〔清〕阮元校刻：《十三经注疏·诗经》，北京：中华书局，1980年，第602页。
④ 〔战国〕左丘明：《国语》，上海：上海古籍出版社，2015年，第14页。
⑤ 〔春秋〕管仲著，李山译注：《管子》，北京：中华书局，2009年，第256页。
⑥ 〔春秋〕管仲著，李山译注：《管子》，北京：中华书局，2009年，第28页。

国》和《管子·权修第三》告诉我们，如果统治者把发展农业放在首要地位，就必须抑制工商文巧等末业，采取崇尚本业、抑制末业的重农思想和政策。《淮南子》也认为"人之情不能无衣食，衣食之道，必始于耕织"，[①]否则就会陷入饥寒交迫的生存窘境。在这个基础上，《淮南子》进一步提出了"食者，民之本也"的观点，将农业发展视为民众生存、国家富强的首要基础。

《商君书·壹言第八》说："治国能抟民力而壹民务者强，能事本而禁末者富。"[②]只有让老百姓专心致志地从事农业生产，重视农业，抑制工商业，国家才会变得富强。"农则易勤，勤则富"说的正是这一道理。《吕氏春秋·上农》说："民舍本而事末则不令，不令则不可以守，不可以战。民舍本而事末则其产约，其产约则轻迁徙，轻迁徙则国家有患皆有远志，无有居心。民舍本而事末则好智，好智则多诈，多诈则巧法令，以是为非，以非为是。"[③]吕不韦一一列举百姓舍弃农业后可能会出现"不听从统治者命令""不能使其坚守和出战""财产简约容易迁徙""遇到外患时远走高飞""好耍心眼、玩忽法令"等弊端。

由此可见，坚持以"农本论"为特点的重农思想，采取"崇本抑末"和"重农抑商"的政策和措施，对促进经济繁荣和保障国家的长治久安至关重要。

（二）民富论

《管子·治国》说："凡治国之道，必先富民，民富则易治也，民贫则难治也。"在管子看来，若不"富民"，统治者的管理就会更难实行，因此强调"善为国者，必先富民，然后治之"。[④]

结合《管子·治国》中的"所谓兴利者，利农事也。所谓除害者，禁害农事也"与"粟者，王者之本事，民生之大务，富民之途，治国之道也"的记载，可以看出富国论存在一个"兴利农事—种粟"的发展过程。在统治者为发展农业生产创造良好的环境和条件后，"农事胜则入粟多，入粟多则国富"的局面就会出现。虽然此前的历代统治者"法制不一，号令不同"，但他们都能"王天下"。其依靠的正是《管子·治国》中总结的"必富国而粟多也，夫富国多粟生于农，故先王贵之"道理。

富民是孔子重农思想的核心。孔子把富民视为治国安邦的重要手段，并提出欲达富民之目的，统治者必须做到：一是藏富于民，减轻人民的税负和徭役；二是节用爱人，减轻对人民的索取，减少剥削；三是使民以时，按照农事活动的时序规律，利用农闲时间征发徭役，不占用生产时间，以免影响农业生产。孔子还强调国家在农民富裕后要加强对农民的教育，提高农民的自身修养，农民能成为国家政治上的支持者，经济上的建设者。同样，孟子提出了"民富"的重农思想。《孟子·梁惠王上》说："民之为道也，有恒产者有恒心，无恒产者无恒心。"[⑤]如果百姓生活贫困，国君的仁政就不可能实现。

（三）国富论

李悝在魏国进行变法时强调农业的发展是国家富裕的根本。他所推行的"尽地力之教"和"平籴法"使魏国成为战国前期最强大的国家。在李悝看来，农业是国家财富的源泉，而工商业的发展则会损害农业生产，导致民众饥寒、国家贫困。

商鞅的重农思想同样体现为"国富论"。商鞅认为国家治理及称霸的依次顺序是"治、富、

---

① 〔汉〕刘安等：《淮南子》，上海：上海古籍出版社，1989 年，第 100 页。

② 〔战国〕商鞅著，石磊译注：《商君书》，北京：中华书局，2009 年，第 88 页。

③ 〔战国〕吕不韦著，陆玖译注：《吕氏春秋》，北京：中华书局，2011 年，第 961 页。

④ 〔春秋〕管仲著，李山译注：《管子》，北京：中华书局，2009 年，第 256 页。

⑤ 〔清〕阮元校刻：《十三经注疏·孟子》，北京：中华书局，1980 年，第 2671 页。

强、王”，只有社会秩序好、国库充盈、军力强大，才能真正统一天下，而大力发展农业生产是实现上述目标的基础。商鞅曾说：“善为国者，仓廪虽满，不偷（放松）于农。”①在他看来，重农就是指重视粮食生产，主张国家应该垄断盐、铁等山泽、矿产之利，不允许农民从事农业以外的副业活动，商人也不准从渔、盐、铁中获利。除此，商鞅还强调国家要从政策上重视农业，应当“修赏罚以辅壹教”，把百姓的注意力都吸引到农业生产上。为实现“国富”，商鞅还提出了两条具体措施：一是强化发展农业生产；二是增加税收，做到“民不逃粟”。

墨子同样主张农业生产对国家富裕的重要性。墨子认为节俭是立国之本，奢华是立国之患，要把节约的民力放在农业生产上。《墨子·尚贤中》记载：“贤者之治邑也，蚤出莫入，耕稼树艺，聚菽粟，是以菽粟多而民足乎食”，只有这样，农业才能丰收，人民才能无疾灾，国家才能无凶饥。墨子在论述节用、尚贤、非攻等思想时用其对农业的影响作例证，以此间接说明了墨子非常重视农业，蕴含着农业强则国强、农业弱则国衰的意识。《墨子·七患》中的“凡五谷者，民之所仰也，君之所以为养也。故民无仰则君无养，民无食则不可事，故食不可不务也”②的论述更体现了墨子对农业收成与国计民生相互联系的深刻认识。

（四）民朴论

《商君书·农战》说：“圣人知治国之要，故令民归心于农。”③这是因为古圣先贤知道，百姓专心务农就会养成朴实的风气，便于国家治理。在《商君书·算地》中，商鞅又进一步补充了百姓养成朴实风气的重要途径。诸如，“私利塞于外，则民务属于农，属于农则朴”“民壹则农，农则朴”等。《商君书·壹言第八》又说：“治国者贵民壹民。壹则朴，朴则农，农则易勤，勤则富。”④在商鞅看来，统治者最重要的就是使人民一心一意务农。

农家学派的重农思想体现在贵志，使农民养志，让民众安土守法，永远依附于土地。农家的许行提出“贤者与民并耕而食，饔飧而治”⑤的观点，认为统治者应该与农民一起进行耕作，从而激发农民的生产积极性。

民朴的重农思想在《吕氏春秋·务大》得到充分体现。该书强调古代的圣王之所以能统治好其百姓是在于擅长引导百姓从事粮食生产，从事粮食生产的人为人朴实，很容易为统治者所用。长期聚群定居的农业生产也在客观上造就了他们驯服和温顺的天性，在边境滋生事端的可能性大大减少，国家的公法也更容易确立。吕不韦在《吕氏春秋·上农》中还讨论了民朴和贵志的关系：“古先圣王之所以导其民者，先务于农。民农非徒为地利也，贵其志也。”⑥所谓“贵其志”就是要培养农民的良好品质，达到“民农则朴，朴则易用”“民农则重，重则少私议”“民农则其产复，其产复则重徙”的效果。如此一来，便可以通过农业生产为社会的稳定和发展创造和谐的氛围。

（五）贵粟论

《商君书·外内》说：“食贱则农贫，钱重则商富。”⑦假如“末事”不禁，那么商贾和凭借技艺

---

① 〔战国〕商鞅著，石磊译注：《商君书》，北京：中华书局，2009年，第29页。
② 〔清〕孙诒让撰，孙启治点校：《墨子间诂》，北京：中华书局，2001年，第25页。
③ 〔战国〕商鞅著，石磊译注：《商君书》，北京：中华书局，2009年，第36页。
④ 同③。
⑤ 〔清〕阮元校刻：《十三经注疏·孟子》，北京：中华书局，1980年，第2705页。
⑥ 〔战国〕吕不韦著，陆玖译注：《吕氏春秋》，北京：中华书局，2011年，第960页。
⑦ 〔战国〕商鞅著，石磊译注：《商君书》，北京：中华书局，2009年，第182页。

谋生的人们就会有利可图，从事劳苦生产工作的农民在收益上反而不如商贾、技巧之人。如此一来，农民自然不愿务农。

《管子·轻重乙》记载了桓公和管仲有关重农贵粟、重农抑商的对话。桓公曰："吾欲杀正商贾之利而益农夫之事，为此有道乎？"管子对曰："粟重而万物轻，粟轻而万物重，两者不衡立。故杀正商贾之利而益农夫之事，则请重粟之价釜（金）三百。若是则田野大辟，而农夫劝其事矣。"[①]管仲主要从两个方面具体强调了粮食的重要性：一是"五谷食米，民之司命也"，强调粮食是民众的命根子，强调粮食对于民生的根本性意义；二是"粟者，王之本事也，人主之大务，有人之途，治国之道也"，强调粮食生产是国家的重要任务，粮食对于治国安邦的重大意义。管仲还说："不生粟之国，亡；粟生而死者，霸；粟生而不死者，王。粟也者，民之所归也；粟也者，财之所归也；粟也者，地之所归也。粟多，则天下之物尽至矣。"[②]不生产粮食的国家就会亡国；粮食生产仅能自足的国家只能称霸；粮食生产富足并有节余的国家才能够统治天下。管仲在齐国主持改革图强的实践中贯彻了他的粮食思想，施行了多项重农政策。

（六）上下俱富论

春秋战国时期，政治家和思想家都认为农业生产水平的好坏、仓廪是否充实、衣食是否足用关系到国家兴亡、人民教化。其在重农思想体现就是"上下俱富论"。《管子·牧民》强调："凡有地牧民者，务在四时，守在仓廪。国多财，则远者来；地辟举，则民留处；仓廪实，则知礼节；衣食足，则知荣辱；上服度，则六亲固；四维张，则君令行。"[③]所谓"有地牧民者"是指统治者只要遵循春耕、夏耘、秋收、冬藏四者不失时的规律，就能充实仓廪。国家的财富多了，才能吸引更多远方的人投奔，开垦更多的荒地，留下更多的人民。该书还阐明了农业生产对民众素质提高、社会文明发展具有重要作用。只有仓廪充实、衣食足用，百姓才有精力去培养礼仪和正确的价值观，社会文明才能有进步，才能使老百姓接受统治者有关奉公守法的教化，从而保持社会的和谐和安定。

在墨子论"七患"中，第七患是"畜种菽粟不足以食之，大臣不足以事之，赏赐不能喜，诛罚不能威"，[④]即指不备之患。"仓无备粟，不可以待凶饥"，如果粮食不足，那么人民生产、生活受到影响。吃不饱、穿不暖，必定扰乱民心，保家卫国只能是一句空话。

《荀子·富国》指出："使民夏不宛暍，冬不冻寒，急不伤力，缓不后时，事成功立，上下俱富"。[⑤] 在荀子看来，只有让农民有利可图，才能调动农民的生产积极性，才会产生经济效益；只有农民不受到寒暑的袭扰，不伤体力，不误农时，才能达到农业兴旺、君主臣民上下和谐、共同富裕的结果。

（七）衣食之源论

春秋战国时期，政治家、思想家从"农业是衣食之源"的角度来论证农业生产的重要性。例如，《管子·禁藏》中就有"民之所生，衣与食也"的说法。管子一派的学者主张："富民有要，食民有率，率三十亩而足于卒岁。岁兼美恶，亩取一石，则人有三十石，果蓏素食当十石，糠秕六

① 黎翔凤撰：《管子校注》，北京：中华书局，2004年，第1465页。

② 〔春秋〕管仲著，李山译注：《管子》，北京：中华书局，2009年，第259页。

③ 〔春秋〕管仲著，李山译注：《管子》，北京：中华书局，2009年，第2页。

④ 〔清〕孙诒让撰，孙启治点校：《墨子间诂》，北京：中华书局，2001年，第23-24页。

⑤ 张觉撰：《荀子译注》，上海：上海古籍出版社，2012年，第129页。

畜当十石，则人有五十石……故国有余藏，民有余食。”国有余藏而民有余食之后，才能“富而教之”“富而好礼”。《管子·揆度》强调“一农不耕，民有为之饥者”“一女不织，民有为之寒者”，[①]认为饥寒冻饿源于农业生产水平低下，所以古圣先贤从一开始就重视农业生产。假如农民的收获达不到其成本的两倍，农民就会卖儿鬻女；当收获达到三倍时，能正常备粮吃饭；达到四倍，乡里才能富裕；达到五倍，能使余粮远近流通，这时死人也能得到妥善地安葬；如果农民歉收以及统治者征敛不止，为非作歹的人就会增多，即使把财富放在手上也不安稳，最终落得“君失其民，父失其子”的亡国结果。

三、秦汉的重农思想

秦朝从秦国继承了法家思想，在重农思想上推崇重农抑商。两汉时期的重农思想和理论则主要继承和发展了“农本论”，在以崇本抑末和重农抑商为主流的同时，发展了衣食之源论、重农贵粟论、农工商各有本末论，将重农思想推向一个新的高度。

（一）继承和发展了“农本论”

《吕氏春秋》中的“上农”“任地”“辩土”“审时”是秦朝重视农业的体现。“上农”篇主要讨论了“农业是什么”的问题。所谓“上农”就是以农为上、重视农业的意思。该篇从正反两个方面论述了百姓专心于农业对于安邦定国的意义以及国家所要采取的各种政教和政令措施。秦始皇的焚书令中有“所不去者，医药、卜筮、种树之书”的规定。“种树之书”是种植和树艺方面的书，由此可见，秦朝依然持着“以农为本”的重农思想。

汉兴接秦之弊，民失作业而大饥馑。汉高祖刘邦采取轻徭薄赋、与民休息的政策，孝惠帝、汉高后在主政期间“衣食滋殖”。虽然汉文帝即位后躬修节俭，但仍存在“民犹背本趋末”的问题。文帝三年（公元前177年）春正月，下诏曰“夫农，天下之本也”，首次以帝王诏令的形式肯定了农业的重要地位。文帝三年（公元前177年）九月又诏“农，天下之大本也，民所恃以生也，而民或不务本而事末，故生不遂”，进一步强调了农业生产的重要性。文帝十三年（公元前167年）六月诏“农，天下之本也，务莫大焉”，将农业发展视为第一要务。此后，汉景帝、汉武帝、汉昭帝、汉宣帝等继承了农为天下之本的治国理念，多次发布诏令反复强调务本重农的必要性和重要性。其目的在于改变自战国以来背本趋末的社会风潮，强化时人的农本意识，使崇本抑末的观念日趋根深蒂固，并在此基础上推行鼓励生产、发展农业的政策。

贾谊《论积贮疏》记载，管子曰：“仓廪实而知礼节。”民不足而可治者，自古及今，未之尝闻……今背本而趋末，食者甚众，是天下之大残也……生之者甚少，而靡之者甚多，天下财产，何得不蹶……夫积贮者，天下之大命也。苟粟多而财有余，何为而不成？”[②]在贾谊看来，“民富易治，民贫难治”之说是可信的，作为统治者，如果让“背本趋末”的倾向继续下去，就会出现“生之者寡，食之者众”的问题，因此必须崇本抑末，促使老百姓和“末技游食之民”积极从事“本业”，即农业。汉文帝采纳了贾谊的建议，在前元二年（公元前178年）正月开“籍田”，躬耕以劝天下。

汉景帝同样以农为务，民遂乐业。据《盐铁论》记载，“贤良文学”们在盐铁会议上讨论了

---

① 〔春秋〕管仲著，李山译注：《管子》，北京：中华书局，2009年，第344页。

② 〔汉〕贾谊：《贾谊集·论积贮疏》，上海：上海人民出版社，1976年，第207页。

“崇本抑末”的重农思想和理论：“百姓就本者寡，趋末者众，夫文繁则质衰，末盛则本亏。末修则民淫，本修则民悫，民悫则财用足，民侈则饥寒生。”[①]所以必须“进本退末，广利农业”。

东汉的思想家王符在《潜夫论·浮侈》中指出：“今举世舍农桑，趋商贾，牛马车舆，填塞道路；游手为巧，充盈都邑；治本者少，浮食者众。‘商邑翼翼，四方是极’。今察洛阳，浮末者什于农夫，虚伪游手者什于浮末。”[②]如果不“崇本抑末”，则“国危矣”。

(二)衣食之源论

汉代许多政治家和思想家从农业是人民衣食之源的角度来论证重农的必要性。汉文帝时期，政治家晁错在《论贵粟疏》中说：“人情，一日不再食则饥，终岁不制衣则寒。夫腹饥不得食，肤寒不得衣，虽慈父不能保其子，君安能以有其民哉！”[③]他认为统治者必须“务民于农桑，薄赋敛，广蓄积，以实仓廪，备水旱”，这样才能“民可得而有也”。

《淮南子·主术训》说：“人之情，不能无衣食，衣食之道必始于耕织。”[④]《淮南子·齐俗训》说：“丈夫丁壮而不耕，天下有受其饥者；妇人当年而不织，天下有受其寒者。”[⑤]《淮南子·主术训》和《淮南子·齐俗训》都强调衣食乃人民生活之本，认为发展农业生产是解决人民衣食问题的根本途径。如果统治者忽视农业生产，人们就会饥寒并至，在饥寒交迫之中“能不犯法干诛者，古今未之闻也”。

西汉中期，一批“贤良文学”在与桑弘羊的辩论中极力宣传重农思想。他们引用孟子关于“不违农时，谷不可胜食；蚕桑以时，布帛不可胜衣也”[⑥]的论述，提倡农业与家庭手工业结合的小农经济的思想，同时以“农人纳其获，女工效其功”表述了男耕女织的生产形式；他们把“务本”归结为“种树繁”的生产活动，认为这样就可以做到“衣食足”，强调“耕不强者，无以充虚；织不强者，无以掩形”。换言之，耕织结合的小农经济是农业存在的唯一的合理形式。东汉中期的王符发表过“一夫不耕，天下受其饥，一妇不织，天下受其寒”的言论，并称这种耕织活动就是“本农”的内容。东汉末年的仲长统也把“急农桑”视作重农思想的表现，可见，当时大多数人认为粮食与布帛应当并重，不能有所偏废。

(三)重农贵粟论

汉代继承和发展了《管子》《商君书》提倡的“重农贵粟”思想和理论。晁错说：“方今之务，莫若使民务农而已矣。欲民务农，在于贵粟。贵粟之道，在于使民以粟为赏罚。”[⑦]在晁错看来，“重农贵粟”有三个作用：一是主用足。对于粟有余的富者而言，官府推行“以粟为赏罚”政策可使他们入粟而授爵；对于有罪的人而言，官府推行“以粟为赏罚”政策可以入粟除罪。这样，官府就能大量增加粮食库存，实现“仓廪实”的目标。二是民赋少。由于官府已经从富者和罪犯两个方面取得大量粮食，贫民的赋税负担就可以减少。三是劝农功。推行“重农贵粟”政策可以在社会上营造人人乐于事农的风气。晁错关于“以粟为赏罚”“入粟可以拜爵，入粟可以除罪”的理论和政策把“重农贵粟”论推向一个新的高度。贾谊也认为粮食积贮的多少直接关

① 〔汉〕桓宽：《盐铁论》，上海：上海人民出版社，1974年，第1页。
② 〔汉〕王符著，〔清〕汪继培笺：《潜夫论笺校正》，北京：中华书局，1985页，第120页。
③ 〔汉〕班固撰，〔唐〕颜师古注：《汉书》，北京：中华书局，1975年，第1127页。
④ 〔汉〕刘安等著：《淮南子》，上海：上海古籍出版社，1989年，第100页。
⑤ 〔汉〕刘安等著：《淮南子》，上海：上海古籍出版社，1989年，第121页。
⑥ 〔清〕阮元校刻：《十三经注疏·孟子》，北京：中华书局，1980年，第2666页。
⑦ 〔汉〕班固撰，〔唐〕颜师古注：《汉书》，北京：中华书局，1975年，第1140页。

系到政权的稳固和社会的安定。《贾谊新书·忧民》曰:“民非足也,而可治之者,自古及今,未之尝闻”“国无九年之蓄,谓之不足;无六年之蓄,谓之急;无三年之蓄,国非其国也。”①《贾谊新书·数宁》还提出了“富安天下”的口号。

(四)农工商各有本末论

中国古代封建社会长期以重农抑商为主导经济理论和政策,而司马迁则明确地提出了“农虞工商并重论”,认为本末并重是重要的治生之术。在当时的时代背景下,司马迁的这种重农思想是超前的。司马迁将本和末放在同等的位置看待,认为本末并重,四业各有其能:“故待农而食之,虞而出之,工而成之,商而通之。”②司马迁指出农、工、商、虞“此四者,民所衣食之源也”,四业应该同时发展。在《平准书》中,就“重本轻末”“先本绌末”的观点提出了不同的看法,认为应该根据现实情况变换策略,农商各业齐头并进。司马迁还将本末并重上升到齐国由穷至富的高度,认为本末并重是重要的治国之道,力求四业齐兴,人民富裕,国家强盛。

东汉思想家王符根据社会发展的新情况,对春秋战国以来一贯倡导的“崇本”“重农商”思想进行修正,提出了农工商各有本末论:“夫富民者,以农桑为本,以游业为末;百工者,以致用为本,以巧饰为末;商贾者,以通货为本,以鬻奇为末。三者守本而离末则民富,离本守末则民贫。”③这是一种很有见地的,顺应社会发展的思想和理论。正如王符所说的“三者都能守本而离末”,就会使人民富裕起来。反之,如果这三者都“离本而守末”,老百姓就会贫穷。

由于王符“农工商各有本末”的思想和理论并不符合封建统治者的利益,所以在此之后没人再提起它。在当时的时代背景下,小农经济是封建经济的基础,把农工商摆在同等地位会破坏封建经济的经济基础,并危及其封建统治,这是封建官僚所不同意的。因而在中国封建社会中最为盛行的重农理论,或者说正统的重农思想和理论还是“崇本抑末”或“重农抑商”的思想和理论。

(五)重农抑商论

“重农抑商”思想在汉代得到了进一步的完善和发展。西汉初年,“民心动摇,弃本逐末,耕者不能半”,商业的过度繁荣争夺了农业的劳动力、土地和财富资源,严重制约其发展。因此,这一时期对商业实行严格控制,除征收商人高额的税收,对其政治和社会地位也进行压制。晁错在《论贵粟疏》中说:“商贾大者积贮倍息,小者坐列贩卖,操其奇赢,日游都市,乘上之急,所卖必倍。故其男不耕耘,女不蚕织,衣必文采,食必粱肉,无农夫之苦,有阡陌之得……此商人所以兼并农人,农人所以流亡者也。”④随着大中城市的兴起以及小城镇的拓展,商业的发达已经对小农经济产生了严重的影响,并威胁了封建经济的基础,这也是晁错提倡重农贵粟论的主要原因。崔寔看到农业生产者辛劳耕作却收入微薄,工商业者不事生产却获取厚利的现象,认为“国以民为根,民以谷为命,命尽则根拔,根拔则本颠,此最国之毒忧”⑤,如果不以农为本,国家统治就难以维持。崔寔还针对当时社会广泛流行的鄙视农圃及反对“辟草莱、任土地”的思想,提出“苟无力穑,焉得有年”的言论,提出要重视农业生产的主张。

---

① 〔汉〕贾谊:《贾谊·论积贮疏》,上海:上海古籍出版社,1976年,第207页。
② 〔汉〕司马迁:《史记》,北京:中华书局,1959年,第3254页。
③ 〔汉〕王符著,〔清〕汪继培笺:《潜夫论笺校正》,北京:中华书局,1985年,第16页。
④ 〔汉〕班固撰,〔唐〕颜师古注:《汉书》,北京:中华书局,1975年,第1136页。
⑤ 〔东汉〕崔寔撰,缪启愉辑释:《四民月令辑释》,北京:中国农业出版社,1981年,第129页。

汉代的重农抑商政策主要包括:第一,进行改革币制,收回铸币权。针对“币轻多奸,农伤而末众”和汉文帝时“吴王擅鄣海泽”“邓通专西山”等情况,中央决定收回铸币权,打击富商大贾。第二,颁布《算缗令》和《告缗令》,向工商业者征收高资产税,对隐瞒或呈报不实的商人没收其财产并罚戍边一年,对告发的人给予被告者财产的一半。第三,实行“均输平准”措施,进行国家干预以调节市场和物价,以达到“富商大贾无所牟大利,则反本,而万物不得腾涌”的目的。第四,不准商人及其家属占有土地。第五,商人不得穿着丝绸锦缎,不得乘车骑马。在官府采取重农抑商的政策下,汉代的社会经济由恢复走向发展,并为盛世局面的出现奠定了坚实的基础。重农抑商政策贯穿于中国 2 000 多年的封建社会,成为中国历代王朝所奉行的基本思想政策,对中国古代社会的发展产生了深刻久远的影响。

四、魏晋南北朝的重农思想

魏晋南北朝时期,虽然战乱频繁,但各朝统治者仍然不忘重农之事,极力倡导“强兵足食”“崇本抑末”“务农重谷”等思想,还将重农思想落实到具体的行动中,劝课农桑、奖励耕织。“国本民天”的重农思想和理论正是在这一时期创始的。

(一)魏晋时期的重农思想

自董卓之乱以来,社会动荡,百姓流离失所,土地荒芜。魏、蜀、吴三分天下,三方不断攻城略地,争夺激烈,粮食的多寡已经成为政权存亡的关键问题,因而各方势力极为重视农业发展,大力宣传重农思想。魏武帝曹操深知发展农业乃立国根本,曾言“定国之术,在于强兵足食”,不仅制定政策、发布命令来发展农业,而且身体力行做出表率,曾下令“士卒无败麦,犯者死”。针对东汉末年局势,曹操选择继承两汉之政,大行屯田之事。早在建安元年(196 年)便采纳枣祗、韩浩等的屯田建议,颁布《置屯田令》:“秦人以急农兼天下,孝武以屯田定西域,此先代之良式也。”①曹操与魏文帝、魏明帝都曾效仿两汉,亲耕籍田,所谓“魏之三祖,亦皆亲耕籍田”。诸葛亮也强调重视农业。在治蜀过程中,诸葛亮依据益州地区的特点,采取了务农殖谷、闭关息民等措施,富庶的益州农业得到持续发展。孙权在经营江东地区时不仅在农业方面采取增广田亩、宽赋息调等措施,还下诏规定“当农桑时,以役事扰民者,举正以闻”,江南经济得到了快速发展。统治者们将农业生产视为对各级官吏考核和奖赏的重要标准,这同样是重农思想的重要体现。因而,各地官员都“独修务本之业”,把农业的发展视为主要政绩。

西晋统治虽短,但重视农业。起初,“江南未平,朝廷励精于稼穑。”晋武帝欲平吴以统一全国,针对“谷贱布帛贵”的情况颁布“平籴法”,以布帛市谷,充实粮储。泰始二年(266 年),晋武帝下务本禁末之诏:“豪人富商,挟轻资,蕴重积,以管其利。故农夫苦其业,而末作不可禁也。今者省徭务本,并力垦殖,欲令农功益登,耕者益劝”。② 泰始四年(268 年),武帝继承两汉、曹魏之制,举行籍田礼,亲耕籍田。虽然籍田礼只是一种仪式,但在古代却是彰显帝王重农思想的重要方式,可以对民众的生产积极性产生激励作用,并具有号召和示范作用。泰始六年(270 年)诏曰:“使四海之内,弃末返本,竞农务功”。为了奖励劝农课桑有功官员,“赐县令长相及郡国丞各一匹骏马”。是年,“乃立常平仓,丰则籴,俭则粜,以利百姓”。《晋书·齐王攸传》记载

---

① 〔晋〕陈寿撰,〔南朝〕裴松之注:《三国志》,北京:中华书局,1959 年,第 14 页。

② 〔唐〕房玄龄等撰:《晋书》,北京:中华书局,1974 年,第 786 页。

有“务农重本，国之大纲”等重农思想。永嘉南渡后，统治者为了保卫江南，巩固偏安政权，对农业生产也是丝毫不敢松懈，派殷浩等将领在淮南等地发展农业。

十六国时期，晋末战乱延续，社会动荡，农业生产受破坏情况极为严重。为了维持政权，大多统治者也认识到农业的重要性，其中以石勒与苻坚最具代表性。最初入主中原的前赵、后赵曾经给中原农业经济造成了严重破坏。在稳定了对中原王朝的统治后，赵明帝石勒随着追求正统性政治抱负的提高，开始继承魏晋以重农为方向的经济政策。石勒“以幽冀渐平，始下州郡阅实人户，户资二匹，租二斛”。[①] 所谓“幽冀渐平，始下州郡阅实人户”就是恢复农业生产的前提，而“户资二匹，租二斛”的征收则是以农业生产的初步恢复为基础。石勒还“以民始复业，资储未丰，于是重制禁酿，郊祀宗庙，皆用醴酒”，[②]坚决贯彻爱惜民力的重农宗旨。关中经久战乱，经济残破，苻坚即位后不仅确定了“课农桑，恤困穷”的指导思想，采取一系列措施保障百姓的生产生活活动，下令“开山泽之利，公私共之，偃甲息兵，与境内休息”[③]，还通过疏通沟渠、构筑梯田、奖励耕种等途径改善农业生产环境，发展农业生产。苻坚更是躬耕籍田，让苟皇后亲身养蚕，以示对农业的重视。

其他十六国的君主也多能贯彻以重农为方向的经济政策。前燕主慕容廆以“稼穑者，国之本也，不可以不急”作为“家令”之一，还采纳谋士封裕“司战务农，尤其本也，百工商贾尤其末耳”的建议。前凉主张重华“轻赋敛，省园苑，以恤贫穷”，北燕主冯跋“励意农桑，勤心政事，省徭薄赋，堕农者戮之，力田若褒赏”[④]。即使是在荒僻河西立国的南凉主秃发乌孤，也能够“养民务农”。

（二）南北朝的重农思想

南北朝时期，战乱不息。农业的重要地位更加凸显，重农思想被奉为圭臬。正是在这个时期，宋文帝在《劝农诏》中提出了“国以民为本，民以食为天”的重农思想，对后世产生了深远影响。南齐、南梁也强调重农。即使是日暮穷途的陈朝，也着力恢复经济，发展农业。

北魏为鲜卑族所建，原为游牧民族，与汉人接触后，逐步重视农耕。在平定中山后，道武帝“分徙吏民及徙何种人工技巧十余万家，以充京都，各给耕牛”。[⑤] 明元帝神瑞二年（415 年）敕有司劝课留农者曰：“凡庶民之不畜者祭无牲，不耕者祭无盛”。[⑥]《魏书·高祖纪》记载了孝文帝提出的“务农重谷，王政所先”和“农为政首，稷实民先”等重农思想。由此可见，当时大多积极推行劝课农桑、导民力田的政策，对农民采取诸多优惠、照顾政策，并以农业政绩考核官吏。这些政策促使各国虽处于战乱之中，农业经济仍能取得一定的进步。

南北朝时期的重农思想还在当时的农书中有所体现。贾思勰在南北朝动乱的时局下不受当时玄学空谈之风的影响，坚持以农为本的理念，搜集和整理历代以及当时的农业生产知识，并写成农学巨著《齐民要术》。该书向广大劳动人民传授农业生产技术，是贾思勰重农思想的集中体现。“食为政首”“要在安民，富而教之”都表明了“民食”是治国安邦的基础。《齐民要术》不仅在重农思想上与春秋战国时期的农本思想一脉相承，并有所发展，而且还融入了贾思

① 〔唐〕房玄龄等撰：《晋书》，北京：中华书局，1997 年，第 2724 页。
② 〔宋〕司马光编著；〔元〕胡三省音注：《资治通鉴》，北京：中华书局，1956 年，第 2890 页。
③ 〔唐〕房玄龄等撰：《晋书》，北京：中华书局，1997 年，第 2885 页。
④ 〔唐〕房玄龄等撰：《晋书》，北京：中华书局，1997 年，第 3130 页。
⑤ 〔北齐〕魏收撰：《魏书》第 8 册，北京：中华书局，1974 年，第 2849 页。
⑥ 〔北齐〕魏收撰：《魏书》第 8 册，北京：中华书局，1974 年，第 2850 页。

勰对历代农业发展经验的总结及其实践经验，对农业生产有实际的指导作用。可见，魏晋南北朝时期，“食为政首、重本抑末”的重农思想不仅只停留在统治阶层，而是已经成为当时社会各个阶层的一种共识。

五、唐宋元代的重农思想

除了继承和发扬了农本思想，唐、宋、元三代重点倡导的是“国以民为本，民以食为天”的重农思想。

(一)唐五代的重农思想

唐代是中国封建社会发展的第二个高潮。贞观之治和开元盛世的形成与唐代统治者吸取隋朝灭亡的教训，采取“务从简静”“与民休息”“劝农务本”的指导思想有着极其密切的关系。五代各国君主则多在唐朝“国本民天”重农思想的基础上有所发展。

1. 唐代的重农思想

武德六年(623 年)，唐高祖李渊诏有司劝农：“有隋丧乱，区宇分离，百姓凋残，弊于兵甲，田亩荒废，饥馑荐臻……朕膺图驭极，廓清四海，安辑遗民，期于宁济，劝农务本，蠲其力役。”①遗憾的是，在武德七年(624 年)以前，由于李渊、李世民父子忙于统一战争和应付统治集团的内部争斗，这一思想既未能形成理论体系，又未能在实践中很好地加以贯彻。在唐太宗即位后，他面对经济凋敝和“百姓欲静”的现状，认为“国家未安，百姓未富，且当静以抚之。”后来，唐太宗在与大臣讨论“理政得失”时对所谓的“静”又增加了“去奢省费”“轻徭薄赋”“选用廉吏”“使民衣食有余”的新内容。唐太宗还继承和发展了李渊的从政方针，将“存百姓”与“人君简静乃可致耳”联系在一起考虑，确立了以“存百姓”为宗旨，以“简静”为特征的治国方略，完成了从思想认识到理论体系的形成，再从理论转变为治国方略的全过程，最终成为唐初统治阶级进行政治、经济活动的总的指导思想。

除“务从简静”，唐初的重农思想还具体体现为“民为邦本”的民本思想、“农为邦本”的农本思想以及“偃武修文”“去奢从约”的思想。在唐太宗即位后，他十分注意总结历史经验教训，深刻地认识到百姓与统治集团间“水能载舟，亦能覆舟”的关系，如果横征暴敛，百姓得不到必要的休养生息，就谈不上安心农业，发展生产。因此，要使国家富强，首先必须“固本安民”。这种“民为邦本”的思想正是重农经济思想在唐代初期的表现。所谓“农为邦本”，其意为农业是国家赖以生存的根本。贞观二年(628 年)，太宗和侍臣提及“凡事皆需务本，国以人为本，人以衣食为本，凡营衣食，以不失时为本。”②在贞观三年(629 年)下诏恢复亲耕籍田之制。贞观十六年(642 年)，唐太宗对农本思想的论述更进一步：“国以民为本，人以食为命。若禾黍不登，则兆非国家所有”“夫食为人天，农为政本。仓廪实则知礼节，衣食足则知荣辱”，③并要求于志宁、房玄龄等加强对皇太子和诸王等的农业知识教育。可见，唐太宗认为农业不仅是百姓安身立命的根本，也是国家赖以存在的物质基础。“偃武修文”“去奢从约”的思想实际上是“为国者要在安静”所反映的重农经济思想的具体表现。针对隋朝灭亡的教训，唐太宗接受了魏征提出的“偃革兴文，布德恩惠，中国既安，远人自服”的方案，以减轻百姓的负担，让他们有更多的时

① 〔宋〕王钦若等编：《册府元龟》，北京：中华书局，1960 年，第 788 页。

② 骈宇骞，骈骅译：《贞观政要》，北京：中华书局，2009 年，第 206 页。

③ 骈宇骞，骈骅译：《贞观政要》，北京：中华书局，2009 年，第 208 页。

间和精力从事农业生产。在实施文治的同时，唐太宗还在全国倡导“去奢从约”的思想，通过“抑情损欲，克己自励”以身作则，营造唐初“风俗简朴，衣无锦绣，财帛富饶，无饥寒之弊”的社会环境。

显庆元年(656年)，唐高宗在诏书中坦承：“国以人为本，以食为天；百姓不足，君孰与足。”唐玄宗在开元十二年(724年)的劝农诏中提道：“有国者，必以人为本；固本者，必以食为先。”①天宝九年(750年)时又提出“农为政本，食乃人天，必禾稼之及期，遂京坻之厚积，是以爱人存乎重谷，勤政在乎厚生”。② 两次诏令表述的变化其实就是唐玄宗简括“国以民为本，民以食为天”为“农为政本，食乃人天”的过程，也是唐玄宗对唐初“国本民天”重农思想的继承和发展。

唐肃宗在上元二年(761年)正月的劝农诏中说：“王者设教，务农为本，今土膏方起，田事将兴，敦本劝人，实为政要”，③将“敦本劝人”看作是最重要的政务。唐代宗李豫于永泰二年(766年)制曰：“农，政本也；食，人天也。方春之首，重于东作，除军兴至急，余一切并停，令百姓得专营农事。”④唐宣宗大中二年(848年)制曰：“君以人为本，人以食为天，有国有家，舍此无急。”⑤

与汉代相比，唐代的重农思想由单纯强调以农为本到农本、民本皆重，这是一个很大的进步。唐代出现“食为民本—民为国本—国为君本”的系列联系思想，强调了农业—百姓—国家的链条关系，在农与国的链条之间，突出了百姓的重要性。

2. 五代十国的重农思想

五代十国时期，天下大乱、社会动荡，国家的重农政策主要为军事服务。唐末五代之初，重臣张全义曾先后在唐、后梁、后晋等政权中任要职，并在任职期间将其从唐代继承而来的“国本民天”重农思想付诸实践。面对五代之初动荡的社会环境，张全义在“四野俱无耕者”的情况下招徕农民，增加劳动人口，还下令“选壮者教之战阵，以御寇盗”，为农业生产创造了安定的外部环境。除采取有利于农民生产的措施，张全义还注重用感情的手段和示范的力量来倡导重视农业生产的社会风气。正是在张全义重农思想的指导下，五代初期的洛阳呈现出“凶年不饥，遂成富庶焉”“数年之间，京畿无闲田，编户五六万”的大好景象。

这个时期对农业政策及其实施着力最多的君主是后周世宗，史称他：“留心农事，刻木为耕夫、蚕妇，置之殿庭。”为了确保农业的发展，他于显德三年(956年)发布诏令：“课民种树，其上户所种，每岁须及百本，其次降杀有差。又令民每日种韭一畦，以助其食。”⑥在安置流民、开垦荒地、推行重农抑商政策等方面屡下诏令，且整顿法治，稳定社会，积极改善农业生产环境。可见，周世宗对农业生产的重视。

(二)宋金的重农思想

宋代的重农思想是在唐代“农为政本，食乃民天”的基础上发展而来的。金朝虽崛起自游牧民族，但在与宋朝的连年交战中，面对“田野虽广而畎亩未辟”的情况也不得不遵循“崇本抑

---

① 〔北宋〕王钦若等编：《册府元龟》，北京：中华书局，1960年，第789页。
② 〔北宋〕王钦若等编：《册府元龟》，北京：中华书局，1960年，第790页。
③ 同②。
④ 同②。
⑤ 〔宋〕王钦若等编：《册府元龟》，北京：中华书局，1960年，第792页。
⑥ 〔宋〕王钦若等编：《册府元龟》，北京：中华书局，1960年，第794页。

末”的重农思想而“敦劝农功”。

1. 宋代的重农思想

在宋太祖即位后，他非常重视发展农业生产。宋太祖早在建隆三年（962 年）就颁布了“生民在勤，所宝惟谷，先王明训也”的劝农诏，把粮食提高到最为宝贵的地位，这是宋代重农思想的新发展。宋太祖还继承了唐代“农为政本，食乃民天”的重农思想，在乾德二年（964 年）的劝农诏中说：“农为政本，食乃民天……今土膏将起，阳气方升，苟播种之失时，则丰登之何有？卿任隆分土，化洽编之民，所宜趋东作之勤，副西城之望。使地无遗利，岁有余粮。”宋太宗的重农思想尤为突出，其主要体现在亲耕籍田、诏置农师、推广先进生产技术和先进农作物、禁民学禁巫术以及限制佛教几个方面。

第一，皇帝亲耕籍田。一方面，祈求风调雨顺；另一方面，营造重农氛围。宋代历朝举行亲耕籍田之礼，见诸记载仅有四次：第一次是建国初期的端拱元年（988 年）正月；第二次是明道二年（1033 年）二月；第三次是宣和元年（1119 年）正月；第四次是在南宋绍兴十六年（1146 年）正月。宋太宗十分重视即位之初的亲耕籍田活动，不仅在雍熙四年（987 年）颁布《有事东郊籍田诏》预告即将举行的籍田活动，还在躬行籍田之礼后宣布改雍熙五年（988 年）为端拱元年，足以显示他对务农为本的重视程度。

第二，建立农师制度，指导农业生产。宋太宗时期，建立比较具体的农师制度的诏令，反映了他对农业的深切了解。宋代的农师兼有教习农事和督促农民的双重职能。虽然在太平兴国九年（984 年）因“以其烦扰罢之”农师制度被取消，但其在推行期间对农业生产技术的推广和提高都起着积极的作用。

第三，十分提倡农业中的林副业生产，重视先进农业生产技术和先进农作物的推广。建国初的建隆二年（961 年）春天，颁布了劝民种树的诏令：“诏申明周显德三年之令，课民种植，每县定民籍为五等。第一等种杂木一百棵，每等减少二十棵”，因地制宜地推广和改良农具，宋太宗还曾在淳化四年（993 年）下诏“劝民种四，种豆、黍、粟、大麦、荞麦，以备水旱”，推广适合种植的农作物。这些都是宋代重农思想的新发展。

第四，对巫术活动和佛教活动的压制。宋太宗淳化三年（992 年）颁布了历史上第一条禁止巫师治病的法令：“两浙诸州先有衣绯裙，巾单，执刀吹角称治病巫者，并严加禁断”。宋真宗大中祥符二年（1009 年）颁布的《禁约河北民弃农业学禁术诏》更是进一步限制本已被排斥出国家机构和官方庙堂的巫术。其目的就是避免百姓荒废农业，以维护王朝的稳定与长治久安。虽然宋代各朝统治者对佛教采取的具体措施有所区别，但其在总体上对待佛教的态度基本一致。宋代初年，佛教持续发展，僧尼数量的大幅增加不仅使农业劳动力减少，还出现了百姓为铸造佛像而销毁农具的行为，从而影响了正常的农业生产活动。此时，统治者便会对佛教进行一定程度的压制。宋太宗在开宝五年（972 年）颁布的《禁以铁铸佛像诏》：“自今两京及诸道州府寺舍，除造器用道具，不得以铁铸佛像”，在一定程度上反映了在农业与宗教两者间，宋太宗认为重农更为根本。

宋代的农学家陈旉在《陈旉农书》中大力倡导重农思想和理论：“盖生民之本，衣食为先，而王化之源，饱暖为务也……列圣相继，惟在务农桑，足衣食”。[①] 陈旉还把封建社会的伦理、道德、教化、人情等与“务农桑，足衣食”联系起来，认为这些因素与农业生产发展得是好是坏、人

① 〔宋〕陈旉著，刘铭校释：《陈旉农书校释》，北京：中国农业出版社，2015 年，第 2-5 页。

民衣食是否充足有着极为密切的关系。

宋初统治者对农业的重视主要源于天下未定、战乱不断的状况。粮食补给的问题成了当务之急。由于战乱的影响，农民多被军队招募，直接从事农业生产的农民数量下降，从而导致粮食产量的下降，这是促使宋朝政府重视农业生产的客观原因。宋代统治者根据当时农业生产的客观状况，有选择地继承和发展了历代的重农思想，最终形成了宋代特有的重农思想。

2. 金朝的重农思想

金太宗天会四年(1126年)的“劝农诏”说：“朕惟国家，四境虽远而兵革未息，田野虽广而畎亩未辟……苟不务本业而抑游手，欲上下皆足，其可得乎？其令所在长吏，敦劝农功。”[①]在金国与宋朝的争战中，中原人民不堪战乱之苦，大量流亡，地广却无人耕种。在这种情况下，如果不着力发展农业，就不能实现“上下皆足”的目标。

(三)元代的重农思想

蒙古族的连年征战使中原人口严重减耗，中原土地大量荒芜。蒙古族是游牧民族，“其俗不待蚕而衣，不待耕而食”，不熟悉农业，也不感兴趣，甚至提出把耕地变为牧场的建议，任由牛马啃食百姓田内的禾稼桑枣，对农业生产造成了严重的破坏。

在元世祖忽必烈统一全国后，他认识到“帝中国当行中国之法”，全面推行汉法，不但学习汉代统治者祭神农后稷，行“籍田”之仪，而且首诏天下：“国以民为本，民以衣食为本，衣食以农桑为本。”[②]忽必烈抛弃了以前那种变农田为牧场的做法，雷厉风行地制定了一系列“重农”“劝农”政策，以恢复和发展社会经济，首先，建立一套完整的由中央到地方的农业管理系统。中统元年(1260年)，元世祖即位后立刻颁布诏书，“命各路宣抚司，择通晓农事者，充随处劝农官。”[③]中统二年(1261年)，设劝农司，任命陈邃、崔斌等八人为劝农使，并诏十路宣抚使“劝农桑，抑游惰，礼高年，问民疾苦”。[④] 元代初期，统治者对官员设置、职责定位及监督监察等农业生产的各个方面都进行限定，标志着元代农官体系的建立与完善，为元代初期的休养生息、农业生产的恢复和发展提供了制度性的保障。其次，退牧还耕，限制抑良为奴。最后，兴修水利，军民屯田。元代统治者还频颁农桑诏令，保护农业生产。中统三年(1262年)，下诏“命行中书省、宣慰司、诸路达鲁花赤、管民官，劝诱百姓，开垦田土，种植桑枣，不得擅兴不急之役，妨夺农时。”[⑤]从农桑诏令的频发可以看出，元代统治者越来越注重传统种植业，在一定程度上对畜牧产业进行约束和限制，这也是传统畜牧文化融入农耕文明的反映。在元代重农思想指导下，推行的重农政策使全国经济得到了极大的恢复和发展，“民庶晏然，年谷丰衍，朝野中外，号称治平。”

元朝廷还通过多种途径宣传重农、劝农政策：首先是编撰农书。至元十年(1273年)，司农司奉敕编纂《农桑辑要》并颁布天下。该书也成为司农司派员到各地巡察，督促农桑，推广农业技术的主要依据。除官撰农书，还有私撰农书，如与《农桑辑要》并称元代三大农书的《王祯农书》、鲁明善《农桑衣食撮要》。在每年春耕开始时，地方官员下乡劝农往往也会发布劝农诗以

---

① 〔元〕脱脱等撰：《金史》第1册，北京：中华书局，1975年，第56页。

② 〔明〕宋濂等撰：《元史》第8册，北京：中华书局，1976年，第2354页。

③ 同②。

④ 〔明〕宋濂等撰：《元史》第1册，北京：中华书局，1976年，第69页。

⑤ 〔明〕宋濂等撰：《元史》，北京：中华书局，1976年，第86页。

劝课农桑。马臻、王恽、陆文圭、黄溍、唐元、郭应木、叶岘、王毅、朱子范等均有劝农诗文传世。其次是以图阐文的耕织图。早在五代时期，这种以图像形式，并配以诗文歌谣，生动描述农业生产中关键环节的耕织图已经出现。延祐五年(1318 年)，杨叔谦作画、赵孟頫据图作耕织诗、阿怜怙木儿用畏吾儿文翻译的《农桑图》由集贤大学士臣邦宁、大司徒臣源进呈，获元仁宗爱育黎拔力八达的嘉赏。形象直观的耕织图不仅能够代替抽象的说教，还能消除文字的隔阂，有利于士大夫向帝王表达其重农思想。在元代重农、劝农的历史背景下，《豳风·七月》因其"陈稼穑之艰难，叙农桑之节序"的诗义而成为元代画家热衷的题材。赵孟頫、塔失不花、陈琳、盛懋、王振鹏、林子奂等均创作有豳风图。

无论是农书、劝农诗文，还是耕织图等作品，都充分表达了当时的农学家、文学家、艺术家，甚至当时政府对农业问题的高度关注。尽管这些体现元代重农思想的作品主要目的是维护蒙元帝国的统治，但它们的刊行颁布使当时浮躁喧嚣的社会意识到了农业生产的重要性，对游牧民族也产生了一定的影响。不少蒙古族人开始从事农耕活动不仅在客观上保护和发展了中国传统农业的生产，而且促进了商业贸易的繁荣，改善了人民的生活。这些作品所反映的重农营农思想既是对汉族传统农业文化思想的传承，又是在元代这个新环境下进行的发展和创新，也是在民族大融合、社会大变革、物资大流通、思想大碰撞时期的必然产物，为明清两代资本主义的兴起与发展奠定了基础。

六、明清时期的重农思想

明清时期是中国进入商品经济发展的又一高峰。随着中西经济文化交流的日益增加，中国与世界相互交融的新篇章被揭开，由此开始了由"区域史"迈进"世界史"的历史进程。正是在这样的背景下，明清的重农思想既带有浓厚的传统农本观色彩，又因适应商品经济的发展而呈现"农商并重"的特点。

(一)明代的重农思想

明代的重农思想主要是官方思想。朱元璋、丘濬、王阳明、张居正、徐光启等从自身阶层的视角出发，分别以统治者、官僚和士大夫的角度，对农业、农村和农民问题进行了深入思考。

1. 明初的重农思想

经过元末的战乱，面对一个经济社会即将崩溃的局面，朱元璋必须像以往王朝的开国帝王一样重视农业生产，安农养民，发展生产，稳固政权。朱元璋的农本思想主要包括"农为国本"思想、"重农养民"思想和"人地结合"思想。

立国之初，朱元璋就把发展农业定为基本国策，认为"为国之道，以足食为本……若年谷丰登，衣食给足，则国富民安，此为治之先务，治国之根本。"①洪武元年(1368 年)，朱元璋下诏："欲财用之不竭，国家之常裕，鬼神之常享，必也务农乎……古者天子籍田千亩，所以供粢盛，备馈膳。自经丧乱，其礼已废，上无以教，下无以劝。其命来春，举行籍田礼。"②他以身作则鼓励农民发展农业生产。朱元璋的"农为国本"思想具体体现为防止农民弃农迁业。由于"重农"，所以要"祛末"，朱元璋认为"农桑衣食之本，然弃本逐末，鲜有救其弊者"。如果弃本逐末的人

① 中央研究院历史语言研究所校印：《明实录·明太祖实录》，台北：中央研究院历史研究所，1962 年，第 259-260 页。
② 〔清〕鄂尔泰、张廷玉等纂：《授时通考》(全二册)，北京：中华书局，1959 年，第 947 页。

过多，农业生产就会受到影响，从而最终危害社会经济。因此，他压制商业的发展，“加意重本抑末，下令农民之家，许穿䌷纱绢布，商贾之家，只许穿布。”①在“农为国本”重农思想的影响下，朱元璋设立了专门的农业管理机构，大力实施了劝课农桑、兴修水利等政策，并把以垦荒和屯田作为明代农本思想的核心，视其为治国平天下的大事。洪武三年（1370 年），自中原之地兴兵以来，田多荒芜，朱元璋下诏计民授田，“复置司农司，开治所于河南。”水利管理机构的设置则更早，明太祖立国初，设营田司专掌水利。洪武五年（1372 年），下诏：“农桑衣食之本，学校理道之原……有司今后考课，必书农桑、学校之绩”。② 朱元璋还特别重视棉花、枣、柿、栗、胡桃等经济作物的种植，分别在洪武元年（1368 年）、洪武二十五年（1392 年）、洪武二十七年（1394 年）多次颁布与种植经济作物相关的诏令。

朱元璋强调“重农养民”思想旨在缓和元末农民战争之后的阶级冲突，加强专制主义统治。朱元璋认为“国以民为本，民以食为天，此有国家者所以厚民生而重民命也”，强调农民是农业的根本，所以在发展“重农”的同时，必须“养民”。这种反复强调爱护并体恤农民，以使农民更好地进行农业生产的思想对明初农业经济的恢复和发展起到了积极作用。

朱元璋农本思想的一个体现是“地非民不动”，即将劳动人口与土地相结合，重视土地的有效利用和劳动力的合理安排。针对明初人民流徙、土地荒芜的状况，朱元璋在勘实田亩的基础上，于洪武十四年（1381 年）和洪武二十年（1387 年）分别颁行了《赋役黄册》和《鱼鳞册》。“鱼鳞册为经，土田之讼质焉。黄册为纬，赋役之法定焉。”保证了人口与土地的有效结合。

朱元璋的重农思想包含了农业经济思想、民本思想、乡村治理思想、荒政思想等多个方面的内容。其根本实质是战乱之后整个明王朝经济和乡村秩序的重建。朱元璋确立的经济思想制度既是对明以前历代重农思想的继承和发展，又是各个历史时期新朝帝王“休养生息”政策的延续，也是为明代 276 年的统治所做的制度设计，对明代的历任统治者产生了深远的影响。

明成祖朱棣即位后在治国方略上继承和发展了“农为国本”思想，将重农看作国君立国和国家富强的根本。在明成祖看来，作为君主务必要养民，有责任让百姓丰衣足食，因而将流民与荒芜的土地相结合，大兴屯田，减免赋税，并加强对太子、太孙的重农教育。在太祖和成祖的重农思想的推动下，明初的农业经济得到了恢复，生产力获得了长足的发展。

2. 明中期的重农思想

正统十四年（1449 年）的“土木之变”一般被认为是明王朝由盛转衰的转折点。生活在明代中期的丘濬、林希元、海瑞、王阳明、张居正等的重农思想必然受到当时的政治、经济、文化等因素的影响，体现出特殊的思想内涵。

第一，丘濬是明代思想家，当时的社会矛盾、农工商发展、资本主义萌芽都在他的思想中有所反映。在农业方面，丘濬强调养民重民，听民自为，发展农业生产。他认为：“民之所以得其养者，在稼穑树艺而已。”③丘濬的农本思想侧重于农业发展的生产环境，发表了“商品经济在发展后要求突破束缚”的见解。

第二，林希元具有鲜明的重农思想。他认为：“今天下之民从事于商贾、技艺、游手、游食者十而五六，农民盖无几也。”面对由农业劳动力不断流入商业、农业和商业之间收入悬殊造成的

① 〔明〕徐光启撰，石声汉校注：《农政全书校注》，上海：上海古籍出版社，1979 年，第 65 页。

② 中央研究院历史语言研究所校印：《明实录·明太祖实录》，台北：中央研究院历史研究所，1962 年，第 1409 页。

③ 〔明〕邱浚：《大学衍义补》第 1 册，郑州：中州古籍出版社，1995 年，第 210-211 页。

农民日趋贫穷的状况，林希元提出“使民尽力于农桑衣食”的对策，主张按《周礼》的要求在乡村设计一种基层农官体制。他所提出的重农措施基本上是对前人政策的沿用，而“抑工商以助农业”的思路也秉承传统思想。嘉靖八年(1529年)，林希元上呈《荒政丛言疏》，专门对荒政问题发表见解，并对历史上的救荒政策进行了分析和总结，对明代以后的荒政管理起到了一定的指导作用。

第三，海瑞的重农思想集中体现于《劝农文》 他认为窃惟“农桑耕织，衣食之源，四民首务，尔所当知。丈夫当年而不耕，天下有受其饥；妇人终岁而不织，天下有受其寒”①，要求农民勤于劳作，才能实现“足民”的政策目标。海瑞推崇古代的井田制，认为井田制的实施能促进思想的教化，缓和社会的矛盾，还强调地方官在督促百姓从事农业生产中发挥的重要作用。在赋役分配中，海瑞主张“仍照各贫富各田多少，贫者轻，富者重；田多者重，田少者轻；然后为均平也。”②这种按资派役的观点不仅符合经济发展的客观趋势，还体现出减轻农民负担的进步思想倾向。

第四，王阳明的重农思想是通过乡村治理思想表现出来的 王阳明提出“以教育民”“以民安民”“以德施民”的思想，集中反映了他对农业经济与农业环境的重视。不同于其他思想家，王阳明的重农思想主要侧重于农业发展外部经济环境的建设，将农村、农业和农民问题视作一个整体，强调对乡村社会进行教化，调适乡村社会内部环境，从而为乡村农业生产活动提供一个良好稳定的环境，进而实现促进乡村农业发展、农村稳定、农民安居的目的。

第五，张居正对农业持比较重视的态度 在商品经济发展的大背景下，他对农本思想有了进一步的认识。张居正指出：“商不得通有无以利农，则农病；农不得力本穑以资商，则商病。故农商之势，常若权衡，然至于病，乃无以济也。”③张居正立足于商品经济发展的实际从生产和流通的意义上重新看待商业，将其视作农业的补充，进一步发展了农商并重思想。

3. 明晚期的重农思想

徐光启是明代晚期杰出的农业科学家。他撰写的《农政全书》集中国古代农业科学之大成，是中国不可多得的以农本为核心的古代农业专著。徐光启的重农思想主要表现在三个方面：一是富国必以本业；二是水利者，农之本也；三是备荒救荒应“预弭为上，有备为中，赈济为下”。

《农政全书》把《农本》三卷放在书首，引述古往今来大量的重农文献和资料，以说明农业在社会经济中的本业地位。其中《经史典故》引经据典阐明农业是立国之本；《诸家杂论》引诸子百家之言来证明农业的重要性；收录了冯应京的《国朝重农考》借明代各朝皇帝的农业政策和措施，告诫当时的皇帝和官吏应重视农业生产和农业生产者。这些内容都充分体现了徐光启“富国必以本业”的思想。

重视水利是徐光启重农思想的又一重要表现。在《农政全书》中，徐光启用长达九卷的篇幅讲述水利建设的技术和经验。明代末年，水旱灾害连年不断，兴修水利便成为一项紧迫的任务。徐光启以科学家和政治家的眼光，从战略高度看待水利问题，把水利视为治国安邦的重要措施，把兴修水利视为发展农业的根本大计，多次发表“水利者，农之本也，无水则无田也”“国

① 〔明〕海瑞著，陈义钟编校：《海瑞集》上册，北京：中华书局，1962年，第276-277页。

② 〔明〕海瑞著，陈义钟编校：《海瑞集》上册，北京：中华书局，1962年，第61页。

③ 〔明〕张居正撰：《张太岳集》，上海：上海古籍出版社，1984年，第99页。

家财赋，多出于东南，而东南财赋，皆资于水利”[①]等与水利相关的见解，深刻地阐明了水利与农业的关系，并把水利提到农之本的高度。

明代末年，政治腐败，经济凋敝，外患不断，天灾连年，农民起义四起。虽然徐光启的重农思想注定在政治上难有作为，但其以农本思想为基础提出的“务农贵粟”“实证兴农”“藏富于民”“人地和谐”主张随着中西方科技文化交流的频繁和他对科学技术的爱好与务实，在商品经济发展的社会背景下体现出独特之处。徐光启认为备荒、救荒要“预弭为上，有备为中，赈济为下”。其中“预弭”就是“浚河筑堤，宽民力，祛民害”；“有备”就是“尚积蓄，禁奢侈，设常平，通商贾”；“赈济”就是“给米煮糜，计户而救”。将屯垦、水利和荒政这些农政集中并系统的提出是其农业科学研究的一大贡献。

徐光启认为“圣人治天下，必本于农”，但并未把抑商视为一种重农措施，也没有否定商品交换的价值，从而体现了其重农思想中“农商并重”的特点。《农政全书》不仅是徐光启农本思想的重要体现，而且书中所收集的中西方农业科技对农业的发展与实践起到了直接的推动作用。他在农业科技发展中“求其故”的科学务实态度，在重农思想中所体现的“欲求超胜，必须会通”的科学思想为西方科学在中国的启蒙打开了通道，实现了对中国近代科学革命的启蒙。

（二）清代的重农思想

清太祖努尔哈赤在清代建立前夕就把克敌制胜的希望寄托于重农积谷。在清代建立之初，统治者就意识到吸纳农耕文明是统治稳定的必要条件，因而选择继承明制，推行耕藉礼和迎春仪式、进春仪式等与农业生产相关的官方活动。耕藉礼的举办既表达了重农尊祖的感恩情怀和对重农固本的坚持，也为封建王朝统治者提供了一个率先垂范、身体力行的时机和舞台，鼓励天下百姓勤于耕织，从而起到劝课农桑的实际功用。迎春、进春是一种通过进献春牛宣示统治者重农政策的仪式。自元代开始，统治者将首都地区的迎春仪式列为国家大典，明清之际立春文化愈发盛行，统治者对迎春仪式、进春仪式更加重视。清代顺天府迎春仪式、进春仪式继承明制并不断完善。其不仅在每年六月即移文钦天监，要求钦天监精确推算立春日期，根据推算结果绘制春图，而且对春牛、芒神的塑造有严格的标准。迎春仪式、进春仪式每年由顺天府尹组织，贯穿整个清王朝，成为清代重农思想的重要标志。

清代初期的祭农先礼、耕藉礼继承明制。顺治初年，“定每年立春，芒神、春牛由顺天府预备，届期由部会同恭进”。从顺治二年（1645 年）起，顺天府行进春仪，“是日早，该本府官恭捧春御前呈进，谨备叔父摄政王殿下春，差官俱捧在午门外伺候，请命满洲官捧进”。自此，每届立春之期由顺天府预先题请，成为定制。顺治十一年（1654 年），顺治帝亲临先农坛致祭，行耕藉礼，以稳定农耕生产活动。

虽然康熙帝只在康熙十一年（1672 年）和康熙四十一年（1702 年）两次亲耕籍田，但官方祭祀典礼一直在坚持。实际上，康熙帝身体力行的重农实践以及一贯的重农政策在史书中留有许多记载。康熙十二年（1673 年）谕户部：“自古国家久安长治之谟，莫不以足民为首务，必使田野开辟，盖藏有余”，[②]将重农提到“国家久安长治”的高度。康熙十八年（1679 年）谕户部：“民生以食为天，必盖藏素裕，而后水旱无虞。自古耕九余三，重农贵粟，所以藏

① 〔明〕徐光启撰，石声汉校注：《农政全书校注》，上海：上海古籍出版社，1979 年，第 339 页。

② 〔清〕鄂尔泰、张廷玉等纂：《授时通考》（全二册），北京：中华书局，1950 年，第 1015 页。

富于民，经久不匮，洵国家之要务也。”[①]这个时期，康熙皇帝已经把重农积粟、藏富于民作为国家要务来看待。康熙三十九年（1700 年）谕户部：“国家要务，莫如贵粟重农。朕宵旰图治，念切民生，唯期年谷顺成，积贮饶裕，于以休养黎元，咸登乐利。”[②]进一步从重农贵粟，积贮饶裕的角度论证了农业的重要性。康熙四十一年（1702 年），康熙帝“省耕畿南，经博野，圣祖躬秉犁器，即功竟亩，观者万人”，还在西苑“治田数畦，环以溪水”，亲自开垦稻田，赐名“丰泽”，培育良种，造福百姓。

随着统治的稳定，耕藉礼的作用恢复为单纯宣扬农业生产的礼制。从雍正开始，清朝皇帝尤其重视耕藉礼。雍正帝在位十三年，除元年因忙于新政要事未能亲祭，每年都举行一次耕藉仪式，亲祭先农、亲耕籍田共十二次。按照旧制，皇帝扶犁亲耕时三推三返。雍正二年（1724 年），谕直隶督抚等官：“中国家休养生息数十年来，户口日繁，而土地只有此数，非率天下农民竭力耕耘，兼收倍获，欲家室宁止，必不可得”。[③] 为了突出籍田礼重农劝耕的作用，雍正帝“执鞭、扶犁，三推毕，又加一推，以示劝农至意”，并颁布新制《三十六禾词》。雍正四年（1726 年）谕内阁：“国以民为本，民以食为天。朕即位以来，念切民依，举行耕籍之礼。殚竭精诚，为民祈谷于上帝……每岁躬耕籍田，以重农事”，[④]还要求全国各级官员均亲行耕藉礼。在雍正帝重农思想的指导下，全国各地修建了不少先农坛，清代许多方志中都保存有其建制记载。雍正帝如此重视耕藉礼是对中国古代重农传统的继承。雍正帝重视耕藉礼的态度与其重视基层农民，关心农业生产以及对当时户口激增、人地矛盾突出、粮食不足的情况十分了解有关，这些都是雍正帝重农思想的具体表现。

乾隆皇帝也是清代最重视农业的皇帝之一。乾隆初年，他就命词臣们搜集资料，编撰《授时通考》，颁行治域，又复颁谕劝农诏：“天下亲民之官莫如州县，州县之事莫切于勤察民生，而务教养之实政……所至之处，询民疾苦，课民农桑，宣布教化，崇本抑末。善良者加之以奖励，顽梗者，予以威惩。”[⑤]乾隆帝还是清代帝王中亲行率耕表现最为突出的，举行耕藉礼次数为历代皇帝之首，在位六十年，亲耕二十八次，七十五岁高龄时仍行亲耕之典。喜好作诗的他还曾写下《丰泽园演耕籍礼》等弄田习耕的诗作。

清代中后期，帝王也十分重视亲耕仪式。嘉庆、道光、咸丰及同治几乎每年都亲祭亲耕或遣官代祭。嘉庆帝曾言：“思礼以亲耕为重，朕恪恭祀事，躬举四推。”还在嘉庆十九年（1814 年）谕内阁：“国家政在养民，农桑者天下之大本。朕亲耕，后亲蚕，躬行为天下先。诚以民生所亟，一日不再食则饥，终岁不制衣则寒，布帛菽粟，其事至恒而所关至巨。定例考核吏治，首列劝谬农桑……著通谕直省督抚各饬所属府州县官，务知朝廷贵农重粟之意，以劝课农桑为亟。”[⑥]嘉庆二十三年（1818 年），谕内阁：“夫国以民为本，民以食为天。而为民谋生计敦本俗者，良有司之责也……举凡田里树畜，民之所利，必为之劝导，俾衣食有资，足以仰事俯畜，而后可以使之迁善而远罪”，[⑦]明确地将农业生产与官员政绩考核相挂钩。道

---

① 同①。

② 〔清〕鄂尔泰、张廷玉等纂：《授时通考》（全二册），北京：中华书局，1956 年，第 1024 页。

③ 〔清〕鄂尔泰、张廷玉等纂：《授时通考》（全二册），北京：中华书局，1956 年，第 1034 页。

④ 〔清〕鄂尔泰、张廷玉等纂：《授时通考》（全二册），北京：中华书局，1956 年，第 1036-1037 页。

⑤ 魏源：《魏源全集》第 15 册《皇朝经世文编》卷 34 至卷 35《户政》，长沙：岳麓书社，2004 年，第 171 页。

⑥ 赵之恒、牛耕、巴图：《大清十朝圣训》，北京：燕山出版社，1998 年，第 6530 页。

⑦ 赵之恒、牛耕、巴图：《大清十朝圣训》，北京：燕山出版社，1998 年，第 6533 页。

光帝在位期间也发表过“朕思耕籍大礼，致祭先农，必应躬亲祀事”等重视籍田礼的言论。道光十三年(1833年)，吏部右侍郎兼管顺天府尹何凌汉于进春之际，赋诗纪念，诗文称：“春图岁进供京尹，穑事原居百事先。摄以重臣光相业，弁兹首善励官联。”①从这位主管进春礼仪的顺天府尹的作品中可以看出，直至清中后期，清代统治者仍然十分重视京师的迎春和进春制度。光绪在位三十四年，亲耕亲祭或遣官代耕代祭二十九次，其具体举行情况被翁同龢记录在日记中。

即使在战乱年代，进春制度也从未被废止。在庚子之变时，八国联军占领京师，慈禧、光绪避乱西安，而留京办事大臣顺天府尹陈夔龙、兵部尚书兼管顺天府兼尹事务徐会沣、署顺天府府丞陈璧仍然循例进春，呈进春牛芒神图，“恭折由驿具陈”“并将像貌服色缮具清单恭呈御览”。顺天府进春仪式作为清代重农思想的一种表达方式无论是对最高统治者，还是各级地方官都有不可替代的劝导作用。清代各省府州县均参照顺天府体制举行。在每届迎春之时，“直省府州县豫于东郊外各制芒神土牛……如顺天府之仪”。从中央到地方，统治者将迎春仪式、进春仪式视为“布德和令，行庆施惠，下及兆民”的重要表征，整个仪式显示了清代统治者“顺时而奉天”的基本治国思想。其意义不仅在于向统治阶层灌输重农意识，还将重农固本的中国传统重农思想推行至全国。中国古代农业思想的最主要内涵就是以农为本的重农思想。大家对这种思想的价值众说纷纭，莫衷一是。其观点主要集中在以下两个方面。

从积极的方面来考虑，由于在自然经济条件下，生产力水平较为低下，农业的剩余率相对较低，粮食显得较为稀缺。重点、优先发展农业有利于保证农业在国民经济中占据主导地位，更加合理和有效地利用土地和劳动力资源，社会总效用的最大化得到实现；反之，若工商业过于兴盛，就可能会造成规模效益递减，经济资源浪费。在自然经济时代，对农业的重视符合生产力状况和发展的合理性要求；从更深的角度来看，重农抑商起到了促进封建生产关系形成与发展的重要作用。从消极的方面来看，这种单一粮食的狭隘农业观妨碍了农业生产向深度和广度的顺利发展；对工商业的过多设障迫使大量工商业资本回流到小农业，挤占了资本主义大农业所紧缺的宝贵资源，更加剧了中国资本主义生产关系的先天不足。②

这种思想不仅对中国社会影响深远，并对在西方经济学学史上占有重要地位的法国重农学派产生了决定性的影响。谈敏指出，重农学派，尤其是魁奈赞扬和主张仿效中国重农思想的这些言论，表明他们从中国传统经济思想中所得到的决不仅止于一般的影响，这种东方古代思想已经深深渗透于他们的重农理论。③ 而重农学派的一些基本原理和分析方法甚至影响了斯密的古典经济学，经过一代代经济学家的吸收和加工，渗透到西方经济学的各个领域，成为现代西方经济学的有机组成部分。

由于东亚其他各国与中国的气候、环境等都具有极大的相似性，经济也主要建立在以农业为基础的体制之上，所以中国的重农思想在这些国家都有生存和发展的土壤。日本、朝鲜、越南等深受中国重农思想的影响。

---

① 〔清〕邓显鹤：《沅湘耆旧集》，长沙：岳麓书社，2007年，第364页。

② 戴家龙、赵建：《中西经济思想纲要》，合肥：安徽大学出版社，2002年，第29-30页。

③ 谈敏：《法国重农学派的中国渊源》，上海：上海人民出版社，1992年，第282页。

思考题

1. 简述重农思想诞生的历史背景。
2. 分析重农思想对中国各个历史时期社会发展的影响。
3. 中国古代形成了哪些独特的重农文化?

近代篇

专题七　土地与租佃制度

鸦片战争之后，中国逐步陷入民族危机。为实现国家独立和民族富强，中国人民进行了积极探索，一系列的社会革命和外部冲击给中国带来了新的变化，包括中国数千年最根本的土地所有制。总体来看，近代中国的土地所有制仍以私有制为主。永佃制和押租制仍是中国近代租佃制度的重要内容，在地租形式上仍存在实物地租、货币地租、劳役地租三种形式，总体地租率维持在50%左右，租佃经营也出现了区域性特征，南方的租佃率一般要高于北方。

一、近代中国的土地改革

近代中国的土地所有制主要体现为私有制向公有制的探索与变化，但历次改革和运动并没有彻底实现土地所有制改革的目标。在中国共产党的领导下，中国人民对土地所有制改革进行了积极的探索，不同时期相应地实施不同的土地政策，实现了民族利益的最大化。

(一)清末的土地所有制

1. 晚清的土地制度

晚清，中国的土地所有制主要以国家所有的官田和民间私有的民田为主：官田包括为皇室、贵族、旗人所占有的旗地以及供军队、学政、祭祀等开销的屯田、学田、祭田等；民田主要为地主所有和农民所有。此外，宗族集体所有的族田也是民田的一种形式。

旗地包括内容府官庄、宗室庄田、八旗官兵旗地等。内务府官庄是为清代皇帝占有的土地，或称皇庄，直属内务府，皇庄大都集中在畿辅、盛京、锦州、热河等地区；宗室庄田是清代皇帝赏赐给王公、贵族的土地；八旗官兵旗地是分给旗籍，即满洲八旗、蒙古八旗和汉军八旗成员的土地，作为八旗兵丁在职时的衣食之资。屯田一般是西北和西南广大边境地区的戍边军士所垦殖的土地，还包括供养漕运的漕运屯田。学田是专用于办学经费开支的田地，如中央直属的国子监以及各省府州县设置的书院等均被拨给一定数量的学田，以其经营所得，供办学费用。祭田就是作为祭祀古圣先贤庙、墓、祠堂之用的田地，京师坛、遗官地及天下社稷、山川、历坛、文庙、祠墓、寺观等祭田均包括在内。

晚清的民田主要分为地主所有土地和农民所有土地。地主所有土地包括大中小地主所有的土地。其来源大体包括继承租户、自行购买和官府赏赐的土地等。农民所有土地即自耕农或半自耕农占有的小块土地。其主要来源包括承袭前代留传下来的土地、农民自己购买的土地和农民赴边疆垦荒形成的小土地等。此外，宗族集体所有的族田主要由官僚、地主、商人捐赠，也有族众捐赠或集资购买。其功能主要是济贫解困、祭祖、助学、完纳田赋等，以达到睦族的目的。①

---

① 方行、经君健、魏金玉：《中国经济史通史·清代卷》，北京：经济日报出版社，2000年，第1516页、第1566页。

2. 太平天国的土地改革

19 世纪 50 年代，洪秀全领导的太平天国运动爆发。该运动波及 17 个省，历时 14 年之久。在建立政权之后，颁布了以土地问题为中心的施政纲领《天朝田亩制度》，即在其统治范围内实行特殊的土地制度。这项土地制度对当时的社会产生了深远的影响。

《天朝田亩制度》是太平天国革命的土地纲领和建设农村社会的根本大法。它规定了平分土地的办法、农村公社的组织制度以及农民生活的各项准则。《天朝田亩制度》的中心内容是废除以封建土地所有制为中心的一切私有制，实行土地、财产平均分配，建立自给自足的农村公社。其核心和本质就是废除封建土地私有制，自由公平地使用土地，建立土地公有制，即"凡天下田天下人同耕，此处不足则迁彼处，彼处不足则迁此处。凡天下田丰荒相通，此处荒，则移彼丰处以赈此荒处；彼处荒，则移此丰处以赈彼荒处，务使天下共享天父皇上帝大福，有田同耕，有饭同食，有衣同穿，有钱同使，无处不均匀，无处不饱暖也"。

(二)民国时期的土地所有制

土地问题是近代中国的核心问题，平均地权是辛亥革命的重要目标。其主张实行土地公有制，将土地按需分配给农民。由于当时特殊的历史环境，这个目标最终未能实现。在国民政府建立之后，虽然试图通过"土地法案"减租以确保佃权等方式来改善中国土地分配不均的情况，但其并未从根本上改变中国土地私有制的状况。

1. 平均地权条件下的土地改革

平均地权是孙中山进行资产阶级革命的中心经济思想。平均地权的主要内容有两个：一是全国平均地权，农村耕者有其田；二是"规定地价，照价征税，照价收买，涨价归公"。全国平均地权就是要消除土地所有权的过度集中，以实现农民皆有土地可以耕种，土地归国民共享。孙中山曾多次提出："地主宜废，农须自耕，田须领种，租税合流，迳纳于国。"[①]孙中山在辛亥革命后进一步提出农村要实现耕者有其田，指出："土地国有后，必能耕者而后授以田，直纳若干之租于国，而无复有一层地主从中朘削之，则农民可以大苏"[②]"夫不稼者，不得有尺寸耕土"。[③] 由此可知，第一，平均地权主要是先实现土地国有化，而后再分给农民耕种；第二，要先由地主本人向政府申报地价，以作为土地的国定价格。如果地主申报价格过低，就可照申报价格收买；如果地主申报价格过高，则照报价征税。这样，地主所报价格就比较接近当时的合理价格。由于社会进步，土地需要增加，地价也随之上涨。于是，一方面，涨价部分"为国民所共享"；另一方面，又可利用涨价的收入购买土地，再分给农民耕种，而农民只向国家缴纳单一的土地税。

孙中山的土地思想未能得到实施是受到当时很多条件制约的结果。第一，军阀对土地的掠夺。辛亥革命后，各地的军阀都占有成千上万亩的大片土地，如袁世凯、徐世昌、曹锟、张敬尧、刘文辉和张作霖等。第二，资本家和工商业者对土地的兼并，如兴办大生纱厂的张謇在第一次世界大战期间兼并苏北盐垦区土地数万亩；一些新成立的农垦公司按其本来的性质属于资本家经营的企业，实际上其中不少创办人是封建地主、军阀、官僚，如冯国璋、张勋、吴佩孚、孙传芳等，其利用特权占有了大量土地。第三，帝国主义者对土地的侵占。帝国主义者利用其在中国的经济特权，疯狂侵占中国土地。日本东亚劝业股份公司于 1921 年收买东北土地 124

① 叶夏声：《国父初期革命纪略》，广州：孙总理侍卫同志社，1948 年，第 21 页。

② 梁启超：《杂答某报》，《新民丛报》1906 年，第 14 号。

③ 《孙中山全集》第 1 卷，北京：中华书局，2011 年，第 213 页。

672 町步(每町步合 0.99 公顷)。1929 年,日本人以私人名义或团体名义在东北收买土地共达 2 259 000 亩。日本人在山东青岛市内外强买土地 400 余万坪(每坪约合 54 亩)。帝国主义者还勾结封建买办势力,强占农地,如英美烟草公司在第一次世界大战开始后,雇佣买办任伯言,替它们半霸占、半收买数百亩土地,建造许昌英美烟草公司。

2. 国民政府时期的土地改革

中华民国国民政府试图通过各种措施,解决土地过度集中、农民负担过重的问题。例如,1926 年通过的"二五减租"决议案,即减少农民田租 25%,该决议案先后在浙江、湖南、湖北、江苏等省施行。20 年代末 30 年代初又颁布了一系列的土地法案,1927 年 5 月公布的《佃农保护法草案》规定"佃农交纳租项等不得超过所租地收获量的百分之四十"。此外,还颁布了一系列与土地问题相关的法律。例如,1928 年颁布的《土地征收法》、1928 年通过的《土地法原则》、1930 年颁布的《土地法》、1935 年公布的《土地法施行法》等。其中,1930 年颁布的《土地法》共 5 篇 31 章 397 条,包括总则、土地登记、土地使用、土地税、土地征收等内容,绝大部分条文是关于土地的行政法规和土地税征收的财政法规。该法规明确规定地主对土地的私有权,对平均地权并未涉及。这一系列土地法案的颁布构成了这个时期比较完整的土地法律制度。由于没有得到切实执行,所以这一系列土地法案并未奏效。

为了进一步解决土地问题,国民政府还采取了一些措施。其主要包括:第一,对土地产权信息进行核实和登记。要求土地所有者将自有农地面积呈报政府,政府对呈报的数据进行核实,准确无误后,进行登记。政府对于登记的土地还会根据其质量和位置的不同,对土地价格进行规定。第二,调整土地经营权的转让关系。土地改革政策的一个重要目的是调整土地所有权的租佃关系,以降低居高不下的土地地租,"二五减租"决议案具体实施办法的提出就是在土地所有权改革暂不能展开的情况下,调整土地产权关系的措施。第三,减轻土地经营的税赋负担。为了遏制沉重的土地经营赋税负担,国民政府根据土地改革政策降低各级政府对农地经营正式和非正式的税费和摊派,并规定各种赋税不得超过农地价格的 1%。① 由于当时政策制定者的阶级局限性以及受限于社会形势和技术手段,该政策并未取得显著效果。

国民政府的土地改革没有解决土地所有权的集中问题,不可能真正抑制地主所有制,实现耕者有其田,达到平均地权的目的。正因为如此,如果得不到农民的支持,退出中国政治舞台就成为其历史的必然。②

(三)中国共产党领导的土地改革

中国共产党在领导中国革命的过程中对改变中国传统土地所有制进行了积极探索。红色根据地时期,通过各种措施实现了土地的公有制,将土地分配给农民,同时审时度势,根据社会发展的实际情况,积极调整土地政策,极大地调动了农民的生产积极性和革命积极性。抗日根据地时期,为实现民族统一战线,积极调整土地政策,促进了统一战线的形成。解放战争时期,废除封建剥削的土地制度极大地调动了农民参与、支援解放战争的积极性。

1. 红色根据地时期的土地改革

1927 年,毛泽东率领湘赣边界秋收起义的工农革命军到达井冈山地区,进行土地革命,恢复和建立共产党的组织,建立革命政权。1928 年 2 月底,井冈山革命根据地初步建成,为新民

① 秦兴洪:《中国革命的理论与实践》,广州:广东高等教育出版社,1997 年,第 138 页。

② 谢迪斌:《20 世纪以来中国农地产权制度的演变特征与启示》,《学术研究》2005 年第 5 期,第 30-31 页。

主主义经济的产生和发展奠定了基础。从此，新民主主义革命的土地改革成为革命的主要内容之一。

中国共产党领导的土地改革运动是从井冈山地区开始的。经过1927年冬至1928年冬一整年的土地斗争，井冈山根据地废除了国民党的反动立法，封建的土地关系基本被消灭，原先占有土地总数60%以上的地主阶级被消灭，而富农所占有的土地也只占土地总数的0.82%，过去没有或很少有土地的贫农、中农所占有的土地占土地总数的85.43%。① 在一系列实践的基础上，依据中国共产党的土地政策，总结经验，形成了红色革命根据地的第一部土地法——《井冈山土地法》。它第一次用法律的形式肯定了农民分配土地的神圣权利，并创立了以乡为单位、以人口为标准分配，农民个别耕种的土改原则。

《井冈山土地法》标志着封建土地所有制开始崩溃和新民主主义土地所有制开始建立，在中国土地法制史上具有开创新纪元的划时代意义。1929年毛泽东根据中国共产党的六大决议，结合赣南地区革命斗争的情况，制定了《兴国土地法》。1931年，《中华苏维埃共和国土地法》彻底废除了封建半封建的土地所有制，同时又取消了禁止土地买卖。② 这一系列对原则性问题的修改为土地所有制的改革进一步指明了方向。

红色根据地时期，中国共产党实施新的土地所有制。其主要通过没收地主土地，然后在一个乡的范围里进行数量与质量上的公平分配（抽多补少，抽肥补瘦），实现土地归农民所有，同时限制土地的不合理流动。一系列土地法规的颁布极大地调动了革命根据地农民的生产积极性和革命积极性，促进了革命根据地的发展，并为革命根据地土地制度的稳定提供了保障。

2. 抗日战争时期的土地改革

1937年7月7日，抗日战争全面爆发。中国共产党在建立的抗日革命根据地中积极调整土地政策，以适应抗日战争的需要。为进一步强调对农民土地所有权及农民土地权益的保护，《陕甘宁边区政府布告——关于处理地主土地问题》明确指出，地主回来……已没收了的土地不应还原，分配了的房屋不得翻案，已取消了租债不许再索取。

抗日战争时期，中国共产党的土地政策既对土地所有权进行了规定，也对地主与农民间的租佃关系进行了规定。农民佃权一般原则是地主不征得佃户同意，不许收地；如果地主收地，影响整个减租问题的执行，即使佃户同意，也不得收地。同时其又规定，世代佃户可以得到永佃权，“非承租承佃人自愿放弃其使用权者，出租出佃人不得夺租夺佃”，以保障世世代代受地主剥削的佃户的佃权。另外，该时期的土地政策还实行了地主减租减息，农民缴租缴息的措施。《晋察冀边区减租减息单行条例》规定：“地主的土地收入，不论租佃、半种，一律照原租额减少25%；钱主的利息收入，不论新债旧欠，年利率一律不准超过一分（即10%）。”

抗日根据地实施的土地政策保障的是农民的土地所有权，减租减息和承租承佃的规定也更多地保护了贫苦农民的利益，尤其是承租承佃和永佃权的规定充分保障了农民的土地使用权。这些政策为消灭封建半封建的土地剥削制度，实现“耕者有其田”奠定了基础。

3. 解放战争时期的土地改革

百业待兴，土地对于农民的重要性更加突出。1945年4月，毛泽东在中国共产党第七次全国代表大会上指出，减租减息政策“如果没有特殊阻碍，我们准备在战后继续实行下去，首先

---

① 蒋晓伟：《中国经济法制史》，北京：知识出版社，1994年，第344页。

② 宇赟：《试论土地革命时期几部土地法规的立法意义》，《延安大学学报》1997年第1期，第69页。

在全国范围内实现减租减息,然后采取适当办法,有步骤地达到'耕者有其田'"。[①] 抗日战争胜利后,解放区开展了反奸清算、减租减息斗争。随着解放战争的爆发,中国共产党对其所执行的土地政策进行了及时的调整。1946 年 5 月 4 日,中共中央发出了《关于清算减租及土地问题的指示》,即"五四指示"。该指示的基本精神是拥护群众在反奸、清算、减租、减息、退租、退息等斗争中从地主手里获得土地,实现"耕者有其田"。其主要包括三方面的内容:第一,没收汉奸、豪绅、恶霸等的土地,实现耕者有其田;中小地主与农民纠纷,采取仲裁方式解决。第二,一般地主与富农应以土地清偿所欠农民债务(剥削农民的劳动),并鼓励他们自动献地,一般不变动富农土地。第三,没收的土地及献地优先分给烈士遗属、抗日战士、无地农民等。"五四指示"标志着中国共产党土地政策由抗日战争时期的减租减息向没收地主的土地分配给农民的转变。

1947 年 7—9 月,为了总结土地改革的经验教训,实行彻底的土地改革,中共中央在河北省平山县西柏坡村召开了全国土地会议。这次会议详细研究了中国土地制度的情况,交流了各解放区实行土地改革的经验,制定了《中国土地法大纲》。这份大纲规定了废除封建半封建的剥削土地制度,实行耕者有其田。这份大纲规定乡村中一切地主的土地及公地由乡村农会接收,连同乡村中其他一切土地,按乡村全部人口,不分男女老幼,统一平均分配,在土地数量上抽多补少,质量上抽肥补瘦,全乡村人民均能获得国家土地,并归各人所有。在此基础上,解放战争时期的土地制度路线由此形成:没收地主土地,废除封建剥削的土地制度,实行耕者有其田的土地制度,按农村人口平均分配土地。依靠贫雇农,团结中农,有步骤有分别地消灭封建剥削土地制度。

解放战争时期,土地所有制政策提出了解决土地问题的总原则,满足了贫雇农的要求和愿望,为解放战争的早日胜利提供了保障。

二、近代中国的土地分配

关于近代的土地分配,有观点认为土地集中是其重要的特征,例如,"全国的普遍情况是'占田者十之一二,佃田者十之四五,而无田可耕者十之三四'。这样的情况到了鸦片战争以至清朝末年,也没甚变化"。[②] "(民田)这是属于民间私有的田,其中多数为官僚、地主和高利贷者所有,属于农民的很少"。[③]

1950 年刘少奇在《关于土地改革问题的报告》中提到,占中国人口总数 10%左右的地主富农占有的土地为土地总数的 70%～80%,而占中国人口总数 70%～80%的劳动人民占有的土地只为土地总数的 20%～30%。在新中国成立前的几十年间,地权越来越集中,失去土地的农民越来越多。有学者对此进行了重新研究,认为从中国多数地区看,约占人口总数 10%的地主、富农占有的土地为土地总数的 50%～52%,约占人口总数 90%的劳动人民占有的土地为土地总数的 48%～50%。[④] 1952 年,国家统计局根据土地改革资料计算出当时全国地权分

① 毛泽东:《论联合政府》(1945 年 4 月 24 日)//《毛泽东选集》第 3 卷,北京:人民出版社,1991 年,第 1076 页。

② 曹贯一:《中国农业经济史》,北京:中国社会科学出版社,1989 年,第 785 页。

③ 郭文韬:《中国农业科技发展史略》,北京:中国科学技术出版社,1988 年,第 349 页。

④ 郭德宏:《旧中国土地占有状况及发展趋势》,《历史研究》1989 年第 4 期,第 199 页。

配情况为占户数6.87%的地主和富农占有的土地约为土地总量的51.92%。① 还有一些学者在整理大量统计资料后认为,20世纪30年代,地主富农占地比重上升,占全国人口11.8%的地主富农垄断了61.7%的土地,而占人口总数66%的贫雇农只有17.2%的土地,仅相当于应得土地的1/4,土地分配不均的程度进一步加剧。② 另有学者以卜凯农产调查中的相关数据为基础,研究后得出,中国华北、东南和西南三个地区的地主和富农分别占有土地的57.3%、75%和84.9%,全国地主和富农占有69.8%,的土地。③

1927年,为了解当时中国的土地问题,南京国民政府进行了一次较详细的农村调查,共调查22个省、180万家农户。在这次调查中发现,第一,土地所有权高度集中在少数地主富农手上。占农村人口不到15%的地主和富农合计占有70%~80%的土地;占总人口90%的中农、贫雇农和其他仅占有20%~30%土地。第二,大多数农户经营的土地面积狭小且地块分散。拥有土地不足5亩的农户占35%,5~15亩的农户占37%,15~50亩的农户占22%,50亩以上的农户只占5%。平均每户有土地15亩,而人均只有2亩多。三是地税负担过重。由于田赋征收制度的缺陷,多数大地主想方设法逃避田赋,且各种田赋附加和摊派层出不穷,"附加之多,超过正税数倍,致农民负担十分沉重,甚至无力负担田赋而挂田契于门,弃地而逃,致使荒地日增"。④ 20世纪30年代中国农村土地占有情况如表7-1所列。

表7-1 20世纪30年代中国农村土地占有情况

成分	占有土地/亩	人数比例/%	土地比例/%
佃农、雇农、游民	—	55	—
贫农	1~10	19.8	6
中农	10~30	10.8	13
富农	30~50	8.1	19
中小地主	50~100	4.05	19
大地主	100以上	2.25	43

资料来源:《第一次国内革命战争时期的农民运动资料》,北京:人民出版社,1983年,第4页。

自1980年以来,随着学术研究的多元化,一些近代农业经济资料的发掘和整理促使学者们得以对近代土地分配问题展开新的研究,其中较多观点认为中国的地权问题似乎也不是人们先前认为的那样明显。例如,在乾隆中期以前,河北省获鹿县(现为鹿泉市)70%的耕地掌握在农民手中,地主阶级占有的耕地为20%~30%。⑤ 安徽省霍山县"中人以下,咸自食其力,薄田数十亩,往往子孙世守之,佃而耕者十仅二三。"⑥据关中地区自康熙至民国二三百年间土地分配情况的统计分析表明,虽然土地分配状况因时、因地而各异,但地权分散的特点却较为明

① 关永强:《农村土地产权制度的历史借鉴:近代中国地权分配研究述评》,《南开经济研究》2015年第3期,第134页。

② 刘克祥:《20世纪30年代土地阶级分配状况的整体考察和数量估计——20世纪30年代土地问题研究之三》,《中国经济史研究》2002年第1期,第19页。

③ ARRIGO L. Land ownership concentration in China:the buck survey revisited. Modern China,1986(3):259-360.

④ 祝平:《民元以来中国之土地问题》//朱斯煌:《民国经济史:银行周报三十周年纪念刊》,上海:银行学会银行周报社,1948年,第364-365页。

⑤ 方行,经君健,魏金玉:《中国经济史通史·清代卷》,北京:经济日报出版社,2000年,第1532页。

⑥ 光绪《霍山县志》卷2。

显。[①] 据对清代光绪晚期及民国时期各阶层地权分配情况的考察可知,虽然局部地区地权很集中,但从各省或全国角度来考察,农民占有的耕地比例达到或超过 60%。[②]

学者们根据民国及土地改革前的统计对近代中国的土地分配状况进行了重新研究。章有义对民国时期研究所采用的一些数据资料进行了分析,并利用中南地区与华东地区的土改资料等数据来验证以往的研究,提出了地主和富农所占有的土地比例应为 50%~60%,小自耕农所占土地的比例应该为 40%~50%。[③] 对 1949—1952 年土地改革前的普查数据分析后得出,在南方省份前 10%的富有阶层占有土地的比重为 25%~30%,远远低于之前 70%~80%的整体认识,而南方省份通常被认为地权占有不均的现象比北方更为突出。[④] 还有学者对民国时期的地权分配研究进行了回顾,并结合较多的社会调查和土改统计资料,认为占总户数 10%的地主和富农在抗战前、抗战期间和解放战争时期所占有的土地比例分别为 53.7%、48.84%和 48.93%,因此近代地权分配的总体趋势应该是分散的。[⑤] 此外,学者对 1930 年、1931 年、1932 年、1933 年山西省的自耕农所占比例进行研究得出,其比例分别为 72%、61%、61%、60%。虽自耕农比例有所下降,但山西省仍以自耕农为主。河北省的土地分配基尼系数约为 0.493,山东省土地分配基尼系数约为 0.495,[⑥]均低于 1952 年国家统计局估计的基尼系数 0.61。[⑦]

总体来看,在关于近代中国地权分配状况的国内外各项研究中,除少数几项,大部分估算结果在折成基尼系数后为 0.5~0.7。从变动趋势来看,绝大部分学者都认为近代中国农村的地权分配呈现逐渐分散化的趋势。[⑧]

三、近代中国的租佃制度

尽管学者们对近代中国的土地集中程度有不同的认识,但是土地在地主和农民间分配处于不均衡的状态是较为确定的:土地较富余的地主不一定有足够的劳动力来耕作,劳动力较富余的农民不一定有足够的土地来耕种。在这种土地所有制分配的情况下,地主可以将土地租给农民耕种或雇佣农民来自行经营。由于雇佣的内容较简单,所占比例也较小,[⑨]此处以介绍租佃为主。与中国的传统社会相似,近代中国的租佃制的内容较为丰富,但永佃制与押租制仍是其重要的内容。

永佃制即佃农拥有土地永远耕作权的含义,“不限年限耕作”“永远耕作”“永远耕佃”是其

① 秦辉、苏文:《田园诗与狂想曲——关中模式与前近代社会的再认识》,北京:语文出版社,2010 年,第 74-80 页。

② 方行、经君健、魏金玉:《中国经济史通史 · 清代卷》,北京:经济日报出版社,2000 年,第 1550 页。

③ 章有义:《本世纪二三十年代中国地权分配的再估计》,《中国社会经济史研究》,1988 年第 2 期,第 8 页。

④ 龙登高:《中国传统地权制度及其变迁》,北京:中国社会科学出版社,2018 年,第 146 页。

⑤ 郭德宏:《旧中国土地占有状况及发展趋势》,《中国社会科学》1989 年第 4 期,第 199-212 页。

⑥ 胡英泽:《近代华北乡村地权分配再研究——基于晋冀鲁三省的分析》,《历史研究》,2013 年第 4 期,第 123 页、第 127 页。

⑦ 关永强:《农村土地产权制度的历史借鉴:近代中国地权分配研究述评》,《南开经济研究》,2015 年第 3 期,第 134 页。

⑧ 关永强:《农村土地产权制度的历史借鉴:近代中国地权分配研究述评》,《南开经济研究》,2015 年第 3 期,第 136 页。

⑨ 方行、经君健、魏金玉:《中国经济史通史 · 清代卷》,北京:经济日报出版社,2000 年,第 1675 页。

"佃田文约"的重要特征。[①] 其始于何时,目前尚无定论。有的研究者认为始于宋代官田,经过元明两代的发展,到清代前期已得到全面推广。[②] 近代关于永佃制的论述:湖南省安仁县民间有卖田而不退耕者,该项买卖,买主只向卖主收取租谷若干,"其田归卖主永佃耕种"。[③] 湖北省钟祥县"卖约内凡载明自卖自种"字样者,即系卖主仍保留其永佃权。[④] 四川《云阳县志》称,佃农在佃种地主田地后,"他农百计营夺,固不可动,数世相安,视同己产"。[⑤]

押租制即地主在出租土地时向农民索取地租押金的租佃制度,在清代前期开始在民间通行。其产生的原因主要是保证租佃契约的稳定性。有史料记载,"盖以杜抗租不完之弊"[⑥];"承佃之初,有进庄钱,视田亩多寡为率,防短租也"。[⑦] 押租作为农民向地主缴纳的押金,在多数情况下,农民缴纳的押金越多,应纳的地租就越少,可以认为地主把农民缴纳押金可得的利息以减免地租的方式付给佃户,这就导致了"押重租轻"现象的出现。[⑧] 道光《忠州直隶州志》记载:"押重则租必轻",[⑨]且形成了一定的比例关系,光绪《定远厅志》记载:"贫民以佃为产,议佃之初有租钱,其钱数较租课为多寡。如水田押租钱十千折租谷四五斗,旱田过之,至山坡地押租钱十千有折包谷一石者,则佃客所得恒多"。[⑩] 据学者研究,押租制的实行一方面可以保障地主地租实现,是地主剥削佃农的一个重要手段;另一方面既是佃农独立化的重要条件,也是佃农维护佃权的凭证,押租制度使租佃关系越来越松弛,佃农的独立性越来越强。[⑪]

近代中国的地租仍以实物地租、货币地租、劳役地租三种形式为主。实物地租是农民按照一定的比例或者数额以实物的形态向地主缴纳一定的土地租金。近代实物地租在各种地租形态中所占的比例最大。据国民党政府中央农业实验所对22省879县的调查,1934年实物地租占78.8%。[⑫]《锦热蒙地调查报告》反映在喀左王府所属"内仓地"出租的56 900亩土地中,仅有7 700亩为货币地租,占总地亩的13.5%,其余86.5%均为实物地租。[⑬] 货币地租是农民以货币的形式按照一定比例或者数额向地主缴纳一定的土地租金。在一般情况下,农民往往把农产品出售后,再以货币形式向地主缴纳地租。货币地租以商品经济为前提,所以货币地租在商品经济较发达的地区的比例也较高。例如,货币地租在江苏南部22个商品经济发达地区占47.9%,而货币地租在北部24个商品经济比较不发达的地区则只占23.5%。[⑭] 就货币地租的数额对地价百分比来说,其一般均在10%以上,有的地区接近20%。[⑮] 劳役地租一般被

① 杨国桢:《论中国永佃权的基本特征》,《中国社会经济史研究》1988年第2期,第10页。

② 方行、经君健、魏金玉:《中国经济史通史·清代卷》,北京:经济日报出版社,2000年,第1567页、第1782页。

③ 司法行政部:《民商事习惯调查报告录》(1),民国十九年(1930年),第605页。

④ 司法行政部:《民商事习惯调查报告录》(1),民国十九年(1930年),第561页、第580页。

⑤ 民国《云阳县志》卷1《风俗》。

⑥ 同治《平江县志》,《地理志·风俗》。

⑦ 同治《巴陵县制》。

⑧ 方行、经君健、魏金玉:《中国经济史通史·清代卷》,北京:经济日报出版社,2000年,第1839页。

⑨ 道光《忠州直隶州志》卷6。

⑩ 光绪《定远厅志》卷5《地理志·风俗》。

⑪ 娄敏:《信用、风险与土地市场:民国时期押租制度再研究——以江津县债务类司法档案为核心》,《史林》2018年第2期,第105页。

⑫ 陈廷煊:《近代中国地主土地所有制下的租佃关系》,《中国经济史研究》1991年第4期,第49页。

⑬ 刘相荣:《朝阳经济史》,沈阳:辽宁大学出版社,1993年,第46页。

⑭ 实业部中国经济年鉴编纂委员会:《中国经济年鉴》,上海:商务印书馆,1936年,第35页。

⑮ 李文治:《中国近代农业经济史资料》第1辑,北京:科学出版社,2016年,第276页。

认为是地主凭借其土地所有权和其他力量使农民无偿为其进行一定时间的耕作劳动或其他劳动，是一种最简单、最原始的地租形式。

与传统的劳役地租不同，近代劳役地租的一个重要特点是地主转让一部分土地的经营权。其目的是获得农业劳动力以便自己经营土地，农民则完全人身自由，与地主之间仅存在经济关系，有些农民为地主工作时还可以得到工资，并非完全的无偿劳动。这里的地主就其主要经营方式来说，不是出租地主，而是经营地主、富农，甚或较富裕的中农。① 据 1934 年陈正谟在山东省 182 处调查可知，山东省劳役地租有 56 处，占调查处数的 30.27%，此时全国的劳役地租平均数约是 28.55%。②

近代地租率在全国各个地区不尽相同。就华北地区的实物分成租而言，有二八（佃户 20%、地主 80%）、三七、四六、五五、倒四六（佃户 60%、地主 40%）、倒三七等，也有极少数地方的佃户只得一成。采用何种地租比例与主佃双方各自分担的生产费用、土地肥沃程度、作物种类有关，也与各地习俗有关，最常见的地租比例是四六分成和五五分成。③ 据调查反映，黄河流域的地租率要比长江流域、珠江流域的地租率高，旱地的地租率要比水田的地租率高，各省的平均实物地租率占收获量的 43%～44%。总体来看，地租率维持在 50%左右是可信的。④ 也有学者利用于 1929 年创刊，由国民政府立法院编印的《统计月报》等材料得出实物地租量占生产量的平均比例为 50%左右。⑤ 据国民党实业部对山东省 32 个县调查的结果可知，就各地地租率而言，地主不出资可得农产品收获量的 50%左右，其供给全部资本或一部分资本可以得农产品收获量的 70%左右。⑥ 对于华北地区而言，有学者指出尽管地主对生产费用的负担不同，但定额地租率在总体上一般也是 50%左右。⑦ 总体而言，中国近代的地租率基本维持在 50%。虽然地租率在短时间内可能有所变化，但地租率是经过长期历史发展形成的，短期内的变化并不明显。⑧

根据现有研究，近代农业租佃经营的分布具有区域性特征，地区经济发展情况、人地关系、外部影响的冲击、自然灾害的多寡、地主监督的成本、生态环境的好坏等均是影响租佃经营方式的重要因素。各地区受不同条件的影响，租佃经营方式有其独特的分布形态。从中国整体区域来看，近代中国“南方的租佃率高于北方”已经成为学术界的共识，近代的官方和民间的许多统计也反映了这一认识。我们可以从佃农的身份、地权占有形态、租佃面积比例等角度来认识。表 7-2 反映了南方和北方的佃农比例的多寡。南方的佃农比例为 30.5%，北方的佃农比例为 10.1%，南方的佃农比例高于北方的佃农比例。从佃农比例来看，南方的租佃经营方式比北方的租佃经营方式更多。

---

① 史建云：《近代华北平原地租形态研究——近代华北平原租佃关系探索之一》，《近代史研究》1997 年第 3 期，第 173-174 页。

② 严中平等：《中国近代经济史统计资料选编》，北京：科学出版社，1955 年，第 291 页。

③ 史建云：《近代华北平原地租形态研究——近代华北平原租佃关系探索之一》，《近代史研究》1997 年第 3 期，第 167 页。

④ 郭德宏：《中国近现代农民土地问题研究》，青岛：青岛出版社，1993 年，第 94 页、第 100 页。

⑤ 陈廷煊：《近代中国地主土地所有制下的租佃关系》，《中国经济史研究》1991 年第 4 期，第 51 页。

⑥ 朱湘玉：《山东近代经济史述丛》，济南：山东大学出版社，1990 年，第 66 页。

⑦ 史建云：《近代华北平原佃农的土地经营及地租负担——近代华北平原足点关系探索之二》，《近代史研究》1998 年第 6 期，第 106-107 页。

⑧ 郭德宏：《中国近现代农民土地问题研究》，青岛：青岛出版社，1993 年，第 103 页。

表 7-2 南方和北方的佃农比例的多寡(1921—1925 年)

地区	调查数/处	场主/人	佃农/人	佃农场主占场主的比例/%
南方	8	1251	321	30.5
北方	9	1615	211	10.1

资料来源:卜凯. 中国农家经济. 上海:商务印书馆,1936:196。

注:由表中数据得出南方佃农场主占场主的比例=321/1251=25.66%,北方佃农场主占场主的比例=211/1615=13.07%,其与卜凯原表所统计30.5%、10.1%有出入,此处研究以卜凯原表为准。

除佃农的比例可以反映南方和北方的租佃经营方式的差异,租佃与自耕土地比例同样可以反映经营方式的区别。1937 年,国民政府的《全国土地调查报告纲要》对南北方 161 个县自耕与租佃的土地面积进行了统计,具体如表 7-3 所列。

表 7-3 南方和北方的自耕及租佃面积的比较(1934—1935 年)

区域	调查县数/个	调查户数	经营面积/亩			比重/%	
			自耕	租佃	合计	自耕	租佃
南方	93	1 080 304	6 961 634.36	5 497 914.32	12 459 548.68	55.87	44.13
北方	68	657 964	9 676 799.57	1 883 036.32	11 559 835.89	83.71	16.29
总计	161	1 738 268	16 638 433.93	7 380 950.64	24 019 384.57	69.27	30.73

资料来源:土地委员会. 全国土地调查报告纲要. 南京:中央土地专门委员会,1937:36。

由此可以看出,南方的土地租佃率为 44.13%,北方的土地租佃率为 16.29%;南方的土地自耕率为 55.87%,北方的土地自耕率为 83.71%,所以南方的土地的租佃率高于北方的土地租佃率,北方的土地自耕率高于南方的土地自耕率。

1929—1933 年,卜凯对中国农村展开了较大规模的调查,其中包括土地租赁。在卜凯的调查中,南方的(水稻地带)土地租种面积比例为 45.10%,北方的(小麦地带)土地租种面积比例为 16.76%,南方的(水稻地带)土地租种面积比例要高于北方(小麦地带)(表 7-4)。

因此,从中国南北方的区域来看,南方的租佃率明显高于北方,这是当时土地经营方式的一个基本特征。

表 7-4 户均耕地面积与租赁比例

北方(小麦地带)			南方(水稻地带)		
农区	户均耕地面积/亩	租赁比例/%	农区	户均耕地面积/亩	租赁比例/%
春麦区	38.04	12.16	水稻茶区	13.64	48.56
冬麦小米区	19.76	19.63	西南水稻区	13.39	31.81
冬麦高粱区	27.30	18.50	扬子水稻小麦区	16.23	54.93
均值	28.37	16.76	均值	14.42	45.10

资料来源:HU H, ZHONG F N. Chinese agriculture in the 1930s : investigations into John lossing buck's redisc. Palgrave Macmillan. 2019:147。

思考题

1. 如何认识近代中国土地所有制的变迁？
2. 近代中国的租佃制度有何特点？
3. 简述 1949 年之前中国共产党的土地所有制政策。

专题八　近现代的农业税赋

由于财政权的下移和支付巨额战争赔款、外债的需要，清政府被迫广辟财源，以应付急剧扩大的经费开支，弥补巨额的财政赤字。在征收田赋方面，最重要的改革是实物粮的征收逐渐减少，乃至基本取消，并开征田赋附加税。民国时期，田赋被确定为国家的主要税收，并针对田赋进行一系列的改革与整顿。长期军阀混战导致田赋多被地方军阀截留，用作军费，征收制度各地不统一，土豪劣绅又从中作弊，田赋愈来愈重，附加税的种类也日趋增多，农业经济日益破产，农民生活更加贫困化。

鸦片战争以后，中国逐步沦为半殖民地半封建社会。西方列强用武力打开中国的门户，把中国卷入世界资本主义经济体系和世界市场。随着外国资本主义的入侵，洋纱、洋布等商品在中国大量倾销，农业与家庭手工业逐渐分离，中国自给自足的自然经济的基础被破坏。高利贷和商业资本对农村的侵蚀日益深入，大量农民破产，农业经济一蹶不振，税源减少，清政府的财政困难加剧。同时，腐败无能的清政府与外国列强签署了 1 000 多个不平等条约，丧权辱国，割地赔款。为了支付数额巨大的赔款，清政府加紧搜刮和镇压人民。清末民初，农业税赋从以农业税为主体的传统税制逐渐向以工商税为主体的现代税制过渡，工商税收逐渐成为近代税收结构的主导。虽然政府多次进行了田赋名目的归并，农业税在整个税收体系中的比重有了明显的下降，但税额并没有减少，农民的税负愈加沉重。

辛亥革命并没有改变近代中国的社会性质，近代工商业在曲折、动荡中缓慢发展，工商税的收入不足以维持政府正常的开支，地方组织结构庞杂，各项支出浩繁。无论北洋政府，还是南京国民政府，仍然将农业税作为国家财政收入的主要来源，开征田赋附加税之风高涨。各种苛捐杂税导致农业生产能力下降，农业经济日益衰竭。

一、晚清时期的农业税赋

晚清时期，西方列强的侵略对中国社会经济产生了严重的影响：不仅阻碍了民族工商业的发展，而且严重破坏了农业经济。外国商人依仗特权低价收购中国农副产品作为其工业生产的原料，如生丝、茶叶、棉花、大豆、烟草、羊毛、皮革和猪鬃等，还通过垄断价格和工农业产品剪刀差进行不等价交换，以获得超额利润。同时，他们在国际市场上限制、打击中国传统农产品的出口，导致它们的价格低落，甚至失去销路。这种状况加速了中国传统农业的萎缩和衰败。与此同时，太平天国运动、捻军起义等大规模的农民起义对清王朝的财政管理体制造成了巨大的冲击，财政经济濒于崩溃。

为了支付巨额赔款，筹措军费，清政府不得不对赋税政策做出重大调整，同时赋予地方督抚一定的财权。由此，中央高度集权的财政管理体制逐步瓦解。随着西方侵略的进一步加深，列强逐渐加强了对清政府财政的控制，晚清财政日益显示出半殖民地的特点。这些变化对晚清社会产生了重大的影响。为重新加强中央财政权力，清政府也试图对财政进行清理与改革。

虽然这项举措具有某些合理的内涵,但其远未取得明显的成效。其反映在农业税赋方面主要为田赋和田赋附加税的不断增加,农民的实际负担日益沉重。

(一)田赋及田赋附加税

清军入关之初,为了笼络民心,满洲贵族统治者就大力宣扬实行"轻徭薄赋"政策。康熙五十一年(1712 年),康熙做出了"滋生人丁永不加赋"的决定,全国的赋税征收以康熙五十年(1711 年)的人丁数为准,全国的丁银总额被固定。此后,雍正皇帝实行摊丁入亩政策,田赋收入进一步稳定,确立了定额化赋税的制度。除大部分田赋按规定的税率征收货币,还有部分地区按亩征收若干实物粮,大约占田赋总额的 30%。其中最主要的是征之于江苏、浙江等八省区的漕粮。田赋成为清政府中前期财政收入最重要的来源,"不论是官方统计数还是估计的实征数,田赋均占财政收入的 74%左右"。①

晚清时期,虽然田赋还是很重要的收入来源,但它的支配性地位已被盐茶税、关税和厘金所取代。宣统三年(1911 年),后三者合计已经占到清政府预算总收入的 44.3%,大大超过了只占 16.1%的田赋收入。宣统三年(1911 年)预算收入如表 8-1 所列。

表 8-1　宣统三年(1911 年)预算收入

各项税收	合计岁入/千两	占总岁入的比重/%	经常/千两	临时/千两
田赋	48 102	16.1	41 165	1 937
盐茶税	46 312	15.6	46 312	
洋关税	35 140	11.8	35 140	
常关税	7 000	2.4	6 991	9
正杂各税	26 164	8.81	26 164	
厘金	43 188	14.5	43 188	
官业收入	46 601	15.7	46 601	
杂收	35 245	11.8	19 194	16 051
捐输	5 652	2.0	5 652	
公债	3 560	1.2	3 560	
合计	296 963	100	278 966	17 977

资料来源:《清史稿》卷 125《食货六》;孙文学,齐海鹏,于印辉,等. 中国财政史. 大连:东北财经大学出版社,2008:303。

就纳税人的负担而言,农民既要缴纳农业税,又要承受各种间接税转嫁而来的无形压力及农产品与工商业产品之间的"剪刀差"剥削,他们始终是税赋的最终承担者。加上大量白银外流,银贵钱贱的状况更加严重。"1838 年,每两白银兑换制钱 1 600 文,1850 年,每两白银则上涨到兑换制钱 2 300 文,上涨了 40%。"②农民和手工业者出售农副产品和手工业品所得的收入大多是制钱,而清政府征收税捐都是白银或以钱折银,银价上涨,钱价下跌,造成广大农民"昔日卖米三斗,输一亩之课而有余;今日卖米六斗,输一亩之课而不足"。③ 实际上,其负担增加了 1 倍以上。

清代中前期,虽然有田赋附加之实,却没有田赋附加之名。道光二十四年(1844 年),清政

① 周志初、李琦:《晚清田赋负担水平若干问题的考察》,《中国近代史》2006 年第 5 期,第 35 页。
② 陈光焱:《中国财政通史·清代卷》,北京:中国财政经济出版社,2006 年,第 186 页。
③ 李文治:《中国近代农业史资料》第一辑,北京:生活·读书·新知三联书店,1957 年,第 354 页。

府将鸦片战争赔款摊入广东各县正粮内，每年两季带征，开始征收田赋附加费。为了在形式上不违背“永不加赋”的祖制，故多采用征收差徭、加收耗羡和附加亩捐的形式。如咸丰年间，山东省长清县“每地丁银一两征银一两三钱零八厘”，加赋甚至超过30%。① 咸丰十一年(1861年)，江西巡抚刘秉璋《遵查江西征收丁漕疏》奏称，江西各县“地丁每两征银一两七八钱，征钱三千数百文；漕米每石折收钱七八千或七八两不等。盖以州县办公之费无出，捐摊之案过多，不得不藉资于民力”。② 同治元年(1862年)，曾国藩出任两江总督，对此进行了整顿，规定地丁每两连耗羡征银一两五钱，漕米每石折收银一两九钱。按照江西省的钱粮旧例，地丁征银一两随征耗银一钱，漕米征银一两随征耗银三钱。实际上，地丁已加赋36%，漕米已加赋46%。咸丰三年(1853年)，四川总督裕瑞开办所谓的“按粮津贴”，即田赋1两，附加津贴1两。这本属临时加派，后因京饷协拨征派不已，无款充拨，只好历年例案续办，逐渐成为新设税目。如以四川省为例，该省年地丁原额为66.91万两，遇闰月加银2.33万两。1854年在实行按粮津贴后，每田赋1两，附加1两，正税增加1倍。1862年又开征所谓的“按粮津贴”，征收额达180多万两，为原税的2倍。这种额外加征田赋的现象在当时各省均有不同的名目，如安徽的“亩捐”“抵征”，江浙的“漕粮加价”“规复钱粮”等。③ 各地官府加强对农民征派的方法还包括银钱折价等。其具体做法是银贵则征银，钱贵则征钱。如光绪三十二年(1906年)，钱价大涨，江西丁漕就改征银为征钱。

由于晚清中央和地方许多行政事务的经常性开支都排除在经制所规定的支出范围，所以这些未被列入财政预算的实际开支只能通过正赋之外的其他途径来解决。这种不能因事设费、在制度上存在支出缺口的财政，有人称之为“不完全财政”。④ 光绪末年，宪政编查馆奏准的《城镇乡地方自治章程》明确规定，各地方在不超过原征捐税十分之一的范围内得设立公益附捐，田赋附加之名开始正式见诸法令。

(二)晚清农业税制改革

太平天国运动爆发之后，财政权下移成为清朝传统财政体系走向瓦解的重要体现。《马关条约》和《辛丑条约》规定的庞大赔款更加剧了清政府的财政危机。西方财税理论在中国逐渐得到传播，清政府开始接受西方税制，中国传统税收制度发生了有史以来最重要的变革，即从以农业税为主体的传统税制逐渐向以工商税为主体的现代税制过渡。

在征收田赋方面，最重要改革的是实物粮的征收逐渐减少，乃至基本取消。据计算，清代前期实物粮占田赋总额的比重约为30%。出于多方面的原因，尤其是受到太平天国农民运动的冲击，清政府对漕粮征收做了重大的政策调整，逐渐用货币银取代实物粮，即所谓的“糟粮改折”。光绪十一年(1885年)，漕粮征收额已降至约250万石，还不到乾隆中期的1/3。光绪二十七年(1901年)，清廷颁发上谕，正式宣布停止漕运。在清政府田赋收入的统计数字中，粮折从此取代了以前的漕粮。

由于中央权力的衰落和吏治的日益腐败，大量的田赋收入并未纳入官方统计，田赋流失的情况日趋严重。虽然晚清处理田赋积弊的思路还是沿袭两宋以来的传统做法，但少数有识之

① 民国《长清县志》卷5《食货志上·田赋》。

② 江西巡抚刘秉璋：《遵查江西征收丁漕疏》//王延熙，王树敏：《皇朝道咸同光奏议》卷27下《户政类·赋役》。

③ 邓绍辉：《咸同时期中央与地方财政关系的演变》，《史学月刊》2001年第3期。

④ 何平：《论清代赋役制度的定额化特点》，《北京社会科学》1997年第2期。

士以西方近代财税理论和制度为依据，对田赋制度提出了全新的改革方案。其中以宪政大臣李家驹的意见最为完备。① 他认为必须整顿混乱的财政系统。整顿的办法包括：①改良旧税，如统一田赋、盐课专卖、收回关税主权。②归并旧税，如地丁、租课、糟粮、溥折、耗羡裁并划一。③废去旧税，如厘金、统捐、常关税、茶税及其他繁复之杂税。④扩充旧税，如烟税、酒税、印花税通行全国。⑤增加新税，如收益税类，即营业税、财产税、家屋税；如所得税类，即特别税、所得税、通常所得税、兵役税；如消费税类，即饮料税、物品税、使用税；如行为税类，即承继税、所引税、运输税。他还提出政府应该对官有财产和官办实业的收入以及行政规费和罚金等非赋税收入认真经营，通过发行公债的办法筹措和清理田赋和整顿币制的经费。这是一个完整的资本主义性质的税制改革方案，民国以后的税制基本上是按照这个方案的思路进行的。

1903 年，清政府在户部外特别设立财政处。其目的是通盘筹划全国财政。当时的上谕称："从来立国之道，端在理财用人。方今时局艰难，财用匮乏，国与民俱受其病，自非通盘筹划，因时制宜，安望财政日有起色。著派庆亲王奕劻、瞿鸿禨会同户部认真整顿。"②1906 年，财政处并入度支部，由度支部接管综理全国财政的权力。1906 年 5 月，清政府成立了税务处，规定凡"关系税务以及总税务司申呈册报各事宜，应经达本处核办"。1906 年 9 月，户部"正名为度支部，以财政处、税务处并入。"1909 年，清政府下令："嗣后各省出纳款目，除盐、粮、关各司道经管各项，按月造册送藩司或度支部使查核外，其关涉财政的一切局所，着各该督抚体察情形，预限一年，次第裁撤，统归藩司或度支部经管，所有款项，由司库存储，分别支领。"③财政制度改革的主要目的是加强中央的财权统一，强化中央对财政的调控能力。这个目的就与日益坐大的地方财政利益发生了冲突，因此各地的督抚和藩司均感不满，明里暗里对抗改革，从而导致改革计划难以落实，效果不彰。同时，改革还激化了中央与地方的矛盾，加速了清朝统治集团的分裂和垮台。从这一结局来看，清朝既没有条件，也没有能力完成任何的改革任务，其被资产阶级革命派推翻是历史的必然。

二、民国时期的农业税赋

民国时期，田赋愈来愈重，附加税的种类也日趋增多，农民的生活急剧贫困。无论官方公布的数据，还是学术机构的调查以及个别学者的研究，都反映了当时农民的田赋正税和附加税的负担比以前大幅度提高，且呈历年上升之势。

(一)农业的正税和附加税

1912 年以后，直隶、山东、河南三省将清末的杂款附加费及地方官吏的各种陋规一律并入正税征收。虽然人民的负担实际加重了，但在征收税目中已无附加税之名。然而，旧日的杂款、附加费、陋规是地方开支的唯一财源，被并入正税征解，地方经费便不能不另行筹措。1912 年 10 月，制定了国家税与地方税法，规定地方政府有征收田赋附加税之权，但不得超过正税的 30%。1913 年，财政部订立的国家税与地方税法草案重申了这项规定。1914 年，濮阳黄河决口，山东、直隶两省呈请中央随田赋正税征收 10%的田赋附加税作为治河的费用，得到批准，这是北洋政府正式设立田赋附加税之始。1915 年，北洋政府因财政收支出现赤字，电令各省

① 戚亚强、夏国祥：《略论晚清田赋改革思想》，《江苏工业学院学报(社会科学版)》2004 年第 4 期。
② 朱寿朋：《光绪朝东华录》(五)，北京：中华书局，1958 年，第 5013 页。
③ 《清实录・宣统政纪》卷 12，北京：中华书局，1987 年，第 7 页。

仿照山东和直隶先例，一律增征田赋附加税。因为当时地方政府尚有厘金收入，所以田赋附加税尚未急剧增加。在直皖战争、直奉战争和北伐战争期间，为支付军费，田赋附加税才开始激增。

1927年，南京国民政府成立。为了扭转财政混乱的局面，增加税收来源，削弱地方军阀的物质基础，南京国民政府采取了一些具体措施，整顿财政体系，实行税制改革。1928年，财政会议决定，将田赋收入划归地方，并且重申孙中山的《建国大纲》中关于“田赋正税附捐之总额不得超过现时地价百分之一”的规定。在实际的田赋征收中，不少地区的田赋早已超过地价的1%。国民政府这项规定的本意是对田赋附加税进行限制，可实际上并没有达到目的。因为地价并不固定，其随丰年歉年及农产品价格而浮动，不能正确反映田赋及附加税的轻重程度。同时，中央和地方的赋税划分既有正面作用，也有负面后果。其正面作用是田赋归省，田赋附加税归县，省、县有了独立财政，如果运用得当，就可以促进农村和农业的发展。在实践中，其负面作用更大。中央失去对田赋及其附加税的控制导致田赋及其附加税大量增加；各县行政经费失控，农民负担加重。

1930年，国民政府再次规定，自该年起，不得以任何急需、任何名义再加田赋附加税。1933年5月，南京国民政府财政部又颁布了《重订整理田赋附加办法》，呈行政院核准，通令全国遵行。该办法规定，附加总额连同正税一并计算，不得超过地价百分之一，至地价未经查报各地方，附加总额暂以不超过正税为限；超过前项限度之地方，应将原有附加，分别裁减，其裁减程序，有关行政费者为先，事业费次之。这两项规定实际上都未能实行，滥加田赋附加税的趋势未能扭转。20世纪30年代初，各个地区田赋正税平均都在地价的2%以上，大大超过了政府1%的规定，最低也为1.13%(安徽水田)，而青海省的田赋甚至达到了地价的7.2%。[①]时人指出，并非原有税目就这么多，而是层层加码使负担有增无已。这种层层加码是在20世纪30年代的内战期间节节上升的。田赋中有不少于673种各式各样的附加税。[②] 这些田赋附加税包括省附加、县附加，甚至区所、中小学校也擅自征收附加税。1934年，虽然在第二次全国财政会议上决定减轻田赋附加，废除苛捐杂税，田赋附加税受到一定的限制，但地方财政问题并未从根本上得到解决。随着行政机构的扩张、军费支出的增加，田赋附加税又演化成摊派的形式。在正税和附加税之外，地方政府或军队还出现了向老百姓预征和借垫田赋的情况，这可视为变相增收田赋的一种形式。1935年9月4日，《天津大公报》报道，(通县)县政府奉财厅令，挪借田赋一万六千元解省，以应急需。当于昨日召开县政会议，讨论办法，并议决：由县印刷一元、二元两种田赋借券抵借，并依例按着商二成、民八成摊筹，债券于夏忙完粮时代银通用。所谓预征，即预先征收多少年以后的赋税。20世纪二三十年代，全国各地预征田赋的现象大量存在，有的地方预征的年份特别长，据匡珊吉对1934年四川各地的田赋预征情况的统计可知，有的地区最少预征了31年，有的地区最多竟然预征了57年，这是对广大农民的赤裸裸的掠夺。[③]

抗日战争爆发后，日军占领了长江中下游、黄淮平原等重要农业区，农业生产面积急剧缩小。1940年以后灾害频发，农业严重歉收，国民政府采取“三征”政策，即田赋征实、粮食征购、

① 韩文昆、王元琪：《二三十年代中国农民田赋负担及农家生活贫困化分析》，《陕西经贸学院学报》2000年第4期，第64页。

② 冯和法：《中国农村经济资料》续编，上海：黎明书局，1935年，第93页。

③ 匡珊吉：《四川军阀统治下的田赋附加和预征》，《四川大学学报》1981年第1期，第83页。

粮食征借。田赋征实是指对应征田赋的货币额折成实物上缴的征收制度。无论正税，还是附加税，一并实行征实。粮食征购是指国家以强制手段向人民购买粮食的办法。征购办法各地不一，四川、广西等省区为随赋代征，即根据田赋数额的多少，按比例征购；湖北、湖南等省份为公购余粮，即调查大户余粮，加以征购；陕西、河南等省份则为按负担能力派购，即按土地亩数及工商营业额分派购粮定额。1942 年，国民政府将粮食征购办法统一为随赋代征的办法，小额粮户可以免征购，大额粮户采用累进办法，以均平负担，以其总额达到征购限额为限。这种办法不是以土地多寡累进征收，而是以田赋额的多少为依据，以利于地主大户。此外，粮食征购价格在按平价计算时没有考虑由通货膨胀导致的价格上涨的因素，使得粮食征购价远远低于市价。在支付价款时，多数省份仅支付三成现款，余则搭配粮食库券或法币储蓄券。虽然粮食库券被规定从 1944 年起每年以面额的 1/5 抵缴当年一部分田赋，五年内抵清，储蓄券自第三年起还本付息，四年还清，实际上兑换的可能性极小。在通货膨胀日益严重、物价狂涨的情况下，即使这些能够兑现，兑现来的法币也如同废纸。粮食征借是从粮食征购演变来的。粮食征借没有利息，甚至连还本也难以做到。其在实质上就等同于田赋征实。

“三征”政策以牺牲农民的利益为代价。在田赋征实之后，税率不仅会不断提高，而且田赋征实采用的是比例税率，即收入越多，负担越重；粮食征购采用的是按田赋额的多少累进征收，这种方式有利于土地多的大额粮户，不利于中小额粮户；粮食征借则无异于赤裸裸的掠夺。“三征”政策最终导致农业生产能力急剧下降，农业经济日益衰竭，农业税额明显下降。以湖南省为例，1940 年各种省税总额为 24 664 000 元，其中田赋为 8 879 000 元，占第一位，产销税为 5 604 000，占第二位，加上其他对物征收的捐费则达 11 223 000 元，超过田赋居第一位。1941 年召开的全国财政会议将省级财政并入中央体制，田赋也相应地暂归中央接管，农业税仍然占据重要地位。1943 年南京国民政府各项国家税收的全年收入情况如表 8-2 所列。

解放战争时期，国民党政府继续压榨农民，农业税收负担极其沉重。据官方公布的田赋征实数据统计，1945 年为 5 900 余万担，1946 年则增加到 11 756 万担，比抗日战争前还增加了许多倍。这些都加速了国民党统治的瓦解。

表 8-2　1943 年南京国民政府各项国家税收的全年收入情况

各税系别	收入/百万元	占税收总额/%	备注
税收总额	15 325	100	
土地税系	4 013	26.19	田赋征实、地价税及契税
直接税系	5 059	33.01	所得税、遗产税、利得税、营业税、印花税、特种营业行为税、食盐附加税
货物税系	2 720	17.75	矿税、货物出厂税、取缔税、战时消费税
关税系	377	2.46	
专卖系	3 156	20.59	盐、糖、烟类、火柴

注：根据国民政府财政部．财政年鉴：三编．第 3 篇．上海：商务印书馆，1948：142-1433 的相关数据整理。

(二)农民的其他负担

民国时期，在田赋正税和附加附税负担之外，农民还承受着许多积弊陋规的压制，正如陶继侃先生所说：“中国田赋弊窦之多，举世诟病。如在地籍方面，经界不正，亩法不齐，地粮不符；在科则方面，税目繁乱，负担失平；在征收方面，一为侵渔中饱，一为浮收滥征……其他如银米折合，任意浮收，或横加摊派，或私征罚金，种种索求，不一而足。”[①]具体而言，田赋弊陋包括浮收、摊派和乡财政负担。

民国初期，田赋改征银元，浮收被列入正税。直隶省改征银元细则规定，凡各县地丁钱粮每正银一两折征银元二元三角，租课每正银一两折征银元二元。改折银元，无形中地丁每两多征六钱余，租课多征四钱余(按银元一元合银七钱二分计，二元三角，合银一两六钱五分六，二元合银一两四钱四)。南方各省，折价更高。福建省粮价一两纳银二元六角，米一石，纳银八元。

国民政府时期，浮收依然屡禁不止，复杂的赋役征收制度为各级官吏和下层书吏差役的贪污舞弊提供了方便。1928 年，国民政府颁行《县组织法》，将县以下乡村分为区、村或里、闾、邻四级：区设区公所，设区长一人，管理区自治事务，并设助理员和区丁若干，辅助区长；村(里)设村(里)公所，置村(里)长一人，管理各该村(里)的自治事务。1929 年，修正《县组织法》，改村为乡，改里为镇，其余区、闾、邻的设置未变。据 1934 年对陕西农村进行的调查发现："农民缴纳税款，要经过粮头、庄头、甲长、村长、乡长、区长的手，才到县政府。这些经手人自然要得到些利益，由此，农民身上又增加了一层负担。”河北赵县“到交纳时，必将银数合作钱数，再合银元。现在银一元，市价合大钱四千文，彼则至多合作一千五百文”。河南省银钱浮收也很普遍，民权县征收处“里折外扣，每元暗吃六百文，每两暗吃二角”。田赋经征人员的主要舞弊方式是浮收。浮收按实施主体的不同可分为催征人员浮收和柜书浮收。

催征人员浮收是指负催征之责的里长、村长或警察、乡长借职务之便的浮收。催征人员的浮收一般采取两种方式：一种是明要。他们经常先替农户垫交钱粮，以后在向农民收钱时，往往以垫交之故额外索取“酒资”，有些地方称之为“身钱”，各地名称不一，但性质基本相同。另一种是暗中浮收。催征人员利用代农民收取串票的机会和农民不重视串票的习惯，从中浮收。因为农民很少识字，且素怕官方，在征收者或粮柜收取超过票面的税或多收而不找零时，农民通常是不会发觉的。[②] 1930 年初，在河北某县乡村采访时，乐永庆与三个农民谈及土地税，他们都说每亩 1 200 文，合铜元 60 枚，当再问他们负担的名目时，三人都不清楚，只说这是乡长这样告诉他们的。事实上，那里的田赋正税、附加税合计为每亩洋 1.31 角，而 60 枚铜元按当年市价合洋 1.4 角，征收者浮收 9 厘。

柜书浮收包括“戴帽穿靴”“大头小尾”“卷尾包零”“买荒造荒”等手段。“戴帽穿靴”是指在造串票时，税额上下预留空白，以便任意涂填数字。“大头小尾”是指在存根和串票上所开数目不符，存根上少写，而串票上多开。“卷尾包零”是指将纳税农户的地亩、钱粮化零为整，额外需索。“买荒造荒”是指在秋勘辨别荒歉时，横取需索，妄定成数。

摊派自古有之，但其形成制度则是在雍正摊丁入亩政策实施之时。当时作为徭役的丁银被摊入田赋。雍正四年(1726 年)又定耗羡归公之例，耗羡成为正供，地方官不敢擅自动用，地方兴工有事，则或向士绅劝捐或向百姓摊派，于是“丁银摊于地粮而力役之征不免，匠银摊于地粮而丁匠之征如故”。从用途上看，摊派主要分为常年应征的差徭和临时摊派的兵差。常年应征的差徭是县衙门的陋规。20 世纪二三十年代，全国各地战乱不止。为了增加军费，各地政府大多实行军事摊派，包括摊派兵役、差役及军事物资等。这种摊派的征收通常按地亩摊派，实际上这是一种变相的田赋。虽然军事摊派以地亩为标准，但大地主一般不住在农村，所以这

① 陶继侃：《中国田赋之积弊及其整理》//方显廷编辑：《中国经济研究》(下册)，上海：商务印书馆，1938 年，第 947 页。
② 郑学檬：《简明中国经济通史》，北京：人民出版社，2005 年，第 548 页。

种摊派几乎全部转嫁给了佃农和部分小地主。

摊派有固定摊派和临时摊派之分。如河北省不少县份对县地方财政开支的保卫团款、警款等大宗款项就采取摊派的方式，于是便产生了固定摊派。固定摊派分为商摊和民摊两种：商摊数额小，民摊数额大；民摊一般按照各户实有土地面积分配摊派款项。1935年，河北省捐税监理委员会对省内各县摊派做了详细调查。根据其调查可知，在河北各县中，固定摊派的县达45个，所摊款项共计1 025 479.59元，几乎占到河北省田赋正税收入的10%。临时摊派也是农民的一项重要负担，“凡是省县区的特别用费不在预算之内的，几乎大部分均需取之于农村，若遇有军事，军需的供应又大部落在农民肩上，因此一个农民在一年或一定时期内就没法预计应有多少的负担，一切都是临时应付，农民最感痛苦的就是这些零星杂色而预计不及的负担”。据1929年和1930年两年的材料可知，除宁夏、新疆情况不详，在1 941个县中，823个县的负担过重，占44.13%。①

为应付军事摊派，不少县份都设有专门组织。如高阳县有支应局，由商会、财政局和各区区长组成；邯郸县为临时办事处，由财政局和商会组成；邢台县为商民维持会；固安县为保卫维持会；等等。毗邻战区的县区每年的军事摊派和开支不断增加，如河北省邢台县在1930年除支应290 055元现款，实物征发按当年价格换算约合390 580元，两项合计为680 635元。而邢台县的田赋定额为83 866元，田赋附加税在1931年和1932年均为32 817元，两项合计为116 683元。军事摊派是田赋正附税的数倍。

总之，国民党政府在田赋上横征暴敛，地方税的税收名目繁多，赋税随意加派，各级官员营私舞弊、贪赃枉法，国统区的农民生活水深火热，苦不堪言。

思考题

1. 试从社会经济向近代转轨角度来考察晚清农业赋税征收体制的变化。
2. 你认为应选取哪些数据作为测度民国时期农民负担变化趋势的指标？
3. 比较晚清和中华民国时期农业赋税征收体制的异同。
4. 阐释西方税收理论对中国近现代农业税收制度变革的影响。

① 于素云：《中国近代经济史》，沈阳：辽宁人民出版社，1983年，第380页。

专题九　农业的商品化

中国古代长期处于自给自足的自然经济状态，小农业和家庭手工业相结合的自然经济在整个经济中占据统治地位。自19世纪中叶开始，在土地兼并、内忧外患、自然灾害、落后的农业生产技术等多重因素影响下，中国传统农业经济走向衰落，自然经济结构逐渐解体。其主要表现为耕织分离、农村手工业凋敝和农村人口流失等。外国资本通过推销商品、掠夺原料、控制生产等多种途径介入国内农业经济领域。近代工业企业的发展使传统的手工业逐渐被大规模机器生产所替代，社会经济的重心由分散的农村逐渐转移到城市。随着自然经济的解体，中国农产品商品化出现了比较显著的发展，大批以农产品贸易闻名的集镇兴起，茶叶、棉花、蚕桑、烟叶等农产品的出口数量的大幅度增加，成为中国近代农业商品化的一个重要标志。

中国长期处于自给自足的自然经济状态。小农业和家庭手工业相结合的自然经济在整个经济部门中占据统治地位。《管子·轻重甲篇》中所描述的"男耕女织"是自然经济的典型结构。自19世纪中叶开始，在外国资本主义的冲击下，中国传统农业经济走向衰落，自然经济结构逐渐解体，农业商品化的进程也逐步开始。

一、传统农业经济的局限

历史学家一般都认为公元1 500年以后是世界史的一个新阶段。无论在欧洲，还是在中国，十五十六世纪都是经济史的一个转折点。此时，欧洲开始走出中世纪，市场开始挣脱封建因素的桎梏，获得长足发展。市场与市场的力量迅速成长，最终扩展到整个社会经济领域，成为占统治地位的资源配置方式与力量。在中国，商品经济和市场的发展在唐宋元时期达到一个新的顶峰，到明代中期陷入停滞，甚至萎缩，直至清末也未能冲破自然经济的藩篱。虽然中国传统农业经济的大厦直至鸦片战争后才开始松动，但其在技术和制度层面的衰落却早有呈现。

技术既是经济发展的直接表现，也是经济发展的内因。中国是四大文明古国之一，以四大发明为代表的科学技术成就为世界所景仰。从公元前3世纪的秦汉时期开始，古代的科技中心在相当长的一个时期是在中国，到唐宋时期发展到一个顶峰，四大发明(火药、造纸、印刷、指南针)中的三大发明是在唐宋。不过，中国科技的发展在宋代以后逐渐变得缓慢。虽然明清时期也出现过徐霞客、李时珍、宋应星、徐光启等一些科学家，但科技和经济总体来说在逐步衰落，且渐渐被欧洲超过。

以农为本的中国古代在农业技术的发展与应用方面是非常成熟和有效的。纵向比较而言，明清时期则处于长期的停滞状态，没有实现对自然局限的突破。其具体表现：其一，农业的动力基本还是人力和畜力，直至清代仍是如此；其二，农业工具、肥料、育种等方面到明代已没有重大的革新，农业的增产只是依靠增加人力的投入来实现；其三，明清时期的科技著作主要是对以往成就的总结性概述，没有新的发明。严格来说，徐启光、宋应星等的《农政全书》《天工开物》属于科技文献汇编。

制度的变革是经济发展的外因，是经济进步的保障。中国的制度经历了诸多变化，做出了大量创新。明清时期，逐渐形成的官本、崇古和天朝等治理思想成为中国传统农业经济发展的禁锢。其中，官本思想的具体表现是中国的政治和舆论氛围在科举制度的引导下具有官本位倾向，士大夫高踞社会顶层，以道德自居，标榜以民为本，虽有体恤民情的一面，但更多的是搜刮民间的一面；崇古思想的具体表现是相关政策多以效法先贤、祖宗为标榜；天朝思想的具体表现是古代文明的长期领先导致中国制度几乎没有外来因素干扰，君主、士大夫自高自大为历代之最。

在三种治理心态的影响下，明清时期的经济制度呈现出两个倾向：其一，指令经济。政府的经济权力巨大，对产权有最高决定权，政府的经济活动规模庞大，官吏广泛干预经济。民间的文化在基层形成习俗经济。随着经济的发展，市场机制悄悄发展，市场经济的因素出现。这样，中国经济变成三位一体的混合体。虽然当时中国经济具有经济制度的特点，但是指令经济成分太多，政治过于干涉经济，于是产生了强大的阻碍作用。中国古代的通都大邑均为政治中心，这些大城市的政府消费带动了市场的发展。中国古代的豪商巨贾以官商居多就是指令经济成分起主导作用的明证。其二，重本抑末。本为农业，末为工、商。虽然古代的工商业者可以家资豪阔，但社会地位依旧低下，整个意识形态充斥着对追逐经济利益的蔑视。政府可以控制工商业者的社会地位，可以任意剥夺工商业者的财产，他们的人身自由和财产缺乏应有的保护。虽然明清时期工商业者的实际地位有所提高，但其仍缺乏法律和制度的认可。

此外，随着考试内容的逐渐僵化和考试目的趋向极端的政治功利性，科举制度逐渐成为妨碍中国经济发展和社会进步的枷锁，这是中国传统农业经济发展受到阻碍的深层原因。科举制度的局限不在于选拔官员的形式，而在于考试的内容和科举制度对职业的导向作用。科举考试内容为“四书五经”，相当于现代的文、史、哲三大学科。科举制度将古代中国的知识精英引入对人文知识的钻研，而轻视百工技艺等科学技术知识。这种状况造成了中国古代的技术发明和创造大多出自社会下层，且欠缺科学的进一步发展。明清时期，技术逐渐落后于世界先进水平不能不说与科举制度有着直接关系。①

二、传统农业经济的衰落

中国传统经济的衰落是一个漫长、渐变的过程。需要注意的是，中国传统经济的衰落是一个横向比较的问题，而不是一个纵向比较的问题。如表 9-1 所列，虽然与以往中国经济相比，明清经济有一定的增长，但与西方经济相比，明清经济日益落后，并逐渐被西方超越。

18 世纪晚期，中国开始出现危机的征兆。不过这种迹象并不明显，也很少有人察觉，特别是身在局中的中国人，就像龚自珍那样大呼“衰世”来临有如海外奇谈，多数人不以为然。中国经济真正衰落的时期主要集中在 19 世纪，这种“衰落”并不能等同于衰败，甚至崩溃。整个 19 世纪中国经济仍能够维持，就表明了中国传统经济的根基深厚，生命力和适应力顽强，从中也反映出中国经济昔日的繁盛和强大，中国传统经济自身衰落的过程是缓慢、不明显的。而受西方经济冲击后的中国传统经济则表现出越来越明显的加速衰落的趋势。中国传统经济的衰落受到自身衰落和外部摧压等内外两方面因素的作用。

① 林毅夫：《技术、制度与中国农业发展》，上海：上海人民出版社，2005 年，第 253-259 页。

表 9-1 GDP、人均 GDP 和 GDP 世界占比的中外历史比较

年份	经济项目	区域						
		中国	美国	日本	西欧	苏联	印度	世界
1500	GDP/百万（1990 国际元）	61 800	800	7 700	44 345	8 475	60 500	247 116
	人均 GDP/百万（1990 国际元）	600	400	500	774	500	550	565
	GDP 世界占比/%	25.0	0.3	3.1	17.9	3.4	24.5	1
1600	GDP/百万（1990 国际元）	9 600	600	9 620	65 955	11 447	74 250	329 417
	人均 GDP/百万（1990 国际元）	600	400	520	894	553	550	593
	GDP 世界占比/%	29.2	0.2	2.9	19.9	3.5	22.6	1
1700	GDP/百万（1990 国际元）	82 800	527	15 390	83 895	16 222	90 750	371 369
	人均 GDP/百万（1990 国际元）	600	527	570	1024	611	550	615
	GDP 世界占比/%	22.3	0.1	4.1	22.5	4.4	24.4	1
1820	GDP/百万（1990 国际元）	228 600	12 548	20 739	163 722	37 710	11 417	694 442
	人均 GDP/百万（1990 国际元）	600	1257	669	1232	689	533	667
	GDP 世界占比/%	32.9	1.8	3.0	23.6	5.4	16.0	1
1870	GDP/百万（1990 国际元）	189 740	98 374	25 393	370 223	83 646	134 882	1 101 369
	人均 GDP/百万（1990 国际元）	530	2 445	737	1974	943	533	867
	GDP 世界占比/%	17.2	8.9	2.3	33.6	7.6	12.2	1
1913	GDP/百万（1990 国际元）	241 344	517 383	71 653	906 374	232 351	204 241	2 704 782
	人均 GDP/百万（1990 国际元）	552	5 301	1 287	3 473	1 488	673	1510
	GDP 世界占比/%	8.9	19.1	2.6	33.5	8.6	7.6	1

资料来源：安格斯·麦迪森．世界千年经济史．伍晓鹰，等译．北京：北京大学出版社，2003：259，261-262。

在鸦片战后爆发后的一段时间里，地主阶级的土地占有制仍是中国农村最主要的经济制度。农业土地占有方式分为官田（公田）和民田（私田）：官田为国家所有；民田为地主或自耕农所有。在清代中期以后，土地兼并及土地集中的现象显著。乾隆十三年（1748 年）湖南巡抚杨锡绂言："近日田之归富户者，大约十之五六，旧时有田之人，今俱为佃耕之户。"①在中国古代社会，皇帝是全国最大的地主，掌握着大量土地。清初，内务府在畿辅一带所辖官庄为 132 处，

① 杨锡绂：《陈米贵之由疏》//《皇朝经世文编》卷 39。

至光绪中期，官庄数量达到373处，约75.87万亩。① 清代直接或间接掌握在皇帝手中的田地在乾隆十八年(1753年)为44万余顷，约占全国耕地面积735万余顷的6%。嘉庆十七年(1812年)，皇帝掌握的土地增加到83万余顷，约占全国耕地面积789万余顷的11%。②

在太平天国运动后，一批"军功"地主崛起。他们与地方豪绅相互勾连，兼并土地。如在皖中地区，许多土地落入淮系军阀官僚手中。总督张树声，提督张树珊兄弟，巡抚刘铭传，提督周盛传、周盛波兄弟，提督唐殿奎、唐定奎兄弟等每家每年收租谷为2万～5万石。李鸿章家族在合肥东乡原籍拥有的土地达50多万亩，占该乡全部土地的2/3。③ 在扩大地主土地所有制的过程中，除了皇族和贵族、官员外，一般地主、商贾、高利贷者也是兼并土地的积极参与者。土地兼并迫使大批中小土地占有者失去生产资料，激化了阶级矛盾、社会矛盾，对农业生产造成了直接威胁。

鸦片战争以后，中国社会危机日益严重，矛盾不断激化，内忧外患连续不断。19世纪末，西方列强先后发动了第一次鸦片战争、第二次鸦片战争、中法战争、中日甲午战争等侵略战争。这些战争极大地破坏了中国社会经济和农业经济的正常发展。太平天国运动对中国农业经济也造成了无法估量的破坏。为了镇压太平天国起义，清廷动员了全国的兵力对起义者大加杀戮。这场战争不仅延续时间长，而且波及全国大部分地区。一些城乡变成废墟，大量人口死于战乱，成千上万亩良田荒废。据统计，在嘉庆十七年(1812年)之前，各省耕地面积均呈逐年扩大的发展趋势，如顺治十八年(1661年)各省耕地面积为549.26万顷，康熙二十四年(1685年)各省耕地面积为607.84万顷，雍正二年(1724年)各省耕地面积为723.64万顷，乾隆三十一年(1766年)各省耕地面积为780.72万顷，嘉庆十七年(1812年)为791.39万顷，咸丰元年(1851年)下降至771.63万顷，同治十二年(1873年)又下降为770.35万顷，直至光绪十三年(1887年)经过十余年的恢复，各省耕地面积才达到847.760万顷。④

自然灾害频发也是导致晚清农业衰落的一个重要原因。晚清的灾害种类主要有水、旱、风、雹、虫、疫等，其中以水旱灾次数为最多，危害也最大。据统计，道光二十年至宣统三年(1840—1911年)，中国发生较大的水灾共236次。⑤ 黄河、长江、淮河等重要的江河经常发生水患。水患不仅淹没了大量农田，而且祸及城镇。如道光二十一年(六月1841年)河南开封南厅祥符上汛三十一堡(张湾村)黄河南岸决口不仅淹没大量村庄，而且围困开封城达八个月之久。南方地区的水灾也非常频繁。王先谦在光绪十一年(1885年)的《三海工程请暂行停罢折》奏折中言："两江两湖两广，大水成灾，为数十年所未有。自臣乡来者言，湖南省城西关外，水与屋齐，城内半通舟楫。男女露处啼号，惨动心目。常澧一带，淹毙万余人。各省灾民，流离道路，情形大略相同。"⑥光绪三年(1877年)，中国北方地区发生了空前严重的大旱灾，史称"丁戊奇荒"。受灾地区波及陕西、山西、河南、河北及山东部分地区，仅山西一省"迭遭荒

① 《清朝续文献通考》卷6《田赋考·八旗田制》。
② 孙毓棠、张寄谦：《清代的垦田与丁口的记录》//《清史论丛》第1辑，北京：中华书局，1957年，第112-113页。
③ 郭汉鸣、洪瑞坚：《安徽省之土地分配与租佃制度》//李文治：《中国近代农业史资料》第一辑，第182-183页。
④ 李文治：《中国近代农业史资料》第一辑，北京：生活·读书·新知三联书店，1957年，第60页。
⑤ 陈高健等：《中国历代天灾人祸表》，上海：上海书店，1986年。
⑥ 李文治：《中国近代农业史资料》第一辑，北京：生活·读书·新知三联书店，1957年，第723页。

旱……赤地千有余里，饥民至五六百万口之多，大祲奇灾，古所未见”。[①] 由于社会生产水平低下，广大民众抗灾、御灾能力十分薄弱，加之清朝吏治败坏、财政空虚，千余年形成的荒政制度难以发挥应有的作用，甚至出现吃灾卖荒的情况，自然灾害的破坏力被极大地增强，农业经济的发展遭到极大摧残。

在古代的很长时间里，中国的农业技术领先于世界，在近代转型的过程中却远远落后于世界先进水平。光绪六年(1880 年)，一位外国人在考察了湖北种植情况之后说：“是处播植，如所见小麦、油菜、蚕豆各种子，并不选择坚好肥硕之品；甚至杂有草种，亦不剔除。最为可异，其所用农具，颇欠精良……所见棉花较美国远逊，其故殆由排种太密，不知选子，且地气嫌太湿、太冷、太酸。见耕地之法似欠讲求，所用齿钳、锄、犁等具，均甚笨拙，翻土既不能深，碾土又不能细；所用耕牛大车，蹇缓无力。外国耕地多用马，中国马少，倘不能改用，宜用壮健之牛，或一犁双牛，较可得力。至农具尤亟应改制精良，庶几事半功倍。”[②]

这位外国人描述的湖北地区农业生产情况反映了鸦片战争之后的中国农业生产的基本情况。农业技术的低下决定了农作物产量的低下。在许多地区生产不足或产量递减的情况十分普遍。耕畜减少、肥料缺乏、土地贫瘠等问题是农户面临的普遍问题。农作物产量长期徘徊在较低水平，甚至出现递减的情况。如江苏省松江府，“嘉道前，每亩(棉花)得收一二百斤，每斤值售钱七八十文……及尔年收数日薄，售日贱，以致生计渐蹙，户口萧条”。[③] 另据《各省历年夏季收成分数统计》显示，直隶、河南、山西、陕西、江西、湖北、福建等省区在道光年间的夏季收成多在七八成左右，咸丰后下降至五六成；河南省从咸丰十年至宣统三年(1860—1911 年)连续五十一年收成仅有五成；安徽省从同治八年至光绪二十三年(1869—1897 年)连续二十八年的收成只有五成。[④]

在土地兼并、内忧外患、自然灾害、落后的农业生产技术等多重因素影响下，中国传统农业经济在近代不可避免地走向了衰落。

三、自然经济的解体

在第一次鸦片战后的一段时间里，自然经济的解体进程非常缓慢。除广州、厦门和上海等几个通商口岸附近地区的手工棉纺织业由于洋纱、洋布的输入而受到打击，就全国范围而言，小农业与小手工业相结合的基本经济结构并未出现显著变化。第二次鸦片战争后，随着西方列强进一步通过一系列不平等条约攫取大量的政治和经济特权，中国的自然经济开始了逐步解体的进程。近代中国自然经济的解体主要表现为耕织分离、农村手工业凋敝和农村人口流失等三个方面。

(一)耕织分离

男耕女织的自然经济的分解是从家庭手工纺织业开始的。其大致经历了两个步骤：第一

① 曾国荃：《曾忠襄公奏议》//李文治：《中国近代农业史资料》第一辑，北京：生活 · 读书 · 新知三联书店，1957 年，第 741 页。

② 《农学教习白雷平考察湖北大冶武昌左近山田种植情形报告》//李文治：《中国近代农业史资料》第一辑，北京：生活 · 读书 · 新知三联书店，1957 年，第 582 页。

③ 《申报》，光绪六年六月二十一日。

④ 李文治：《中国近代农业史资料》第一辑，北京：生活 · 读书 · 新知三联书店，1957 年，第 755-757 页。

步是洋纱代替土纱，纺与织分离；第二步是洋布代替土布，织与耕分离。

第一次鸦片战争后，西方资本主义国家输入中国的纺织品逐渐增多。1842 年估计进口商品总值为 2.5 亿银元，其中鸦片占 55.2%，棉花占 20%，棉制品占 8.4%。① 第二次鸦片战争后，1866—1874 年，进口商品总值处于徘徊时期。1876—1894 年，进口商品数据逐年增加，18 年增加了 1.43 倍。② 当时进口鸦片的绝对量没有大的变化，而棉纱数量增加很快，成为主要的进口货物之一。据历年海关报告可知，1868 年进口棉纱数量为 54 212 担，到 1894 年进口棉纱数量达 1 159 596 担，增长了 20 余倍。棉布进口数量比棉纱稍少，但也呈增加之势。纺织品的不断输入改变了进口货物的结构。1890 年，在进口货物的构成中，鸦片的比重下降为 21%，而棉纺织品的比重上升为 32%。③

在中国近代耕织分离的进程中，最先出现的是纺与织分离。随着纺织品进口大量增加，农村纺织手工业中的纺纱业首先受到冲击。纺纱是织布的基础，洋纱质地均匀，机器生产效率高，成本低，交通运输便利，土纱竞争力减弱。由此，中国的土纱逐渐被洋纱逐步替代。

在纺纱、织布两种纺织业工序中，纱和布可均可作为独立商品。从 1733 年英国凯伊发明飞梭到 1765 年哈格里夫斯发明“手摇珍妮纺纱机”，纺和织的技术水平都有了较大的提高，尤其是纺纱比织布在效率和质量方面有了更为显著的提高。在 1775—1826 年的 50 年间，美国棉纱的生产费用下降了 94%。19 世纪 70 年代，在中国的洋纱价格比土纱价格低 1/3。④ 光绪十三年(1887 年)，山东牛庄的土纱每包(300 斤)售价银 87 两，而洋纱只售 57 两。⑤ 具有显著价格优势的洋纱逐渐替代土纱，成为农村家庭手织者的原料来源。

土纱价格高的原因除了生产效率较低，中国棉花价格上涨也是原因之一。在国际棉花贸易中，中国的传统棉纺业的进口棉花主要来源于印度。当时，美国由于南北战争，棉花出口量减少，英国的棉花进口也转向印度。此外，明治维新后日本纺织业也发展起来，开始大量采购中国原棉。进口减少，出口增加，中国的市场棉价在多重因素的推动下不断上涨。技术落后造成的相对成本增加以及棉价上涨导致中国的纺纱手工业在和洋纱的竞争中必然走向衰落。“随着大量洋纱进口，土纺织业已经几乎全部停止了。”⑥

1873 年，资本主义世界爆发经济危机。为摆脱困境，外国资本主义采取向国外市场，特别是经济落后的殖民地半殖民地国家倾销过剩商品的方式转嫁危机。由于手工业和农业产品在国内外市场缺乏竞争力，仍处于自然经济体系的中国成为外国商品倾销浪潮中受到影响最大的落后国家之一。轮船航运业在中国的迅速发展也为外国商品在中国市场倾销提供了运输便利，大量外国纺织品涌入中国市场。1867—1894 年的 27 年中，棉纱进口值增加了 12 倍，各种布匹的进口值也增加了 1.7 倍，仅棉纱进口折价每年就达 5 000 多万两。中国土布原有的质地耐穿和价格便宜的优越性被洋布更低廉的价格压制，“其染色更娇艳夺目”“自比土布为可爱”。⑦ 同治年间，“过去中下层人因土布比洋布价廉耐用而偏好土布，现在这一层理由可说已

---

① 严中平：《中国棉纺织史稿》，北京：科学出版社，1955 年，第 8 页。

② 姚贤镐：《中国近代对外贸易史资料》第 3 册，北京：中华书局，1962 年，第 1591 页。

③ 严中平：《中国棉纺织史稿》，北京：商务印书馆，2022 年，第 77 页。

④ 同③。

⑤ 同③。

⑥ 彭泽益：《中国近代手工业史资料》第 2 卷，北京：生活·读书·新知三联书店，1957 年，第 207 页。

⑦ 彭泽益：《中国近代手工业史资料》第 2 卷，北京：生活·读书·新知三联书店，1957 年，第 219-220 页。

不存在了”“衣大布者不过十之二三，衣洋布者已有十之八九”。[①]

此外，中国资本主义的经营方式、生产方式的发展也促进了自然经济的解体。经过两次鸦片战争，现代企业和工厂开始出现。洋务运动时期，一批官办、官督商办的企业兴起。这时民族资本家经营的纺织厂等企业也逐步兴起。所有这些工业企业的发展对中国农村的手工业生产造成了一定冲击，促进了耕织分离。

(二)农村手工业凋敝

农村手工业是传统自然经济的重要组成。在男耕女织的自然经济模式中，农家妇女将自种或购买的棉花纺成土纱，织成土布，用于家庭消费。在近代西方列强入侵后，外国资本开始涌入中国，通过推销商品、掠夺原料、控制生产等多种途径介入中国的农业经济领域。

在外国资本入侵以后，纺纱工作已经逐渐被大规模的机器生产所侵夺，幸存的织布工作也日益转向商品生产。过去，农产品的加工完全是农家自己的工作。在外国资本入侵后，磨粉、轧米、榨油、制糖等也被机器生产所逐渐替代。

江苏省松江、太仓一带本是纺织业的中心，与农业密切结合的手工纺织业非常发达。鸦片战争后，随着外国棉纱、棉布不断地输入，该地区的棉纺织业遭受到沉重打击，迅速处于解体的状态。清代学者包世臣曾在1846年写道：“松(江)、太(仓)利在棉花、梭布……近日洋布大行，价才当梭布三之一。吾村专以纺织为业，近闻已无纱可纺；松、太布市消减大半，去年棉花客大都折本，则木棉亦不可恃，若再照旧开折，必无瓦全之理。”[②]郑观应也观察到：“通商大埠及内地市镇城乡，衣大布者十之二三，衣洋布者十之八九。”[③]浙江省宁波地区“自从各港口开放以来，宁波本地的生产已经受到显著的影响，六年以前，每匹售六圆的白布(叫作南京土布)，现在以三圆半就能买到。这样，和本地货相同的货物的进口已经使许多织布机停了下来”。1847年，一个英国人在报告中称：“中国人所织的白而结实的布比我们(英国)的货物贵得多。我在上海发现，由于我们的布代替了他们的布的结果，他们的织布业已迅速下降了。”[④]

由于国际市场需求减少，中国传统的出口经济作物，如甘蔗等的种植也逐渐衰落，与此相关的手工业随之逐渐萎缩，如传统出口染料蓝靛产量下降。19世纪下半叶，由于纺织业的发展，蓝靛不仅供应中国市场，而且大量出口。靛的原料作物种植面积都很广，如蓼蓝、槐蓝。然而，自从德国生产还原染料以后，阴丹士林代替土靛不但夺取了国外市场，洋靛还大量输入中国，严重打击了土靛生产。随着欧洲和爪哇甜菜糖的发展，曾一度兴盛的中国糖不但出口减少，国内市场也被大量洋糖挤占。光绪十二年(1886年)江西巡抚德馨在奏折上言：“兼之洋糖盛行，土糖碍销，各糖行多有亏折歇业，糖油二宗，大为减色。”在茶叶生产方面，中国采用传统手工业制茶法。在外国资本入侵后，由于采用机器制茶，中国的制茶手工业大受损害。如1861年汉口开辟通商，俄国人建立砖茶厂，改用蒸汽压力机，1878年又使用水压机，提高生产效率。

另外，外国资本主义加强了对中国农产品原料的收购和控制。福建省茶叶“行销又以外洋商贩为主。每年春间，新茶初到省垣，洋商昂价收买，以广招徕；迨茶船拥至，则价值顿减，茶商

① 彭泽益：《中国近代手工业史资料》第2卷，北京：生活·读书·新知三联书店，1957年，第221页、第223页。

② 包世臣：《齐民四术》卷2《答族子孟开书》。

③ 〔清〕郑观应著，辛俊玲评注：《盛世危言》卷8《纺织》，北京：华夏出版社，2002年，第519页。

④ 姚贤镐：《中国近代对外贸易史资料》第3册，北京：中华书局，1962年，第1357页。

往往亏折资本。加以广东、九江、汉口各处,洋商茶栈林立,轮船信息最速,何处便宜,即向何处售卖,故闽茶必专恃洋商,而洋商不专恃闽”。[①] 19世纪60年代以后,国际市场用棉增加,进口减少,中国棉花大量输出,从1868年的587 821两增加到1891年的384.11万两,1895年激增到1 120.27万两。棉花种植面积的扩展使中国成为外国的原料基地。烟草、蚕桑、大豆、花生的生产也大抵如此。这就形成了原料生产在中国,工业加工在国外的畸形农业经济发展状态。

(三)农村人口流失

中国农村的人口相对过剩问题十分严重。农村人口的相对减少现象本来是资本主义发展中的一般形态。农村人口减少的主要原因是都市工业的迅速发展需要大批产业工人。城市工业的发展和农村劳动力的缺乏共同刺激了农业生产技术向前发展。由于中国农村手工业的破产速度超过了都市新兴工业的发展,农村中的相对过剩人口不能在新兴都市中找到充分的出路,他们只能长期努力从农业中寻求生存。据1932年国民政府主计处统计数据显示,当时全国农村人口占总人口的74.5%。[②] 这种状况使半封建的零细佃农愈加普遍,佃租愈加苛重,从而导致农业劳动者的工价愈为下降,并阻碍了农业机械,甚至耕畜的广泛利用。在许多内地农村中,“不值钱”的人力同畜力互相竞争,劳动力的浪费到了惊人地步。

虽然如此,近代中国农民离村和农村劳动力转移现象非常普遍。土地经营狭小使劳动力过剩问题愈为显著。中央农业实验所统计资料表明,在离村人数最多的农家中,70%以上的农家是耕地不超过10亩的小农。在全体离村人口中,自耕农占28.8%,佃农占34.8%。在20世纪30年代的嘉兴农村,农业劳动者的人数平均只占农家总人数的44.48%;农业劳动者的人数占农家总人数的比率,大土地经营为53.83%,中等土地经营为45.45%,小土地经营为42.25%。在中小土地经营中,半数以上的人口是从农业中被排挤出来的,即使半数是不能劳动的老弱儿童,那么被排挤的少壮农民也达总人口的1/4。另外,农业是季节性产业,不能够全年工作,尤其耕地狭小,工作时间也就愈加缩短。在20世纪30年代的无锡农村,参加农业生产的壮丁平均每人每年仅做农活152天。将各类农户分别加以比较可知,在劳动力的相对过剩的构成中,贫农的相对过剩比富农的相对过剩更为明显,贫农平均每年参加农业劳动148天,中农152天,富农181天。

农民离村还有一种情况是移民。例如,华南农民移民到南洋,华北农民流亡到东北。据1931年华侨委员会统计可知,海外华侨约为1 200万人。1927—1929年,山东难民逃亡东北的农民有7万余人。由于许多失业农民找不到适当的职业,于是当兵,做流氓、土匪,也成为其出路之一,这更加重了社会的混乱和经济的破败。

为了利用过剩的劳动力弥补家庭收入,除了从事家庭手工业,农民还向其他农副业发展,从事羊、猪、鸡、鸭、牛等养殖。纷至沓来的农村副业的衰落和水旱灾荒致使千百万中国农民不得不抛家弃乡,向外去寻求生路。如1928年的西北旱灾造成灾民3 000万人。历年的兵灾匪患又使农民的离村问题更加严重。根据1935年中央农业实验所的调查可知,因为水旱、兵匪、灾荒而离村的农民占全体离村农民的44%以上。

中央农业实验所对离村农民的出路曾做过较详细的调查。据1932年22个省1 001个县的调查结果显示:192余万户的全家离村的农户占总农户的4.8%,其中到城市做工和谋生的

---

① 彭泽益:《中国近代手工业史资料》第2卷,北京:生活·读书·新知三联书店,1957年,第473页。

② 国民政府主计处:《农村人口分布》,《统计月报》1932年1—2月专刊。

农户占36.7%，到城市或别村去逃难的农户占21.9%，到别村去种田或开垦的农户占21.8%，其他占19.6%；在离村的青年男女中，到城市去做工和谋事的青年男女占47.8%，到别村去做雇农或开垦的青年男女占28.5%，到城市去求学的青年男女占17.5%，其他占6.2%。由此可以看出离村农民的一般生活情形。这些离村农民首先是到城市中去做产业工人、手工业者、店员、苦力等。1935年，中国有产业工人96.6万人，加上手工业者，从事工业的人数至少在200万人以上。此外，店员和苦力也有几百万人。20世纪30年代末，中国有三个都市的人口在100万人以上，六个都市的人口为50万～100万人。这些新兴都市的繁荣在很大程度上依赖于离村农民所提供的劳动力。

四、农产品商品化的发展

随着自然经济的解体，中国农产品的商品化取得了比较显著的发展。由于棉纺织手工业与农业的分离和其他手工业被破坏，自然经济的基础被动摇，广大农民不得不到市场上购买生产和生活必需的工业品，甚至直接参与一些商品作物的经营，农副产品商品的市场在客观上扩大了。在国际市场中，被迫参与全球分工的中国，成为西方列强农产品原料的来源地和掠夺对象。

鸦片战争后，尤其在19世纪70年代后，手工棉纺织业被破坏，广大农民被迫到市场上购买洋纱洋布及其他必需的生产资料、生活资料等工业品，不得不在农业中经营某种商品作物以换取货币；出口的激增使农民扩大种植那些市场需要的农作物，尤其是作为某些手工业原料的农产品。结果，小农经济日益与市场联系起来。

鸦片战争后，尤其是19世纪70年代以后，中国以市场交换而进行的经济作物的种植日见普及。如在珠江三角洲地区，桑基鱼塘和果木种植基本上已成为两种主要的农业商品专业生产模式。① 福建“无如始辟地者，多植茶，蜡、麻、苧、蓝靛、糖蔗、离支，柑桔、青子、荔奴之属，耗地已三之一……今则烟草之植，耗地十之六七……由是仰食于江浙、台湾、建、延”。② 江苏的松江、太仓、海门、通州各厅州县“种稻者不过十分之二，图利种花者十分之七八”。③ 浙江乡村“阡陌间强半植桑”。④ 嘉兴府则有小农植青而固取汁成靛，获其价宜，数倍于谷麦。⑤ 奉天多有“旗民种棉者力”“皆信于商贾转贩他者”。⑥ 这些以个体家庭劳动为基础的地域性的各种经济作物的专业性或副业性的种植和加工基本上形成了广泛的小农个体性的小商品生产。在某些地区，这类生产在小农生产活动中的比重逐步上升，成为他们家庭经济中占支配地位的活动。如两广和台湾的蔗农，闽浙的茶农以及其他各种经济作物的小区域专业种植者。

随着农产品商业化的发展，大批由农产品贸易而兴起的集镇出现了。如杭州的北新关镇、唐栖镇、临平镇，嘉兴的新事陂镇、王唐镇，湖州的乌青镇、菱湖镇，桐乡的石门镇、皂林镇等。⑦

农产品出口数量的大幅度增加也是中国近代农产品商品化的一个重要标志。如表9-2所

① 叶显恩：《略论珠江三常洲的农业商业化》，《中国社会经济史研究》1986年第2期，第16-29页。
② 《皇朝经世文编》卷36//李文治：《中国近代农业史资料》第一辑，第84页。
③ 《皇清奏议》卷36//李文治：《中国近代农业史资料》第一辑，第83页。
④ 《西湖记》//李文治：《中国近代农业史资料》第一辑，第82页。
⑤ 《海盐县志》卷8//李文治：《中国近代农业史资料》第一辑，第83页。
⑥ 《皇清奏议》卷61//李文治：《中国近代农业史资料》第一辑，第82页。
⑦ 蒋兆成：《明清时期杭嘉湖地区乡镇经济初探》，《中国社会经济史研究》1986年第1期，第62-72页。

列,1870—1911年除茶叶的出口量略有下降,茶叶、生丝、棉花等八种主要出口农产品的五年平均出口量基本呈增长趋势,其中棉花和豆类的出口量增长最快。其原因主要是世界资本主义国家工业的发展,特别是日本棉纺织业和化学工业的发展对中国棉花和豆类需要的不断增加。

(一)茶叶

早在鸦片战争以前,茶叶就是中国的主要经济作物和出口商品。清代前期,茶叶种植已有很大发展,遍及秦岭、淮河以南各省,尤以福建、安徽、浙江、湖南等省最盛。如乾隆年间,安徽省霍山县"近县百里皆种茶""民惟赖茶以生,自春徂夏,商贾辐辏"。[①] 嘉庆年间,浙江省于潜县"各山皆产茶""乡人大半赖以资生"。[②] 道光年间,福建省建阳县"桑麻不过十之一,笋十之二三,唯茶十之八九"。[③] 鸦片战争后,外销茶叶的激增促进了中国茶叶种植面积的扩大,遍及福建、广东、安徽、江西、湖南等省。光绪六年(1880年)前后,由于印度、锡兰和日本茶叶的竞争,中国茶叶出口量锐减。茶叶的种植和生产也开始由旺转衰,不少茶园逐渐荒芜。"自光绪七年后,茶价甚低,每年头春嫩庄七八九两,粗庄三四五两银。开茶庄及采箱者,屡年折本,倾家荡产,人多不以茶为正项生理……叹种茶者,勤劳艰苦,大受茶累矣。"[④]光绪十三年(1887)茶园已"十荒七八"。甲午战争后,中国茶叶种植普遍出现了衰败的情况。19世纪80—90年代后,东南沿海地区的茶农"往往将地售作坟墓"或"夷为民居","所产茶株比前百不存一"。[⑤]

表9-2 1870—1911年重要农产品出口数量统计(5年平均数) 担

年份	茶叶	生丝	棉花	烟叶	豆类	豆饼	植物油	毛类
1870—1874	1 643 949	62 017	31 926	8 609		185 158	58 909	5 077
1875—1879	1 875 507	73 330	28 695	13 124		50 338	4 207	19 771
1880—1884	2 051 005	69 031	31 664	13 836		127 646	5 783	36 793
1885—1889	2 108 734	76 653	177 122	46 842		68 768	35 770	90 489
1890—1894	1 752 249	95 440	497 340	100 795		1 130 298	95 558	201 222
1895—1899	1 659 015	144 512	462 059	180 755	1 741 244	1 652 602	302 120	285 275
1900—1904	1 438 061	113 270	753 078	157 402	2 051 713	2 638 942	486 063	266 112
1905—1911	1 497 676	122 952	854 588	175 889	6 666 793	6 668 162	952 112	408 979

注:根据杨端六,侯厚培的《六十五年来中国国际贸易统计》第8表计算编制。

(二)棉花

棉花是中国较早的商品之一。中国棉花种植的推广始于元代,发展于明代,清代人口的大量增加进一步推动了棉花种植的发展,凡适宜种棉的地方大多有棉花的种植,并在全国形成了长江三角洲地区、山东、河南、直隶、湖北等主要产棉区。乾隆时期,江苏省松江、太仓、海门、通州一带农田"种花者多,而种稻者少……每村庄知务本种稻者,不过十分之二三,图利种花者,

① 乾隆《六安直隶州志》卷23。
② 嘉庆《于潜县志》卷10。
③ 道光《建阳县志》卷2。
④ 李文治:《中国近代农业史资料》第一辑,北京:生活·读书·新知三联书店,1957年,第447页。
⑤ 宣统《南海县志》卷4。

则有十分之七八”。① 鸦片战争前后，中国用棉需从印度输入补充。在1860年以后，印度棉花被美国大量吸收，中国进口棉花来源减少。不久，兴起机器棉纺织业的日本到中国收购棉花，中国棉花出口量剧增，从同治七年（1868年）的58.78万两增加到光绪十七年（189年）的384.11万两，光绪二十一年（1895年）激增到1 120.27万两。② 棉花从入超转成出超，棉花需求增加引起了中国棉花出口量的增加和价格的提高，继而刺激了棉花种植面积的不断扩大，棉田所占耕地面积的比重不断上升。如上海、南汇等地“均栽种棉花，禾稻仅十中之二”；③皋、通州、海门也“一望皆种棉花，并无杂树”。④ 以前不种棉花的地区也开始普遍种植棉花，“江西、浙江、湖北等处，向只专事蚕桑者，今皆兼植棉花”。⑤ 棉田所占耕地面积的比重从1904—1909年的11%上升到1914—1919年的14%，再上升到1924—1929年的18%，河北、山东、山西、陕西、河南、江苏、浙江等省迅速发展成为中国的棉花生产地。甲午战争后，棉花种植的发展速度更快，“植棉之地，年有扩张气”“几乎全国均从事植棉”。⑥ 河北、山西、山东、陕西、河南、江苏、安徽、浙江、江西、湖南等省均成为全国棉花重要产地。

（三）蚕桑

中国农民养蚕植桑已有数千年的历史。清代前期，江苏、浙江、广东等地都成为蚕桑业发达的地区。康熙年间，浙江省嘉兴县“民皆力农重蚕，辟治荒秽，树桑不可以株数计”；乾隆年间，江苏省震泽县“阡陌间强半植桑”；嘉庆年间，广东省南海县与顺德县交界之处，“周回百余里，居民数十万户，田地一千数百余顷，种植桑树以饲春蚕”。⑦ 浙江省湖州还出现了专门买卖桑叶的“青桑叶行”。⑧ 第二次鸦片战争以后，生丝的出口数量增长很快，促使中国蚕桑种植面积不断扩大。如江苏省高邮“邮民素不饲蚕……近年湖东西以农兼桑者不可胜计，至丝成时，江南贩丝者无岁不至”。⑨ 当家庭手工棉纺织业受到破坏后，农民转而种桑、养蚕、卖茧，如江阴县“素业织土布。自洋布盛行，其利已薄。光绪中，西人始至内地市茧……乡人获利，育蚕者骤增。不数年，境内每岁售茧所获逾百万金，且递增不已”。⑩ 同治年间和光绪年间，原来不饲蚕或饲蚕不多的地方都已广泛饲蚕，甚至在北方一些地区养蚕农户也日渐增多。如河北、山东、山西、陕西、河南等省。

（四）烟叶

烟叶于明代中叶传入中国，最初种植于福建、广东一带，因“饥不可粟，寒不可衣，前明本在例禁”，故吸者少，种植极微。清代，由于吸烟者日渐增多，烟草种植逐渐在全国推广。乾隆年间，“烟草处处有之……山西之保德州，凡河边淤土，不以之种禾、黍，而悉种烟草”；福建“烟草之植，耗地十之六七”。嘉庆年间，“各处膏腴，皆种烟叶，占生谷之土已为不少”。⑪ 鸦片战争

---

① 李文治：《中国近代农业史资料》第一辑，北京：生活·读书·新知三联书店，1957年，第83页。

② 李文治：《中国近代农业史资料》第一辑，北京：生活·读书·新知三联书店，1957年，第390-391页。

③ 李文治：《中国近代农业史资料》第一辑，北京：生活·读书·新知三联书店，1957年，第418页。

④ 李文治：《中国近代农业史资料》第一辑，北京：生活·读书·新知三联书店，1957年，第419页。

⑤ 章有义：《中国近代农业史资料》第二辑，北京：生活·读书·新知三联书店，1957年，第196-198页。

⑥ 同⑤。

⑦ 李文治：中国近代农业史资料》第一辑，北京：生活·读书·新知三联书店，1957年，第82页。

⑧ 同治《湖州府志》第30卷。

⑨ 李文治：《中国近代农业史资料》第一辑，北京：生活·读书·新知三联书店，1957年，第427-428页。

⑩ 同⑨。

⑪ 李文治：《中国近代农业史资料》第一辑，北京：生活·读书·新知三联书店，1957年，第81-85页。

前，种植烟叶已经是商品性的农作物生产，但烟草出口不多，主要在中国销售。自光绪年间开始，烟草的出口数量增加很快。光绪十年(1884 年)烟草的出口数量为 2.44 万担，光绪二十年(1894 年)，烟草的出口数量为 11.39 万担。[①] 英美烟草公司的大力推广和抢购以及中国民族资本卷烟业的兴起促使烟叶生产发展迅速。

(五)罂粟

罂粟是种植商品化发展最快的作物。从道光初年(1821—1850 年)开始，罂粟种植由印度传入中国内地，并很快在云南、四川、甘肃、贵州、陕西、山西等省兴起，“废田而种罂粟，岁益浸广”。咸丰六年(1856 年)，罂粟在云南、贵州、四川三省已“连畦接畛”。第二次鸦片战争以后，鸦片输入合法化，清政府和一些地方官吏为增加税收、贪污中饱，以抵制洋烟和白银外流为借口，鼓励农民种植鸦片。1884 年，清政府工部代递主事余思诒向皇帝奏称：“禁栽罂粟，土产日少，深恐外洋贩运日多。应请于栽种罂粟地亩，一律照赋则二十倍征收……更令各关卡议加税厘，以助防费。”瓦格勒在《中国农书》中言：“罂粟种植解禁的结果是从前种植各种各样作物的大批土地，此时转种罂粟。”1880—1881 年，“四川、云南、贵州三省，共出烟土二十六万五千担，三处土人所食，仅需十六万五千担，余皆分运近省。又云山东、满洲等处，每年所出烟土亦有一十三万五千担”。江苏、浙江、安徽、福建、山西、陕西等省也大量种植罂粟。江苏宿迁等县种植罂粟的耕地“十居其一”；浙江台州府“田家春熟，概种罂粟，豆麦则十居一二”；福建北部的农民“大半栽种罂粟为衣食之谋”；江苏、安徽、浙江三省的年产烟草量达 7 万担，烟田 230 万亩；山西几乎“无县无之”，“罂粟之产，以太原、榆次、交城、文水、代州、归化等处为最盛”“小民因获利较重，往往以膏腴水田，偏种罂粟，而五谷反置诸硗瘠之区”；东三省“种罂粟者不下十之六七”。[②]

(六)粮食

粮食商品化的程度是考察自然经济状况的重要标志。鸦片战争前，粮食作为商品已经广泛存在。在自然经济占统治地位的情况下，粮食贸易都是在城乡、地区等较小范围内进行，数量也不多，商品化的数量只占总产量的 10%以下。鸦片战争后，尤其是咸丰末年，这种情况看似是由扩种经济作物占用了原来种植粮食作物的耕地而导致了这些发展经济作物地区对外地粮食需要的增加。如浙江省余姚由棉花、罂粟种植较多而成了缺粮区；广东的粮食需求则靠越南、缅甸每年输入百万石大米来维持；陕西省渭南因“遍地罂粟”，粮食“反仰给于渭北”；江苏省南通“出产棉为大宗，麦次之，稻则不足供一邑之食，故多仰给他郡”。[③] 随着通商口岸的开辟和发展，上海、武汉、广州等口岸城市的兴起，粮食需求的增加也为粮食商品化提供了必要的市场条件。甲午战争后，地区之间的粮食贸易有了较快的发展。产粮较多的湖南、四川成为长江下游各省和华北一些地区商品粮的重要来源。在粮食运输与贸易的促进下，一些重要城市成为全国有名的粮食集散中心。如长沙、武汉、无锡、芜湖、长沙等地区。

---

① 李文治:《中国近代农业史资料》第一辑，北京：生活·读书·新知三联书店，1957 年，第 387-388 页。

② 李文治:《中国近代农业史资料》第一辑，北京：生活·读书·新知三联书店，1957 年，第 458-464 页。

③ 农也:《十九世纪后半期中国农业生产的商品化》,《经济研究》1956 年第 4 期，第 129 页。

思考题

1. 如何评价明清时期中国传统农业经济的发展？
2. 西方资本主义的入侵导致中国的自然经济发生了什么变化？
3. 近代中国农产品商品化的表现有哪些？

专题十　农村金融

农村金融是指农村货币资金的融通以及与此有关的各种经济活动的总称。其主要为农业生产和农民生活提供资金保障，在农村经济发展中占有重要地位。农村传统金融包括传统高利贷借贷关系以及典当、钱庄、合会等传统金融组织。近代以来，高利贷借贷的消极影响和负面作用十分明显，典当、钱庄和合会在逐步衰落中发展。农村新式金融不断发展壮大，其中包括银行、农村信用合作社和农业仓库等新式金融组织。逐渐发展壮大的革命根据地和解放区的农村金融在促进农业生产、稳定民生、供给军需方面发挥了重要作用，为社会主义金融事业的发展奠定了基础。农村金融是金融领域一个相对独立又具有特殊性的领域，与农业政策和农业发展等诸多问题密切相关。

一、清末农村金融的新变化

中国的传统金融由来已久，最早可追溯到春秋战国时期。明清以来，传统金融日渐成熟，典当等融资手段日趋成熟。清末时，随着自然经济在内外冲击下的逐步解体，农产品商品化程度不断加深，中国农业领域出现了资本主义经济。这些变化使得农业对资金的需求剧增，传统农业金融无法满足孕育着资本主义成分的农业经济对资金的需求，传统金融机构逐步衰落，中国农业金融开始由传统向现代转型。随着外国资本主义的入侵和经济掠夺的加深，外国金融势力侵入农村。

(一)传统金融机构走向衰落

甲午战争以后，帝国主义加强了对中国的资本输出、商品倾销和原材料掠夺，将钱庄作为深入中国内地的桥梁。而钱庄可以靠发行远期庄票来扩大经营，重信用，轻抵押和保证。钱庄业务的扩张为自己埋下了隐患。其先后在 1897 年和 1910 年发生了两次倒闭风潮：第一次是“贴票风潮”，即当时贩运鸦片的商人以重利向钱庄借款，钱庄采取“贴票”的方法吸收资金，后来采取这种方法的钱庄越来越多，投机商人利用高利率骗取大量存款，到期后不能兑现，导致大批钱庄倒闭；①第二次是“橡皮风潮”，即一个英国人在上海开设了一家“橡皮公司”，打造舆论，鼓吹经营橡皮可以获得巨大的利润，投资者听闻后纷纷向钱庄借款，后来这个英国人抛出股票携款潜逃，大批投机商破产，银行也牵连倒闭。② 除了外部因素，受自身条件的限制，钱庄难以适应时代发展的需求，逐渐走向衰落。

清末另一个传统的金融机构——票号也走向衰亡。首先，票号经营者不能及时吸取新的经营理念，顺应时代要求。其次，票号内部经营管理方式不善，重人不重法，重视信用，不注重

---

① 吴景平：《近代中国的金融风潮》，上海：东方出版中心，2019 年，第 57-65 页。

② 上海人民出版社编辑：《上海经济史话》第二辑，上海：上海人民出版社，1963 年，第 95-103 页。

抵押，员工薪资低。最后，外资银行吸收了票号的资金来源，削弱了票号的资金力量；各大商埠私人银行、钱庄、银号以高利吸收存款，对票号业务造成了冲击；近代交通运输的发展对票号的汇兑业务也产生了影响，银行、钱庄、邮信局等都能承揽此项业务。[①]

清代存在多种性质的借贷关系，既有政府、地主、农民之间的低息或无息借贷，包括赈贷、常平仓、社仓、义仓、农民的互助结会等，也有属于高利贷性质的借贷。清代农村的借贷不仅有镩子银、钱货币借贷，而且有实物借贷。高利贷的利率在很多情况下是超过法定利息率的。虽然政府会加以限制，但是往往成为具文。

（二）新式金融机构逐渐兴起

清末中国自给自足的自然经济遭到破坏，商品货币流通范围扩大，农产品商品化程度提高，货币数量和货币流通速度加快。在民族资本主义发展的情形下，资金融通的需求增加，政府由于财政需要也欲兴办银行。此时旧式金融机构已经不能适应社会经济的发展，于是催生了兴办银行业的愿望。

光绪二十二年（1896 年）督办全国铁路事务大臣盛宣怀奏请建立银行，经户部批准后，招商股借度支部库银于 1897 年在上海建立中国通商银行。[②] 光绪三十年（1904 年）财政处奕劻上奏试办大清户部银行，同年草拟试办银行章程，1905 年在北京成立户部银行，并在天津、上海设立分行。[③] 之后陆续建立交通银行、商业银行、殖业银行等。1908 年，清朝度支部奏准请厘定各银行条例，拟定《殖业银行则例》34 条，这是中国历史上新式农业金融事业的萌芽。[④] 此外，地方纷纷建立银行，各地官银号相继出现。但是随着地方政府垮台，这些机构纷纷倒闭或改组。

（三）外国金融势力的侵入

鸦片战争以后，随着外国资本主义入侵和经济掠夺的深入，一些为资本主义商品输出服务的金融机构陆续来中国设立银行，包括英国的东方银行、汇隆银行、呵加剌银行、麦加利银行、汇丰银行；法国的法兰西银行、东方汇理银行；德国的德华银行、德意志银行以及日本的横滨正金银行、俄国的华俄道胜银行、美国的花旗银行、荷兰的荷兰银行、比利时的华比银行等。

这些外国银行凭借政治、经济特权在中国设立近代银行。除了自己筹集股本，这些外国银行还以发行兑换券和收受存款的方式来吸收中国人的资金，转而贷给外国商行和以高利率贷给中国政府和商人，成为经济掠夺的一个重要工具。此外，外国银行还从事货币的买卖。如白银、银币、金币。

二、民国时期农村金融的发展

民国时期，农民普遍负债，农村金融枯竭，高利贷猖獗，当时的政府筹划建立现代农村金融体系。不少学者也对农村金融问题予以关注，对传统农村金融问题及近代农村金融机构等进行分析，同时结合国外经验提出诸多改进农村金融的建议。

---

① 杨端六：《清代货币金融史稿》，武汉：武汉大学出版社，2007 年，第 133-135 页。

② 张学恕：《中国长江流域近代经济发展研究》，太原：山西经济出版社，2017 年，第 370-374 页。

③ 李昌宝主编：《近代中央银行思想变迁研究》，北京：中国商业出版社，2012 年，第 50-52 页。

④ 敖文蔚：《中国近代社会与民政（1906—1949）》，武汉：武汉大学出版社，1992 年，第 206 页。

(一)北洋军阀时期的农村金融

北洋军阀时期,票号等传统金融机构势力逐渐微弱,各省官银钱局也纷纷倒闭或改组。钱庄在历经倒闭、萧条之后又逐渐发展起来,新式银行在这个阶段得到发展。如改组成立中国银行,设立交通银行;各省在原有官银钱局的基础上建立省银行,各地纷纷建立私人银行;等等。外国银行在中国势力扩大,以银行团的形式对中国进行资本输出。

1. 钱庄的发展与高利贷、合会

中国钱庄业历史悠久,已经形成了一定的金融势力。钱庄为适应经济需要,逐渐对业务进行划分,包括汇划钱庄、挑担钱庄、折兑钱庄与零兑钱庄等。钱庄在中国较大的城乡市镇均有设立,比银行更为广泛、普遍。

农村中的私人借贷、典当等高利贷的旧式金融方式在1920年之前一直处于垄断的地位。1920年以后,近代农业金融体系逐步建立,但是在借贷数量和数额上仍不能与旧式高利贷相抗衡。货币借贷实施苛刻的复利,有"驴打滚""牛犊帐""连根倒"等名号。① 实物借贷则以借粮食、种子最为普遍。一般在青黄不接时,农民迫切需要生产、生活资料而被迫借贷。在农村还有预卖和预押,这是银行、钱庄采取商业形式放高利贷的行为。农村典当普遍存在,除正利,农村典当往往还设有许多额外的负担。

这一时期农村的合会制度仍然盛行,普通的合会可分为钱会和谷会两种。大多钱会是地主富农们的组织。其具有亲友互助的性质,且普通利息不是很高。由于迫切需要货币,有时会友只得承担苛重的利息。谷会通常是中农、贫农们互助性质的结合,往往是在丰收的时候集合粮食以比较低的利息借给会友。

2. 新式农业银行

1914年,北洋军阀政府农商部与财政部呈定《劝业银行条例》,呈文提出,劝业银行"以放款于农林垦牧水利矿产工业等主业为目的",放款内容为"水利款、森林放款和垦牧放款"。在军阀混战时期,虽颁定条例,终未办成。② 北洋军阀政府又在1915年10月拟定《农工银行条例》46条,该条例规定:农工银行,以通融资财、振兴农业为宗旨。其组织办法是模仿德国农业银行,总行设在北京,以县为营业区域。农工银行的放款分以不动产为抵押的五年以内分期摊还和三年以内定期归还以及以不易变坏的农产品或渔业权、有价证券等为抵押的一年以内定期或分期归还。放款用途限于垦荒、耕作、水利、林业,购买种子、肥料及各项农业原料,农工业运输、囤积购办或修装农工器械、购办牲畜、修造牧场等。③ 根据这个条例,在1915年11月成立了通县农工银行、昌平农工银行,1918年12月又成立了大宛农工银行等。④ 以县为单位的农业金融机关纷纷建立。为筹设和管理各地农工银行,北洋政府财政部于1918年设立全国农工银行筹备处,在1921年将其改组为全国农工银行事务局。⑤ 1921年创立了农商银行,其业务范围与一般商业银行相似,兼营农业金融业务。⑥

这个时期新式农业银行出现的原因:一是农业商品化程度的提高和农业投入的增加要求

① 孙燕京、张研:《民国史料丛刊续编494经济·金融》,郑州:大象出版社,2012年,第133页。
② 刘平:《近代中国银行监管制度研究(1897—1949)》,上海:复旦大学出版社,2018年,第107页。
③ 周葆銮:《中华银行史》,郑州:河南人民出版社,2018年,第36-40页。
④ 徐畅:《二十世纪二三十年代华中地区农村金融研究》,济南:齐鲁书社,2005年,第239页。
⑤ 周葆銮:《中华银行史》,郑州:河南人民出版社,2018年,第42-45页。
⑥ 天津市钱币学会:《天津近代钱币》,北京:中国金融出版社,2004年,第155页。

融通资金的机构给予帮助；二是新式农业金融机构的发展刺激了中国农业金融的发展。虽然农业银行挂着救济农村、便利农业的招牌，但其实质是为农村地主、富农、商业投机者以及经营农产运销、农产加工的城市工商业资本家服务。这些新式农业金融机构并不能解除农村高利贷，在资金投放量方面更是杯水车薪，远远不能满足广大农村人口获取生产资金以及解决生活费用的迫切需求。

3. 新式农村信用合作社

1923年以后，中国农村信用合作社开始建立。最早的领导机构是中国华洋义赈救灾总会。1920年华北五省大旱，灾情十分严重，当时中外赈灾团体纷纷成立，从事赈济工作。1921年灾情过后，各赈灾团体停止施赈，并决定成立中国华洋义赈救灾总会，将赈款二三百万元以组织合作社的形式用于农田水利建设和改善农民生活。① 1922年11月该会正式成立，1923年订立章程，以倡导在农村建立信用合作社，推动农业放款。同年，该会成了合作委员会，拨款5 000元作为农民借本处试办费，并在河北省香河县成立香河县第一信用合作社，1924年又相机在涞水县、定县成立信用合作社。② 1927年年底，河北省共有信用合作社561家，社员超过1万人。③ 此外，在南京、安徽等地相继成立农村信用合作社。这一时期的农村信用合作社是由救济团体和教育界倡导的，当时的政府并不支持且常有干涉。

4. 信托公司和交易所

第一次世界大战以后，帝国主义对中国的侵略卷土重来，战乱频繁，工商业开始呈现停滞状态，国外市场萎缩，物资出口受到影响。在这种情况下，社会游资为寻找新出路纷纷成立信托公司和交易所。上海的信托公司在1921年开始设立，业务分信托、银行、保险和储蓄，但是信托行业昙花一现，不久相继倒闭。④ 最早的交易所于1918年在北京开设，之后证券交易所、面粉交易所、杂粮油饼交易所纷纷成立。⑤ 但是信托公司、交易所在当时半殖民地半封建的背景下难以发挥作用，1921年发生"信交风潮"，信托公司和交易所发行的股票迅速飞涨，投机盛行，市面资金缺乏，银行和钱庄开始收缩资金，继而停止贷款，许多家信托公司和交易所因此相继倒闭，成为金融界一次巨大的风潮。⑥

(二)国民党统治区的农村金融

抗日战争前，旧式金融机构钱庄、当铺等逐渐衰落，新式金融机构有了较快发展。抗日战争爆发后，随着官僚资本对大后方金融事业垄断的加深，新式农业金融机构仍有发展。抗日战争结束后，国民党统治区的农村经济全面崩溃，农村金融也随之破产。

1. 抗日战争前的情况

(1)高利贷的猖獗与钱庄典当等的衰落　地主兼营商业投机和高利贷成为农村普遍的现象，将地租、高利贷和商业资本结合起来，相互转化，形成紧密的农村剥削关系网络。除了单纯的货币借贷和实物借贷，高利贷又与地租、商业资本等结合，出现了赊卖、预卖(押)、土地抵押、预卖劳役、人身抵押等多种形式。地主通过农村手工业经营场所，如磨坊、油坊、碾坊等向农民

① 张镜予:《中国农村信用合作运动》，上海:商务印书馆，1930年，第41-43页。

② 杨德寿:《中国供销合作社发展史》，北京:中国财政经济出版社，1998年，第61-62页。

③ 彭秀良:《守望与开新近代中国的社会工作》，石家庄:河北教育出版社，2010年，第34-36页。

④ 燕红忠:《中国金融史》，上海:上海财经大学出版社，2020年，第365-366页。

⑤ 曾康霖、刘锡良、缪明杨:《百年中国金融思想学说史》第2卷(上)，北京:中国金融出版社，2018年，第278页。

⑥ 吴景平:《近代中国的金融风潮》，北京:东方出版中心，2019年，第118-125页。

放高利贷，从而取得廉价的农产品加工原料。此时，曾经在金融业中十分活跃的钱庄、典当在北洋军阀时期已经萧条，到中华民国国民政府时期就更为衰落，钱庄倒闭、歇业常有发生。虽然农村典当也在衰落，但其以一种特殊的借贷方式在农村普遍存在。

(2)新式银行的发展　抗日战争前，除了中华民国国民政府通过建立中央银行、中国农民银行，控制中国银行、交通银行，成立邮政储金汇业局和中央信托局，以加强自己的金融垄断势力，公债、地产投机的吸引以及农村经济的日益破产导致资金向大城市集中，中小银行因此大量涌现。受美国白银政策和经济危机的影响，这些中小银行又纷纷倒闭。

这个时期专业的农业金融机构出现了。全国性的农业金融机构有中国农民银行、农本局等。1932 年 10 月成立了豫鄂皖三省农村金融处，筹设“豫鄂皖赣四省农民银行”，1935 年将其改组为“中国农民银行”，作为国民政府特许的“供给农民资金、复兴农村经济”的农业专业银行。其业务地域扩大到 12 省，业务范围实际囊括了国家银行、综合性商业银行与专业银行的业务。其农贷的对象包含整个农业生产和流通领域，还涉及农业生产、农产运销相关的运输业、仓库业、加工业、农具和农业机械制造业以及各项农业基本建设等。其贷款方式大多为组织各级行政机构向它们组织的合作社发放贷款。① 各省、县均大力发展农民银行。以省为业务范围的农民银行的典型代表为江苏农民银行。该行于 1928 年成立，业务有合作社农本放款、农产贮押放款、农产运销放款和青苗放款等。② 以县为业务范围的农业银行的典型代表为浙江各县的农业银行。此外，农民借贷所均以小额放款于农民为其主要业务，往往与农业仓库、信用合作社有直接联系。虽然农业借贷所的发展不及农业仓库、信用合作社的发展迅速，但是其通过借贷对农民剥削的程度却超过农业仓库、信用合作社。

1933 年，国民政府行政院农业复兴委员会决议农民银行须在各县设立农业仓库，同年国民政府实业部的一些农业行政计划纲要也拟定筹办农业仓库，不久该部复令中央农业推广委员会会同江苏省农业救济委员会设立中央模范仓库。③ 农业仓库按规定是为调节粮食，流通金融而经营的农产品堆藏及保管的机构。农业仓库以当地生产的主要粮食为限，也对其他农产品进行堆藏和保管，同时兼营受寄物的调剂、改装、包装、运输、介绍售卖、代卖和根据仓单作为担保，从事放款或介绍借款等业务。

1936 年 9 月，国民政府实业部倡议建立“农本局”。它由南京国民政府和国家银行与当时中国的商业银行联合组成，几乎把当时活跃在国内金融市场上的重要商业银行全部网罗在内，是一个半官半商的业务机构。固定资金由国民政府财政部拨给，合放资金由参加的银行合交，流动资金由各个参加银行组织的农代团于每年度之始与农本局协定数额。④ 农本局内设农产处和农资处：农产处主要经营农业仓库，接受政府委托，代理买卖农产品和农产运销业务；农资处主要经营农业生产贷款及合作金库放款。农本局有权发行债券，其数额以农本局固定资本的数额为限。农本局的业务范围在很大程度上与农民银行重复，因而农本局最终被中国农民

① 《武汉金融志》办公室、中国人民银行武汉市分行金融研究室：《武汉近代货币史料》，1982 年，第 155 页；北京市档案馆：《民国时期北京(平)金融档案史料选编》(3)，2020 年，第 221-222 页。

② 戴建兵：《中国近代纸币：1840—1949 年中国近代官银钱号、省、市银行纸币简史》，北京：中国金融出版社，1993 年，第 245-248 页。

③ 东方杂志社编辑：《东方杂志》，1935 年第 32 卷第 1 号，第 55-56 页。

④ 夏亨廉、肖克之：《中国农史辞典》，北京：中国商业出版社，1994 年，第 116 页；龚关：《国民政府与中国农村金融制度的演变》，天津：南开大学出版社，2016 年，第 165-167 页。

银行排挤。1938年农本局接管全国农产调整委员会，将其改组为农本局农产调整处，从事农田水利贷款、粮食生产贷款、经济作物生产贷款以及农产运销贷款等。①

1929年世界经济危机波及中国，城市商业不振带来了资金过剩，国家银行和一些商业银行鉴于经营地产和证券投机事业前途惨淡，纷纷转移目标，以一部分资金从事农业贷款，借以维持以农产品为对象的贷款利润。1934年由交通银行、上海银行、浙江兴业银行、金城银行及四省农民银行发起，中南银行、大陆银行、国华银行、新华银行及四行储蓄会参加，组成了"中华农业合作贷款银行团"，联营农贷事业，当时商业银行在农村的贷款额占农贷总额的百分之七八十以上。② 此外，各银行还联合经营单项农业贷款。1932年以后，银行资本打着"救济农民"和"复兴农业"的鲜丽招牌，纷纷发放农村贷款，曾引起一些改良主义者的幻想，以为有巨额资金流入农村，但实际情况并非如此。③ 其主要原因：首先，商业银行经营农贷是为了谋求利润，利息并不低；其次，银行放款要求安全，农村破产使得农贷安全性降低；再次，农贷利息率不比地租率低。

1927年以后，国民政府在各省开展以信用合作社为主的农村合作运动，但被大力推行的农村信用合作社在全国农村金融中的地位却微乎其微。④ 农村信用社提供的贷款额在农村借贷总额中只占很小的比例。由于农村信用合作社不是一个自主的金融机构，其资金皆来源于华洋义赈会、农民银行和一般商业银行的放款。一旦这些金融机构停止对农村信用社合作放款，农村信用合作社也就不复存在。

为了加强对农村金融的控制，国民政府又建立了合作金库。1935年4月，国民党军事委员会南昌行营颁布《合作金库组织通则》，并通令豫、鄂、皖、赣等省成立合作金库，1938年12月国民党实业部颁布的《合作金库规程》，规定合作金库的机构分为中央、省(市)、县(市)三级，在全国范围内推行。⑤

2. 抗日战争期间的情况

(1)高利贷与合会的情况　抗日战争爆发后，随着国民党统治区经济不断崩溃，高利贷问题变得更加严重，与抗日战争前相比，利息呈几何级数增加。由于物价腾贵和法币贬值，高利贷者一方面从事更为有利的囤积居奇或贩运外货的生意，另一方面继续放债生息，任意提高利率。银行资本利息是由工业资本与商业资本所产生的利润中支付出来的一定量的货币资本。其利息率不会超过利润率，高利贷资本不受这个限制。高利贷资本不仅利率高，而且借款条件苛刻。农村高利贷主通过高利贷不只榨取农民的土地收获物和货币资金，有时还凭借高利贷来兼并土地，甚至会进行人身劳役。

合会是一种互助合作的金融组织，自愿入会的若干人在会首的主持下，按规定时间凑钱若干，根据让利大小和缓急分期由入会的人使用。合会作为农村的一种金融组织既能免除高利贷者的剥削，又有借贷和储蓄的作用。农业耕作的要素为牛力和种子。农民欲租田承种，赤手空拳不行，特别是当要购买牲畜时，一般需数十元乃至上百元钱。农民一时拿不出，邀集亲戚朋友成立合会是比较可行的办法。在合会使用钱后，逐年交费，即相当于分期付款。对贫无立锥之地的

---

① 王秀清、谭向勇：《百年农经　第2部：20世纪50—80年代》，北京：中国农业出版社，2005年，第1821页。

② 刘平编纂：《稀见民国银行史料四编》下，上海：上海世纪出版社，2017年，第2184-2187页。

③ 詹玉荣：《中国农村金融史》，北京：北京农业大学出版社，1991年，第126页。

④ 龚关：《国民政府与中国农村金融制度的演变》，天津：南开大学出版社，2016年，第84-88页。

⑤ 袁远福等编著：《中国金融简史》，北京：中国金融出版社，2001年，第128—129页。

农民来说，邀会困难；稍有资财者往往有力量维持合会的组织，并从中受益。农民参加合会的人数以及合会在农村金融流通中所占地位尚无全面系统的统计资料可资说明。① 20 世纪 30 年代中期，江西省各县靠合会融通资金的比例较高，占 10%以下的有 10 个县；占 11%～20%的有 15 个县；占 21%～50%的有 17 个县；占 51%～80%的有 5 个县；最高的占 70%，有 2 个县。② 合会的组织较为简单，没有严格的规定，完全靠自愿。使用合会的方法大致有预先认定法，即由会首根据会友缓急情况排序来轮流使用。

(2)农贷的情形　抗日战争爆发后，国际交通被切断，外贸出口受阻。为解决财政和全国军需、民食，国民政府在 1937 年先后颁布《各省市合作贷款要点》和《战时合作农贷调整办法》，1938 年又规定各金融机关对各种放款尽量利用合作社，后来凡经放款机关承认的农民组织也是放款的对象。1940 年四联总处订立《农贷办法纲要》，明确规定要“扩大农贷”。贷款对象包含合作社、互助社、贷款协会、供销代营组织、农民个人及各种农业改进机关；贷款种类有所增加，包括农业生产贷款、农田水利贷款、农业推广贷款、农产运销贷款、农村副业贷款、土地贷款等；贷款区域扩大到 21 省。③

抗日战争初期，从事农业放款的机构有农本局和中央银行、中国银行、交通银行、农业银行四个国家银行。1941 年国民政府行政院命令中国农民银行接管农本局的农贷业务，至此农本局负责的农业金融业务宣告结束。④ 1941 年 4 月，中国农民银行以协助政府平均地权为由，增设土地金融处，各分支行内设立土地金融股，各办事处设立土地金融业务员，兼办土地金融业务。国民政府财政部拨款 1 000 万元为业务基金，实行土地抵押放款和发行土地债券。⑤ 1942 年 8 月，中国农民银行又接办了中央银行、中国银行、交通银行等三行的农村金融业务，成为唯一的中央农业金融机构。⑥ 从此，中国农民银行借着对农业金融事业的独占，垄断了关乎农村生产、流通的经济活动。

(3)合作金库和农村信用合作社的发展　合作金库的规程颁布于抗日战争前，而合作金库的发展则始于抗日战争爆发之后。在抗日战争结束时，全国已有四川、江西、浙江、福建、广西、云南、甘肃、重庆等八省市设立了省级合作金库。县级合作金库在这一时期兴盛一时。1945 年，新合作金库极少设立，旧库也呈萎靡态势。其主要原因是在太平洋战争后，农贷紧缩，合作金库失去了银行的支持，资金来源断绝，开支浩繁，入不敷出。⑦ 中央合作金库迟迟不能成立，各银行采取观望态度，合作金库由停滞走向衰落。

1937 年国民政府撤离南京，合作司随政府实业部迁往重庆。在实业部改称为经济部后，

---

① 吕平登：《四川农村经济》，上海：商务印书馆，1936 年，第 456 页。

② 孙兆乾：《江西农业金融与地权异动之关系》，台北：成文出版社有限公司，1977 年印行，第 45343 页。

③ 刘慧宇：《论四联总处战时金融运作与代中央银行制形成》，《中国经济史研究》2020 年第 2 期；尤云弟：《四联总处与抗战初期上海金融市场变动》，《民国档案》2016 年第 4 期；易棉阳：《抗战时期四联总处农贷研究》，《中国农史》2010 年第 4 期。

④ 成功伟、刘卫：《抗战时期的农本局与四川农村合作金融建设(1937—1942)》，《江汉论坛》2016 年第 7 期。

⑤ 杨清泉：《论 1941 年中国农民银行土地金融处的成立及其初期工作》，《农业考古》2020 年第 1 期。

⑥ 陈明辉：《基于农民视角的中国农民银行农贷政策检讨——以湖北为个案(1935—1945)》，《社会科学动态》2018 年第 8 期；石攀峰：《抗战时期中国农民银行土地金融活动考察》，《暨南学报(哲学社会科学版)》2015 年第 4 期；龚关：《中国农民银行办理土地金融探析》，《中国农史》2009 年第 12 期。

⑦ 石攀峰：《抗战时期贵州省县级合作金库放款业务述论》，《成都师范学院学报》2018 年第 12 期；张朝晖：《抗战大后方合作金库网络的构建及其特点》，《西南大学学报(社会科学版)》2016 年第 11 期；康金莉：《国民政府时期合作金库制度的探索与失败》，《中国经济史研究》2014 年第 6 期。

合作司并入农本局，成为合作指导室。1939 年 3 月经济部增设合作事业管理局，农本局的合作指导室并入该局，领导合作事业。在抗日战争开始后，合作事业管理局主要在大后方进行工作，主要参加者为地主、富农。① 1941 年以后，农村合作社要依乡镇保甲来划分，每乡镇每保要设立一个合作社，将合作社融入"新县制"内。② 虽然合作社在数量、规模上有所发展，但很多是有名无实的空招牌。③

3. 国民政府时期的金融崩溃

抗日战争胜利后，国民政府接收敌伪金融机关，进一步加强了官僚资本对银行的垄断地位和金融实力，与此同时，勒令对敌伪时期设立行庄开展清理业务，以扩张自身的金融势力。1946 年 11 月国民政府宣布成立中央合作金库，由国民党政府财政部会同中央银行、中国银行、交通银行、农业银行四行拨给资本，总库设在南京，下设省份金库和部分县市合作金库，形成四行二局一库垄断金融体系的局面。④

中国农民银行主要负责农业方面的贷款业务，1946 年的农贷比 1945 年增加了十余倍，1947 年又增加了近 10 倍。这些农贷主要直接发放给由四大家族控制的农业公司或团队，对贫苦农民起到的作用极其有限。⑤ 由于通货膨胀严重，物价瞬息即变。虽然农贷数额大，但是实际价值并无提高。

(三)沦陷区的农村金融

1931 年日本向中国东北发动侵略战争，之后又把魔爪伸向华北。随着日本侵略范围的扩大，其对农村金融的控制也就开始了。

"九一八"事变之前，中国东北的金融机构就有中国人经营的银行，如东三省官银号、边业银行、黑龙江官银号、吉林永衡官银号、中国银行东北分号、交通银行东北分号、奉天储蓄会、奉天商业银行等，也有外国在东北经营的银行，如横滨正金银行、朝鲜银行、正隆银行、哈尔滨银行、哈尔滨贮金信托会、哈尔滨输入组合、国际运输会社、东洋拓殖会社、北满典业银行、汇丰银行、加塔特银行、花旗银行、信济银行、法亚银行、极东银行、远东银行等。⑥ "九一八"事变之后，日本快速抢占了原来的东北四大金融机构，在长春成立了"伪满洲国中央银行"，在沈阳等大城市设立分行，在县市设立支行及办事处。除了设立银行，日本帝国主义还建立了工商金融合作社、伪兴农合作社、伪满兴业银行、兴农金库以及以典当为主要业务的大兴公司。⑦

"七七事变"后，日本把东北作为其侵略关内的基地，以加强对东北的金融掠夺。为进一步加强以伪满洲国中央银行为主的金融垄断，日本强迫储蓄，强制推行公债，大量发放贷款，通过工商金融合作社、大兴公司、兴农合作社向农民发放高利贷，借出种子、农具、低价收买米谷，高

---

① 成功伟：《合作运动中的"不合作"——抗战时期的川省合作指导室与县合作金库之间的矛盾》，《西南大学学报(社会科学版)》2010 年第 11 期；经济部：《经济法规汇编》第四辑，1940 年，第 10-13 页。

② 姚公振：《中国农业金融史》，郑州：河南人民出版社，2018 年，第 284-285 页

③ 龚关：《国民政府与中国农村金融制度的演变》，天津：南开大学出版社，2016 年，第 252-255 页。

④ 陈争平：《金融史话》，北京：社科文献出版社，2000 年，第 144-148 页。

⑤ 付红：《民国时期现代农村金融制度变迁研究——以南京国民政府时期为中心》，北京：中国物资出版社，2009 年，第 96-98 页。

⑥ 张洪祥：《日本在华殖民史研究》，南京：南京出版社，2019 年，第 65-67 页；孙杰光，施晓春：《伪满洲国的金融》，北京：中国财富出版社，2015 年，第 10-20 页。

⑦ 袁远福：《中国金融简史》第 2 版，北京：中国金融出版社，2005 年，第 89-91 页。

价赔给肥料、日用品，储蓄等。[①] 日本在关内沦陷区设立的银行有20多家，如伪蒙疆银行、伪中国联合准备银行、伪华兴银行和伪中央储备银行。日本还接收了外国及国民政府的银行，以操纵整个关内沦陷区的金融。[②]

(四)中央苏区、抗日根据地及解放区的农村金融

中央苏区的农村金融是在1927年以后逐步发展起来的，中央苏区经济主要是农业经济，金融也是以与之相配套的农业金融为主。抗日战争时期，革命根据地的农村金融机构在促进农业生产、支援抗日战争中发挥了作用。抗日战争结束后，各解放区的金融事业由农村转向城市，由分散的区域性银行与货币制度逐渐形成全国统一的中国人民银行，为社会主义金融事业的发展奠定了基础。

1. 中央苏区的农村金融

1930年3月在闽西第一次工农兵代表大会通过的《借贷条例》、1931年第一次全国工农兵代表大会通过的《关于经济政策的决议案》对废除典当进行了说明。[③] 1931年11月，中华苏维埃临时政府颁布的《借贷暂行条例》明确规定，取消高利贷和废除旧剥削。[④] 合会的目的是互助，但是有的合会发展成为剥削农民的工具，也取消了这种形式。

为了发展经济、稳定金融、支援革命战争，中央苏区着手建立银行。1927年冬在闽西建立的蛟洋区农民银行是农会组织从卖货款中筹资建立的。[⑤] 1928年在海丰县建立劳动银行并发行银票，但该劳动银行存在的时间很短。[⑥] 1929年7月在中共闽西第一次代表大会上提出由县政府设法开办农民银行，区政府设立借贷所，向贫苦农民办理低利率贷款。[⑦] 在1929年8月建立赣南闽西根据地后，东固平民银行建立，1930年将其改为东固银行，并在兴国、永新设立分行。[⑧] 1930年10月东固银行关闭，建立江西省工农银行。[⑨] 1930年9月决定成立闽西工农银行，各县建立分行，11月闽西工农银行在龙岩开业。[⑩]

其他各根据地也都建立了自己的银行，如1930年下半年成立了信江苏维埃贫民银行，1930年10月成立了赣东北贫民银行。此处，其他各个根据地建立的银行还有鄂西银行、川陕工农银行等。[⑪] 1932年2月在瑞金叶坪乡成立了中华苏维埃共和国国家银行，由毛泽东任行长，并颁布暂行章程。随着业务的扩大，其又设立了福建分行、江西分行等。[⑫] 除了一般的存款、放款、汇兑业务，苏区银行的主要业务是服从于工农民主政府的经济政策和各项政治任务。

为了彻底废除高利贷，方便物资交流，解决贫苦农民生产、生活问题，扶助工农业发展，抵制商业剥削，中华苏维埃政府在建立银行的同时积极提倡发展信用合作社，并多次发布文告，

---

① 尚侠主:《伪满历史文化与现代中日关系》(上)，北京:商务印书馆，2014年，第172-185页。

② 曲振涛、张新知:《外国货币侵华与掠夺史论1845—1949》，北京:中国财政经济出版社，2007年，第162页。

③ 中国人民银行:《中国共产党领导下的金融发展简史》，北京:中国金融出版社，2012年，第27页。

④ 陈少锋、朱文龙、谢志民:《中央苏区法制建设研究》，南昌:江西高校出版社，2017年，第112-113页。

⑤ 秦池江、张立中:《中国金融大百科全书》:上编(卷三)，北京:中国物资出版社，1999年，第246页。

⑥ 姜宏业:《中国金融通史》第5卷，北京:中国金融出版社，2008年，第43页。

⑦ 姜宏业:《中国地方银行史》，长沙:湖南出版社，1991，第659-660页。

⑧ 柯华:《中央苏区财政金融史料选编》北京:中国发展出版社，2016年，第528-529页。

⑨ 卜祥瑞、卜祥信:《简明中国金融史》，长春:吉林大学出版社，1990年，第147页。

⑩ 康书生:《基础金融概论》，北京:中国物资出版社，1995年，第524-525页。

⑪ 姜宏业:《中国金融通史》第5卷，北京:中国金融出版社，2008年，第65页。

⑫ 中国人民银行:《中国共产党领导下的金融发展简史》，北京:中国金融出版社，2012年，第46-50页。

阐明信用合作社的性质和任务，在经济上对信用合作社的发展予以支持。苏区信用合作社因此得到了一定的发展，由闽西苏区发展到江西、湘鄂西、川陕等苏区。随着生产的发展，苏区信用合作社的资金越来越充裕，业务范围也有所扩展。苏区信用合作社既从事农业生产贷款(购买农具、种子、肥料等的贷款)，又从事生活贷款(困难户买米、买盐等的贷款)。① 当时苏区信用合作社确实是农村金融的枢纽，是银行有力的助手。

2. 抗日根据地的情况

中国共产党在抗日根据地领导人民实行二五减租、分半计息、废除苛捐杂税等一系列经济政策，在金融方面采取统一政策下的分散经营，各区自筹自给，各建银行、各有货币、各管收支。1935 年，随长征到达陕北的中华苏维埃共和国国家银行与陕甘晋苏维埃银行合并，改称为中华苏维埃共和国国家银行西北分行，1937 年 9 月陕甘宁边区政府成立，10 月撤销中华苏维埃共和国国家银行西北分行，成立陕甘宁边区银行。② 1938 年 1 月晋察冀边区行政委员会决定建立银行，同年 3 月在五台山成立晋察冀边区银行，设有冀中、冀察、冀东分行。1938 年 9 月在晋东南成立上党银号，1939 年 10 月建立冀南银行，并将上党银号并入。③ 1941 年又改组成立鲁西银行。④ 在山东成立了北海银行，1940 年迁往临沂，设有胶东、滨海、鲁中南分行。⑤ 在晋绥边区成立了西北农民银行，在华中各根据地先后成立了江淮银行、盐阜银行、淮海银行、淮北地方银行、大江银行、淮南银行。此外，还建立了浙东银行、鄂豫边区建设银行等。⑥

除了经营存款、发放农贷、投资工商业、办理汇款，抗日根据地的银行还接受政府委托发行本币、代理金库、经理公债、买卖金银、开展对敌货币斗争。在边区银行建立后，其首要任务是发行货币，待本币市场形成后，则根据实际情况办理信贷业务。边区银行首先办理机关性往来存款和农业贷款；其次办理其他贷款和存款。在贷款中以支援农业为首位。边区银行对发展边区的农业生产、活跃市场、稳定物价、保障军需民用和支持抗日战争起到了积极作用。为了搞好边区农贷工作，1942 年毛泽东在陕甘宁边区高级干部会议上做了《经济问题与财政问题》的报告，对农贷工作提出了七项原则，农贷手续简化、利息不高、发放重点突出、发展势头良好，在帮助农民解决生产资料、扶持副业和组织救灾度荒上起了很大作用。⑦

为了扩大民主统一战线，争取团结社会各阶层一致抗日，1942 年 1 月发布的《关于抗日根据地土地政策的决定》规定了减租减息的基本内容。⑧ 此外，还建立了边区信用合作社。边区信用合作社是边区人民为了融通资金、互济互利、抵制高利贷剥削、发展边区经济、改善边区人民生活自愿组成的金融机构。

---

① 吴明刚：《苏区合作社经济的发展历程、基本形式及意义——以闽西苏区合作社经济发展为例》，《中国合作经济》2021 年第 7 期，第 38-41 页。

② 姜宏业：《中国金融通史》第 5 卷，北京：中国金融出版社，2008 年，第 132-134 页。

③ 孔祥毅：《民国山西金融史料》，北京：中国金融出版社，2013 年，第 357-358 页；魏宏运：《晋察冀抗日根据地财政经济史稿》，北京：档案出版社，1990 年，第 64-65 页。

④ 晋冀鲁豫边区财政经济史编辑组等：《抗日战争时期晋冀鲁豫边区财政经济史资料选编》，北京：中国财政经济出版社，1990 年，第 995-999 页。

⑤ 钟钦武：《"排法"：山东抗日根据地货币斗争新探》，《中国社会经济史研究》2021 年第 3 期；魏建：《金融扎根、与人民一体和国家能力源泉——北海银行低利贷款的启示》，《管理世界》2021 年第 5 期。

⑥ 黄鉴晖：《中国钱庄史》，太原：山西经济出版社，2005 年，第 154 页。

⑦ 中国人民银行：《中国共产党领导下的金融发展简史》，北京：中国金融出版社，2012 年，第 86-89 页；《中国近代金融史》编写组：《中国近代金融史》，北京：中国金融出版社，1985 年，第 281-285 页。

⑧ 祁冰：《20 世纪上半期中国共产党土地政策的演变研究》，沈阳：辽宁大学出版社，2019 年，第 89 页。

3. 解放区的农村金融

自抗日战争爆发以来，虽然边区已经取缔了高利贷剥削，但是当时边区银行的农贷还不能完全满足私人借贷的需要。农村中的富裕阶层对政策缺乏了解，不敢将闲置的资金贷放，游资没有出路。解放区经受了战争的破坏，资金枯竭，生产停滞。尽管随着土地问题的解决这种情况有所缓和，但生产生活仍旧迫切需要资金的支持，因此发动群众，建立信用合作社，发展新的借贷关系，调剂农村金融就非常必要了。1943 年就在陕甘宁边区推广延安南区沟门信用合作社和太行涉县索堡信用合作社的经验以试办信用合作社。到 1947 年，陕甘宁边区和太行、太岳两区的信用合作社已经发展到 800 多个。① 其中，既有独立经营的信用合作社，也有综合业务社的信用部，还有一般合作社兼办信用社。边区信用合作社的性质是以贫雇农和手工业工人为骨干，团结中农，面向农村，依靠农民，动员农民自己组织起来的群众性资金互助组织。解放区的农村信用合作社在入社、退社和入股多少问题上坚持自愿原则；在业务经营上，从组织生产中吸收存款，保证存取随便；在放款用途上，以生产为主，医药婚丧均可；在办社形式上，坚持从实际出发，多种形式并存，稳步发展信用合作社事业。信用合作社与银行在业务上进行协作，银行对信用合作社予以资金支持，信用合作社可为银行代理兑换破票，识别假票。

三、历史时期对农村金融的理论探索

20 世纪上半叶掀起了农村社会调查的热潮。农村金融因对当时经济社会发展影响较大而广受关注。不少政府机构、团体和学者在其农村调查资料中对农村金融问题都有所反映，一部分专门关于农村金融的调查成果也相继问世。在吸收国外农村金融经验、总结中国农村金融实践的基础上，向当时政府提出农村金融改进的思路、未来发展方向也是各方对农村金融问题进行探讨的一个重要方面。

(一)对传统金融的调查研究

民国时期，负债是农民日常生活和生产中的重要组成部分。农民求助于借贷，包括货币借贷、实物借贷、赊卖预买等多种方式来开展农业生产活动，供给全家生活所需，应付婚丧等特殊情况的非常支出。农民也会典当物品来解决生产生活中的资金需求。典当的物品种类繁多，衣服、首饰、粮食、农具等均可入当。在一些地方农民会借助合会这种互助合作的金融组织来借贷和蓄积资金乃至免除高利贷者的剥削。

1. 负债的情况

1920 年浙江省立甲种农业学校对浙江金华等八县的农村进行调查的结果为负债户数为总户数的 58.81%，负债额占资产总额的 31.6%。据陈翰笙于 1933 年对广东番禺县 10 个代表村的调查结果显示，负债户数的比例为 43.9%，其中地主负债户数占总户数的 5.7%，富农占总户数的 4.6%。② 据金陵大学农业经济系对 14 个地区 852 户农民的调查，结果显示各地农村负债户数百分率一般在 50%～70%及以上。③ 1934 年 8 月到 1935 年 7 月，国民政府土地委员会对 16 省 163 县农家的地权分配情况进行了调查，结果显示各省负债户数占比

① 吴安民:《信用社管理体制》，北京：中国展望出版社，1986 年，第 11 页。

② 茹春浦:《农民的负债与整理》，《农村合作月报》1936 年第 4 期。

③ 温铁军:《中国农村基本经济制度研究:“三农”问题的世纪反思》，北京：中国经济出版社，2000 年。

为43.87%。①

由于农民日益贫困化，负债户越来越多，债务也就越来越重。李景汉调查了1929—1931年定县5个村庄526户农家的借贷情况，其结果是1931年借债户数比1929年的借债户数增加78%；借款总额也是一年比一年多，1931年借款总额比1930年增加42%，比1929年增加133%。②

2. 借贷的情况

民国时期，高利贷在中国农村较为常见。王寅生以马克思在《资本论》中对高利贷的论述为基础，对中国高利贷做了理论论述和批判，③薛暮桥描述了中国高利贷的表现形式，并抨击了高利贷的危害性。④

就借贷的形式而言，实物借贷占有很大的比重。据1933年秋冬中央研究院社会研究所对广西12县1 248户农家进行的调查可知，在一年内各县农家借款家数占比为26.2%，借粮家数占比为17.94%。⑤ 从负债农户中各阶级来看，中农负债户中借谷户的比率高于富农，贫农则又比中农高。而富农借钱户的比率最高，贫农户的借钱比率最低。⑥

随着农村经济的破产，大量现金流入城市，农村金融枯竭，高利贷利率不断增长。就抗日战争前的情况而论，货币借贷利率（年率）在30%以上，实物借贷利率则在70%以上，一般来说是从30%到100%以至500%。⑦ 根据中央农业实验所1934年发表的全国22个省871个县借款利率的调查可知，2分以下的农村借款年利率仅占9.4%，2～4分的全年平均利率合计占66.5%。⑧ 这些利率是由调查中的普通利率计算得来的，对真正的高利贷利率未加计算。在1909—1924年的15年间，吉林扶余等县乡间贷庄的利息从月利3%增加到15%。⑨

农村利率增高的原因是多方面的，除了资金缺乏，最主要的原因是借贷者不是为了从事生产，而是被生活急需所迫。据河北定县五个村的调查可知，借贷用于生产的很少，1929年用于生产的借贷占借贷的23.86%，1930年用于生产的借贷占21.24%，1931年用于生产的借贷占21.91%，其余都为生活借贷或还债借贷。⑩ 1933年，50%的南京市郊殷巷村农户是为还债和交租而贷款；43%的汤山农户贷款是还债纳粮。⑪ 1941年，根据山东文登县西部15个村的调查可知，在96 136元的借贷款项中，用于扩大再生产的借贷占52.03%，用作杂支款的借贷占5.87%，用于暂时维持生活的借贷则为42.1%。⑫ 据金陵大学农业经济系调查结果显示，由于农村经济衰退，农民日益贫困化，农民无以为生，绝大部分借款就不可能用于生产，只能用于消费，用于维持最低的生存需要。⑬

---

① 土地委员会：《全国土地调查报告纲要》，1937年。

② 李景汉：《定县农村借贷调查》，《中国农村》1935年第6期。

③ 王寅生：《高利贷资本论》，《中国农村》1934年第1期。

④ 薛暮桥：《中国农村中的高利贷》，《福建县政》1936年第1期。

⑤ 中央研究院社会调查所广西经济调查团：《广西省农户经济调查表》，中国社会科学院经济研究所图书馆藏。

⑥ 章有义：《中国近代农业史资料》第三辑，北京：生活·读书·新知三联书店，1957年。

⑦ [匈]马札亚尔著；陈代青、彭桂秋译：《中国农村经济研究》，太原：山西人民出版社，2015年。

⑧ 中央研究院社会调查所广西经济调查团：《广西省农户经济调查表》，中国社会科学院经济研究所图书馆藏。

⑨ 章有义：《中国近代农业史资料》第二辑，北京：生活·读书·新知三联书店，1957年。

⑩ 冯和法：《中国农村经济资料》（续编），上海：黎明书局，1935年。

⑪ 中国经济情报社：《中国经济论文集》第2集，上海：生活书店，1935年。

⑫ 林一山：《胶东社会研究》（二），《胶东大众》1942年第30期。

⑬ 温铁军：《中国农村基本经济制度研究："三农"问题的世纪反思》，北京：中国经济出版社，2000年。

农村金融的借贷期限一般为六个月至一年。绝大部分农民借款要有抵押或保证，很少能凭个人信用取得贷款。[①] 据 1934 年全国被调查的 22 个省 850 个县农民借款来源可知，私人借款约占 70%。其中地主借款占 24.2%，富农借款占 18.4%，商人借款占 25%。[②] 多数高利贷者本来就是在地租上有所积累的地主。当高利贷的利率高于地租时，他们则愿意把资金转移到高利贷。虽然在农村放高利贷有风险，但高利贷者由于不纳税，其负担轻于出租土地者。一旦高利贷资本利率低于地租率和商业利率，它就会被转到土地资本和商业来；反之，土地资本和商业资本也会向高利贷资本转移。农村高利贷主的主要角色是商人、地主和富农。他们合计占借款来源的 2/3，如果包括商店，则占借款来源的 4/5。抗日战争爆发以后，高利贷主的阵容有了一些显著的改变，银行跃居第一位，合作社和商店次之。[③]

3. 典当与合会

典当在中国有悠久的历史，在城乡居民日常生活中具有重要的作用，学者们对其也多有探讨。民国时期，关于典当的著作主要有杨肇遇的《中国典当业》、[④]宓公干的《典当论》、[⑤]金陵大学农学院农经系的《豫鄂皖赣四省之典当业》、[⑥]区季鸾的《广东之典当业》等。[⑦] 除此之外，不少学者还发表了大量论文，这些论著对 20 世纪二三十年代中国典当业的营业状况、内部组织与农民的关系进行了多方位的探讨。孙文郁等受中国农民银行委托对豫、鄂、皖、赣四省五十余家当铺进行了调查，涉及其所属种类、资本、组织、营业状况、在农村金融中的地位等。[⑧]

合会是中国民间的合作组织。其功能之一就是人们在金融上的互助。关于合会的研究有较长的历史，最早对合会有系统研究的可能是外国传教士。如 1778 年在北京的法国传教士著有《中国民俗录》，其中对合会有描述。[⑨] 合会真正引起中国学者的注意和研究始于 20 世纪二三十年代。随着合作思潮传入中国和合作运动在中国的开展，合作运动的倡导者们纷纷从中国历史寻求类似合作社性质的组织，于是社仓、义仓、常平仓、合会开始受到学者们的重视。虽然历史记载不详，但是合会在 20 世纪二三十年代的中国农村十分流行。20 世纪 30 年代，合会研究的代表性人物是王宗培和杨西孟，他们的代表著作分别是《中国之合会》和《中国合会之研究》。《中国之合会》详细地介绍了合会的种类、计算方法、会规等，是一部关于合会的综合性著作。[⑩]《中国合会之研究》意在对合会进行改良，所以对合会利息按数学原理进行了精密的研究，以求会员负担之公允，并研制了更加合理的运行方案。[⑪] 除此之外，学者们还在有关专著和专题文章中对合会进行了探讨。例如，费孝通和韩德章对合会都有精深的研究。[⑫]

(二)对新式金融的调查研究

在旧式金融组织不断衰落的同时，新式金融机构慢慢兴起。20 世纪 20 年代以后，各地农

① 实业部中央农业实验所农业经济科：《各省农村金融调查》，《农情报告》1934 年第 11 期。
② 严中平等：《中国近代经济史统计资料选辑》，北京：中国社会科学出版社，1955 年。
③ 主计处统计局：《第一次中华民国统计年鉴》，南京：中国文化事业公司，1947 年。
④ 杨肇遇：《中国典当业》，上海：商务印书馆，1929 年。
⑤ 宓公干：《典当论》，上海：商务印书馆，1936 年。
⑥ 金陵大学农学院农业经济系：《豫鄂皖赣四省之典当业》，南京：金陵大学农业经济系，1936 年。
⑦ 区季鸾：《广东之典当业》，广州：国立中山大学经济调查处，1934 年。
⑧ 金陵大学农学院农业经济系：《豫鄂皖赣四省之典当业》，南京：金陵大学农业经济系，1936 年。
⑨ 朱轶士：《从合会之优点说到信用合作》，《农行月刊》1936 年第 6 期。
⑩ 王宗培：《中国之合会》，南京：中国合作学社，1935 年。
⑪ 杨西孟：《中国合会之研究》，上海：商务印书馆，1935 年。
⑫ 费孝通：《江村经济》，北京：商务印书馆，2001 年；韩德章：《浙西农村之借贷制度》，《社会科学杂志》1932 年第 2 期。

村相继设立信用合作社，农民银行和农业仓库等不断发展壮大，以致力于有效解决当时的农村社会经济问题，积极探索和建立新的农村金融制度。

1. 信用合作社

民国时期，农村金融发展的一个主要特点是农贷主要以合作社为对象。于是合作社及合作金融成为广受关注、广被研究的对象。近代合作主义的传播为国民政府提供了理论上的借鉴，商业银行为过剩资金寻求出路也为合作运动得到大力发展提供了支撑。合作社是外来之物，于是如何促进合作社的发展便成为合作金融制度建立的首要问题。在合作社创立之初，研究主要集中于介绍合作社。薛仙舟、陈仲民、王宠慧、陈岩松等相继开展合作事业讨论会，同时期发行的《平民》《合作讯》和《合作潮》等刊物是宣传研究合作思想的主阵地。

对合作社的讨论主要集中于合作指导制度、合作社的兼营与单营、合作社组织的健全、合作社被地主豪绅控制等问题。张镜予的《中国农村信用合作运动》系统考察了1923—1928年之间合作社的发展情况。① 郑林庄在《农村经济及合作》中论述了农村经济中的土地、资本、劳力、农场管理以及农村合作的种类、业务、组织、经营、联合等。② 欧阳苹、张履鸾将石德兰在金陵大学农学院关于合作讲座的讲义翻译为《农村金融与合作》，该书系统介绍了信用合作社的放贷、资金管理、会计和审计以及合作运动中政府的作用、合作机关等。③ 伍玉璋于1929年受中国合作学社负责人王世颖之托编写了《中国合作运动小史》，全面介绍了中国合作社的发展概况。④ 侯哲莽在农村合作运动方面的著述颇丰：《农村合作运动》论述了农村合作组织、种类（购买、贩卖、利用、信用合作等）和合作运动；⑤《合作金融论》论述了合作金融的本质，介绍了各种类合作金融，如消费合作金融、都市小生产者合作金融、农业的合作金融、特殊合作金融、国际合作金融等。⑥ 于树德于1919—1920年参考日本有关合作社的文献，著有《信用合作社经营论》，对信用合作社的理论与实际经营做了全面介绍。⑦ 陈振骅的《农业信用》对农业信用问题进行了论述，涉及土地信用原理、信用合作原理、信用合作社等，弥补了当时学术界对农业信用问题关注的不足。⑧

以“中国农村派”为代表的一批经济学家深入农村进行调查研究，他们对合作事业的实际作用做了多方面的分析。骆耕漠根据1933年12月实业部中央农业实验所在江、浙、陕、甘等省举行的全国农民借款来源的调查结果发现，信用合作社在农民借贷来源中地位十分有限，仅占1.3%。通过比较，他得出农村资金流出量高与流入量有关的结论，认为信用合作社引导资金流动的作用甚微，⑨李紫翔深入考察1931—1935年的信用合作社分布情况和比较合作社数量与人口数量的差异，认为合作事业存在地域分布不均和人均普及率较低的弊端，⑩罗俊和孙

① 张镜予：《中国农村信用合作运动》，上海：商务印书馆，1930年。
② 郑林庄：《农村经济及合作》，上海：商务印书馆，1935年。
③ [英]石德兰著，欧阳苹、张履鸾译：《农村金融与合作》，上海：中华书局，1939年。
④ 伍玉璋：《中国合作运动小史》，中国合作学社，1929年。
⑤ 侯哲莽：《农村合作运动》，上海：黎明书局，1931年。
⑥ 侯哲莽：《合作金融论》，南京：中国合作学社，1936年。
⑦ 于树德：《信用合作社经营论》，上海：中华书局，1921年。
⑧ 陈振骅：《农业信用》，上海：商务印书馆，1937年。
⑨ 罗俊：《战时农业金融问题》，《中国农村》1939年第8-9期。
⑩ 骆耕漠：《信用合作事业与中国农村金融》，《中国农村》1943年第2期。

晓村分别从资金殖利的性质和信用合作社放款的高利贷性质分析了其局限性,[①]他们更多关注的是信用合作社难以对复兴农村经济起作用,忽视了其对阻止农村金融下滑的正面作用。

2. 合作金融

民国时期的合作金融分为一般银行参与农贷及合作金库两种情况。建立系统的合作金融系统,特别是建立中央合作金库的必要性,以及是自上而下还是自下而上地建立合作金融系统始终存在争论;关于政府在合作金融制度的建立中应发挥怎样的作用意见也不一致。

系统的合作金融制度主要是通过建立各级合作金库机构体系而实现的。性质、业务、资金来源、各层级之间的关系成为合作金融制度研究的重要内容。合作金库即合作银行,以放款于合作社为目的。作为农村合作金融的重要内容,合作金库在农村金融、合作金融等研究中常被论及。姚公振的《中国农业金融史》、丁宗智的《八年来之合作金融》、张绍言的《合作金融概论》、陈颖光和李锡勋的《合作金融》等在不同程度上阐述了合作金库的定位、作用、影响及发展建议等。[②]

20世纪三四十年代逐渐兴起对合作金库的专门研究,主要涉及合作金库的制度、发展和经营运作。陈维藩的《合作金库论》探讨了合作金库的起源和其他国家设立合作金库的情况。[③] 叶谦吉的《我国合作金库制度的检讨》探究了中国合作金库制度意义。[④] 薛树薰的《合作金库本质之鸟瞰》探讨了合作金库的本质及其组织系统,[⑤]认为合作金库最理想的组织层级应该是三级(县、省、中央)。周耀平的《抗战中培养起来的合作金库制度》论述了在抗日战争时期设立合作金库的情况与特点,强调其必要性,弥补了当时学术观点的不足。[⑥] 谢子诚的《合作金库制度之研究》系统地讨论了合作金库的规章制度、各级合作金库之间的关系以及合作金库与信用合作社的联系等。[⑦] 寿勉成的《我国合作金库之沿革与将来》[⑧]和黄肇兴的《中国合作金库发展史之鸟瞰》[⑨]都叙述了抗日战争前后合作金库的设立、特点及发展沿革。顾尧章的《新县制下合作金库规程之商榷》对合作金库的基本情况及发展状况做了系统的论述,[⑩]为后续研究提供了很有价值的参考。

合作金库的经营业务包括放款、存款、汇兑和代理收付等。李奇流在《合作金库业务论》中对合作金库的各项业务做了详细考察。[⑪] 除此之外,对各地区合作金库的研究也有不少成果,如凤纯德的《四川省合作金库及各县合作金库之概观》、魏竞初的《广西合作事业回顾》、陈兆适的《湖南的合作金库》以及郑厚博的《贵州省县合作金库业绩之分析》等。这些论著对四川、广

① 陈翰笙、薛暮桥、冯和法:《解放前的中国农村》第2辑,北京:中国展望出版社,1989年,513-515页;中国农村经济研究会:《中国土地问题和商业高利贷》,上海:黎明书局,1937年,第122-148页。

② 姚公振:《中国农业金融史》,上海:中国文化服务社,1947年;丁宗智:《八年来之合作金融》,《金融知识》1945年第1-2期;张绍言:《合作金融概论》,上海:中华书局,1947年;陈颖光,李锡勋:《合作金融》,重庆:正中书局,1946年。

③ 陈维藩:《合作金库论》,《金人》1935年第27期。

④ 叶谦吉:《我国合作金库制度的检讨》,《财政评论》1940年第5期。

⑤ 薛树薰:《合作金库本质之鸟瞰》,《中农月刊》1944年第9-10期。

⑥ 周耀平:《抗战中培养起来的合作金库制度》,《时事类编》1939年第35期。

⑦ 谢子诚:《合作金库制度之研究》,《中农月刊》1940年第4期。

⑧ 寿勉成:《我国合作金库之沿革与将来》,《银行周报》1947年第1期。

⑨ 黄肇兴:《中国合作金库发展史之鸟瞰》(上、下),《新中华》1943年第10-11期。

⑩ 顾尧章:《新县制下合作金库规程之商榷》,《中农月刊》1941年第6期。

⑪ 李奇流:《合作金库业务论》,《四川合作金融季刊》1941年第2-3期。

西、湖南、贵州等地区的合作金库的组织、发展、业务和铺设机关等做了细致研究,①丰富了区域金融史的研究素材。

3. 银行放款

20世纪30年代前半期,商业银行对农村放款的热潮为濒临崩溃的农村注入了有限的资金,外部资金给合作社及合作事业带来了诸多影响。商业银行是否应该主导农村金融,商业银行进入农村金融市场后的利弊等被各方所关注。吴承禧的《中国银行业之农业金融》②和骆耕漠的《近年来中国农村金融中的新事态》③应该可以算是商业银行参与农村金融评价的代表作。

虽然近代银行有了一定的发展,但是城市游资缺乏出路。投资农村是解决城市游资的一个渠道。起初能向农村贷款的银行寥寥无几,投资农村多采取间接手段。④ 商业银行在农村放款出现诸多问题的一个重要原因在于合作金融系统还不健全。⑤ 言穆渊利用已有的研究和所能搜集的各种调查资料、银行报告对1931—1937年的银行经放的农贷数量进行了估计。⑥随着业务的发展,银行资本投资农村踪迹显著,如上海银行设置分行或者新设农村仓库等,对农民进行小额放款,并有信用合作社、运销合作社等进行资金融通的情况。国民政府于1936年设立农本局,目的是强化银行资本对农村金融活动的组织,⑦集中力量为合作金库、农业仓库、农田水利等进行贷款。

农业银行作为新式金融机构出现在近代中国农村是第一次世界大战发生后随着工商业的发展而开始的。唐启宇的《农民银行与农村合作事业》论述了农民银行与农村合作事业的关系。⑧ 曹钟瑜的《农民银行论》系统地对农民银行诸方面进行了论述。⑨ 林嵘《七年来中国农民银行之农贷》、姚公振的《十年来之中国农民银行》对中国农民银行所推进的农贷及最初10年的发展史进行了梳理。⑩ 吴承禧的《中国银行之农业金融》对农业银行的设立、停业情况做了统计,⑪林和成的《改组中国农民银行为中央农业银行之检讨》提出将中国农民银行改组为中央农业银行。⑫

有人认为中国只有农贷政策,而没有农业金融制度。随着农村金融实践的推进和制度的演变,很多参与者、组织者纷纷发文分析演进中的农村金融制度的进步和缺陷。除合作金融,土地金融也被探讨和研究,其主要涉及的问题有土地金融的性质、目的、体系、业务及资金筹措

---

① 凤纯德:《四川省合作金库及各县合作金库之概观》,《中国合作》1940年第5-6期;魏竞初:《广西合作事业回顾》,《建设研究》1942年第6期;陈兆适:《湖南的合作金库》,《中国合作》1942年第10-12期;郑厚博:《贵州省县合作金库业绩之分析》,《中农月刊》1941年第11期。

② 吴承禧:《中国银行业之农业金融》,《社会科学杂志》1935第3期。

③ 骆耕漠:《近年来中国农村金融中的新事态》,《中国农村》1935年第9期。

④ 治明:《农村金融机构改革之我见》,《华北合作》1942年第2期。

⑤ 巫宝三:《论我国农业企融制度与贷款政策》,《金融知识》1942年第4期。

⑥ 言穆渊:《我国银行经放农贷之数量一九三一至三七》,《经济学报》1941年第2期。

⑦ 《中国农村金融机构》,《远东贸易月报》1941年第9期。

⑧ 唐启宇:《农民银行与农村合作事业》,《农业周报》1929年第11期。

⑨ 曹钟瑜:《农民银行论》,《农村经济》1935年第1期。

⑩ 林嵘:《七年来中国农民银行之农贷》,《中农月刊》1940年第1期;姚公振:《十年来之中国农民银行》,《经济汇报》1942年第11期。

⑪ 同②。

⑫ 林和成:《改组中国农民银行为中央农业银行之检讨》,《湖南大学季刊》1936年第3期。

等。[①] 中国地政研究会的黄通在《土地金融问题》中论述了土地金融的学理和实务,对当时的土地金融政策与措施进行了评述。[②]

(三)对农村金融的综合研究

除了对具体农业金融机关、各种资金融通方式和各项举措进行调查和研究,还有不少成果从制度构建和实际操作层面对农村金融如何发展进行过探究,这类研究一般视野比较广阔,不仅关涉农业内外,还结合历史发展脉络,参酌国外情形,借鉴新理论、新方法对当时的农业金融问题进行综合的探究。这些研究对于解决当时的农业资金难题及后续破解农业发展问题具有一定的作用。

1. 制度构建方面

1933 年,王志莘等受国民政府行政院农村复兴委员会的委托,邀集数人研究农村金融问题,出版了《农业金融经营论》。该书对各国农业金融制度进行了概括性研究,分析了各国农业金融制度的发展、实施及其趋势。[③] 此后,关于对各国农业金融制度进行研究的成果有《日本之农业金融》《德国之农业金融》和《美国之农业金融》。[④] 汪洪法的《农业金融体系的研究》分析了当时中国农村经济的整体形势和农业金融体系的整体情况,同时介绍了德国、法国、美国等国家农业金融体系的发展情况。[⑤] 李撝谦的《农业金融》论述了农业金融的意义、供需,中国的农业金融设施以及世界各国的农业金融制度等。[⑥] 侯厚培、侯厚吉的《农业金融论》上编论述农业金融的本质、种类、机构、资金,旁及农业仓库、合作运销和农村高利贷等问题;其下编分述德国、法国、英国、意大利、美国、苏联、中国、日本及其他各国的农业金融制度的构建和体系的发展。[⑦] 姚公振的《中国战后农业金融政策》探讨了抗日战争后农业金融政策的含义与特质,参考第一次欧战后各国农业金融机构发展的史例,建议中国在抗日战争后对各级农业金融行政和业务机构进行应有的调整。[⑧]

2. 实际运作方面

中央银行经济研究处编辑的《中国农业金融概要》叙述了中国各地农业金融的概况,包括农户负债、借贷方式、借贷利率、还贷状况等,对各种农业金融机关,包括典当、合会、农工银行、农民银行与合作社、商业银行做了介绍,并就如何改进中国农业金融提出了建议。[⑨] 林和成将自己在美国从事银行及经济方面工作的学习所得,结合实地考察中国金融机关,编撰成《中国农业金融》。[⑩] 朱若溪在《农业金融流通之设施》中对信用合作社、储蓄会、农民借贷所和米粮

---

① 崔永辑:《我国土地金融事业之回顾与展望》,《中农月刊》1942 年第 2 期;洪瑞坚:《土地金融业务的检讨》,《中农月刊》1944 年第 1 期;钟崇敏:《发行土地债券推进土地金融业务问题》,《中农月刊》1948 年第 6 期。

② 黄通:《土地金融问题》,上海:商务印书馆,1942 年。

③ 王志莘、吴敬敷:《农业金融经营论》,上海:商务印书馆,1936 年。

④ 徐渊若:《日本之农业金融》,上海:商务印书馆,1935;徐渊若:《德国之农业金融》,上海:商务印书馆,1936 年;吴宝华:《美国之农业金融》,上海:商务印书馆,1938 年。

⑤ 汪洪法:《农业金融体系的研究》,曲江:广东省银行经济研究室,1932 年。

⑥ 李撝谦:《农业金融》,南京:金陵大学农业经济系,1943 年。

⑦ 侯厚培、侯厚吉:《农业金融论》,上海:商务印书馆,1936 年。

⑧ 姚公振:《中国战后农业金融政策》,上海:中华书局,1944 年。

⑨ 中央银行经济研究处:《中国农业金融概要》,上海:商务印书馆,1936 年。

⑩ 林和成:《中国农业金融》,上海:中华书局,1936 年。

抵押所得程序、经营方法等问题都有介绍。① 他还对农业信用、农村信用合作进行了分析，阐述了农村贩卖合作、销售合作、生产合作的重要性、本质、种类和从事的业务。② 乔启明的《农业金融》讲述了农业金融的意义、特征、种类、机构、实务、资金筹划和运用以及合作金融的机构和金库等，回顾了中外农业金融的演变，提出了改进中国农业金融业务的办法。③ 郑林庄在《战后中国农业金融》中探究了抗日战争后农业资金的筹集、农业金融机构的调整、农民负债的解决等问题。④ 王世颖的《农业金融简论》述及农业信用的作用、种类、利率、机构、国际组织以及农业资金的筹措等。⑤

四、农村金融的启示

金融活动是商品货币经济关系发展的产物，不同的时期都有与它相适应的农村金融活动。自秦汉以来，随着中国农业经济的发展，农村金融也在发展、变化。其奠定了中国传统金融丰富的内涵，也影响了中国古代长期历史发展的脉络。自近代以来，传统农村金融的消极影响和负面作用十分明显，如高利贷借贷等，典当、钱庄和合会在逐步衰落中发展。资金不足导致农业凋敝，农业不景气又使得农村金融问题愈加突出。随着新式金融机构开始兴起，中国农业金融由传统向现代转型。外国资本主义的入侵和经济掠夺的加深导致这个过程是艰难曲折的。

民国时期，虽然相关政策和制度的探索在经济整体萧条的背景下起到了积极的作用，获得了一些经验，但是其在整体上也未能从根本上解决当时农村存在的种种问题。农村新式金融既需要长期稳定的社会、经济和货币条件才能稳步推进，也需要政府的自律清廉才能约束其成本和贷款方向。这些状况体现了当时中国农村新式金融的局限性，这种农村金融新的尝试注定不能取得成功。

中国共产党的农村金融随着革命根据地的建立而发展、壮大，经历了由小到大，由农村到城市的发展过程。新民主主义的金融体系已经具备雏形，主要包括以国家银行为主的专业银行、私人行庄和国家银行在农业金融中的助手——信用合作社。由于具有牢固的基础，从实际出发的蓬勃的生命力，新的金融体系为社会主义国民经济的恢复和发展发挥了重要作用。

思考题

1. 简述中国传统金融机构的类型。
2. 简述传统农村金融机构的发展脉络。
3. 近代传统金融机构为何衰落，新式金融机构兴起的原因是什么？
4. 中国共产党领导下的农村金融机构经过了怎样的发展过程？

---

① 朱若溪：《农村金融流通之设施》，苏州：江苏省立教育学院研究实验部，1934 年。
② 朱若溪：《农村经济及合作》，上海：中华书局，1935 年。
③ 乔启明：《农业金融》，重庆：中央训练委员会，1943 年。
④ 郑林庄：《战后中国农业金融》，成都：西南印书局，1945 年。
⑤ 王世颖：《农业金融简论》，重庆：中国合作事业协会，1947 年。

现代篇

专题十一　农地制度变革(1949—1952)

新中国建立后,经过党内征求意见、与各党派民主协商、开展典型试验等程序,中央人民政府委员会通过和颁布了《中华人民共和国土地改革法》。该法规定没收地主的一切土地,并以村为单位分配给无地、少地及缺乏其他生产资料的贫苦农民所有。在《中华人民共和国土地改革法》颁布后,中央政府进行了有步骤的土地改革,在农村阶层划分了阶级,并对特殊阶层予以了一定的照顾。土地改革在全国铺开后,农村生产力得到极大的解放,为工业化建设奠定了坚实的基础。

一、出台土地改革的决策

新中国建立后,在老解放区进行土改改革的基础上,1950年通过了《中华人民共和国土地改革法》,决定在全国范围内(主要是新解放区)开展土地改革,把地主的土地所有制改变为农民的土地所有制,实现耕者有其田。从属性上讲,土地改革是为了彻底完成新民主主义革命的任务,也是建立社会主义制度不可或缺的重要步骤。制定《土地改革法》是土地改革决策的集中体现。

(一)《中华人民共和国土地改革法》及其主要内容

经过反复讨论、民主协商、典型试验等,在针对当时的经济社会发展情况及总结中国共产党过去领导土地改革的经验和教训的基础上,1950年6月,中央人民政府委员会通过和颁布了《中华人民共和国土地改革法》。《中华人民共和国土地改革法》为新解放区的土地改革提供了法律依据,对于迅速恢复和发展生产,保障土改的顺利完成起到了积极的作用。

《中华人民共和国土地改革法》对土地的没收和征收做了详细的规定:①没收地主的土地、耕地、农具、多余的粮食及其在农村中多余的房屋。但地主的其他财产不予没收。②征收祠堂、庙宇、寺院、教堂、学校和团体在农村中的土地及其他公地。但对依靠上述土地收入以为维持费用的学校、孤儿院、养老院、医院等事业,应由当地人民政府另筹经费解决。清真寺所有的土地,在当地回民同意下,得酌予保留。③保护工商业,不得侵犯。地主兼营的工商业及其直接用于经营工商业的土地和财产,不得没收。不得因没收封建的土地财产而侵犯工商业。工商业家在村中的土地和原由农民居住的房屋,应予征收。但其在农村中的其他财产和合法经营,应加保护,不得侵犯。④革命军人、烈士家属、工人、职员、自由职业者、小贩以及因从事其他职业或因缺乏劳动力出租小量土地者,均不得以地主论。其每人平均所有数量不超过当地每人平均土地数百分之二百者,均保留不动。超过此标准者,得征收其超过部分的土地。⑤保护富农所有自耕和雇人耕种的土地及其他财产,不得侵犯。⑥保护中农(包括富裕中农在内)的土地和其他财产,不得侵犯。

关于土地的分配,《中华人民共和国土地改革法》也规定得很具体:①所有没收和征收得来的土地和生产资料,除本法规定收归国家所有者,均由乡农民协会接收,统一地、公平合理地分配给无地少地及缺乏其他生产资料的贫苦农民所有。对地主亦分给同样的一份,使地主也能依靠自己的劳动维持生活,并在劳动中改造自己。②分配土地以乡或等于乡的行政村为单位,在原耕地基础上,按土地数量、质量及其位置远近,用抽补方法调整按人口统一分配之。③在原耕基础上分配时,原耕农民自有的土地不得抽出分配。原耕农民租入的土地抽出分配时,应给原耕农民以适当的照顾。④分配土地时,得以乡为单位,根据本乡的土地情况,酌量留出小量土地,以备本乡情况不明的外出户和逃亡户回乡耕种或作本乡土地调剂之用。⑤分配土地时,县以上人民政府得据当地土地情况,酌量划出一部分土地收归国有,作为一县或数县范围内的农事试验场或国营示范农场之用。

《中华人民共和国土地改革法》延续了新中国成立前土地革命的路线,对1947年颁布的《中国土地法大纲》进行了进一步的完善。其中最大的变动就是由征收富农多余土地财产的政策变为保护富农所有自耕和雇人耕种的土地及其他财产不得侵犯的政策。它积极保护中农和中小土地出租者的利益,稳定民族资产阶级,从而促进了土地改革的顺利完成,农业生产得以恢复和发展。

(二)国民经济恢复时期(1949—1952年)的推动举措

1. 党内征求意见

在制定《中华人民共和国土地改革法》时,中央人民政府曾多次在较大范围内征求意见。1950年3月12日,毛泽东就对待富农策略问题征询中共中央中南局并华东局、华南分局、西南局、西北局的意见。1950年2月28日,中央人民政府政务院发出了《中央人民政府政务院关于新解放区土地改革及征收公粮的指示》,其明确规定:"所有华东、华中、华南、西北、西南的新解放区,由于准备工作及群众的觉悟与组织还未达到应有的程度,决定在一九五〇年秋收以前,一律不实行分配土地的改革。在一九五〇年秋收以后,在江苏、浙江、安徽、福建、江西、湖北、湖南、广东、陕西九省,甘肃、宁夏、青海三省之汉人地区,凡是准备工作已经充足,群众的觉悟与组织已达应有水平之地区,由各省人民政府决定开始实行分配土地的改革"。1950年3月30日,中共中央致电各中央局,就土地法大纲若干问题征询各中央局的意见。在这次征求意见中,不是拿出一种走程序的方案,而是拿出多种可供选择的方案。

关于富农政策问题,针对两种方案进行询问:一种方案是只没收和分配地主阶级的土地、牲畜、农具、粮食、房屋,而对富农的土地财产一律不动,照此办法,无地少地的农民能分到多少土地,相当于全村平均数的百分之几十;另一种方案是只没收和分配其出租的土地,其余的土地财产一概不动。照此办法,连同没收地主的土地,加以分配后,无地少地的农民能分到多少土地,相当于全村平均数的百分之几十。为了解决在"僧多粥少"的情况下土地不敷分配的问题,中共中央在信中提出了两项办法以征求各地的意见:一是对向来不依靠农业为生的人,原则上一律不分给土地;二是不动富农时,雇工不分地,而只适当地改善其工资待遇。以多种可选择方案征求意见的办法有利于拓宽思路,广开言路。

1950年5月底6月初,中央又召开土地改革工作会议,讨论中央政治研究室提出的《中华人民共和国土地改革法(草案)》。在广泛征求意见的基础上,按程序决策和立法。1950年6月6—9日召开的中国共产党七届三中全会审议通过了《中华人民共和国土地改革法(草案)》。这次会议还审议通过了关于土地改革的另外两个文件,即刘少奇向中国人民政治协商会议第一届全国委员会第二次会议提出的《关于土地改革问题的报告》和《农民协会组织通则(草案)》。这次全会还讨论了新解放区土地改革的步骤、大致的时间安排等问题。《中华人民共和国土地改革法(草案)》又经1950年6月14—23日召开的中国人民政治协商会议第一届全国委员会第二次会议审议通过,1950年6月28日召开的中央人民政府委员会第八次会议讨论通过。1950年6月30日,毛泽东发布“关于实施《中华人民共和国土地改革法》的命令”,《中华人民共和国土地改革法》正式成为在全国新解放区开展土地改革运动的法律依据。①

2. 与各党派民主协商

在新中国成立初期,土地改革运动充满着民主协商的氛围。要不要土改、要怎样的土改、怎样进行土改是土改的根本问题,这不仅关系到农民的切身利益,还关系到广大工商业者、知识分子、华侨、民主党派的利益。在土地改革进行前和土地改革过程中,中国共产党就这些问题通过各种形式与各阶层人民反复进行民主协商,并最终达成共识,这不仅为顺利完成土地改革提供了保障,而且实现了人民当家做主的民主权利。②

在中国人民政治协商会议第一届全国委员会第二次会议上,刘少奇在会上做了《关于土地改革问题的报告》,系统地说明了土地改革的必要性、正义性和各项有关方针政策。对于中国共产党提出的土地改革政策,大部分民主人士在讨论中表示赞同,但仍有反对的声音。针对这些言论,中共中央的负责同志分别邀请各民主党派、无党派人士和一些从地主阶级中分化出来的爱国民主分子的代表人物,进行协商座谈,沟通思想,交换意见。在小组会和大会上,摆事实,讲道理,在共同纲领的基础上统一认识。经过大会、小会以及各种形式的会议的协商讨论和辩论,各界人士就土地改革的必要性基本达成共识。在这次会议上,中国国民党革命委员会、中国民主同盟、中国民主建国会、中国民主促进会、中国农工民主党的领导人李济深、张澜、黄炎培、马叙伦、章伯钧做了大会发言,分别代表各自党派同意刘少奇的报告。中国民主同盟主席张澜发言表示新解放区土地改革“保存富农经济,不动富农的土地财产”可以早日恢复农村经济,增加农村生产,开辟国家工业化道路,也利于孤立地主,中立富农,保护中农和小土地出租者。

针对部分农民对土地改革心存怀疑,各级党政部门采用举办各种报告会、座谈会、个别谈话、讲座、上大课等方式,邀请农民代表参加,讨论土地改革政策。通过与贫雇农反复交谈,贫雇农重新认识自己的命运,认为自己不是命苦,是地主作恶,要改变自己的命运,唯有消灭地主阶级。经过沟通、讨论之后,一般贫雇农明白了不动富农的道理,即不动富农自耕部分是为了让他生产劳动,这样中农就会安心生产了;人民政府还可贷款,协助贫雇农生产,不愁没饭吃。

土地改革的协商还集中于如何进行土地改革。《关于土地改革问题的报告》指出,土地改革是一场系统的激烈的斗争,在土地改革中必须发动贫雇农对地主进行必要的斗争。当时有人表露出和平土改、官办土改的幻想,他们认为土地改革就是分田,只要政府下一道命令,派一些懂土地改革法的干部到农村,把从地主阶级的土地没收了来分给无地少地的农民就行了,没必要发动群众。对此,中共中央举行座谈会,邀请有关人士进行讨论与辩论。经过反复的协商讨论与辩论,分清是非,最终普遍认为不能进行和平土改。土地改革实践证实了只有放手发动群众进行有系统的激烈斗争,土地改革才能彻底。此外,在中国人民政治协商会议第一届全国

① 郑有贵:《土地改革是一场伟大的历史性变革——纪念〈中华人民共和国土地改革法〉颁布50周年》,《当代中国史研究》2000年第5期,第6-16页。

② 张青红:《新中国成立初期土地改革中的民主协商》,《当代中国史研究》2013年第2期,第120页。

委员会第二次会议上，黄炎培、李济深、陈叔通、沈钧儒联名提出《请先就各大行政区，各择若干县或乡实行土地改革》一案，认为土地改革在全国推行无论干部数量还是工作经验均恐不够，请先于少数地区实行，然后逐步推广。经过讨论，中国共产党接受了此项建议案，决定江苏、浙江、安徽、福建、江西、湖北、湖南、广东、陕西九省准备在 1950 年秋收以后分配土地；甘肃、宁夏、青海三省在完全汉人居住的地区亦准备秋收后进行土地改革，在少数民族居住的地区及汉人与少数民族杂居地区则不进行；广西、云南、贵州、四川、西康、绥远六省在 1950 年还不能进行土地改革，须待 1951 年秋收后进行。各阶层人民通过各种形式的民主协商，发表了自己对于土改的意见。其中一些意见得到了中国共产党的认同，并最终在土地改革的必要性和可行性问题上基本达成共识。

3. 开展典型试验

在大规模的土地改革运动开始前，各地根据中央的要求，选择若干村庄进行土地改革的典型试验，先总结典型试验的经验，然后在全国全面推开。在土地改革的准备中，各地也按此要求在少数乡村进行试点，探索在新的历史条件下开展土地改革运动的经验。总体而言，土地改革的决策过程在总体上是审慎、细致、周密的。

二、土地改革的进程与具体措施

在为期三年左右的土地改革中，中国共产党和各级政府针对不同情况，分别制定和调整了相关的具体政策，既形成了对农村社会各阶级、各阶层区别对待、分类实施的阶级政策，特别是对富农、中农实施了针对性强的具体政策，也包括对华侨实施的特殊政策；在不同地区因地制宜地实施特殊政策，特别是对少数民族实施的特殊政策。通过调查、协商、纠偏等措施，土地改革的稳态运行得到了保证。

(一)全国主要地区土地改革的进程与措施

1. 开展群众性的宣传动员，调整农民队伍

召开群众大会、农民协会大会，宣布进行土地改革，宣传土地改革法规，宣传土地改革方针、政策。召开贫农、雇农会议，吸收中农参加，说明依靠贫农、雇农进行土地改革的政策。结合检查农民的翻身情况以及清匪、反恶霸、减租、退押等情况，开展反对地主阶级的违法与分散财产的斗争。匪首、恶霸赔偿、处罚未交的必须追缴，帮工、帮粮未退的必须退。在少数民族的地区召开少数民族代表会议，商讨有关少数民族土地改革中的每一项重要问题。

2. 发动广大群众划定农村阶级成分

划定农村阶级成分关系土地改革运动中的全部方针和政策。分谁的田、谁分田、依靠谁、团结谁、打击谁都取决于正确的阶级划分。在划分阶级过程中，把政策交给群众，群众充分讨论，把政策与每一个人的具体情况相结合来划定每个人的阶级成分，而不是由少数人来掌握群众的阶级成分。把划阶级的决定广泛宣传，为群众所了解。

3. 进行没收、征收、结合报产、评产和土地登记

在划分阶级结束后，进入没收、征收工作，没收土地要开没收大会，对征收富农出租土地要讲清政策，这与地主有严格的区别。没收地主的耕畜、农具、家具等要说明合理合法。在进行中，避免损失和破坏，对家具等物品可采取原房封存或集中封存的办法。结合没收工作，进行报产、评产和土地登记，为下一步分田做准备。

4. 进行分配工作

分配工作的关键仍在于依靠群众，充分发动群众的力量与积极性。分配土地以行政村为分配单位，以乡为调剂单位。区、乡负责干部要做周密计划，各村之间先进行适当的调剂，然后进行村级的分配工作。在分配前，根据调剂的当村土地两头平均数，由各小组提出分配计划，经村农民协会大会讨论通过，报上级批准。在分配其他果实中，首先适当满足贫农、雇农要求，在分配果实中应密切照顾生产。

5. 总结工作，庆祝胜利，转向生产

在没收、分配告一段落后，即发动群众订立爱国公约，加强教育工作，并对土地改革工作进行检查，有错误的地方应立即纠正，并以乡或村为单位开庆祝大会，庆祝农民翻身和土地改革完成。焚烧旧约，宣布封建制度的死亡，发临时土地执照。对地主进行劳动改造，并由群众制定具体办法进行监督。工作方针明确以生产为主，并结合建设农村政权工作。

由于情况不同，各地在土地改革过程中有各自的具体做法和不同的特点。例如，华北地区和东北地区解放较早，土地改革的条件比较成熟；苏北、苏南等革命老区如何发动群众颇为关键；云南等地区少数民族多，情况也比较复杂。各地的土地改革措施也因地制宜有所调整，从而呈现出不同的地方特点。

（二）对主要阶级或者特殊阶层的土地改革政策与措施

划定阶级成分是土地改革的中心环节，因此，必须根据社会经济的实际状况制定划分阶级成分的标准。这方面既沿用了过去的政策框架，又根据新解放区的社会状况做了若干改变。1950 年 8 月 4 日，中央人民政府政务院第四十四次会议通过了《中央人民政府政务院关于划分农村阶级成分的决定》，作为评定阶级成分的依据。该决定重新公布了 1933 年苏维埃政府制定的两个土地改革文件，即《怎样分析农村阶级》和《关于土地改革中一些问题的决定》，并在这两个文件上增加了两个内容：一是增加了对有关阶级成分的定义，如地主、富农、知识分子、革命军人以及地主、富农、资本家与工人、农民、贫民结婚后的阶级成分的确定，以中央人民政府政务院补充决定的形式增加了对其专门的解释；二是文件的最后部分增加了 11 条新决定。

这些补充决定和新决定根据新解放区的实际社会状况提出了一些阶级成份的新标准和新定义：①二地主，即向地主租入大量土地，自己不劳动而转租于他人，生活水平超过中农者，视同地主。②将工商业兼地主或地主兼工商业确定为阶级成分，这类情况称为其他成分兼地主或地主兼其他成分。其他成分兼地主者在土地改革完成以后按照其他成分确定其待遇。③地主家庭的成员以所有土地的主要部分出租，其数量超过自耕和雇人耕种之数量三倍以上者，虽然自己常年参加主要农业生产劳动，仍应定为地主。④富农出租大量土地超过自耕和雇人耕种之数量者为半地主式富农。⑤凡受雇于国家的、合作社的或私人的机关、企业、学校等，为其中办事人员者，取得工资以为生活之全部或主要来源的人，称为职员；凡有专门技能或专门知识的知识分子，受雇于国家的、合作社的或私人的机关、企业、学校等，从事脑力劳动，取得高额工资为生活全部或主要来源的人，例如，工程师、教授、专家等，称为高级职员；独立营业为生之医生、教师、律师、新闻记者、作家、艺术家等，为自由职业者。⑥手工业从业人员分为手工工人、小手工业者、手工业资本家三种。⑦商业从业人员分为小商、小贩、商业资本家或商人。⑧革命烈士家属是指辛亥革命以来历次为革命阵亡和死难的烈士、抗日战争阵亡将士和人民解放战争中阵亡将士的父、母、妻（或夫）、子、女及十六岁以下的弟妹。⑨凡年在十八岁以下的少年儿童和在学校中读书的青年学生，除在土地改革时已成为一个家庭的实际支配人得划分其阶级成分,一般不应划分其阶级成分,只划分其家庭出身。⑩恶霸是指依靠或组成一种反动势力,称霸一方,为了私人的利益,经常用暴力和权势去欺压与掠夺人民,造成人民生命财产之重大损失,查有实据者。凡恶霸分子经人民告发后,由人民法庭判决处理。

此外,中央人民政府对少数民族实行了特殊的土地改革政策与措施。土地改革时期,汉族与少数民族、各种少数民族之间或居住在不同地区的同一少数民族之间的社会发展水平差别很大。例如,内蒙古部分蒙古族地区保持着世袭封建王公贵族统治的盟旗制度;大部分藏族地区存在着政教合一的僧侣贵族专政制度和大量的分裂势力;四川和云南两省的大凉山、小凉山的彝族地区仍保留以黑彝父系血缘为纽带的家支制度;四川、云南、贵州、广西和青海等省区的一些少数民族地区还存在着保存程度不一的头人制度、土司制度、千百户制度和山官制度。少数民族地区的土地改革运动不仅涉及这个区域的政治、经济、文化和社会,而且会对这个区域几千年来形成的固有制度与传统观念形成巨大的冲击。在这种情况下,如何根据实际情况对少数民族地区的土地改革制定切实有效的针对性政策也就成了各级地方政府在土地改革运动中面临的一大难题。各级地方政府从少数民族地区不同的实际情况出发采取了很多不同的政策。与其他地区的土地改革运动相比,少数民族地区的土地改革运动呈现出一种共通性与特殊性并存的现象。①

《中华人民共和国土地改革法》制定了两条政策:一是“本法不适用于少数民族地区。但在汉人占多数地区零散居住的少数民族住户,在当地土地改革时,应依本法与汉人同等待遇”。少数民族地区的土地改革根据中共中央“坚持民族团结,慎重稳进”的方针,在条件成熟之时方可进行。二是“清真寺所有的土地,在当地回民同意下,得酌予保留。”

涉及少数民族地区的土地改革,各地还形成了除一般政策以外的一些其他应该遵守的特殊政策和方法:①先做好与人民有联系的上层人物和宗教人物的统战工作,尽量争取他们,然后发动群众。②尽量缩小打击面,照顾与人民有联系的上层人物和宗教人物,给他们以出路和保护。③在分配土地时,必须由中国共产党的领导来严格控制,采用温和稳妥的方法进行,禁止打人,限制捕人,尽可能不杀一人。④依靠当地少数民族的干部去做工作,不应由汉族干部和其他外来干部包办代替。⑤少数民族宗教寺院的土地、房屋及其他有关宗教信仰和风俗习惯的公共的土地、房屋原则上基本不动。任何勉强分配的办法都是错误的。⑥在民族杂居地区应特别注意民族关系。在分配土地、房屋及其他果实时,应注意民族之间的公平合理。⑦半农半牧区不进行土地改革。

中央人民政府对华侨也实施了特殊的土地改革政策与措施。在政策制定的讨论中,大家对在土地改革中是否动华侨的土地有各种不同意见。华侨占用土地的数量及特点决定了华侨对土地改革的态度。一般来说,占用土地较少的华侨害怕在土地改革时土地被分。他们认为华侨的土地是他们在海外受尽辛酸而换来的。这种情况在粤中台山地区尤为普遍。对于华侨普遍占用土地,且占用土地数量较多的地方而言,如果在土地改革中不动华侨的土地,则这些地区的农民无地可分,贫雇农对土地的要求无法得到满足。如珠江地区、中山地区。在听取各种意见后,中央人民政府政务院的《土地改革中对华桥土地财产的处理办法》体现了对华侨的土地和财产实行保护和照顾的原则。其主要体现在对具有华侨成分的地主和华侨小土地出租者的照顾和保护,对具有华侨成分的地主给予了较大照顾,保护了其在农村的房屋;不仅保护

① 张翔:《新中国成立后少数民族地区土地改革运动研究述评》,《学理论》2013年第12期,第168-170页、第174页。

了华侨小土地出租者的房屋，而且保护了除了土地之外的其他财产，如农具、耕畜、粮食；在分配土地时，也给予了他们适当的照顾。与此同时，中央人民政府对华侨工商业家和华侨富农给予了和非华侨成分者同等的待遇，执行了保护工商业与保护富农、中农的政策。

三、土地改革的成就

新中国的土地改革是一场伟大、深刻的历史性社会、经济、政治变革，产权的变革改变了几千年来的土地占有不合理的状况；消灭了地主阶级，摧毁了宗法社会，解放了农民，稳定了农村社会；重分土地极大地提高了农民的生产积极性，推动了生产力的大发展。这些成就为社会主义制度的建立奠定了坚实的基础。

新中国土地改革的完成，废除了封建剥削的地主土地所有制，铲除了延续两千多年的封建统治的经济基础，免除了每年向地主缴纳的大约 3 000 万吨以上的粮食地租。实行的农民的土地所有制，实现了耕者有其田。全国 3 亿多无地和少地农民无偿地分得耕地 4 700 万公顷和其他生产资料，几千年来土地占有极不合理的状况得到改革。土地改革的完成使农民有了一份属于自己的土地，保障了农民的利益，奠定了农村社会稳定的基础。

由于受经济、社会、政治变革多重作用的积极影响，新中国土地改革的完成极大地解放了生产力。其一，广大农民从封建地主土地所有制的束缚中解脱出来，成为独立的商品生产者。如此，生产力中最为活跃的因素的人的解放是对社会生产力的最大解放。他们在社会经济生活中释放出长期被压抑的巨大的潜在能力，学习文化科学知识，总结出许多生产实践经验，为新中国成立初期农业的恢复和发展做出了巨大贡献。其二，土地与劳动力被很好地结合起来，塑造了 3 亿多个具有平等、独立、自主经营的新型微观经济组织，把由地主积累改变为由农民积累。生产力的组合释放出巨大的结构效能。地主依靠租地获取收入，忽视对农业基础设施进行投资；广大农民则靠租地从事农业生产，维持生计。由于地租受其他经济和非经济的剥夺，无力积累，简单的再生产时常也难以为继，因此农业生产效率低下，农业的发展严重受阻。

新中国土地改革的完成，解除了苛重的地租，免除了其他经济和非经济的剥夺，为形成和扩大再生产能力创造了条件。农民对农业的投入开始增加，获得了生产要素重组的结构效能。土地改革激发了广大农民的生产积极性，有力促进了农业生产的发展。据统计，1952 年年底的农业总产值比 1949 年的农业总产值增长了 48.5%，这三年的农业总产值的递增率均在 14%以上，其中粮食总产量超过新中国成立前粮食最高年产量的 11.3%，棉花总产量超过 53.6%。每公顷粮食产量由 1949 年的 1 035 公斤提高到 1955 年的 1 425 公斤，提高 37.7%，年均递增 5.5%，1950—1955 年，农业总产值年均增长 9.8%，粮食总产量年均增长 6.8%，棉花总产量年均增长 17%。

经过土地改革，打倒了地主阶级，消灭了封建地主阶级的经济基础，地主富农作为剥削阶级已不复存在，农民的生活得到较大改善，农村阶级关系发生了重大变化。其中人数最多的贫雇农在分得了土地、农具和房屋以后，迅速上升为中农，中农由此成为农村中的绝大多数，即普遍的“农村中农化”。1951 年，据山西、河北、察哈尔等 28 个乡的调查可知，在 1 865 户贫雇农中，1 439 户，即 77%的贫雇农上升为中农。农民生活水平的提高大大增强了农民对工业品的购买力。据统计，仅 1951 年，农民对工业品，特别是对轻工业日用品的购买力就比 1950 年提高了 25%左右。较早完成土地改革的东北农民的购买力提高得尤为显著：1950 年的购买力比 1949 年提高 57%，1951 年的购买力比 1950 年提高 63.5%。另据统计，由于农民需求激增，

1952 年的棉布产量比 1949 年的棉布产量增加了 10.27%。农业经济的发展和农民生活水平的提高促使农村对重工业产品的需求量也日益增加,促进了某些重工业产品产量的飞速增长。

在土地改革的三年中,整个工业总产值增长了 144.9%。工业总产值的巨大增长与由农村土地改革所提供的向工业转化的剩余劳动力,向地主缴纳的几亿斤粮食地租转化为国家财富以及农民因生产和生活对工业产品需求量的扩大紧密相关。随着土地改革的逐步深入和工业生产的恢复和发展,国家的财政收入也逐年增加。据统计,在土地改革进行的三年中,国家财政收入增加了近三倍。1952 年,国家的财政收支从赤字已经转化为略有盈余。

土地改革的完成,废除了宗法社会的经济基础,封建地主作为一个阶级永远地被消灭了,农民在经济上对地主的依附关系被废除,成为平等的、更具独立人格的人,形成了一种有利于国家向现代化发展的新的、民主的、自由的社会关系。这种社会结构的巨大变革为建立社会主义制度奠定了基础,创造了新中国向现代化迈进的契机。土地改革完成了一场深刻的政治变革,即在广大农村建立了拥护中国共产党和中华人民共和国的新型的农村基层政权。在封建社会,地主阶级是统治阶级,农民没有任何政治权利。土地改革广泛依靠群众、发动群众,树立了农民的优势地位,改变了农民的政治地位,改变了农村的政治结构。土地改革为中国共产党和新中国政府引导农民走上社会主义道路,既扫清了障碍,又进行了预演。通过土地改革,建立社会主义制度的成本被大大降低。从理论上讲,通过土地改革得到实惠的农民群众就容易倾向于选择紧跟中国共产党和新中国政府,以获取更大的利益。

1951 年 10 月 23 日,周恩来总理在中国人民政治协商会议第一届全国委员会第三次会议上做的政治报告指出,农民购买力一般提高 50%,城市工业品销路日畅,土地改革为工业发展开辟了广阔的道路;农村文化已逐步开展,新的科学知识开始传播,土地改革就为社会主义制度的建立提供了必要的物质和文化准备。

从今天的角度来看,土地改革体现了中国共产党创建和改变土地制度的一个"定式":根据生产力的水平,从农民的需求出发(至少兼顾农民的需求)选择既能促进社会经济发展,又能促进农民增收的制度。虽然土地制度的形式在不同时期发生了改变,甚至是"反复"改变,但是这条主线依然清晰可见。这是理解农业合作化走向公有制、人民公社实现公有制、改革开放后实施集体所有家庭经营"三权分置"等一系列土地制度变迁的关键之钥。

思考题

1. 怎样看待土地改革的影响?
2. 在土地改革中采取了哪些策略?
2. 在土地改革中积累了哪些历史经验?

专题十二　农业税收制度变革

新中国成立后，在新民主主义经济和社会主义经济的基础上，中国共产党长期实行了稳定农民负担的税收政策，并根据不同时期国家经济发展总任务和农村经济发展具体情况，在反复实践中不断完善农业税收制度。新中国农业税征收方式实现了从“公粮”实物税到“折征代金”的转变，税收难度降低；农业的实际税率逐渐降低，直至国家最终取消了农业税。改革开放后，国家还不断加大强农惠农的财政支持力度。新中国的农业税收制度实现了从“取多予少”到“不取多予”的变革，不仅使农民从沉重的税收负担中得以解放，而且激发了新中国农业发展的内生动力，推动了农村变革，为巩固中国社会经济发展奠定了基础。

农业税是国家通过强制手段向从事农业生产的单位和个人收取的部分农业收入，也是国家进行宏观经济调控、调节阶级关系的重要手段。作为一种上层建筑，农业税收制度建立在一定的经济基础之上，又为经济发展服务。科学合理的农业税收制度对提高农业生产力水平，促进农业经济发展具有重要意义。

中国是一个古老的农业大国，农业税收制度历史悠久。长期以来，农业税都是国家财政收入的主要来源。在古代中国，农业税在本质上是国家凭借其对土地的名义所有权，通过强制手段对农民进行的超经济剥削，以用于满足封建贵族、官吏奢靡的生活消费和军费开支。古代农业税收包括国家向农民直接征收和向地主征收封建地租两种方式，但地租最终由农民承担。农民一般会承受国家征税和地主封建地租的双重剥削。中国古代残酷的税收剥削和不平衡的税收制度使处于社会最底层的贫弱农民阶级遭受残酷剥削，严重打击了其生产积极性，阻碍了农业生产发展。中国古代的税收制度成为阶级矛盾及新旧王朝交替的重要导火索之一。

在北洋军阀和国民党统治时期，当时的政府基本仍沿用了封建时期的田赋制度，且进一步加大了农业税收的力度。虽然实施过几次税赋制度的改革，但并未改变军阀政府、封建地主、官僚等通过农业税征收对农民进行超经济剥削的本质。这一时期的农业税收制度在本质上是为反动阶级、反动政权服务，给农民的农业生产和生活带来沉重苦难。军阀政府实施的比例税制和累退税制的田赋征收方式在本质上维护了地主阶级的利益，加重了贫农的农业税负担。

在进行土地革命时，受战争影响，各个革命根据地根据其实际情况实施了按生产情形分类的比例征收、按收货量累进征收、按阶级成分定税率征收等不同的税收办法，贯彻了“打击地主、富农，保护贫农”的税收原则。抗日战争时期，为保障革命战争胜利，各个革命区陆续实施了统一累进税制的税收方式，税率比较合理，既体现了公平原则，又有利于联合各阶级力量。解放战争时期，老解放区和半老解放区普遍废除统一累进税制，实施比例税制，且只根据土地收入征收农业税，土地收入按照常年产量计算；没有进行土地改革的新解放区则继续实施累进税制。新民主主义革命时期，在中国共产党的领导下，农业税收制度立足于革命战争需求和当时中国农业农村的实际情况不断变革，中国共产党在红色革命根据地领导并建立了代表人民群众的根本利益的人民民主政权。

1949 年 10 月 1 日，中华人民共和国成立，国家实现了统一，中国进入人民群众当家做主的新时代。新中国的农业税收制度随着社会经济发展及土地制度的变革而不断创新。其变革历程大致可以分为四个阶段。

一、新老解放区农业税收制度并行实施：1949—1957 年

在新中国建立初期，农业经济依然在国民经济中占据重要地位，农业税是国家财政收入的重要来源。由于受到长期战争的影响，农业生产落后，国家在保障财政收入和粮食安全方面面临巨大挑战。这个时期的农业税收工作既要减轻农民负担、与民休息，又要兼顾新中国社会主义经济建设的财政资金需要，因此中央人民政府并未直接大幅降低农业税收，而是在新老解放区分别实施符合其实际情况农业税收制度的基础上，采取调减农业税收绝对额和增产不增税等方式来减少农民负担，并在较长时期内比较稳定地执行了初期确定的农业税收任务。

（一）国民经济恢复的三年：1949—1952 年

1. 农业税收制度的变革

1950 年 1 月，由中央人民政府政务院颁布的《全国税政实施要则》指出，全国各地所实行的税政、税种、税目和税率极不一致，应迅速加以整理，以达到全国税政的统一。此时，在已完成土地改革的老解放区，贫苦农民获得了土地；在还未进行土地改革的新解放区，地主、富农依然占有大量土地。新老解放区政治、经济的差异性也导致其农业税收制度不一致，因此亟须完善新中国的农业税收制度，以保障新中国农业经济尽快恢复和发展。

1950 年 2 月，中央人民政府政务院在《关于新解放区土地改革及征收公粮的指示》中提出，在秋收前，新解放区一律不实施分配土地的改革；在秋收后，允许准备工作充足的地区自行开展分配土地的改革。土地分配前，新解放区一律实行减租政策，土地仍归地主所有，地主在依法实行减租后仍可以继续向农民收租。其中一些地区也存在并未减租或地主不敢收租的复杂情况。1950 年 5 月 30 日，中央人民政府政务院第 34 次会议通过的《关于一九五〇年新解放区夏征公粮的决定》提出："夏征国家公粮，以大行政区为单位，征收总额平均不得超过夏收正产物总收入的 13％；地方附加以省为单位，不得超过国家公粮征收额的 15％。"这项规定使农民农业税负担减轻了 25％。1950 年 6 月 6 日，毛泽东同志在中国共产党七届三中全会上的报告中提出"调整税收，酌量减轻民负"的税收原则。1950 年 9 月 5 日，中央人民政府政务委员会第九次会议颁布的《新解放区农业税暂行条例》对农业税计征办法进行了详细规定，这是新中国农业税制的一次重要改革。例如，该条例规定了新解放区农业税以户为单位，按农业人口每人平均农业收入累进计征；农业收入的计算以土地的常年应产量为标准，以市斤为单位；划分了差距很大的 40 个等级的农业税率；等等。

新解放区有 2.6 亿多农村人口和 8 亿余亩土地，其缴纳的农业税是当时国家财政最主要的收入来源。这些税收管理办法的颁布和实施不仅有利于及时纠正新解放区秋征公粮工作的偏差，对巩固国家财政收支平衡和解决农民负担问题也具有重要意义。1950 年 9 月 8 日，由中央人民政府政务院发布的《关于新解放区征收农业税的指示》指出，《新解放区农业税暂行条例》实施后，农业税的税率降低了（国家公粮占农业总收入由 1949 年的 17％降至 13％，加上地方粮由约 20％降至 15％），各阶层的负担都减轻了，各阶层的负担比例趋于更加公平合理。

1951 年 6 月，中央人民政府政务院在《关于一九五一年农业税收工作的指示》中进一步指

出，老解放区的农业税税率采用比例税制，新解放区尚未实行土地改革的地区沿用1950年的《新解放区农业税暂行条例》，农业税税率仍采用累进税制，税率为6%～30%。1951年11月，《财政部关于一九五一年各地农业税税率向政务院的综合报告》指出，全国农业税的税率仍较高，征收任务比1950年增加了1/10。

1952年，全国农村土地改革基本完成，废除了封建土地所有制，富农、中农和贫农的土地占有量的差距缩小。由于富农阶级依然占有较多的土地，为进一步限制富农以平衡农民收入，富农适用高税率。此时，农业税在对地主和富农经济做斗争、扶持贫苦农民经济发展发挥着重要作用。1952年6月，中央人民政府政务院在《关于一九五二年农业税征收工作的指示》中提出，贯彻查田定产，依率计征，依法减免，逐步实现统一累进，并取消一切附加的农业税收总方针，以稳定农民负担，农民能安心生产；全国各地一律取消农业税的地方附加，只由中央统一征收一道农业税不再附加；老解放区暂仍采行比例税制；完成土地改革的晚解放区的税率施行统一全额累进税制，累进税率为7%～30%；未完成土地改革的晚解放区的税率大行政区军政委员会参照1950年的《新解放区农业税暂行条例》拟订，报经中央人民政府政务院批准后施行。

这一时期国家对农业发展的扶持力度较小，1950—1952年用于农业生产的财政支出仅从2.74亿元增长至9.04亿元，累计仅15.97亿元，占财政支出的比例仅从4.03%增长至5.25%。1950—1951年，国家支农财政资金主要用于支援农村生产支出和农林、水利、气象等部门的事业费和农村救济费，1952年，国家才开始对农业基本建设提供财政支持，一直未重视农业科技发展，农业基础设施和农业科技的落后限制了农业发展潜力。①

2. 变革效果

1950—1952年，社会经济全面复苏，中国农业总产值(按1952年不变价格计算)从384亿元增长至484亿元，增长速度比较缓慢；②农业各项税款的收入从19.10亿元增长至27.35亿元，占政府各项税收的比例从39.00%下降至28.00%。③ 尽管这个时期的农业税收任务比战争时期的农业税收任务有所减轻，但新中国的财政经济状况还没有根本好转，抗美援朝战争仍在继续，农民负担仍较重，且各年度的征收额度不稳定。1949—1952年，农村居民人均纯收入仅从43.8元增长至57.0元，农民收入水平较低，生活依然比较贫困。④

新中国建立的农业税收制度为农业税收制度的发展奠定了重要基础，也为国民经济的全面恢复和国家财政状况的好转提供了重要的制度保障。中央人民政府政务院在《关于一九五三年农业税收工作的指示》中指出，在国民经济恢复的三年中，新中国基本完成了土地改革任务和农业税收任务，农业税收制度也不断完善，逐步推行了规定常年应产量、依率计征、依法减免、增产不增税等政策，农民负担逐渐趋于合理，生产积极性逐步稳定；三年的农业税收工作对平衡国家预算、调剂市场、稳定粮价、保证军需民食和救济灾荒等方面起了极重大的作用。但农业税收工作还存在众多问题，例如，对农业税收政策和完成征收任务的方法，宣传不够、交代不清，重视任务完成、对政策执行效果关注不足，不能因地制宜准确、灵活地执行政策等。

---

① 国家统计局：《中国统计年鉴2000》，北京：中国统计出版社，2000年，第263页。

② 国家统计局：《中国统计年鉴1983》，北京：中国统计出版社，1983年，第149页。

③ 国家统计局国民经济综合统计局：《新中国六十年统计资料汇编》，北京：中国统计出版社，2010年，第19页。

④ 国家统计局农村社会经济调查司：《2009农村小康蓝皮书·中国农村全面建设小康检测报告》，北京：中国统计出版社，2010年，第300-301页。

(二)第一个五年计划时期:1953—1957 年

1. 农业税收制度变革

随着抗美援朝战争的结束,国家财政状况逐渐好转,在总结新中国成立以来农业税收工作经验的基础上,中央人民政府政务院在《关于一九五三年农业税收工作的指示》中规定,今后三年,农业税的征收指标应稳定在 1952 年实际征收的水平上,不再增加,并且要根据各地实际情况灵活处理征收工作,改善政府与农民关系,提高农民生产积极性。

为了尽快在国际上站稳脚跟,在"一五"时期,国家实施了优先发展重工业的国民经济发展战略,即不仅对重工业发展进行重点投资,而且实施了农产品统购统销制度,由国家掌握必需农产品的分配,压低农产品收购价格,工农产品间的价格"剪刀差"间接地将部分农业产业剩余转移到工业产业部门。其在本质上暂时牺牲了农业,而推动了工业发展。为保障工业资本原始积累目标的完成,国家还进行了农业合作化运动,以建立农业生产合作社缓冲国家与农民的利益冲突。在农业生产合作社建立后,农业税缴纳方式由农户向国家直接缴纳变为以农业生产合作社为单位缴纳,国家与农民的矛盾就变为合作社贫富社员之间的内部矛盾。

在社会主义改造阶段,新中国根据当时的社会情况仍实行限制富农的累进税率制度;在农业合作化政策实施后,中央人民政府则实行了对农业生产合作社和个体农户税收负担区别对待的政策,对单干农户加成征税,以促使单干户加入农业生产合作社。例如,在《财政部复黑龙江省财政厅关于对单干农民征收农业税的问题》中指出,对单干农民征收农业税,除了与所在地区的生产队按照同一税率计算,还应根据不同的经济情况,单干农民另行加征税额的一到五成。对缺乏劳动能力、生活困难的个体农民则不予加征。① 浙江省的新农业税条例也实行了类似规定。其主要原因是为数不多的个体农户大部分是富裕中农,其人均占有土地数量、收入均较多,在根据累进税制征税时,其税率较高;若对其征收的农业税率与当地的农业生产合作社的一致,只按照同一比例税率计征,则会在很大程度上降低其负担;农业生产合作社的收入还要扣除一部分用于公共支出,而未加入农业生产合作社的单干农户则不需要承担这部分支出,这样不利于巩固农业合作化制度和单干农民的改造。由于很多地区的农业税率比较低,与累进税制时的农业税负相比,单干农民在加征五成后的农业税负担仍低很多。例如,浙江省则又补充规定了"如果加征五成以后的税额仍低于原负担额的,应当按照原负担额征收"。对缺乏劳动能力或生活困难的单干农民则不予加征。②

随着个体经济向集体经济的过渡,农业税收制度随之进行了灵活的调整。1956 年基本实现农业合作化以后,高级农业生产合作社汇总全社所有农户的耕地面积、常年产量、每一农户的计征税额,得出全社计征税额,然后以社为单位缴纳农业税;在初级农业生产合作社里,土地采取入股方法,保留了一定的土地报酬,农业税计征方法比较复杂,虽然以社为单位汇总缴纳,却以农户为单位计算,由农户承担,但这种农业税计征方法不利于加强社员的集体观念。③

2. 变革效果

在第一个五年计划(简称"一五"计划)时期,农业税收政策贯彻了合理负担、税收公平的基

① 财政部农业财务司:《新中国农业税史料丛编　第一册　第一、二次国内革命战争时期革命根据地的农业税政策法规》,北京:中国财政经济出版社,1987 年,第 625-626 页。

② 浙江省财政厅农业税处:《新农业税制度讲话》,杭州:浙江人民出版社,1959 年,第 7 页。

③ 浙江省财政厅农业税处:《新农业税制度讲话》,杭州:浙江人民出版社,1959 年,第 5 页。

本原则，以使农民负担符合其实际收入情况。各年的农业税征收额均低于1952年的实际征收水平，农业税率没有提高，农业生产又逐年增长。增产不增税的农业税政策正确处理了国家、集体和个人三者的关系，农民实际负担不断减轻，生产积极性和生活得到提高和改善。

1953—1957年，农业各税收入从27.51亿元增长至29.67亿元。虽然农业各税收入占政府各项税收的比例继续从22.99%下降至19.16%，但是农业税仍然是国家税收的重要来源。[①] 尤其国家可以通过征收公粮掌握一部分粮食，以有效满足日益增长的城市工业人口的粮食需求，从而保障了国家工业化发展。这一时期，农业为工业化发展做出了巨大贡献。1953—1957年，农业总产值(按1952年不变价格计算)从499亿元增长至604亿元。[②] 1952—1957年，农村居民人均纯收入从57元增长至73元，农民收入增长缓慢。[③]

二、统一农业税收制度的建立和实施：1958—1977年

(一)农业税收制度的变革

1958年，新中国基本完成了农业合作化运动，农业生产合作社发展为公有化程度更高的人民公社，土地和其他主要生产资料变为集体所有，生产经营和收入的分配由合作社统一进行，农村生产关系发生了根本变化。在合作化运动期间，大部分农民不断加入农业生产合作社，农民之间已不存在贫农、中农和富农的差异。以个体经济为基础的《新解放区农业税暂行条例》逐渐不再适应农村新生产关系的变化，所以早在1956年国家就已着手起草新的农业税条例。1958年全国人民代表大会讨论并通过了《中华人民共和国农业税条例》，这是新中国第一部农业税法。《中华人民共和国农业税条例》以轻税和促进农业生产发展为根本方针，对原来以个体经济为基础的农业税收条例做了若干重要改变，废除了封建土地剥削和各种苛捐杂税，并据此形成了全国统一的农业税收制度。例如，农业税缴纳单位由农户变为农业生产合作社，农业税征收废除累进税和免税办法，在全国各地统一实行比例税制；全国的平均税率为常年产量的15.5%，各省、自治区、直辖市的平均税率由国务院根据全国平均税率，结合各地区的不同经济情况分别加以规定；农业税分夏秋两季征收，以征收粮食为主；等等。这些规定符合当时中国地区之间经济、历史和自然条件差异较大的现状，贯彻了统一领导与因地制宜相结合的方针，解决了各地区之间税收负担不平衡的矛盾。《中华人民共和国农业税条例》既有利于全国的大体平衡，又方便了地方政府根据所属地区不同情况进行机动安排。[④]

1957年12月20日，中共中央同意并转发的中共财政部党组报送的《关于农业税条例(草案)的请示报告》指出，中国的农业生产在第二个五年计划期间将有更大的发展，在这个基础上可以适当增加一点农业税的负担，但不宜增加过多。受"大跃进"、人民公社化运动及三年严重自然灾害的影响，1958—1960年的农业生产逐年下降，农民实际农业税负担相对于第一个五年计划时期显著提高，尤其是粮产区农民的实际负担率甚至高达15%以上，给农民生活造成

① 国家统计局国民经济综合统计局：《新中国六十年统计资料汇编》，北京：中国统计出版社，2010年，第19页。

② 国家统计局：《中国统计年鉴1983》，北京：中国统计出版社，1983年，第149页。

③ 国家统计局农村社会经济调查司：《2009农村小康蓝皮书·中国农村全面建设小康检测报告》，北京：中国统计出版社，2010年，第300-301页。

④ 中华人民共和国国史全鉴编委会：《中华人民共和国国史全鉴　第二卷　1954—1959》，北京：团结出版社，1996年，第2243页。

严重苦难。①

为战胜困难,纠正税收负担过重问题,让农民真正休养生息,中共中央提出了"调整、巩固、充实、提高"的决策目标。从1961年开始,国家通过调减农业税任务、稳定统购统销粮食数量、控制纳税社队最高负担率等措施,降低了农民的农业税负担。1962年,中共中央提出生产队的各项提留加上农业税,再加上大队的各项提取一般应当控制在生产队可分配总收入的40%左右;国家应在一定时期内稳定农业税和统购粮食数量,以鼓励农业生产,兼顾工业发展,保持城市和农业人口的合理比例。② 在第一个五年计划时期,平均每年的农业税征收额为373亿斤,1960年减少到347亿斤,1961年进一步减少到236亿斤,1961—1963年的税收水平连续3年保持不变。除此之外,国家还在稳定油料等主要农副产品收购价格的同时,稳定粮食销售价格。③ 这一系列措施对提高农民收入和农民的生产积极性具有重要意义,也加速了农业生产合作社的公共积累,保障了政府的财政收入。

1963—1965年,随着农业生产的不断发展,农业税占实际产量的比例下降至7.5%,比第二个五年计划时期又下降了4.4个百分点。④ 1968年1月27日,《国务院关于稳定农民粮食负担一定三年政策在一九六八年继续延用一年的通知》提出,1965—1967年实行的征购任务"一定三年政策"执行效果较好,1968年继续延用一年,粮食征购任务保持不变,并实行超产超购奖励的办法,对于重灾地区则适当调减任务。⑤ 这项政策稳定了农民粮食负担和生产预期,提高了农民的生产积极性。1971年4月15日,财政部在《关于全国财政银行工作座谈会情况的报告》中指出,继续执行增产不增税的政策,贯彻藏粮于民的方针。1971年12月1日,财政部在《复贵州省财政局关于继续稳定农业税负担问题》中指出,中央通知规定,粮食征购任务"从1971年起,改为实行一定五年的政策"。1971—1975年,全国粮食征购基数调增39.5亿斤,在中央确定的征购基数基础上,要求各省区市增加5%左右的购粮机动数。全国农业税征收任务仍按222亿斤细粮(征税)分配给各省、自治区、直辖市。⑥

1958—1977年,虽然国家用于农业的财政支出从43.28亿元增长至108.12亿元,占财政支出的比例从10.81%增长至12.82%,但支农财政资金依然主要用于支援农村生产,农林、水利、气象等部门的事业费和基础设施建设,农村救济方面的财政支出增长缓慢。虽然1963年国家开始对农业科技三项提供一定的财政支持,但投入力度小,1977年国家财政用于农业科技三项费用的支出占总支出的比例仅为0.86%,不利于提高农业生产技术效率。⑦

(二)变革效果

1976年4月,财政部在向国务院汇报的《关于"五五"期间农业税负担问题的报告》中指

① 贾绍华:《告别皇粮国税:漫谈农业税》,北京:中国税务出版社,2009年,第39页。

② 财政部农业财务司:《新中国农业税史料丛编　第五册　1950—1983年中央和大区的农业税政策法规》,北京:中国财政经济出版社,1986年,第603页、第614页。

③ 财政部农业财务司:《新中国农业税史料丛编　第五册　1950—1983年中央和大区的农业税政策法规》,北京:中国财政经济出版社,1986年,第624-625页。

④ 贾绍华:《告别皇粮国税:漫谈农业税》,北京:中国税务出版社,2009年,第39页。

⑤ 财政部农业财务司:《新中国农业税史料丛编　第五册　1950—1983年中央和大区的农业税政策法规》,北京:中国财政经济出版社,1986年,第651页。

⑥ 财政部农业财务司:《新中国农业税史料丛编　第五册　1950—1983年中央和大区的农业税政策法规》,北京:中国财政经济出版社,1986年,第655页、第657页。

⑦ 国家统计局:《中国统计年鉴2000》,北京:中国统计出版社,2000年,第263页。

出，自1961年以来国家稳定实施调减农民负担的政策，保持农业税征收额不变。1975年，随着农业连续14年增收，农业税占农业实际产量的比例由1961年的9.27%下降至5%以下。为进一步促进农业生产发展，"五五"期间农业税征收任务继续稳定在222亿斤细粮水平，各省、自治区、直辖市在中央确定征收任务的基础上另增7%～15%的机动税。[①]

1958—1977年，尽管农业各税收入从32.59亿元下降至29.33亿元，占政府各项税收的比例从17.39%下降至6.26%，农业生产税收负担减轻。[②] 受"文化大革命"、人民公社制度等影响，农业经济发展缓慢，1958—1971年农业总产值(按1957年不变价格计算)从550亿元增长至738亿元；1971—1977年，农业总产值(按1970年不变价格计算)从1 090亿元继续增长至1 339亿元。[③] 这个时期的农业经济发展潜力释放不足，农村居民收入水平提高缓慢，1958—1977年人均纯收入从73元增长至117.1元。[④]

三、农村改革新时期农业税收制度的调整：1978—1999年

"文化大革命"结束后，广大农民生活困苦、农业发展和农村建设滞后，中国农村经济发展亟须进行经济体制创新，因此在1978年中国共产党第十一届中央委员会第三次全体会议确立了"实事求是"的正确思想路线后，各地陆续从实际出发解决农村集体经济发展中出现的问题，中国农业农村发展开始发生一系列新的历史性变革，农业税收制度也随之转变。

(一)农业税收制度的变革

1979—1984年，中国农村通过实施家庭联产承包责任制，将土地等主要农业生产资料的所有权与经营权分离，在保持其所有权仍归集体所有的基础上，将其经营权承包给农户，并建立了多种形式的生产责任制。农业生产收获在缴纳国家税收和集体提留后的剩余部分归农户所有，即"交够国家的、留足集体的、剩下都是自己的"。这项改革扩大了农民的剩余索取权，极大地激发了农民的生产积极性和主动性。1979年9月，中共中央在《关于加快农业发展若干问题的决定》中指出，在今后一个较长的时间内，全国粮食征购指标稳定在1971—1975年"一定五年"基础上，并且从1979年起减少50亿斤，以利于减轻农民负担，发展生产。1979年10月，《财政部关于加强农业财务工作的意见》再次强调，为支持社队发展集体经济，1985年以前，农业税的征收额继续稳定不变，增产不增税。[⑤]

为进一步促进农业生产尽快恢复，改善低收入农民群众的生活条件，1979年农业税的征收工作开始实行起征点办法，人均口粮产量低于规定标准可以免除农业税。1980年，《国务院批转财政部关于执行农业税起征点办法的情况报告》指出，征收农业税实行起征点的办法是国家为减轻穷队负担，支持他们发展生产、改变贫困面貌所采取的一项重大措施。

1981年，《财政部关于加强农业税征收工作的通知》指出，中国共产党十一届中央委员会

① 财政部农业财务司：《新中国农业税史料丛编 第五册 1950—1983年中央和大区的农业税政策法规》，北京：中国财政经济出版社，1986年，第666页。

② 国家统计局国民经济综合统计局：《新中国六十年统计资料汇编》，北京：中国统计出版社，2010年，第19页。

③ 中国统计出版社：《中国统计年鉴1983》，北京：中国统计出版社，1983年，第149页。

④ 国家统计局农村社会经济调查司：《2009农村小康蓝皮书·中国农村全面建设小康检测报告》，北京：中国统计出版社，2010年，第300-301页。

⑤ 财政部农业财务司：《新中国农业税史料丛编 第五册 1950—1983年中央和大区的农业税政策法规》，北京：中国财政经济出版社，1986年，第689-691页。

第三次全体会议后，中国农村实行多种形式的生产责任制调动了农民生产积极性，也对农业税收工作提出了新课题。此时，农业税征收仍以生产队为纳税单位；实施包干到户或到组、包产到户责任制的生产队，则按照合理负担的原则，根据承包情况将生产队的农业税任务落实到户或组。① 1983 年 3 月，《财政部关于农业税征收管理若干问题的通知》进一步指出，农业税改为由承包户（组）负责缴纳，并落实好税收减免工作。② 随着农业生产责任制的日益完善和迅速推广，1983 年 8 月，财政部提出 1979 年实行了生产队免征农业税政策，1980 年又实行了一定三年免税政策，1984 年届满后不再继续执行，恢复 1979 年实行起征点办法时的核减地区征收农业税，即逐渐全面恢复农业税收，并严格执行农业税减免。③

1983 年 10 月，《中共中央、国务院关于实行政社分开建立乡政府的通知》的颁布，标志着人民公社制度的结束。中国共产党十一届中央委员会第三次全体会议后，随着计划经济体制改革和市场经济发展，政府逐步放宽了对粮食统购统销的管制。一方面，提高了粮食征购价格。1979 年中国共产党十一届中央委员会第四次会议后，国家征购夏粮价格便提高了 20%，且超购部分加价从以前的 30%增至 50%。粮食价格的上涨提高了农民的生产积极性，1984 年国家粮食产量首次超过 8 000 亿斤。另一方面，减少了统购统销的农产品种类和比例。1982 年中央一号文件提出，“增加农民收入，不能指望提高收购价格或降低收购基数，而只能主要依靠发展商品生产，实现多产畅销”“农业经济是国民经济的重要组成部分，要以计划经济为主，市场调节为辅。粮、棉、油等农产品仍须坚持统购统销的政策”“必须多方设法疏通和开辟流通渠道”。1983 年中央一号文件指出，“继续调整农副产品购销政策。有必要对重要农副产品实行统购统派，但品种不宜过多。对于农民完成统购统销任务后的农产品（包括粮食，不包括棉花）和非统购派购产品，应当允许多渠道流通”。1983 年，政府逐步减少农产品指令性收购种类，降低了派购比例。1984 年中央一号文件继续提出，减少统购统销农副产品的品种和数量，尽量放活鲜活产品价格、三类产品和统购任务外产品的价格等。此外，政府还恢复了农村集市贸易，鼓励多元化市场主体发展。1984 年前的这些改革均是在未改变统购统销旧制度基础上进行的局部调整。

1985 年中央一号文件指出，“除个别品种，国家不再向农民下达农产品统购派购任务，按照不同情况，分别实行合同定购和市场收购”“定购的粮食，国家确定按‘倒三七’的比例计价。定购以外的粮食可以自由上市”。经过此次改革，中国农业税征收方式实现了从公粮实物税到折征代金计价方法的改变。政府还取消了农产品统购派购制度，突破指令性生产计划，农产品不再受原来经营分工的限制，形成了“购销价格双轨制，经营渠道多样化”的粮食流通体制。粮食价格更多地由市场议购决定，农民可以获得更多利润。由于这一时期的粮食购销价格双轨制只对“统购”制度进行了改革，没有涉及“统销”制度，不彻底的改革造成购销价格倒挂、国家财政负担加重。在造成一定财政负担后，政府无法继续提高收购价格。当粮食失去价格吸引力后，农民种粮意愿就会降低。尤其 1989 年，粮食供求紧张，政府被迫停止粮食自由交易，恢

---

① 财政部农业财务司：《新中国农业税史料丛编　第五册　1950—1983 年中央和大区的农业税政策法规》，北京：中国财政经济出版社，1986 年，第 698-699、第 812 页。

② 财政部农业财务司：《新中国农业税史料丛编　第五册　1950—1983 年中央和大区的农业税政策法规》，北京：中国财政经济出版社，1986 年，第 716 页。

③ 财政部农业财务司：《新中国农业税史料丛编　第五册　1950—1983 年中央和大区的农业税政策法规》，北京：中国财政经济出版社，1986 年，第 720-721 页。

复粮食国有独家垄断经营，在本质上再次恢复了强制性征购措施。

1991 年，国务院决定从 5 月起适当调整粮油统销价格。因这次调整幅度不大，其未对农民生活和社会造成很大影响。1992 年 4 月 1 日，政府再次提高了城镇居民的平价口粮，实行购销同价；1992 年 11 月 1 日，政府正式放开粮食购销价格和经营，由此统购统销制度宣告结束。1991—1992 年的粮食购销体制改革取得了较好效果，市场平稳有序发展，人们改革的信心得到增强。1993 年，由于从传统粮食购销体制向市场体制的过渡太急功近利，全国各地相继进行了粮食市场经济体制改革，1993 年 6 月底全国宣布放开粮价的县(市)便已超过总数的 95%，从而导致粮食价格急速大幅上涨，粮食市场发生巨大波动。因此，1994 年国家不得不恢复定购任务按国家定价收购、其他随行就市收购的“双轨制”粮食购销流通体制，实行严格的粮食流通市场管理。1995 年，政府又实施了“米袋子”省长负责制，保障各省区市粮食的供求平衡。这项制度在促进粮食生产发展、保障粮食供给、稳定粮食市场等方面取得了较好效果，因此一直实施到 2004 年。①

1978—1999 年，国家对农业生产的扶持力度不断加大，用于农业的财政支出从 150.66 亿元增长至 1 085.76 亿元，累计 8 280.48 亿元。其中，支援农村生产支出和农林、水利、气象等部门的事业费的比例一直高达 51%及以上，农业基础设施建设支出居次位，两者之和占国家支农财政支出的比例一直保持在 85%以上，而国家对农业科技三项、农业救济等方面的支出依然很少。②

(二)变革效果

1978—1999 年，农业各税收入从 28.40 亿元增长至 423.50 亿元，占政府各项税收的比例从 5.47%下降至 3.96%，此时国家从农业部门的获取水平较低。③ 在这个时期，农业产业发展政策环境得到改善，农民负担减轻、生产积极性提高，农业总产值(按当年价格计算)从 1 117.5 亿元增长至 14 106.2 亿元，④农村居民人均纯收入从 133.6 元迅速增长至 2 210.3 元。⑤

四、新世纪农业税收制度自调整：自 2000 年以来

(一)农业税收制度自变革

2000 年，农村开始进行税费制度试点改革，在试点地区取消城乡统筹和农业税，调整农业税和农业特产税政策，改革村提留征收办法等。针对 2000 年改革试点出现的问题，2001 年，《国务院关于进一步做好农村税费改革试点工作的通知》对农业税收制度改革中涉及的计税面积、计税价格和常年产量确定问题以及农业特产税税率和征收环节等做了进一步的补充说明。在总结经验后，2003 年 3 月国务院又扩大了农村税费改革试点的范围，为进一步改革积累了丰富的经验。

---

① 国家统计局：《中国统计年鉴 2001》，北京：中国统计出版社，2001 年，第 248 页。

② 国家统计局：《中国统计年鉴 2001》，北京：中国统计出版社，2001 年，第 253 页。

③ 国家统计局国民经济综合统计局：《新中国六十年统计资料汇编》，北京：中国统计出版社，2010 年，第 19 页。

④ 国家统计局：《中国统计年鉴 2001》，北京：中国统计出版社，2001 年，第 374 页。

⑤ 国家统计局农村社会经济调查司：《2009 农村小康蓝皮书 · 中国农村全面建设小康检测报告》，北京：中国统计出版社，2010 年，第 300-301 页。

面对农民增收遇到瓶颈等问题，2004 年的中央一号文件的侧重点回归“三农”问题，以促进农民增收为目标，提出减免农民的农业税、农林特产税，发放粮食直补、良种推广补贴和农机购置补贴以及实行重点农产品最低保护价等政策。在此基础上，2006 年中央进一步宣布取消农业税，这标志着中国 2 600 多年的农业税历史走向结束，消解了长期以来农民沉重的农业税负担，也开启了中国工业反哺农业、城市反哺农村的新征程。应注意的是，尽管 2006 年取消了农业税，但是在分税制的情况下地方政府依然会征收耕地占用税、契税和烟叶税等农业各项赋税。

20 世纪 90 年代末，农业、农村和农民开始被视为一个整体。2004—2022 年，中央连续 19 年发布聚焦“三农”问题的一号文件，以保障农业农村在社会主义现代化建设中的优先发展地位。随着农业农村经济发展，19 个中央一号文件相继提出促进农民增收、提高农业综合生产能力、推进社会主义新农村建设、发展现代农业、加强农业基础建设、促进农业稳定发展、加大统筹城乡发展、加快水利改革发展、加快推进农业科技创新、加快发展现代农业、深化农村改革、加大改革创新力度、实现全面小康目标、推进农业供给侧结构性改革、实施乡村振兴战略、坚持农业农村优先发展、如期实现全面小康、全面推进乡村振兴、全面推进乡村振兴重点工作等“三农”工作侧重点。在一系列惠农强农政策的扶持下，农民生活条件得到有效改善，农业现代化生产水平得到不断提高，城乡统筹发展步伐加快。

自进入 21 世纪以来，国家财政支农力度也不断加大。2000—2006 年，国家财政支农资金从 1 231.54 亿元迅速增长至 3 172.97 亿元，占财政支出的比例一直稳定为 7.12%～7.85%。其中，支农支出和农业基本建设支出总额在农业财政支出中的比例依然在 84.01%以上。虽然用于农业科技三项费用和农村救济的费用不断增长，但在农业财政支出中的比例仍较低。[①] 2007—2020 年国家用于城乡社区事务和农林、水利、气象等部门的财政支出从 6 649.39 亿元增长至 43 894.37 亿元，增长了 5.78 倍。[②] 尽管统计口径发生了变化，但是这个数据可以说明国家日益重视农业农村的发展，因而扶持力度在不断加大。

（二）变革效果

2000—2006 年，农业总产值（按当年价格计算）从 13 873.6 亿元增长至 21 522.3 亿元；[③] 农业各税收入从 465.31 亿元增长至 1 084.04 亿元，在政府各项税收总额中的比例从 3.70%下降至 3.11%。[④] 2007—2020 年，农业总产值（按当年价格计算）从 24 444.7 亿元增长至 71 748.2 亿元；[⑤]虽然农业各项税款收入[⑥]从 1 439.09 亿元增长至 8 427.26 亿元，在各项税收总额中的比例从 3.15%增长至 5.46%，但其处于较低的水平。[⑦] 2000—2020 年，农村居民人均

---

① 国家统计局：《中国统计年鉴 2007》，北京：中国统计出版社，2007 年，第 282 页。

② 国家统计局：《中国统计年鉴 2008》，北京：中国统计出版社，2008 年，第 264 页；中国统计出版社：《中国统计年鉴 2021》，北京：中国统计出版社，2021 年，第 223 页。

③ 国家统计局：《中国统计年鉴 2021》，北京：中国统计出版社，2021 年，第 390 页。

④ 国家统计局国民经济综合统计局：《新中国六十年统计资料汇编》，北京：中国统计出版社，2010 年，第 19 页。

⑤ 国家统计局：《中国统计年鉴 2021》，北京：中国统计出版社，2021 年，第 390 页。

⑥ 在 2006 年前，农业各税包括农业税、牧业税、耕地占用税、农业特产税、契税和烟叶税；从 2006 年起农业各税只包括耕地占用税、契税和烟叶税。

⑦ 国家统计局国民经济综合统计局：《新中国六十年统计资料汇编》，北京：中国统计出版社，2010 年，第 19 页；《中国统计年鉴 2021》，第 222 页。

纯收入从 2 253.4 元迅速增长至 17 131.5 元,增长了 6.60 倍。① 农民收入水平得到了提高,生活条件有了较大改善,生活幸福感增强。

五、新中国农业税收制度变革的经验启示

新中国的农业税主要根据农业收益征收,并基于地区差异实行了比例税制,体现了税收公平的原则。新中国的农业税收制度还会根据中国农村的具体情况、农民内部利益关系、国家与农民间利益关系等变化进行变革,在实践中不断完善,并为社会经济发展服务。例如,当农村有富农、中农和贫农的阶级之分时,农业税收的基本原则是优待贫农、保障中农、限制富农;随着农业集体化发展,农村再无阶级之分,农业税变为主要根据集体生产的收益征收。这种税收制度的变革有利于灵活调整生产关系,调动农民农业生产积极性,推动农业生产发展以及促进社会主义建设。

中国共产党切实代表人民群众的根本利益,新中国的农业税收制度变革及农业经济发展离不开中国共产党的正确领导。新中国成立至改革开放前,在中国共产党的领导下,不仅旧制度的封建地租和各种苛捐杂税的剥削被废除,而且实施了一系列减轻农民负担的措施。为积累工业发展资金,这一时期农民的农业税收负担仍较重,农业为中国经济发展做出了较大牺牲。改革开放后,随着工业经济的迅速发展,政府财政资金收入渠道不断拓展,政府对农业税收的依赖程度逐渐降低,因而逐步减轻了农民的农业税负担直至全面取消农业税,彻底扭转了长期以来农民负担过重的局面。与此同时,国家认识到整体解决"三农"问题的重要性,因此不断加大财政支农的力度。新中国的农业税收制度实现了从取多予少到不取多予的变革,在调动农民农业生产积极性、保障和促进农业经济和社会经济发展、统筹城乡发展、稳定社会秩序方面发挥了积极作用。

思考题

1. 简述农业税费与国家工业化的关系。
2. 农业税费的征收有哪几个阶段?形式如何?
3. 简述农业税取消的历史背景及其重要意义。

① 国家统计局:《中国统计年鉴 2001》,北京:中国统计出版社,2001 年,第 323 页;《中国统计年鉴 2021》,北京:中国统计出版社,2021 年,第 184 页。

专题十三　农食系统的转型

理想的农业与食物系统(以下简称“农食系统”)是以营养、健康和安全为导向,构建从农业生产到食物消费全领域的多产且高效的产业链体系,具备环境可持续、气候友好及包容性等特征。中国的农食系统发展可以分为三个阶段:第一阶段是新中国成立初期至改革开放前期,这一时期为中国的农食系统的雏形阶段,以解决温饱为基本目标;第二阶段是改革开放至21世纪初期,这一时期为中国的农食系统的发展阶段,以保障粮食安全为基本目标;第三阶段是21世纪初至今,这一时期为中国的农食系统的转型阶段,以农业高质量发展为基本目标,在气候变化、过度肥胖和碳中和等方面出现新的挑战。

自新中国成立以来,中国的农食系统一直处于转型发展过程中。在不同的历史阶段,农食系统所扮演的角色和承担的任务有所差异,面临的挑战和风险也具有鲜明的时代特征。从农食系统的特征和发展重点看,中国农食系统自新中国成立以来大致可分为三个阶段。

一、新中国成立初期至改革开放前期(1949—1977年):雏形阶段

农食系统在这个阶段以解决温饱为基本目标。其主要任务是增加粮食产量,扩大种植面积,以应对人口快速增长所形成的粮食安全压力,满足城乡居民最基本的热量需求。

(一)粮食生产

农食系统的基础是粮食生产及供应的稳定充足。新中国成立前,农业发展水平极为低下,80%的人口长期处于饥饿半饥饿的状态,粮食供给严重匮乏,粮食安全难以保障。[①] 1949年全国粮食总产量为2 254.8亿斤,比新中国成立前(1936—1937年)最高产量2 844.6亿斤下降了21%,平均每人每年仅475斤原粮(未经加工带皮壳的粮食)。除去牲畜饲料、榨油、种子、酿酒及为换取经济建设必需设备而出口的部分粗粮,平均每人每年仅425斤原粮。[②] 粮食供给不足导致居民基本的热量需求无法得到满足。解决老百姓的吃饭问题是该阶段农食系统建设的第一任务。“没有饭吃,其他一切都没有办法。”

为了改变物资短缺、农业生产落后以及人民生活积弱积贫的现状,中国共产党和中央人民政府以农业生产为中心任务,粮食生产能力有所提高。[③] 1952年,中国粮、棉、油、糖的总产量分别比1949年增长了44.8%、193.7%、63.5%、168.1%,人均占有量分别提高了37.9%、179.3%、55.8%、155.3%[④]。受制于不完善的农业经营体制以及城乡二元“剪刀差”的发展模

---

① 王茂林:《中国粮食问题及主产区政策研究》,《管理世界》1996年第5期。

② 中国社会科学院、中央档案馆:《中华人民共和国经济档案资料选编(1949—1952)》(农业卷),北京:社会科学文献出版社,1990年。

③ 王钢、钱龙:《新中国成立70年来的粮食安全战略:演变路径和内在逻辑》,《中国农村经济》2019年第9期。

④ 陈锡文:《我国农业农村的60年沧桑巨变》,《求是》2009年第19期。

式，农业生产能力在之后并未得到跨越式发展。1957 年农民人均分配的原粮为 203 公斤，到 1977 年农民人均分配的原粮只增加到 208 公斤。实际上，农民的人均粮油消费水平在被折成贸易粮和食用植物油之后是下降的。1977 年农村人均粮油消费比 1957 年分别下降了 8.5% 和 45.9%。[①] 事实说明，中国农食系统的基础仍然有待巩固，粮食安全作为农食系统的保障功能未能得以实现。

（二）膳食营养

自新中国成立以来，中国居民膳食营养结构相对单一，摄入的营养元素较为匮乏。从消费结构来看，稻谷和小麦是新中国成立初期中国居民饮食的主要营养和能量的来源，鱼、肉、蛋等高蛋白食物供给数量低。由于快速增长的人口规模与有限的耕地资源之间存在内在冲突，种植主粮仍然是农业生产的主要选择，解决温饱问题仍然是中国居民餐桌饮食的首要目标。新中国成立初期，城市居民家庭的恩格尔系数在 70%以上，农村居民家庭的恩格尔系数更高达 80%。[②] 受制于相对薄弱的农业生产能力，中国居民的营养需求并未得到有效满足。其只能通过粮票制度解决能量及营养摄入问题。

能量及摄入营养的匮乏带来儿童生长与发育不良、婴儿出生死亡率高等问题。新中国成立前，人民生活困苦，人口死亡率为 25‰～33‰，婴儿死亡率为 200‰～250‰，平均人口预期寿命仅为 35 岁。[③] 据 1959 年全国营养调查数据表明，当时困扰居民健康的主要营养问题是由蛋白质-能量缺乏引起的营养不良以及由维生素 B_2 和维生素 D 缺乏而引起的佝偻病、癞皮病等营养素缺乏病。[④] 为此，新中国成立初期，中央人民政府在部分地区发放婴儿食品，推广科学膳食制度；利用高色氨酸玉米解决南疆的癞皮病；推广维生素 B_1 预防和治疗脚气病；针对由硒元素匮乏导致的克山病，制定硒元素的最低摄入标准。营养健康措施与其他卫生健康措施在保障居民健康方面取得了巨大的成效。1950—1980 年，中国婴儿死亡率的年平均下降速率为 5%以上，下降速率快于同期发展中国家平均婴儿死亡率下降速率（2.5%），也快于发达国家年平均下降速率（4.6%）。[⑤]

（三）资源与环境保护

新中国成立初期至改革开放前期，农业生产、营养健康与资源环境可持续利用之间的关系仍然处于探索阶段。1949—1978 年的农业可持续发展大致可以分为三个阶段。

1. 1949—1958 年：新中国成立初期

1949 年《中国人民政治协商会议共同纲领》[⑥]明确提出了与农业相关的环境保护政策，强调兴修水利、保护森林、保护沿海渔场以及保护和发展畜牧业，强调对农林渔牧业生产环境的

---

① 陈锡文、赵阳、陈剑波等：《中国农村制度变迁 60 年》，北京：人民出版社，2009 年，第 19 页。

② 人民财评：《70 年饮食之变，中国越来越“健康”》. (2019-09-29)[2022-03-16]. http://nh.ckcest.cn/default/page/loadPageIndex? pageId=9acd614d988444de94e20f56452c393a&db=999009&rid=fb20169573a243a08965f2e737caa37e.

③ 国家统计局：《新中国 50 年系列分析报告之十五：控制人口增长成绩巨大坚持基本国策任重道远》. (1999-09-28)[2022-03-16]. http://www.stats.gov.cn/ztjc/ztfx/xzg50nxlfxbg/200206/t20020605_35973.html.

④ 疾病预防控制局：《食物与营养发展纲要发布为国民营养健康保驾护航》. (2014-03-26)[2022-03-16]. http://www.nhc.gov.cn/jkj/s5879/201403/7c7883847a884330b0b4adf81bb4e806.shtml.

⑤ 新华社：《中国儿童状况之二：儿童的健康与保健》. (2007-05-28)[2022-03-16]. http://www.gov.cn/ztzl/61/content_627762.htm.

⑥ 中国人民政治协商会议：《中国人民政治协商会议共同纲领》. (1949-09-29)[2022-03-16]. http://www.cppcc.gov.cn/2011/12/16/ARTI1513309181327976.shtml.

保护。1950 年《中华人民共和国土地改革法》正式实施，明确规定严禁非法砍伐树木，严禁荒废土地，违法者应受到人民法庭的审判和处分。1957 年颁布的《1956 年到 1967 年全国农业发展纲要(修正草案)》，规定“保持水土”“发展林业，绿化一切可能绿化的荒山荒地”“保护野生药材”“保护和发展有经济价值的野生动物”“防止和消灭病虫害”“加强植物保护工作”“积极改良和利用盐碱地、瘠薄的红土壤地、低洼地、沙地和其他土地，注意土地防碱化”等一系列农业环境保护措施，这是第一份体现保护农业环境和生态资源的综合性文件。① 在该阶段，中国农食系统的环境保护政策主要着眼于防治水土流失，并强调对耕地、森林等资源的保护，以期能够为农业生产提供良好的条件。

2. 1958—1965 年：“大跃进”时期

在该阶段，国民经济片面追求“以钢为纲”方针，大炼钢铁导致滥挖、滥采矿产资源，对农食系统所处的生态环境造成了严重破坏。1963 年，在“调整、巩固、充实、提高”的方针下，党中央及国务院颁布了一系列专项环境保护文件：《矿产资源保护试行条例》《森林保护条例》《国务院关于保护和合理利用野生动物资源的指示》。这个阶段的农业环境政策具有一定的应急性，旨在避免由不合理的工业布局所带来的农业生态环境压力。②

3. 1966—1976 年：“文化大革命”时期

在该阶段，中国农食系统的环境保护工作一度陷入停滞，相关政策及规章制度都被当作资本主义和修正主义的“管、卡、压”而受到批判和否定。遍地开花的“五小工业”以及片面强调“以粮为纲”对农业生产环境及生态资源利用造成了严重的污染和浪费。毁林毁牧、围田造湖、人造梯田等活动以牺牲生态环境作为代价发展粮食生产导致污染问题日趋严重。随着污染公害事故的频繁发生以及世界范围内环境保护思潮的兴起，环境保护问题开始进入政府议程。1973 年 8 月，中国拟定了第一个综合性环境保护行政法规，即《关于保护和改善环境的若干规定(试行草案)》，强调加强对土壤和植物的保护，注意改良土壤；努力发展新化学农药，减少滴滴涕、六六六等农药的使用，尽量做到农药使用效果好、毒害低、残留少；使用有机肥料，采取生物的、物理的综合性防治等措施。③

二、改革开放初期至 20 世纪末期(1979—1999 年)：发展阶段

农食系统在这个阶段以保障粮食安全为基本目标。通过家庭联产承包责任制，农业生产力得到极大释放。粮食生产由解决温饱向总量基本平衡，丰年供给有余过渡；膳食结构由吃得饱向吃得好转型，经济作物与畜牧业快速发展，为城乡居民获取高质量蛋白质与均衡营养素提供了基本保障。在取得巨大成就的同时，农业生产的负外部性逐步显现：地下水超采、化肥过度使用、土地荒漠化等一系列环境问题严重制约了农食系统的可持续发展，食品安全以及食物浪费问题逐步进入大众视野。

(一)粮食生产

在生产层面，农食系统由注重数量到兼顾数量、效益、品质。改革开放后，中国粮食产量进入快速增长期，由 1978 年的 30 477 万吨上升至 2000 年的 46 218 万吨，增长了 51.6%。粮食

① 韩长赋：《新中国农业发展 70 年》(政策成就卷)，北京：中国农业出版社，2019 年，第 350 页。
② 同①。
③ 同①。

产量的快速上升主要得益于粮食单产量的提升。1978—2000 年，中国粮食播种面积由 12 058.7 万公顷降至 10 846.3 万公顷，播种面积减少了 10%。在同一时期，中国粮食平均单产量却突飞猛进，由 1978 年的 2 527 公斤/公顷增至 2000 年的 4 621 公斤/公顷，增幅达 82.8%。由此可见，中国粮食总产量的增加主要得益于由生产技术的进步和经营制度改革所引起的单产量的提升。粮食产量的增长使农食系统摆脱了数量的约束。在新阶段，农食系统在粮食安全层面体现出两大特征。

第一，1978—2000 年中国粮食播种面积占农作物总播种面积的比例明显下滑，该比例由 1978 年的 80.3%下降至 2000 年的 69.4%，表明农产品品种结构不断提升，具有较高经济价值的农产品得到大力发展。种植业所占的比重在 1978 年高达 80%，处于绝对主导地位。2000 年后种植业所占的比重降至 55.7%。与此同时，畜牧业、渔业、林业产值快速增加，畜牧业产值所占的比重由 1978 年的 15%上升到 2000 年的 29.7%。由此可见，居民的消费习惯逐步由粮食等植物性食品向肉、蛋、奶等高蛋白高脂肪的动物性食品转变，畜牧业由此发展，并最终推动了农食系统的结构性变化。

第二，肉类消费的增加以及畜牧业的发展改变了中国农作物的品种选择。1978－2000 年，中国粮食生产的品种集中度逐步提高，粮食生产呈现出向谷物集中的趋势。1978 年稻谷、小麦、玉米、大豆、薯类的播种面积分别为 3 442.1 万公顷、2 918.3 万公顷、1 996.1 万公顷、714.4 万公顷和 1 179.6 万公顷，分别占粮食播种总面积的 28.5%、24.2%、16.6%、5.9%和 9.7%。2000 年稻谷、小麦、玉米、大豆、薯类的播种面积分别为 2 996.2 万公顷、2 665.3 万公顷、2 305.6 万公顷、930.6 万公顷和 1 053.8 万公顷，分别占粮食播种总面积的 27.6%、24.6%、21.3%、8.6%和 9.7%。可见，玉米及大豆等饲料作物面积稳步提高。自 2000 年以来，中国粮食进口大幅度上升，进口粮食主品种也由小麦调整为大豆。其主要原因是城乡居民对膳食多样化以及营养健康的需求也作用于中国的农业生产结构。在保障粮食安全的前提下，农食系统更加强调数量与品类的兼顾，农食系统进入质量发展阶段。

(二)膳食营养

保证居民能够获得健康营养的食物是中国农食系统的核心目标。合理、健康的膳食结构能够大幅降低农业生产的环境负担和城乡居民的健康医疗成本，对农食系统可持续发展起着至关重要的作用。① 改革开放以后，中国食物生产能力显著提高，居民食物结构显著改善，膳食模式由温饱走向小康。从能量摄取情况来看，进入 20 世纪 80 年代，中国居民平均膳食摄取能量为 2 485 千卡，与营养学会推荐的供给量标准 2 400 千卡相符，膳食能量已满足需要。

根据《中国食物与营养发展纲要(2001—2010 年)》可知，至 2001 年中国已经基本实现了农产品供给由长期短缺到总量基本平衡、丰年有余的历史性转变，食物需求持续增长，国民营养状况得到全面改善，人民生活水平不断提高。其具体表现：①食物可获得性显著增强。2000 年中国粮食的年平均生产能力已达到 4.62 亿吨，人均粮食占有量达到 206 公斤。在粮食生产稳步增长的同时，肉、蛋、水产品以及水果、蔬菜生产都有了快速增长，为膳食营养奠定了坚实的物质基础。②食物消费结构显著改善。2000 年人均消费口粮 366 公斤、蔬菜 110 公斤、食用植物油 8.2 公斤、食糖 7.0 公斤、肉类 25.3 公斤、蛋类 11.8 公斤、奶类 5.5 公斤、水产品

① 成升魁、董纪昌、刘秀丽等:《新时代中国国民营养与粮食安全研究中的关键科学问题——第 249 期“双清论坛”综述》,《中国科学基金》2021 年。

11.7 公斤。[①] 与 1990 年相比，蛋、奶、水产品的人均消费量有了较大幅度提高。由此可见，在这一阶段中国居民摄入的蛋白质总量中，动物性蛋白质的比重上升，膳食质量改善，已经基本达到了营养素供给量标准。

膳食营养状况的不断改善带来了居民健康水平的显著提升。据中国居民营养与健康状况调查结果显示，5 岁以下儿童营养不良状况在 1992—2002 年得到了明显改善；城市和农村低体重与生长迟缓的发生率均大幅度下降，城市低体重的发生率由 1992 年的 10.1%降至 2002 年的 3.1%，降幅为 69.3%；农村儿童低体重的发生率从 20.0%降至 2002 年的 9.3%，降幅为 53.5%；城市儿童生长迟缓的发生率由 1992 年的 19.1%降至 2002 年的 4.9%，农村儿童生长迟缓的发生率从 35.0%降至 2002 年的 17.3%，降幅分别高达 74.3%和 50.6%。[②]

即使如此，仍然存在大量膳食营养问题亟待解决：①生产结构仍不能满足营养结构改善的需要。粮谷类食物摄入总量减少，但米、面及其制品比重较大，杂粮和薯类食物比重较小；猪肉消费总量和比例过高，禽肉和鱼虾类摄入不足；奶及奶制品、大豆及豆制品摄入不足；水果摄入量在近 20 年间逐渐减少；食用油和食盐摄入量过高。②居民的膳食结构中维生素 A、维生素 B_2 和钙的摄入量普遍不足。③部分居民摄入谷类、薯类、蔬菜所占比例明显下降，油脂和动物性食物摄入量过高；能量过剩、体重超重在城市人群中日渐突出；缺铁性贫血广泛存在；与膳食结构不合理相关的慢性病（如心脑血管疾病等）的患病率与日俱增。[③]

（三）资源与环境保护

生态问题在这一阶段逐步暴露，粮食和食物生产的快速发展付出了较高的环境与生态代价。生态与环境的约束成为限制农食系统发展的重要因素。生态与环境问题严重影响了中国农业的可持续发展，而不合理的农业生产模式也是导致生态与环境问题发生的重要诱因。在该阶段，农食系统的生态与环境问题主要表现在生态退化和面源污染两个方面。

1. 生态退化

荒漠化和水土流失是耕地面积和质量下降最直接的因素：①荒漠化土地。土地荒漠化和沙化是影响中国土地质量的重大难题，而中国是世界荒漠化面积最大、受风沙危害严重的国家。截至 1999 年年底，中国共有荒漠化土地 267.4 万千米^2，占国土总面积的 27.9%；全国沙化土地总面积为 174.31 万千米^2，占国土总面积的 18.2%。[④] ②水土流失。水土流失是指由于受到自然或人为因素的影响，雨水不能就地消纳、顺势下流、冲刷土壤，造成的水分和土壤同时流失的现象。水土流失是中国土地资源遭到破坏最常见的地质灾害，其中以黄土高原地区最为严重。水土流失在这一阶段总体表现为治理赶不上破坏。1949 年全国水土流失面积为 1.16 亿公顷，1980 年约治理了 0.4 亿公顷。全国水土流失面积扩大到 1.5 亿公顷，约占国土总面积的 1/6，涉及近千个县。[⑤] 1950—1990 年，黄河下游河道淤积泥沙 92 亿吨，致使河床普

---

① 国务院办公厅：《中国食物与营养发展纲要（2001—2010）》.（2016-10-11）[2022-03-16]. http://www.gov.cn/zhengce/content/2016－10/11/content_5117329.htm.

② 李辉：《中国儿童生长状况：营养和发育变化趋势》，《中国循证儿科杂志》2009 年第 5 期。

③ 马冠生：《食物与营养发展纲要发布，为国民营养健康保驾护航》（2014-03-27）[2022-03-16]. http://www.chinacdc.cn/zcjd/201403/t2014032794847.htm.

④ 国家林业和草原局：《第三次全国荒漠化和沙化监测主要结果》.（2006-09-24）[2022-03-16]. http://www.forestry.gov.cn/main/65/content-758164.html.

⑤ 韩长赋：《新中国农业发展 70 年》（政策成就卷），北京：中国农业出版社，2019 年，第 15 页。

遍抬高 2～4 米。全国 8 万座水库年均淤积 16.24 亿米^3。水土流失给中国造成的经济损失约相当于 GDP 总量的 3.5％。①

2. 面源污染

1978 年农用化肥施用折纯量为 884 万吨，2000 年农用化肥施用折纯量为 4146.41 万吨，增长了 369％。1991 年农药使用量为 76.53 万吨，2000 年农药使用量为 127.95 万吨，增长了 67.2％。中国化肥施用水平超过了发达国家所设置的防止农业环境污染的化肥安全施用上限。长期不规范的施用造成水体富营养化，农业化肥中的氮、磷导致河湖水质恶化，一部分氮、磷元素被土壤吸附，一部分氮、磷元素通过地表径流、农田排水进入水体，成为食物及饲料的有害成分。根据 2002 年国家环境保护总局对淮河、海河、辽河、太湖、巢湖污染的测定，农用化学品的污染贡献率占 50％，由农业化肥污染带入滇池的总磷和总氮已分别占污染物入湖总量的 64％和 52.7％。② 残留在土壤中的化肥和农药，不仅难以推动农作物增产，而且会使耕地土壤中的有机质不断下降，土壤内在结构被破坏，从而造成土壤板结，地力下降等生态问题。③

为遏制农业污染问题，中国共产党和中央人民政府出台了一系列措施，一方面，为推动农业向可持续方向转型，相继出台退耕还林、天然林保护等政策。通过增加林草植被，改善农业生态，遏制土地流失和土地荒漠化。另一方面，积极防控由化肥、农药所带来的环境污染；推广精准施肥施药技术和高效施肥施药机械，实施有机肥替代化肥。总体来看，资源与环境保护政策取得的效果有限。2001 年公布的《国家环境保护“十五”计划》表明，“农村环境问题日渐突出。已有 1.5 亿亩农田遭受不同程度的污染，畜禽粪便、水产养殖和不合理使用农药、化肥污染加重，农产品质量安全不容忽视。乡镇企业污染较为普遍，小城镇环保基础设施缺乏，农村饮用水受到不同程度的污染”。

三、21 世纪初期至今(2000 年至今)：转型阶段

农食系统在这个阶段以农业高质量发展为基本目标。在这个阶段，粮食安全进一步巩固，技术进步以及政策支持有效提升了农业综合生产能力。气候变化、过度肥胖、碳中和等问题也对农食系统提出新的挑战。

(一)粮食生产

在这个阶段，粮食生产已不是仅仅停留在粮食安全层面，而是致力于构建更具包容性和韧性的农业生产链条，以推动农食系统更好地满足城乡居民营养健康的需求，并应对可能存在的外在生态环境风险。

自进入 21 世纪以来，中国粮食生产继续取得了可喜的成绩。2020 年，中国粮食总产量近 6.7 亿吨，连续 6 年超过 6.5 亿吨，平均每亩粮食产量达到 382 公斤，人均粮食产量达到 474 公斤，高于世界平均水平。中国农业综合生产能力显著提高是这个阶段的典型特征。截至 2020 年年底，全国累计完成 8 亿亩高标准农田建设任务；农田有效灌溉面积超过 10 亿亩；农

① 凤凰网：《水土流失造成相当于内地 GDP 总量 3.5％的经济损失》.(2010-10-29)[2022-03-16]，http://news.ifenq.com/c/7fz3pfESh62.

② 贺峰、雷海章：《论生态农业与中国农业现代化》，《中国人口·资源与环境》2005 年第 15 卷第 2 期，第 23-26 页。

③ 《中国农业环境污染现状与防治措施》.(2006-09-24)[2022-03-16]. https://www.fx361.com/page/2020/0511/6662658.shtml.

田灌溉水有效利用系数达到 0.56，一半农田实现了旱能灌、涝能排。在这个阶段，农业科技进步贡献率超过 60%。农业育种创新取得突破性进展，建立了超级稻、矮败小麦、杂交玉米等高效育种技术体系，成功培育出数千个高产优质作物新品种、新组合，实现多次大规模更新换代，主要农作物良种基本实现全覆盖。同时，农业机械化水平大幅提升。全国农作物耕、种、收综合机械化率超过 71%，小麦生产基本实现全程机械化，玉米、水稻的耕、种、收综合机械化率分别超过 90%、85%。①

随着粮食安全得到基本保障，中国共产党和中央人民政府着力构建以农业产业化龙头企业为核心的全产业链体系，以市场为导向，按需生产，探索出“三链(产业链、价值链、供应链)同构、农食融合”的全产业链发展模式。积极引导加工企业向农业主产区、优势产区、产业园区集中，在优势农产品产地打造食品加工产业集群。加大食品加工业技术改造支持力度，推广“生产基地＋中央厨房＋餐饮门店”“生产基地＋加工企业＋商超销售”等产销模式，促进了农食系统的整合。这个阶段最为显著的趋势是农业与电商平台的有效融合。2020 年全国农产品网络零售额达到 5 750 亿元，832 个国家级贫困县农产品的网络零售额总额达到 3 014 亿元。②电子商务的发展既有力地推动了农户与大市场的对接，降低了农产品信息和交易的成本，促进了电商、政府、物流公司及农业生产者共同参与农产品价值链，又有利于生产者及时了解消费者的需求，避免由供需不匹配所导致的食物损失，以促进安全、营养、可持续、有韧性的新型农食系统的形成。

(二)膳食营养

在这个阶段，农业和食品加工市场的不断丰富极大地促进了中国居民食物选择的多样化，明显改善了中国居民的膳食营养与健康状况。其具体表现：①膳食品种丰富多样。2019 年，油料、猪牛羊肉、水产品、牛奶、蔬菜和水果的人均产量分别为 25.0 公斤、38.7 公斤、46.4 公斤、22.9 公斤、515.9 公斤和 196 公斤。③ 居民人均直接消费的口粮减少，动物性食品、木本食物及蔬菜、瓜果等非粮食食物的消费增加，食物更加多样，饮食更加健康。据国家卫生健康委员会的监测数据显示，2021 年中国居民平均每人每日能量标准摄入量为 2 172 千卡、蛋白质 65 克、脂肪 80 克、碳水化合物 301 克。城乡居民膳食能量得到充足供给，蛋白质、脂肪、碳水化合物三大营养素供能充足，碳水化合物供能比下降，脂肪供能比上升，优质蛋白质摄入量增加。②国民营养健康情况持续改善。2012 年中国 6 岁以下儿童的生长迟缓率、低体重率和消瘦率分别为 8.1%、2.5% 和 2.0%，与 2002 年相比，其分别下降了 14.3%、7.8% 和 2.5%。2012 年 6～17 岁儿童青少年的生长迟缓率为 3.2%、消瘦率为 9.0%，与 2002 年相比，其分别下降了 3.1% 和 4.4%。2012 年中国 18 岁及以上成人的低体重营养不良率为 6.0%，与 2002 年相比，其整体下降了 2.5%，降幅大于 1992—2002 年的 0.8%，说明中国不同地区、不同性别和不同年龄段的居民营养不良状况均得到明显改善。2012 年中国居民的贫血患病率为 9.7%(城市为 9.7%、农村为 9.7%)，与 2002 年 20.1% 的居民贫血患病率(城市为 16.7%、农村为

① 农业农村部:《中国粮食系统可持续发展路径报告》.(2021-09-23)[2022-03-16]. http://www.moa.gov.cn/xw/gjjl/202109/t20210923_6377473.htm.

② 苗雁:《2020 年全国农产品网络零售额达 5750 亿元 同比增长 37.9%》.(2021-07-27)[2022-03-16]. https://baijiahao.baidu.com/s?id=1706405983514891983&wfr=spider&for=pc.

③ 同①。

21.9%)相比,其呈明显下降趋势。2013年中国0～5岁儿童的贫血患病率为11.6%(城市为9.3%、农村为12.4%),与2002年18.8%的儿童贫血患病率(城市为12.7%、农村为20.8%)相比,其也有下降,①这说明以营养为导向的农食系统具有重要的现实意义,显著改善和提高了国民体质和健康水平。

随着经济迅速发展,物质极大丰富,人们追求美食的欲望超过了传统健康饮食的理念,膳食营养出现了新的挑战。①过度肥胖。由于摄入能量多、脂肪多、盐多,微量营养素的缺乏导致超重、肥胖、高血压、糖尿病高发、心脑血管疾病和癌症死亡率居高不下。2014年34.4%的中国成年人超重或肥胖,而2010年该数据为30.1%。2020年,成年居民超重或肥胖率超过50%,6～17岁和6岁以下的儿童青少年超重或肥胖率分别达到19%和10.4%。肥胖带来了巨额的人力资本损失。据国际食物政策研究所(The International Food Policy Research Institute, IFPRI)的《2016年全球营养报告》估计,中国糖尿病患者每年因患病而损失的收入为16.3%。2012年中国成人高血压患病率已超过25%,尤其是2010—2012年60岁以上城市老年人的高血压患病率高达60.6%,农村老年人的高血压患病率也达到57%。高血压、糖尿病以及其他心血管疾病的医疗费用约占中国GDP的4%。如果不采取干预措施,这个数字在2025年可能会增加一倍,预计2025年超重或肥胖人口将消耗中国9%的国内生产总值。② ②食物浪费。据中国科学院地理科学与资源研究所和世界自然基金会的数据显示,2015年中国城市餐饮食物浪费总量约为1 800吨,相当于我国粮食产量的3%,浪费粮食的价值高达2 000亿元人民币。③-④同时中国由食物损失与浪费带来的水损失量为(600±1 350)亿米^3。③食物安全。进入21世纪后,中国先后发生的一系列重大食品安全事件在很大程度动摇了社会公众对食品安全的信心,农业和食品工业受到了沉重打击。⑤ 因此,要解决过度肥胖、食物浪费和食物安全等问题亟须推动以营养目标为导向的农食系统的转型,以实现健康中国的目标。

(三)资源与环境保护

在这个阶段,中国资源与环境保护工作取得重要进展,农业生产逐步转向绿色可持续的模式。21世纪初,中国农业的资源与环境问题已经严重影响了农食系统的可持续发展。农业耕地质量下降,农村生活污染、面源污染持续加重,工业污染、城市污染向农村转移等状况仍在蔓延。针对这些现实情况,中国共产党和中央人民政府积极制定相关的农业环境政策,以提高农业资源的利用水平,改善农业生产条件。根据相关统计,自2003年以来,中国预算已累计投资105亿元用于建设农村沼气;自2006年以来,中国预算已累计投资187亿元用于解决农业农村水资源问题。同时,增加了对水土保持和生态建设的中央投入,以加强对长江中下游、黄河中上游、京津风沙源等水土流失严重地区的重点治理和封育保护,⑥并在节水农业、耕地质量保护、野生动植物栖息地和保护区建设等方面积极推动生态资源涵养区的建立。经过多年努

① 赵丽云:《加强营养调查与监测,改善中国居民营养与健康状况》,《卫生研究》2019年第4期。

② 陈志钢、毕洁颖、聂凤英等:《营养导向型的中国食物安全新愿景及政策建议》,《中国农业科学》2019年第52卷第18期。

③ 张盼盼、白军飞、成升魁等:《信息干预是否影响食物浪费——基于餐饮业随机干预试验》,《自然资源学报》2018年第8期。

④ 陈锡文、罗丹、张征:《中国农村改革40年》,北京:人民出版社,2018年,第448页。

⑤ 韩长赋:《新中国农业发展70年》(政策成就卷),北京:中国农业出版社,2019年,第360页。

⑥ 同⑤。

力，中国在农业绿色生产方面已经取得令人欣喜的成就。2020 年中国基本实现农业用水总量控制，化肥、农药使用量减少，畜禽粪便、秸秆、地膜基本资源化利用的“一控两减三基本”的目标任务。

从全球挑战来看，全球气候变暖是当前农食系统转型中重要的不确定因素。农业是受气候变化影响最敏感的领域之一，气候变化会使中国农业变得更加脆弱。据气象专家预测，全球温度在未来 100 年还将升高 1.4～5.8 ℃，这将会对农业生产引发一系列冲击。气候变化对作物产量的不利影响远远大于有利影响。一方面，气候变化会引起降水时空差异加剧，水资源时空分布不均，导致洪涝和干旱频繁发生，部分农区的水资源匮乏可能加剧，高温热害加重；另一方面，极端气象灾害事件频发将导致农业病虫害加剧，使得粮食作物产量降低，粮食生产面临的风险加大。2020 年 9 月 22 日中国国家主席习近平在第七十五届联合国大会上提出，中国将努力争取在 2060 年前实现碳中和。根据政府间气候变化专门委员会（Intergovermental Panel on Climate Change，IPCC）估算，每年由农业生产所导致的腐殖层及土壤消失问题会在大气中释放约 58 亿吨二氧化碳，约占全球 11％的温室气体排放量。畜牧养殖、肥料、高耗能的人工肥料生产、杀虫剂、食品加工、包装生产及运输则会进一步排放温室气体。据（联合国）粮食及农业组织（Food and Agriculture Organization，FAO）的数据显示，食物系统的温室气体排放量约占全球总排放量的 31％。因此，重塑当前中国的农业生产与消费模式，建立高产、高效、低碳、营养健康且具有韧性和包容性的农食系统，对实现中国的碳中和承诺具有重要意义。

纵观中国农食系统转型，成绩与挑战并存。粮食生产、营养健康与生态环境三者耦合关系日益紧密。粮食综合生产能力大幅度的提升、农业全产业链的逐步构建较好地满足了中国日益增长的食物需求且丰富了居民的餐桌。但不合理的膳食结构加剧了过度肥胖和慢性病等健康问题，对国民营养形成了新的挑战。同时，食品安全、食物浪费等现象引起了全社会的广泛关注，成为扰动农食系统稳定的重要因素。生态环境与粮食生产的互动关系同样在矛盾中前进：一方面，由粮食生产所造成的环境污染问题得到有效遏制，耕地数量及质量均有所改善，农业生产模式走向绿色可持续；另一方面，全球气候变暖、气候变化、新冠疫情以及碳中和等生态环境因素向农业生产和居民膳食提出了全新的挑战，一个更具韧性的农食系统被万众期待。

思考题

1. 简述粮食生产、营养健康与生态环境三者之间的关系。
2. 中国在不同时期所面临的粮食问题分别是什么？各自有哪些时代特点？
3. 简述当前保障粮食安全的重要意义。

专题十四　农业合作社和一体化

农业合作社起源于第一次工业革命，是一种能够有效克服小农经济中生产分散、技术进步缓慢、农民议价权不足等缺点的重要工具。本章节分为两个部分：第一部分回顾了中国农业合作社发展的历程、产生和存在的原因、出现的新问题以及发展的前景等；第二部分结合历史，指出走农民合作社的农业一体化道路对中国实现农业现代化的重要意义。

一、中国农业合作社的发展历程

中国农业合作社历经了1949年以前、1949—1978年以及1978年以后的三个大的发展阶段，成长为今天重要的农业经济组织（官方文件一般统称为农民合作社。但是其主要作用是促进农业经济增长，还是称之为农业合作社比较合乎逻辑和现实），在农村经济发展中发挥着越来越重要的作用。

（一）新中国建立前的农业合作社

自1921年中国共产党建立后就一直未停下探索农村合作经济发展的步伐。早在土地革命时期，中国共产党根据当时国内生产力的水平，在广大农村大力开展与推广多种形式和规模的劳动互助组织，这也是中国农业合作社的雏形。与国民党统治区相比，革命根据地所在区域一般都是土地贫瘠的山区，农业生产力相对落后，加之战争频繁、劳动力和生产工具短缺，尤其是耕牛数量的严重缺乏，革命根据地的农业发展受到严重限制。在落后的生产力条件下，解决劳动力不足的方式就是组织农民成立劳动互助社（最初称为“耕田队”）；针对耕牛数量不足的困难则是组织农民成立犁牛合作社。

在第二次国内革命战争时期，1933年和1934年是中央革命根据地互助合作组织发展较快的时期。虽然互助合作的主要形式是劳动互助社和犁牛合作社，但此时数量逐渐增多，效果也相应更加明显。促成这个时期农村互助合作取得较大发展的原因有两个：一是中华苏维埃共和国的《劳动互助社组织纲要》（1933年）、《关于组织犁牛站的办法》（1933年3月）以及《关于组织犁牛合作社的训令》（1933年4月15日）的相继出台；二是1934年1月中华苏维埃共和国第二次全国苏维埃代表大会的召开。毛泽东在这次大会上所做的报告中强调，劳动互助社和耕田队的组织在春耕、夏耕等重要季节对整个农村民众的动员和督促则是解决劳动力问题的必要的方法……组织犁牛合作社，动员一切无牛人家自动地合股买牛共同使用，是我们应当注意的事。[①] 正是在这一精神的指导下，互助合作组织在苏区得到迅速发展。

在这个时期，国民党政府在国统区也在积极推动农业合作化运动，以缓解农业危机和化解政治危机。由于长期战乱以及20世纪30年代世界经济危机的影响，国统区的农村经济陷于

① 毛泽东：《毛泽东选集》第一卷，北京：人民出版社，1991年，第130-135页。

崩溃边缘，农业人口的非自然死亡、农田的荒芜以及农村必要生产资料的短缺成为该时期国统区农村的普遍现象。在买办资本主义环境下，农村金融的枯竭和高利贷的猖獗对国统区农村经济造成了毁灭性打击。1936 年，国统区农业合作社的数量达到 37 318 个，合作社种类也有所扩大，除了农村信用合作社，还广泛成立了生产、消费等合作组织形式。①

抗日战争时期，各解放区的互助合作运动是在 1943 年后开始的。而促成抗日解放区互助合作组织取得迅速发展的一个重要因素是毛泽东有关互助合作的一系列重要指示。由于日寇的加紧进攻和国民党反动派的包围封锁，解放区的经济出现了严重困难。为了广辟财源，支援战争，1942 年 12 月，毛泽东在陕甘宁边区高级干部会议上做了题为《经济问题与财政问题》的报告，提出了发展经济、保障供给的方针。1943 年 1 月《解放日报》发表的题为《把劳动力组织起来》的重要社论指出，经验证明，互助的集体的生产组织形式可以节省劳动力，集体劳动强过单独劳动。由于中共中央的提倡，解放区的互助合作组织进入了一个新的普遍发展的阶段。

为了进一步指导解放区的农业生产，发展互助合作事业，1943 年 11 月，毛泽东在陕甘宁边区第一届劳动英雄代表大会上做了著名的题为《组织起来》的报告。这份报告指出，目前我们在经济上组织群众的最重要形式就是合作社。不仅如此，毛泽东还在这份报告中对农民互助合作组织的发展前景做了良好的预期，并认为要改变农民个体经济的落后状况的唯一办法就是逐渐地集体化，而达到集体化的唯一道路，依据列宁所说，就是经过合作社。这种初级形式的合作社还要经过若干发展阶段，才会在将来发展为苏联式的被称为集体农庄的那种合作社。② 正是在毛泽东一系列有关指示的引导下，革命根据地的互助合作组织才普遍建立和发展起来。1943 年，陕甘宁边区在春耕期间有 10%～15%，在夏耘期间有 40%左右，在秋收期间有 30%左右的劳动力参加了各种劳动互助组织，互助组织的数量比过去至少增加了 4～5 倍。在其他抗日根据地，互助合作组织也得到一定的发展。

在这个时期，国民政府面临着严重的政治危机和经济危机，农村合作经济成为国统区政权摆脱战时经济危机的重要方式。为了强化农业合作社在战时经济中的地位和作用，农业合作社被该时期国民政府纳入战时体制。为此，国民政府于 1940 年 8 月颁布了《县各级合作社组织大纲》，将国统区的农业合作社建设与以推行保甲制度为基础的新县制的设立强制结合，以借助农村合作组织的力量，强化国民政府对农村基层的控制。

解放战争时期，为恢复被战争破坏的农业生产，互助合作组织在各地有了长足的发展。为此《解放日报》以及各解放区的机关报相继发表社论或指示为农业生产和互助合作运动提供指导。在这种背景下，解放战争时期的互助合作组织不仅数量上有很大增长，而且有些地区还出现了较为高级，类似于新中国成立后的农业合作社组织。其具体做法是把土地、劳力（耕牛按劳力折合计算）作股，按股分红或土地、劳力均不作股，而是在评定劳力标准以后，实行按时计工，按工分红。这些做法显然对新中国成立后的农业互助合作组织的建立与经营产生了直接的影响。

在这个时期，国民政府仍然把建立农业合作社作为强化其统治的重要工具。1946 年 11 月，国民政府颁布的《绥靖区合作事业实施办法》明确了在绥靖区发展合作社，以配合军事上对

---

① 《把劳动力组织起来》，《解放日报》，1943 年 1 月 25 日。

② 毛泽东：《毛泽东选集》第三卷，北京：人民出版社，1991 年，第 928-936 页。

解放区的进攻。然而，该时期国统区内的农业合作社完全是服务于政治和军事的，对国统区农业经济的发展作用甚微。

解放区的农村合作经济起源于以耕田队、互助社等形式为主的劳动互助组织。这种具有目标统一、意识坚定以及军民团结特点的互助组织有效地解决了土地革命时期广大农村劳动力、生产资料严重缺乏的问题，提高了粮食产量，为土地革命斗争的胜利提供了坚实的保障。抗日战争与解放战争时期，革命根据地的农业生产面临着更为严峻的形势。在频繁的灾荒与恶劣的战争环境下，革命根据地在原有基础上进行制度创新，发展出更加彻底的劳动互助模式，实行组内民主建设、对民减租减息、绩效评分记工等一系列措施，以强有力地推进农村劳动互助组织的发展。

国统区的农业合作经济则是一种以政府为主导的强制性制度安排。国统区的各类合作社的建立更多地考虑了国民政府的意愿和制度偏好，农民的利益被放到次要位置。这种单方面从政府意愿考虑而忽视农民利益的制度安排存在很大的缺陷和弊端：第一，国统区的农业合作经济业务种类单一，信用合作经济模式占绝对优势，导致其对农业生产作用有限。第二，国统区的农业合作社地区分布不均，且组织规模普遍较小，入社农户少，导致农民所得实惠不多。第三，大部分国统区农业合作社的创立和经营权掌握在地主、豪绅和资本家手中，农业合作经济的利益被这些强权势力所控制，导致农业合作社无益于农民，最终反而成为剥削农民的工具。这种强权势力把持的经济组织不可能平等对社员分享收益，这也是国统区农业合作经济失败的最主要原因。

(二)1949—1978 年的农业合作社

新中国成立后，为了完成国家工业化和促进农业经济增长等目标，国家引导农业走上了农业合作化和集体化的道路，农业经济组织经历了以下几种形式的变革。

1. 农业生产互助组

在农村土地改革完成之后，广大农民成为土地的主人，实现了生产资料与劳动的直接结合，家庭经营的个体经济成为主要形式。这种小农经济也产生了一些矛盾。其主要表现：①小农生产方式的局限性不能满足迅速实现工业化战略的要求；②小农经济的自由发展必然会出现两极分化，与社会主义共同富裕的目标冲突；③小农经济的分散经营与生产社会化的要求不适应，生产资料与劳动脱节，产生了生产资料与劳动同时闲置与浪费的现象。为了解决这些矛盾，就要对农业进行社会主义改造。1951 年 12 月，中共中央在《关于农业生产互助合作的决议(草案)》中指出，组织以农民个体经济为基础的农业生产互助组。农业生产互助组由关系密切的 4～5 个农户组成，农业生产互助组有季节性的农业生产互助组和常年性的农业生产互助组等形式，农户之间按照自愿互利的原则结成劳动、农具和耕畜等生产要素互助关系，但不改变土地及生产资料的私有性质，生产决策也由农户独立做出。这样不仅在很大程度上促进了劳动力与生产资料的充分结合，而且激发了农民生产的积极性。

2. 初级农业生产合作社

1953 年年底，《中国共产党中央委员会关于发展农业生产合作社的决议》提出，农业生产合作社日益显出重要的地位，日益变成我们党领导互助合作运动继续前进的重要环节。之后，农业生产互助组就被初级农业生产合作社取代。初级农业生产合作社建立在私有制基础之上，土地仍归社员所有，只是作价入股，统一经营；耕畜和大中农具为社员私有，归合作社有偿使用；社员参加社内劳动；初级农业生产合作社将总收入扣除生产费用、税金、公积金和公益金后，全部分配给社员作为劳动报酬和土地等生产资料的报酬。与农业生产互助组的区别在于，初级农业生产合作社实行统一经营。

从农业生产互助组到初级农业生产合作社的过渡基本上是由政府发起的强制性的制度变迁。政府在推进时采取的是渐进式的方式和谨慎的态度，自愿和互利的原则使农民有进入和退出的充分自由，所以仍获得了较高的经济绩效。在随后出现的强制性推动的高级农业生产合作社对农业生产就产生了极大的破坏作用。

3. 高级农业生产合作社

1956年初，初级合作化完成，全国紧接着掀起了一场办高级农业生产合作社的热潮。高级农业生产合作社是指在初级农业生产合作社的基础上发展起来的（有些是从农业生产互助组直接发展起来的）社区集体经济组织。它是以公有、集中统一经营为特征的产权结构类型和产权组织类型。社员除保留自留地（占土地的5%）的使用权，土地无偿地转为集体所有；耕畜和大中型农具按照一定的价格由合作社购买，集体所有，统一经营。高级农业生产合作社在计划分工和协作的基础上组织社员统一参加劳动。在分配方面，劳动成为农民获得收入的基本手段。

高级农业生产合作社是在政府强制手段下推进的，违背了自愿的原则，社员也没有退社自由，因此在推行高级农业生产合作社的过程中，发生了一些抵触活动和退社的风波，严重影响了农业生产和农民生活。

4. 人民公社

为了进一步推进工业化的发展战略，为重工业发展提供资金，中央人民政府希望进一步加强农民的组织化程度。1958年，中央人民政府建立人民公社体制。人民公社是一种政治、经济合一的农村集体经济组织。其既是社会主义经济在农村中的基层单位，又是政权的基层组织，即政社合一。人民公社废除了私有财产，人民公社成为农村全部财产的主人。

人民公社经营体制与统购统销政策相配套，由政府直接参与农业经济活动，从而形成了其基本的运行特点：①单一的公有形式。主要的生产资料所有权排斥了私人所有的性质。基本耕地和牲畜及农具变为集体所有，严禁土地流转；控制农产品价格上涨，进而保障了工业原料的低成本和城市居民的低工资。②各级管理者由政府行政任命，而非由社员大会或社员代表大会选举产生，因此在实际的经营活动中，他们只对政府负责而不考虑广大农民的利益。③生产经营的自给性质导致市场交易很少发生，仅部分商品按照给定的计划价格由政府统购统销。因为取消了私有产权，所有的商品经济活动也随之取消。④集中与统一安排劳动力，限制了农业劳动力的流动，将农民的个体经营变为集体统一经营。所有的农民都被纳入人民公社，并通过严格的户籍管理将农民限制在农村。⑤在分配上，忽视了劳动者个体的智能和体能的差异，按照出勤次数，以工分制进行平均分配。

人民公社的组织制度不可避免地导致效率低下。1957—1978年，中国的粮食、棉花和油料产量的年平均增长率分别为2.1%、1.3%和1.0%。与1950—1952年的13.1%、42.8%和17.8%年平均增长率相比，大大下降了。1957—1978年，全国人均占有的主要农产品产量并无明显增加。人民公社组织制度低效率的主要原因可以归结为以下几点。

第一，生产队和农民对收益的分配缺乏自主权，从而使农民的积极性受到损害。在实行统一经营的情况下，农民个人的劳动努力程度与其所获得的收益基本没有联系，农业生产主要依靠体力，非常艰苦，因此农民都有尽量少劳动的倾向。

第二，农业生产的分散性以及生产劳动的异质性使得生产中监督和计量的成本非常高，从而导致生产中的偷懒行为发生普遍。

第三，人民公社的强制性和社员没有退出的自由，导致社员之间的相互监督变得困难。在人民公社体制下，社员没有退社的自由。即使他们发现了有人偷懒，也没有办法进行制约，只能自己也想办法偷懒，从而导致整个集体的生产效率低下。

第四，农民和生产队失去对土地资源和劳动力资源使用权的支配导致资源的配置缺乏效率。因为农业生产有很强的季节性和对自然的依赖性，及时的决策对于农业生产非常重要。在人民公社体制下，生产属于统一经营，决策权在人民公社的管理者手中，他们对农业的实际情况缺乏了解，往往会做出不适当的决策，从而造成资源配置缺乏效率。

由此可见，人民公社已经很难纳入农业合作社的框架，或者只能算是一种非常特殊的农业合作社。

(三)改革开放后的农民专业合作社

1. 发展阶段

1978 年后，中国农民专业合作社的发展可分为以下两个阶段：以自发发展为主的阶段和重农惠农政策背景下的快速发展阶段。

第一，以自发发展为主的阶段(1978—2002 年)。以 1978 年中国共产党十一届中央委员会第三次全体会议为起点，中国开始进入改革开放与社会主义现代化建设的新时期，计划经济体制也开始向市场经济体制转变，家庭联产承包责任制和双层经营逐渐在广大农村建立并巩固。为了解决市场化背景下一家一户难以解决的问题，广大农民从生产中的实际需要出发，在实践中自发形成了一些小规模的专业合作社。① 据统计，截至 1984 年，中国共有各类农民专业合作社 46.7 万个，从业人员达 355.7 万人；1986 年，这一组织数量增加至 47.8 万个，从业人员增长为 422.5 万人，增加了 66.8 万人；1988 年，农民专业合作社的从业人员增至 433.9 万人，农民的组织化程度在很大程度上得到了提高。②

根据农业农村部的统计，截至 20 世纪 90 年代后期，全国的农民专业合作社就已达 148 万余个，其中从事技术服务的农民专业合作社占 79.6%，从事购买服务的农民专业合作社占 15.1%，从事销售服务的农民专业合作社占 23%，从事资金服务的农民专业合作社占 7.9%，从事信息服务的农民专业合作社占 38.3%，甚至出现了一些跨县跨省的规模较大的农民专业合作社。然而在该时期，农民专业合作社的组织程度松散、服务供给单一，内部存在较为严重的机会主义行为等问题，农民利益难以持续提升和难以应对日渐扩大的市场需求，所以它在经历了制度创新的短暂热潮之后便步入了低谷。

即使如此，农产品市场经济改革的步伐仍在不断继续，在农村市场化改革的背景与相关政策的强烈导向下，逐渐涌现出一批以加工、购销为一体的实体型合作社，同时产生了契约型、出资型等不同的联结方式，农民专业合作社在政府力量的介入下得到了蓬勃发展。在农民专业合作社数量不断增长、规模不断扩充的过程中，其逐渐遇到一个不容忽视的阻碍：成员的异质

① 专业合作社在改革开放后一度被称为合作经济组织，由于在《中华人民共和国农民专业合作社法》颁布后，其已经统一称为合作社，文中不再使用这个称呼，仅在引用的文献中保留。

② 陶冶、王任、冯开文：《制度变迁视角下中国农民合作经济的发展》，《西北农林科技大学学报(社会科学版)》2021 年第 3 期，第 54-63 页。

性。随着农民专业合作社的发展，成员的异质性对其的限制性也越来越明显。由于农民专业合作社的一系列制度多以相对均质的成员为前提，成员的异质性不仅会影响农民专业合作社内部的组织和协调成本，也会影响传统合作制度的有效性。虽然骨干使农民专业合作社提高了组织采取集体行动的可能性，但由此产生的制度变迁引起了各种对农民专业合作社本质的质疑。由此可见，虽然诱致性变迁满足了农民专业合作社的发展需求，带来了改头换面的成效，但是成员异质性问题的不断凸显导致农民专业合作社开始脱离原有的制度目标，难以令组织成员普遍获利，反而成为只为少数骨干成员服务和受益的主体。一些农民专业合作社在一定程度上偏离了良性变迁的路径，进行组织制度变革和政策调整的要求便被进一步提出。

第二，重农惠农政策背景下的快速发展阶段（2003 年至今）。进入 21 世纪，特别是 2003 年开始取消农业税后，“三农”问题已经成为制约中国社会经济发展的重要阻碍，重农惠农就成了农业政策的主基调。建立创新型的农民专业合作社被看作解决“三农”问题的有效途径，农民专业合作社迎来了大发展。

农民专业合作社的政策法规在这个阶段要明显多于前期，其中的各项条目更加具体化。从 2003 年开始，几乎每一年的中央一号文件中都提出支持农民专业合作社的发展，其中最具代表性的是 2016 年 10 月 31 日第十届全国人民代表大会常务委员会第二十四次会议通过了《中华人民共和国农民专业合作社法》。2017 年 12 月 27 日第十二届全国人民代表大会常务委员会第三十一次会议又对该法律进行了修订。农民专业合作社法的颁布和修订象征着中国农民合作经济的发展有了正式的标准。它对农民专业合作社成立的标准、农民专业合作社内部管理以及农民专业合作社的社会责任等方面均做出了相应的规定。

在新农村建设政策导向及法律法规的规范下，农村各类农民专业合作社开始走向合法化，而农民专业合作社的标准化与规范化也要求组织能够为农业生产在产前、产中和产后提供技术、信息、市场和资金等各方面的专业培训与支撑。经历了多重变迁的农民专业合作社不再盲目扩张，而是通过地方特色与产业发展特征的结合，呈现出专业合作社、股份合作社、农业协会等多种不同类型的合作社及其他产业化组织发展模式。同时，社会各界对农民专业合作社的重视程度逐渐提高，并呈现出三种特别的引导状态：以公司为主导的“公司＋合作社＋农户”形式；以政府为主导的“村委会＋合作社＋农户”形式以及以能人为主导的种植、养殖大户发起，基于当地产业特色建立的合作社。在组织规模的不断扩大、服务种类的日渐丰富、生产经营更加专业、组织机构逐渐规范紧密、市场地位及竞争力不断提高的情形下，一些农民专业合作社开始朝着跨区域、跨行业以及集生产、加工、销售为一体的综合性合作社和联合合作社方向发展，带动力得到强化。

自党的十八大以来，农民专业合作社的绝对数量不断增加，质量不断提升，农民专业合作社的发展已从单纯的数量扩张转向量、质并重。截至 2019 年 10 月，全国依法登记的农民专业合作社数量达到 220.3 万家，近十年来农民专业合作社的总体数量比 2009 年增长了接近 9 倍。从相对数量来看，同期农民专业合作社注册登记数量的增长率稳中有降，2019 年农民专业合作社数量的增长率收窄为 1.4%。与此同时，农民专业合作社从事的产业类型不断被拓展，带动力显著提升，服务功能持续增强。截至 2019 年，实现产加销一体化服务的农民专业合作社占总体数量的 53%，3.5 万家农民专业合作社创办了加工企业，4.6 万家农民专业合作社通过了农产品认证，社员出资额持续增加，经营收入、可分配盈余呈不断上升趋势。农民专业合作社的服务层次不断深入、服务范围不断拓宽,农村产业融合发展呈向好态势,农民专业合作社与农户的合作由最初的产销层次逐步向集生产、加工、运输、销售于一体的纵向一体化模式发展,服务范围也由最初的种植业、养殖业向休闲观光、休闲农业、生态农业等多领域辐射,有效促进了农村一二三产业的有机融合。

2. 农民专业合作社的成因与作用分析

改革开放后,随着市场化的不断深入,农民专业合作社产生和存在的必然性日趋凸显。其主要表现在以下几个方面。

第一,单个经营主体分散进入市场很难自己解决与大市场的连接问题,这就成为制约农业发展的重要瓶颈。在实行大包干为主的家庭承包制以后,一方面确立了农户自主经营的单位,另一方面也形成了单个农户小规模生产经营的格局。随着科学技术在农业领域的推广和应用,农副产品大幅度增加,农民要到市场上出售产品,进行市场交易活动。相对于农户的交易对象而言,无论农户的经营规模有多大,单个农户总是微不足道的。如果单个农户仅靠自身的力量从事市场交易在谈判中必然处于弱势,交易的不确定性就会增加,市场交易成本也会随之提高。

第二,农业的社会效益高和自身的比较利益低的矛盾也是农民专业合作社必须发展的因素之一。中国农产品比较利益低主要由两个原因造成:一是规模小,商品化、专业化程度低,劳动生产率低;二是传统的计划经济体制将农业生产、加工、销售人为地割裂。此外,工农价格剪刀差的存在也是农业比较利益低的又一原因。长期以来,很大一部分农民生产的农产品加工和销售的利益让流通环节拿走了。缪建平说道,据山西省社会科学院有关课题研究资料表明,农民从生产的农产品当中所应得到的利益大体有43%在加工和流通环节流失了,①所以实行产加销一体化经营就成为广大农民的内在需求。依靠龙头企业或各种中介组织的带动,将农业的产前、产中、产后诸环节联结成完整的产业链条,实行多种形式的一体化经营,即选择农业产业化经营的方式,在农业系统内部形成有机结合、相互促进的利益互补机制,以实现资源的优化配置,形成农业自我积累、自我发展的良性循环,从而提高农业的增值能力和比较利益以及农民收入水平。

第三,从规模经济分析的角度,经营规模偏小的单个农户不能实现规模经营。在农村引入了家庭经营方式以后,农村生产力得到了迅速解放,生产效率也在短时间内得到了快速的提高,农户以"剩下都是自己的"那部分产品为起点也确实积累了数量可观的自有资产。改革之初,随着农村生产力的发展,由生产力解放带来的生产高效率日益被高昂的市场交易费用所抵消,传统的生产方式不但不能为日益活跃的农户商品生产提供保障和支持,反而对其造成了严格的约束。中国农户户均占有土地仅有0.5公顷左右。在这些土地被分成若干块后,各户种植的作物也各有不同,从而出现了布局零散、规模效益差、无法应用先进的技术装备和难以推广先进科学技术的问题。由于农业生产具有地域的分散性,农产品不具备完全的同质性,农产品在交易中就不可避免地会存在更多的不确定性。农产品走向市场就必然要实施标准化、统一管理、批量生产、保证质量,因此农产品市场需要一定的中介为农户扩大生产规模来提供必要的服务。农业合作社是其中的一种基本选择。

① 缪建平:《高度重视农民专业合作组织的作用——关于发展农民专业合作组织的动因、必然性和实现途径的探讨》,《农村合作经济经营管理》1999年第3期,第26-29页。

第四，农村的突出问题就是农民增收困难。这个问题不可能只局限在农业和农村内部解决。就中国农业发展现状而言，数量不足的矛盾已经基本得到解决，但农产品的产业结构、品种、质量的矛盾却日益突出，食物安全问题还会不时发生，农民收入的增长也会遇到不小的困难。虽然国家为保护农民的利益，采取了支农惠农、精准扶贫、乡村振兴等战略和措施，但农民收入的增长却不尽人意，因此农业和农村经济增长的内在动力问题就必须好好考虑。新阶段的农业发展必须从夯实内在动力入手，以市场需求为导向、以科技进步为动力，全面提高农产品的品质，扩大对初级农产品的转化和加工，使农产品在加工过程中的增值转为在农业内部的增值，增加农业的比较利益，从而增加农民收入。农业合作社的建设和壮大正是解决这一问题的根本动力所在。

实践证明，农业合作社是市场经济的产物，特别是农民自发组织的专业合作社具有民办、民管、民受益的特点，机制灵活，责、权、利紧密结合，对农业和农村经济的发展以及农民增收起到了巨大的推动作用。一般来看，农民专业合作社的作用包括：①有利于稳定家庭联产承包责任制和完善统分结合的双层经营体制；②有利于提高农民的组织化程度，增强农民的谈判地位；③有利于节约交易费用，提高农业的比较利益，促进农民增收；④有利于增强农业抗风险能力，改善农业产业结构；⑤有利于优化资源配置，实现农业生产要素的合理组合；⑥有利于加强政府对农业的支持，提高农业竞争力；⑦有利于农业科技创新，提高农产品质量；⑧有利于促进农村基层民主政治建设，培养农民民主意识；⑨有利于改变弱势群体的社会地位，提高其对资源的控制和配置能力，成为政府联系弱势群体的纽带与桥梁。

3. 中国农民专业合作社在发展中出现的新问题

第一，异质性问题。在当今中国，农民分化日益加剧，农业生产经营主体异质性的问题极为突出。农民分化的形势在很大程度上决定着农村产权主体的异质性，而正是这种产权主体的异质性深刻地影响着农民专业合作社产生和发展中的成员动机、产权结构、治理结构乃至文化取向等。换言之，与西方发达国家相比，中国农民专业合作社在发展中呈现出显著的成员异质性。[①] 社员的生产规模不仅可能大小不一，而且经济实力、技术水平、经营能力乃至风险偏好都大不一样。农民专业合作社的本意是通过社员内部的横向一体化去应对外部的纵向一体化，[②]而中国农民专业合作社则不然：由于社员们并非利益同质的共同体，他们很可能在共同应对外部市场竞争时，其内部也形成某种购销关系，即一部分社员赚另一部分社员的钱。显然，这并不符合传统的、理想的或标准的合作社范式。

成员的异质性主要体现在不同成员之间的资源禀赋、参与农民专业合作社的动机和目的以及在合作社创建和发展过程中的角色等方面。从中国的实际来看，由分散的小农户牵头创办的农民专业合作社很少，大部分的农民专业合作社都是由具有一定自然资源和技术禀赋的种植、养殖大户和具有一定社会资本的长期从事运销的运销大户以及与农业有紧密联系的农产品加工企业、政府等少数的非小农户的群体创办。处于弱势地位的小农户仍然需要依赖强势的非小农户群体。参与主体在资源禀赋、要素投入、参与目的、角色定位、风险承担方面有着显著的差异，这必然会影响农民专业合作社的内部治理机制的制度安排。

① 邵科、徐旭初：《成员异质性对农民专业合作社治理结构的影响——基于浙江省88家合作社的分析》，《西北农林科技大学学报(社会科学版)》2008年第2期，第5-9页。

② 张晓山：《农民专业合作社的发展趋势探析》，《管理世界》2009年第5期，第89-96页。

而农民专业合作社的内部治理机制的制度安排则会直接影响农民专业合作社各利益主体的利益协调和平衡，同时影响着农民专业合作社的战略规划、决策制定、服务方式以及持续发展。

农民专业合作社如同奥尔森所说的小集团一样也是为了共享集体物品，实现集体利益而结成的组织。据奥尔森的研究发现，在有着许多不平等现象的小集体中，即在成员间存在着规模不等或对集体物品的兴趣相差悬殊的小集团中，成员间合作的可能性更大，集体物品提供的可能性更高，集体物品的数量低于最优水平或者低效率的程度也会较轻。① 在农村社区中，少数具备一定运销能力的农产品才有一定的生产规模以及较高的商品化程度。由于这些要素拥有规模收益，虽然他们拥有这类要素，但个人的生产规模并不能使这些要素发挥应有的作用。对这些要素利润的追求促使他们与其他农户合作，因为只有与其他农户共享这些要素，扩大生产规模，他们才可以获取由这些要素所带来的规模收益。为了获取这些要素的规模收益，稀缺要素的所有者在农民专业合作社中担负起了主要的投入，包括资金、生产性要素以及通过他们的人力资本、社会资本等获得的市场渠道、社会关系等，这些类似于专用性资产的投入使他们与农民专业合作社捆绑在了一起。

由于关键性的稀缺要素在农民专业合作社中具有正外部性，这就意味着稀缺要素的收益并不是完全由提供者享有，因此如果要持续地激励稀缺要素所有者为农民专业合作社提供这些集体物品，就必须对他们的利益进行保障，对他们的投入进行补偿。稀缺要素的所有者在参与农民专业合作社的过程中也倾向于充分发挥他们掌握的资源的作用，稳固他们在农民专业合作社的地位，以促进农民专业合作社业务的开展，将稀缺要素转化为经济收益。由于掌握了农民专业合作社创建和发展过程中所需要的资金、市场渠道、社会关系、经营管理能力等资源，他们自然而然地也具备了控制农民专业合作社发展的能力，在关于农民专业合作社的管理和发展的重大问题上享有更大的决策权和话语权。为了弥补稀缺要素所有者承担的成本和风险，稀缺要素所有者会强化农民专业合作社的控制权，农民专业合作社财产权的制度安排也将体现稀缺要素所有者的利益，财产权的安排倾向于按出资额取代按惠顾额来衡量社员对农民专业合作社的所有权。财产权是控制权的基础，包括财产的所有权、使用权和收益权。稀缺要素所有者向农民专业合作社投入了资金、生产性要素以及由其他关键性要素带来的无形资产。由于其投资额一般占总额的比例较大，因此他们掌握了农民专业合作社的财产所有权，并以所有权为基础获取稀缺要素的收益权。作为与普通农户合作的交换，他们也会让渡稀缺要素的使用权以及稀缺要素的部分收益权，以保持对农户参与合作的激励。

对于绝大多数的普通农户而言，他们仅仅拥有劳动力要素，不具备资金、人力资本、社会资本等要素，在加入农民专业合作社之后也要分享收益。普通农户可能就不得不让渡一部分投票权和决策权，甚至公平分享收益的权利，所以最后形成的治理机制就是稀缺要素所有者和普通农民集团博弈的结果。这样既保证了对稀缺要素所有者的补偿和激励，也满足了由普通农民维护要素带来的非生产性利益需求和生产性利益需求，从而实现了全体社员的帕累托改进。

第二，农民专业合作社异化问题。与西方发达国家相比，中国的农民专业合作社具有鲜明的特征，并由此引发了对中国农民专业合作社合法性的争论。农民专业合作社内部的

---

① OLSON M：The logic of collective action. Boston：Harvard University Press，1965.

运行机制亟待规范、合作社领导人亟待培育、农民合作意识亟待提高、政府扶持政策亟待落实、各种所谓“假合作社”或“翻牌合作社”等问题很多。国内外学者一直在讨论中国农民专业合作社的真假问题。农民专业合作社的控制权和收益权掌握在一些核心成员手中，大部分的普通成员只关注农业生产，而几乎不参与财务出资或决策。中国农民专业合作社的这个特点与传统合作社的由社员控制和让社员受益的原则相互矛盾。在经济学意义上，农民专业合作社是社员共有资产的剩余决策权和所有权的治理结构。黄祖辉指出，农民专业合作社与社员的关系既不是完全外包的市场交易关系，又不是完全内化的科层治理关系，而是介于两者之间的科层与市场相结合的产业组织关系。① 一些学者认为，农民专业合作社的制度特征有自己特定的适用范围，因而主张严格遵守“合作制的本质就是要限制外部资金进入企业并分割企业利润，如果允许大量外部资金进入企业并分享其收益，它就不是合作制而是股份制企业了”。②

更多的学者则主张灵活把握。例如，应瑞瑶、何军认为，在农民专业合作社的诸多原则中，社员民主管理原则和社员经济参与原则是根本，但社员民主管理不必拘泥于一人一票。③ 林坚、王宁指出，农民专业合作社天然地追求社会公平与经济效率的双重目标，相应的，两者之间的矛盾也成为农民专业合作社与生俱来的矛盾。④ 苑鹏认为，尽管农民专业合作社千差万别，但其制度安排的本质是一样的，即社员的所有权、控制权和收益权是建立在它对农民专业合作社使用的基础上的。⑤ 徐旭初也认为，农民专业合作社与其他经济组织的根本区别在于社员身份的同一性，即社员既是农民专业合作社的所有者（投资者），又是农民专业合作社的惠顾者（使用者）。他还指出，农民专业合作社可能出现若干种偏离“理想型”合作社的制度形态，特别是在农民专业合作社进入追求附加值阶段，这种偏离几乎是必然的。⑥ 黄祖辉、邵科认为，随着时代的变革，合作社的本质规定性正在发生漂移，这种情况对中国农民专业合作社的发展也产生了重大影响。为此，既要充分认识农民专业合作社有别于其他组织的本质规定性及其漂移的不可避免性，又不必强制干预这种漂移的发生，而是应鼓励社员按照章程自主选择是否允许以及在多大程度上允许这种漂移的发生。同时，政府部门则可以通过相关法规合理引导这种漂移。⑦

学者们也提出了解决农民专业合作社真伪问题的办法。张晓山提出，在今后农民专业合作社的发展中，作为社员的农民（从事农产品专业生产或营销的农户）能否成为专业合作社的主体？他们在农民专业合作社中的经济利益是否能得到维护，民主权利能否得到保障？他们获取的盈余能否增加？农民专业合作社的资产所有权、控制决策权和受益权能否主要被他们拥有？这应是农民专业合作社未来走向健康与否的试金石，而这必须由实践来检验。⑧ 任大鹏、郭海霞认为，自《中华人民共和国农民专业合作社法》实施以来，评定一个农民专业合作社

① 黄祖辉：《中国农民合作组织发展的若干理论与实践问题》，《中国农村经济》2008 年第 10 期，第 4-7 页。
② 廖运凤：《对合作制若干理论问题的思考》，《中国农村经济》2004 年第 5 期，第 4-9 页。
③ 应瑞瑶、何军：《中国农业合作社立法若干理论问题研究》，《农业经济问题》2002 年第 7 期，第 2-7 页。
④ 林坚、王宁：《公平与效率：合作社组织的思想宗旨及其制度安排》，《农业经济问题》2002 年第 9 期，第 46-49 页。
⑤ 苑鹏：《试论合作社的本质属性及中国农民专业合作经济组织发展的基本条件》，《农村经营管理》，2006 年第 8 期，第 16-21 页。
⑥ 徐旭初：《中国农民专业合作经济组织的制度分析》，北京：经济科学出版社，2005 年。
⑦ 黄祖辉，邵科：《合作社的本质规定性及其漂移》，《浙江大学学报（人文社会科学版）》2009 年第 4 期，第 10-15 页。
⑧ 张晓山：《农民专业合作社的发展趋势探析》，《管理世界》2009 年第 5 期，第 89-96 页。

的真伪，首先，根据《中华人民共和国农民专业合作社法》确立的合作社原则进行对照与辨析；其次，工商部门的登记注册环节是程序上一个重要的认定指标；同时，还要在现实中认真分析农民专业合作社的运作方式和功能，尤其要看它在治理机制、盈余分配两个环节是否真正体现了农民专业合作社的特征。①

4. 农民专业合作社的发展前景

随着中国农村社会主义市场经济的发展，在全面建设现代化、实现乡村振兴的新形势下，农村合作经济迎来了良好的发展机遇和广阔的发展前景。

第一，农民专业合作社将成为农业经营制度创新的密集发生地。农民专业合作社在激烈的市场竞争中立于不败之地的必要条件就是引入现代企业经营管埋方式。在不放弃为成员服务这一宗旨的前提下，越来越多的农民专业合作社转向企业化经营。

随着竞争加剧，农民专业合作社为了自身生存，增强对农民的吸引力，必须提高经营效率和竞争力，为此，它要求农民专业合作社配备现代化的加工、贮藏、运输设备以及具有较强业务能力的专业经营管理人才。特别是在农产品面临着国际化、自由化的挑战，市场竞争空前激烈的背景下，转向企业化经营是农民专业合作社提高经营效率和竞争力的关键。农民专业合作社要生存与发展，就必须走上现代企业发展之路。

目前，“公司＋合作社＋农户”“公司＋农户”模式在中国广泛兴起，农民专业合作社转向企业化经营已具备可能性并有一定的基础。龙头企业有积极性，因为如果没有农民专业合作社，龙头企业就要面对千家万户，生产难控制，交易费用高，契约关系不牢固，农户与企业的利益都得不到保证，因此迫切需要农民专业合作社来协调；农户也有积极性，并且具备购买交货权的实力。农民专业合作社对农业经营制度的创新至少可以包括以下几点。

其一，由垂直型向开放型转化。传统的农民专业合作社、初建的小规模的专业合作社都是垂直封闭型的。随着市场经济的发展，劳动、资金、技术的自由流动，新的农民专业合作组织既应走向跨地区、跨行业的横向联合，使各个农民专业合作社和各个成员间构成复杂的、开放型的合作网络，也可以成立合作总社、合作联合社，发挥规模优势，使有限的资源被充分开发，生产要素得到优化组合。

其二，在社员自我经营的同时，聘请能人或专家经营。农民专业合作社的本质特征是由社员自我经营、自我服务，社员既是股东，又是劳动者。随着农民专业合作社的发展，其经营规模的不断扩大，经营的业务呈现综合化趋势。在这种情况下，农民专业合作社有必要实行聘任经营机制，如同股份公司一样聘请能人或专家。无论一般员工，还是高级管理人员，都可以从非农民专业合作社社员中聘请或雇请，由他们负责农民专业合作社的入场经营与管理。

其三，引入股份制，形成股份合作社。股份合作社比一般农民专业合作社具有更多的有利因素。首先，一般农民专业合作社的股金由社员入社股金组成，根据入社自由的原则，农民专业合作社需向退社社员退还股金，由此会造成农民专业合作社股金不稳定，不利于有计划地长期使用，而股份合作社向社会发行股票，可以转让，不能退股，可形成长期资本。其次，一般农民专业合作社的股金受到社员人数的限制，且入社股金一般数额不大，无法满足农民专业合作社发展的需要。在激烈的市场经济竞争中，股份合作社利用公开发行股票的融资手段使自己

① 任大鹏、郭海霞：《多主体干预下的合作社发展态势》，《农村经营管理》2009 年第 3 期，第 22-24 页。

处于优势地位，一般农民专业合作社则会处于劣势。

其四，实施农工商(产加销)一体化经营。实现农产品增值不仅要重视销售环节的利益，更要重视加工环节的增值，把农产品的生产、加工、销售三个环节连成一体，实行农工商一体化，让农民参与农产品生产、加工、流通的全过程：一是由农产品加工企业带头兴办合作社，即"公司+"合作社。这种合作社一头连着企业，一头接着农户，既保证了公司的正常生产需要，又引导农民走上了市场，从而取得可观的经济效益和社会效益。二是合作社办公司。随着农民专业合作社自身经济实力的不断壮大，为了追求利润的最大化，可以走合作社办公司之路。农民专业合作社的组织形式将以农产品营销、农用生产资料供应为主体，并由专业性向综合性发展。应肯定的是，假以时日，有利于农民增收和农村经济发展的合意的农民专业合作社制度也会如期形成。

第二，综合合作社、合作联合社将得到更充分的发展。虽然现阶段中国农民专业合作社"遍地开花"，但农民专业合作社规模都偏小。大量重复办社无法很好地达到克服农户小规模生产不经济，降低市场风险的基本目的。在农业合作社数量发展迅速的基础上，合作事业较为发达地区的大量小规模农民专业合作社将逐步扩大规模，走联合之路，并遵循市场优胜劣汰法则，优化组合，使农民专业合作社由"小、散、弱"向"大、紧、强"发展。

其一，发展农民专业合作社的横向联合。农民专业合作社数量较多的同一地区可把不同类型的农民专业合作社联合起来，成立横向的专业合作社联合社。农民专业合作社在经营和服务活动中必然要与各方面发生纵向的联系和横向的联系；纵向的联系可由专业合作社联合社解决；横向的联系也必须有一种组织形式。例如，生产资料合作社经营化肥，首先要联系化肥厂，接着要联系一大批用货单位；需要资金，要联系信用社和银行；需要运输，要联系服务站等。如果这种联系没有统一的组织，各自为战，就只能是高费用、低效率和自发分散的。成立区域性综合联合社既可以把自发分散的联系提高到有计划、有组织的联系，也能明显提高工作效率，减少各种费用，因此组建区域性综合联合社是农业合作社巩固发展的必然要求。区域性综合联合社应着重提供各类农民专业合作社共同需要的服务，以使农民专业合作社用更多的资源解决个性问题。

其二，发展农民专业合作社的纵向联合。每一个区域都有自己的主导产业和主导产品，而在一个区域范围内围绕主导产业和主导产品往往会成立几个或十几个农业合作社。这些农业合作社之间产生的竞争常常会两败俱伤，因此一些共性较强的农民专业合作社要突破地区、部门局限，走上联合之路，包括与供销社系统专业合作的联合、与农协组织的联合、与由农民自发组建的专业合作社的联合等。这样的合作联合组织能在加强行业服务、规范交易行为、调解或仲裁有关贸易纠纷、保护农业生产者和经营者等方面发挥积极的作用。在联合的基础上成立各类产品专业合作社联合社，使服务向纵深发展，产品的技术含量和增值能力可以得到不断提高。在此基础上，包含各类农业合作社的综合性合作社以及在各种同类农业合作社联合基础上形成的联合合作社将会越来越多，其带动作用和发展能力都将大幅度提升。

第三，农业合作社与国家的关系仍将较为密切，政府仍将发挥重要的推动作用。农业合作社是弱者的联合。世界合作运动发展史表明，民办公助是各国农业合作社发展的普遍经验，发展中国家的农业合作运动的推进更离不开政府的指导与扶持。世界各国都有保护农业合作社利益的立法和扶持政策。中国从规范意义上讲的农业合作社尚处于起步阶段，政府的扶持和保护对其尤为重要。农业合作社的发展还需政府在税收、信贷、经营范围和工商登记等方面给予政策支持。

其一,对农业合作社的扶持与调控。在农业合作社的发展上,政府要从发展方向上加以引导,从政策上宏观调控,从舆论上支持,从信贷、税收等方面给予扶持和优惠,为农业合作社的健康发展创造良好的外部环境。

其二,加强对农业合作社的监督与管理。农业合作社的发展离不开有效的政府监督,政府监督是其他监督所不能代替的。不论在农业合作社发展的初期,还是在农业合作社的成熟时期,政府都应对农业合作社执行法律法规和其他政策的情况进行监督。通过监督发现问题,依照法律和政策,对其采取相应的解决措施。

其三,加快农业合作社立法体系的建设。虽然农业合作社有自己的章程,但这只是内部的制约和规范。从外部来讲,合作社需要由政府制定专门的法律法规来保障其有效运转。作为法人实体,农业合作社一方面要遵守国家现有的法律法规;另一方面在社会主义市场经济条件下的农业合作社是一种新的农村经济组织形式。与一般意义上的法人相比,农业合作社的法人实体有自己的特点,这就需要用一部专门的法律体系来规范。在《中华人民共和国农民专业合作社法》制定和修订之后,融资、资金管理、会计等方面还需要对其出台更细致的法律来进行保障。纷纷建立起来的其他类型的农业合作社不能仅靠一部《中华人民共和国农民专业合作社法》加以指导和规范。如何通过法律建设促进各类农业合作社的发展,切实保护和增加社员的收益,还有很长的路要走。

其四,做好宣传教育工作。农业合作社是由农民自愿入股入社建立起来的自我服务组织。在中国,不仅大量的农民缺乏农业合作社知识,而且不少党政领导也不熟悉农业合作社。为此,需要培养一支训练有素的宣传教育队伍,向全社会进行农业合作社宣传,对广大农民进行农业合作社教育,对兴办的农民专业合作社进行指导。

二、走向农业合作社的农业一体化道路

为了解决"三农"问题,实施乡村振兴战略,全面实现国家的现代化,农业的一体化(包括农业生产经营者的横向联合和农业生产经营环节的纵向延伸)已经成为一种势在必行的路径选择;农业合作社的农业一体化则是一种更切题、更具亲和力、更令人青睐的答案。只有农业合作社的农业一体化大行其道,上述目标才能尽快实现。

遗憾的是,我们离农业合作社的农业一体化还有一段距离。为了尽快走完这段距离,走好未来的农业发展道路,我们认为有必要从既有文献的角度,回顾自改革开放以来的中国农业走向一体化的多种选择和不懈努力。

(一)家庭联产承包责任制:中国农业发展的制度平台

家庭联产承包责任制的产生来源于人民公社的失败。这几乎既是经济学家们的共识,也是制度经济学在中国最早的试验地。众所周知,林毅夫从农业生产自身的特点出发,独辟蹊径地探讨了人民公社体制下的监督问题,形成了由监督费用过高所导致的人民公社失败的结论。① 周其仁的角度稍有不同,他从国家与农民的博弈关系变革的过程切入,得出了不仅监督

① 林毅夫:《集体化与中国1959—1961年的农业危机》//《制度、技术与中国农业发展》,上海:上海人民出版社,1994年,第16-43页。

费用过高，而且监督监督者的困难无法解决，才是人民公社制度低效的原因。[①] 由此，他把家庭联产承包责任制看成是国家和农民关系改良的产物。陈剑波则指出了人民公社剩余索取权和剩余控制权的残缺严重地破坏了激励，这与当时很多对家庭联产承包责任制产权改革的赞誉，如农民获得了生产经营自主权和剩余的分配权，形成一种对照性的互补，[②]可以说，这些权威性的论述为家庭联产承包责任制成为基本经济制度举行了"奠基礼"。但关于家庭联产承包责任制的讨论就此基本停滞了。只有个别人关注家庭联产承包责任制对农业生产发展产生的弊端，如生产规模过小、生产要素的配合僵化、对后续组织和制度创新的制约等。[③] 这些说明了完全局限于家庭联产承包责任制的农业生产只能是一种贡献有限的小生产。

(二)社区型合作社：资本和劳动的联合

与新兴的农业合作社相对的就是传统的合作组织之一——社区型合作社。改革开放后的集体经济组织——社区型合作社是最早走出小生产的组织形式之一，也是最早在社区内外实现生产者和生产要素联合的形式之一。社区型合作社的主要贡献是劳动和资本的联合开启了农业的横向一体化。骆友生、张红宇以家庭联产承包责任制之后在社区合作组织的土壤里诞生的两田制、家庭农场、集体农场、四荒地拍卖、股份合作制等制度安排为线索，演示了农民们为实现农业一体化所做的不懈努力。[④] 张晓山等则指出了社区性的资本和劳动联合在走向市场、实现农民增收等方面所起的作用。

在社区型合作社中，最受关注的是土地股份合作制。20 世纪 90 年代，虽然见仁见智、争论激烈，土地股份合作制最终还是获得了大多数人的支持。[⑤-⑥]近期研究关注的是在农地流转征用过程中农民利益大量丧失，组织、法律、政策等保护尚不到位的情况下，土地股份合作制在保护和增加农民利益中的作用、作用机理和制度绩效。研究者几乎不约而同地认为应该通过股份合作制的创新还农民以土地承包经营权，农民拥有土地的实际支配权就可以免遭土地征用、转让过程中的收益丧失，并实现由此产生的土地增值收益。[⑦-⑧]在一些经济较发达的地区，土地股份合作制分别适应着农地转包租赁以及征用出售两方面的制度需求。[⑨] 虽然它仍然需要从管理机制、合约安排等方面给予进一步改善。[⑩]

其实这些研究表明，社区型合作社对启动横向一体化的最大贡献就是制度创新。在制度创新中，历久弥新的就是土地股份合作制。遗憾的是，虽然土地股份合作制能够明晰、保护、增加农户的土地收益，但集体土地制度固有的缺陷、初始产权的主体不明和权利不清就极大地限制了土地股份合作制等横向联合的试验范围和成活率。

---

① 周其仁：《中国农村改革：国家和所有权关系的变化》上，《管理世界》1995 年第 3 期，第 178-189 页，第 219-220 页。

② 陈剑波：《人民公社的效率》，《经济研究》1995 年第 7 期，第 47-53 页。

③ 骆友生、张红宇：《家庭承包责任制后的农地制度创新》，《经济研究》1995 年第 1 期，第 69-80 页。

④ 同③。

⑤ 靳相木：《试论农业产业组织创新》，《农业技术经济》1998 年第 1 期，第 33-37 页。

⑥ 綦好东：《我国现行农地产权结构的缺陷及重构的实证分析》，《农业经济问题》1998 年第 1 期，第 18-22 页。

⑦ 王西玉：《新形势下农民同土地关系的再认识：对当前农地问题一些现象的思考》，《中国农村经济》2003 年第 10 期，第 4-8 页。

⑧ 刘金海、宁玲玲：《土地承包经营权：农民的财产权利》，《经济体制改革》2003 年第 6 期，第 77-80 页。

⑨ 王小映：《土地股份合作制的经济学分析》，《中国农村观察》2004 年第 6 期，第 77-80 页。

⑩ 朱守银：《南海市农村股份合作制改革试验研究》，《中国农村经济》2002 年第 6 期，第 43-47 页。

（三）乡镇企业：农业纵向延伸的尝试

20世纪90年代，乡镇企业则把纵向一体化的试验推向了极致。从社队企业起，乡镇企业就标志着农业走向工业，农业走出农业。有趣的是，我们今天关注的是乡镇企业的"出逃"，当时的研究者却关心这种"出逃"为什么会成功，甚至各种解释还有力地冲击了一些新的制度经济学的定理。魏茨曼和许成钢以及李稻葵把乡镇企业早期的成功解释为一种"界定模糊的合作组织"或其产权的模糊性。[①] 在乡镇企业发展之初的20世纪80年代或者稍晚的时期，"合作组织"或者其产权的模糊性既化解了企业逐利的意识形态风险，减少了由此带来的内部和外部交易成本，又避开了企业自己难以承担的明晰产权的费用。这就告诉我们，产权并不是什么时候都以明晰为标准才好。

一旦中国的市场化进程推进到一定程度之后，模糊的产权和界定模糊的合作组织就难以胜任，股份合作制的改造，即在合作制的边际上进行引入股份制的增量改革就变得势在必然和势在必行。杨承训和阎恒、苑鹏、魏建以及何军具体分析了股份合作制的效率，说明了这种制度为什么会在20世纪90年代末期成为乡镇企业首选的制度安排。[②-⑤]姚洋和支兆华、谭秋成则证实了国家、社区的退出，企业自主改制的必要性。[⑥-⑦]由此可见，这些研究为乡镇企业在20世纪90年代末期的崛起提供了一个更理性的解释。必须要看到的是，乡镇企业一开始是农业走出农业，20世纪90年代末期则以明晰产权的方式明确了自己的企业身份，乡镇企业实施的农业纵向延伸最终不会成为农业一体化，只是工业一体化了农业，或者是一时的农业一体化，因此寻找和选择的脚步还不能停。

（四）农业产业化：成就与问题

农民经纪人、涉农企业和农业产业化龙头企业被看作农业一体化的实施主体的一种。它们更多地使农业实现了纵向延伸。由于利益不同，农户与它们的横向联合受到了一些限制，所以农业产业化更接近于农业纵向一体化。

越来越多的学者指明并解释各种新兴的农业一体化形式的成效。关于农民经纪人，朱学新指出，农产品在流通中需要各种中介组织来降低交易费用，而实践证明，农民经纪人是较为理想的一种；[⑧]翟印礼、王玉莲则指出，仅农民科技经纪人就有多种形式，发挥的作用也多种多样。[⑨-⑩]如何规范经纪人，如何减少商业化农业生产经营对农民利益的影响，如何减少农民经纪人的弊端都是亟须研究的问题。

涉农企业同样被看作促进农业一体化的重要力量，进而被当作农村经济发展的战略突破

---

① 李稻葵：《转型经济中的模糊产权理论》//海闻：《中国乡镇企业研究》，北京：中华工商联合出版社，1997年。

② 杨承训、阎恒：《股份合作制：社会主义市场经济下新型"合作工厂"》，《经济研究》1994第8期，第42-47页。

③ 苑鹏：《股份合作制与乡镇企业制度创新》，《中国农村经济》1995年第12期，第48-52页。

④ 魏建：《职工持股与股份合作制》，《中国农村观察》1998年第6期，第51-55页。

⑤ 何军：《乡镇企业股份合作制的制度逻辑》，《中国农村经济》2001年第7期，第50-60页。

⑥ 姚洋、支兆华：《政府角色定位与企业改制的成败》，《经济研究》2000年第1期，第3-10页。

⑦ 谭秋成：《市场的性质与企业所有权安排》，《中国农村观察》2000年第1期，第30-36页。

⑧ 朱学新：《降低农产品交易费用的制度选择》，《农业经济问题》2005年第12期，第30-33页。

⑨ 翟印礼：《做大做强农民科技经纪人队伍》，《农业经济》2004年第6期，第22-24页。

⑩ 王玉莲：《论农民经纪人的作用与队伍建设问题》，《学术交流》2004年第2期，第97-99页。

口。[①] 因此通过民间资本与农业相结合，形成农业企业化经营的庄园经济，[②]或者努力使中国农户企业化，包括经营的企业化和自身的企业化，[③]或者让农业企业走向营销型企业，建立多种模式的供应链，[④]这些都是发展由农业企业主导的农业一体化的重要对策。可见，农民经纪人和涉农企业的问题都是企业主导的农业一体化。其目的是农户企业化，成为企业的一分子，不管愿不愿意。乡镇企业离开了，它们就以同样的身份进来，以填补空白。

对农业产业化的研究焦点已经从早期的农业产业化的概念、类型等基本问题，[⑤-⑥]农业产业化的制度经济学和产业组织等角度的理论解释[⑦]演进到关注对象的多元化和具体化，并在如何促进农业产加销、贸工农一体化，供应链、营销链、产业链不断延伸等问题的讨论中达成一定的共识。例如，不仅政府关心龙头企业的做大做强，[⑧]而且学者们指出强大的龙头企业以及产业化体系离不开政府、金融系统的资金支持以及民营资本、民间资本的顺畅融通。[⑨-⑩]

既往所有的研究都不能避开的问题就是农业产业化经营中的利益纠纷。由于产业化经营中的公司、农户分属不同的利益主体，各自设立自己的最大化目标，所以它们在一体化经营的过程中势必会有机会主义行为，这将怎样影响农业产业一体化经营的效率？罗必良的解释是产业化经营的效率实际上取决于公司和农户的相互依赖性，而相互依赖性又受制于共同经营项目的资产专用性程度和企业的制度效率。[⑪] Hoger Bonus 则注意到了被忽视的农业合作社及其制度，提出了农业合作社能够减少机会主义行为，并能为企业和农户都节省交易成本的观点。[⑫] 周立群和曹力群进一步分析了合作社加入后的农业产业化经营的制度缺陷，这就深化了产业化经营的制度效率研究。[⑬] 生秀东则指出，应通过引入政府，完善各种利益主体行为分析的对象和内容。[⑭] 关于增加契约的稳定性和减少纠纷的研究的热度依然不减。[⑮-⑯]尽管农业合作社的加入也没能完全化解产业化经营的制度缺陷，但人们还是一致认为农业合作社的加入、股份合作制等的引入是完善农业产业化经营的必由之路。[⑰-⑱]

乡镇企业、农民经纪人、涉农企业以及农业产业化的龙头企业的突出问题就是违背了农户

---

① 杨金深：《农村经济的战略突破口：发展农业企业》，《农业经济问题》2004 年第 2 期，第 66-68 页。

② 袁斌昌：《民间资本与农业相结合的农业企业化经营制度》，《湖北大学学报》2005 年第 4 期，第 426-427 页。

③ 王希凡、杨学成：《试论中国农户企业化》，《中国农村经济》2004 年第 5 期，第 31-34 页。

④ 喻国华：《论营销型农业企业供应链发展模式》，《企业经济》2005 年第 3 期，第 60-62 页。

⑤ 牛若峰：《农业产业一体化经营的理论与实践》，北京：中国农业科学技术出版社，1998 年。

⑥ 丁力：《论两类农业产业化》，《经济理论与经济管理》1999 年第 3 期，第 60-65 页。

⑦ 靳相木：《试论农业产业组织创新》，《农业技术经济》1998 年第 1 期，第 6-8 页。

⑧ 范小建：《把龙头企业做大做强》，《农村经营管理》2006 年第 3 期，第 6-8 页。

⑨ 齐成喜、陈柳钦：《农业产业化经营的金融支持体系研究》，《农业经济问题》2005 年第 8 期，第 43-46 页。

⑩ 彭熠、和丕禅、李勇：《浙江民营资本介入农业产业化问题分析及对策》，《中国软科学》2006 年第 1 期，第 69-75 页。

⑪ 罗必良：《两个农业经济组织的不同命运——农村经济组织制度的实证分析之三》，《南方农村》1999 年第 5 期，第 4-8 页。

⑫ Hoger Bonus：《作为一个企业的合作联合会：一份交易经济学的研究》（中译本）// Furuboton and Richiter：《新制度经济学》，上海：上海财经大学出版社，1999 年。

⑬ 周立群、曹力群：《农村经济组织形态演变与创新》，《经济研究》2000 年第 1 期，第 69-75 页。

⑭ 生秀东：《农业产业化的陷阱：论政府、企业、农民各自目标对产业化经营的影响》，《中州学刊》2000 年第 2 期，第 9-12 页。

⑮ 侯守礼：《不完备契约及其演进》，《中国农村观察》2004 年第 6 期，第 46-54 页。

⑯ 牛若峰：《农业产业化经营发展的观察和评论》，《农业经济问题》2006 年第 3 期，第 8-15 页。

⑰ 杜吟棠：《农业产业化经营和农民组织创新对农民收入的影响》，《中国农村观察》2005 年第 2 期，第 9-18 页。

⑱ 陈合营：《农业产业化中的组织模式与制度比较分析》，《调查与思考》2005 年第 12 期，第 50-55 页。

的意愿，只从自身出发而进行农业的一体化。违背意愿就会违背利益。其主要表现为利益不一致、摩擦成本交易成本高、契约不稳定、一体化绩效损失，以致恶性循环。

(五)农业合作社的农业一体化:时代之选

农业合作社的一体化就不能不说是一种时代的选择了。在国外，农业合作社长期以来就是农业一体化的主体之一。农业合作社以这种身份发挥各种作用，也被迫因此进行自我调整，甚至改变。据一些国外的实践证明，作为弱小农民分割新增收入的必要手段，只有农业合作社一体化充分发展，农民的组织化提高到有政治影响力的程度，技术的创新者、利用者和管理者之间的合作效率才会达到最大，也只有这样，农民的需求才会被接受并得到回应。①-②他们的研究为一个不断强大的农业合作社一体化提供了一种不断主动创造需求的理论解释。

M. Cook 以及 Fulton and Gibbings 分析了农业合作社一体化经营中存在的范围问题、控制问题、投资比例问题以及成本问题，并认为这些问题会迫使农业合作社自我异化。③-④ M. Fulton 从对农业合作社的发展阶段概括入手，说明在农业合作社一体化扩展中，越来越多的组织成本和交易成本迫使农业合作社或与企业联合或与资本投票权对应化或将其改变为投资型企业。⑤ 虽然这些研究并不预示着中国农业合作社的未来，但我们不能不面对这些被提出的问题:中国农业合作社是否也存在一体化中的高交易成本？这会不会影响它的一体化？该怎样降低交易成本？

在中国新兴的农业合作社中，最引人注目的是农民专业合作社，包括在改革开放后生长起来的专业技术协会，由信用社改革诱发的民间资金互助组织，在供销社中生长和发展起来的专业合作社、专门的合作社，如农民用水者协会、农机协会等。

不少人已明确主张，应该发展由合作社主导的农业产业化经营。⑥ 我们认为，农业产业化比较接近农业纵向一体化的含义，即这些人主张的农业一体化的另一个主体应该是农民的合作社。不仅如此，还有一些学者注意到农业合作社的农业一体化，或者涉及其中的某一方面。唐勇以及战明华等对浙江省临海县上盘镇西兰花农民专业合作社进行的考察，⑦-⑧卫龙宝和卢光明对农业合作社控制农产品质量的研究，⑨罗必良和潘光辉对鹅公岭村股份合作制变化

---

① [日]速水佑次郎，神门歉:《发展经济学——从贫困到富裕》第三版，北京:社会科学文献出版社，2003 年。

② [日]速水佑次郎，[美]弗农·拉坦:《农业发展的国际分析》，郭熙保、张进铭，等译，北京:中国社会科学出版社，2000 年。

③ COOK M: The future of U.S. agricultural cooperatives: a neo-institutional approach, american journal of Agricultural Economics，1995 年第 77 期，第 1144-1152 页。

④ FULTON，G:Response and adoption:canadian cooperatives in the 21st century，Centre for the Study of Co-operatives，University of Saskatchewan，Canada. 2000 年 .

⑤ FULTON M:The future of Canadian agricultural cooperatives:a property rights approach，American Journal of Agricultural Economics，1995 年第 77 期，第 1153-1159 页。

⑥ “社会主义市场经济条件下农民中介组织的发育和完善”课题组:《论社会主义市场经济条件下农民中介组织的发育和完善》，《中国农村经济》2002 年第 3 期，第 4-12 页。

⑦ 唐勇:《“俱乐部品”不可或缺条件下的农村经济组织制度创新》，《农业经济问题》2003 年第 9 期，第 54-58 页。

⑧ 战明华、吴小钢、史晋川:《市场导向下农村专业合作组织的制度创新》，《中国农村经济》2004 年第 5 期，第 24-30 页。

⑨ 卫龙宝、卢光明:《农业专业合作经济组织实施农产品质量控制的运作机制探析》，《中国农村经济》2004 年第 7 期，第 36-40 页。

的研究，①蒋永穆对成都地区农业产业化模式创新的案例分析，②应瑞瑶对农民专业合作组织是前向还是后向延伸进行的探讨，③李宁对产业化升级的见解，④徐旭初对强化供应链管理的主张，⑤等等都是其中的代表。

虽然对于农业合作社能否胜任农业一体化的主体使命没有直接的答案，但有不少研究从不同角度探讨了农业合作社发展中存在的问题。黄祖辉等尝试总结影响农民专业合作社发展的因素；⑥傅晨展示了农民在合作社制度的选择上莫衷一是的困难⑦；有的研究涉及合作社产权、治理机制、分配制度以及经济绩效方面的不足等；⑧-⑨有的研究瞄准由依托而带来的内在矛盾；⑩有的研究关注规模和社际联合的局限；⑪-⑫有的研究看到由集体行动带来的麻烦；⑬有的研究还关注法律政策、培训、多主体参与等外在条件，政府与合作社的关系。⑭

总体而言，从家庭联产承包责任制到社区型合作社（劳动联合和资本联合）以及乡镇企业（农业向工业的延伸），再到农民经纪人、农业企业以及龙头企业等主导的农业产业化（产加销的纵向延伸）到农业合作社的农业一体化（农户的横向联合和产业、供应、营销网络的纵向延伸），这就是中国农业一体化发展道路的基本脉络。经过了不间断的创新、不停滞的选择、不松懈的努力，终于走到了农业合作社实施农业一体化的今天。由此可见，农业合作社的农业一体化有着前所未有的优势和重要性。

农业合作社的农业一体化是中国农业发展实践和相关学术研究的共同选择，也是中国农业一体化乃至整个现代农业发展路径的必然选择。在破解“三农”问题、新农村建设和发展现代农业的背景下，农业合作社的农业一体化既是一条不容忽视的农业发展路径，也是一个非常重要的研究课题。

---

① 罗必良、潘光辉：《鹅公岭村的股份合作制：从封闭走向开放》，《中国农村经济》2004 年第 5 期，第 17-23 页。

② 蒋永穆、郭晓鸣、纪志耿：《农业产业化经营的模式创新研究》，《经济体制改革》2006 年第 6 期，第 93-98 页。

③ 应瑞瑶：《农民专业合作社的成长路径》，《中国农村经济》2006 年第 6 期，第 18-23 页。

④ 李宁：《大力发展农民专业合作组织，促进农业产业化深化升级》，《农村经营管理》2006 年第 3 期，第 39-40 页。

⑤ 徐旭初：《走向供应链管理：农业合作社的困境与创新》，《农村经营管理》2007 年第 1 期，第 15-17 页。

⑥ 黄祖辉、徐旭初、冯冠胜：《农民专业合作组织发展的影响因素分析》，《中国农村经济》2002 年第 3 期，第 13-21 页。

⑦ 傅晨：《农民专业合作社的现状与问题》，《经济学家》2004 年第 5 期，第 101-105 页。

⑧ 战明华、吴小钢、史晋川：《市场导向下农村专业合作组织的制度创新》，《中国农村经济》2004 年第 5 期，第 24-30 页。

⑨ 柳晓阳：《农村专业合作社机制与职能转型初探》，《农业经济问题》2005 年第 9 期，第 10-12 页。

⑩ 蒋玉珉：《依托型农村专业合作社制度创新分析》，《中国农村经济》2004 年第 11 期，第 24-28 页。

⑪ 国鲁来：《合作社的经营规模与组织效率》，《农村经营管理》2005 年第 9 期，第 11-13 页。

⑫ 郭红东、徐旭初、邵雪伟等：《我国农民专业合作经济组织发展的完善与创新——基于对浙江省实践的分析》，《中国软科学》2004 年第 12 期，第 1-9 页。

⑬ 马彦丽、林坚：《集体行动的逻辑与农民专业合作社的发展》，《经济学家》2006 年第 2 期，第 40-45 页。

⑭ 孙亚范：《我国农民专业合作组织创新的成本约束及化解》，《经济问题探索》2004 年第 2 期，第 29-33 页。

思考题

1. 农业合作社为什么有利于实现农民增收的目标？
2. 怎样看待农民专业合作社发展中出现的问题？
3. 为什么说农业合作社有着良好的发展前景？
4. 怎样理解农业一体化？你认为农业一体化发展过程的阐述和演绎是否能得到现实支持？

专题十五　农业的交流与合作

新中国成立70多年来，农业的对外交流与国际合作：农产品对外贸易、农业资本流动和农业对外合作。其中农产品对外贸易包括农产品贸易政策的演变、农产品贸易地位与作用的演变两个部分；农业资本流动包括农业利用外资政策的演变、农业利用外资的实践、农业对外投资政策的演变和农业对外投资的实践四个部分；农业对外合作包括农业多边双边交流与合作、农业科技交流与合作和农业对外援助三个部分。

新中国成立以后，农业在对外经济贸易关系中始终占有重要地位。在改革开放前，作为出口创汇的主要来源，农产品及其加工品出口为工业化建设提供了有力的支持。自改革开放以来，农业对外开放取得了显著成绩。在加入世界贸易组织后，农业对外开放步入快速发展阶段。自党的十八大以来，以习近平新时代中国特色社会主义思想为指引，农业对外开放翻开了新的历史篇章。①

一、农产品对外贸易②

（一）农产品对外贸易政策的演变

作为中国对外贸易的重要组成部分，农产品对外贸易在经济建设中发挥着重要作用。尤其是自改革开放以来，为适应全球经济一体化和贸易自由化的发展趋势，中国逐步加快了农产品对外贸易体制的改革。这项改革不仅有力地推动了农业的对外开放和农产品对外贸易的发展，而且促进了整个国民经济的发展。总体来看，中国农产品对外贸易政策的演变大致经历了以下四个阶段。

1. 严格的计划管理阶段（1949—1978年）

在新中国成立后的近30年里，在高度集中的计划经济体制下，农产品对外贸易实行严格的计划管理：农产品对外贸易完全由国有外贸企业垄断经营，对不同农产品进出口实行外贸专营；根据中国供需之间的计划差额决定特定产品的计划进口量、按照进口计划筹措资金或决定出口水平；国有外贸企业的贸易产品范围完全由政府部门决定，并与生产部门的产品范围相对应。政策的主要目标是出口创汇和调剂余缺，出口创汇主要是为了换回国家工业化建设所必需的设备。

---

① 除特别注明的数据，本专题所使用的数据不包含香港特别行政区、澳门特别行政区和台湾地区的数据。中国使用的农产品概念是世界贸易组织乌拉圭回合《农业协议》界定的农产品的范围（HS产品口径）加上水产品。其包括谷物、棉麻丝、油籽、植物油、糖料及糖类、饮品类、蔬菜、水果、坚果、花卉、饼粕、干豆（不含大豆）、水产品、畜产品、调味香料、精油、粮食制品、粮食（薯类）、药材和其他农产品，共20大类。

② 除特别注明的数据，本部分所使用的数据来源于农业农村部编纂的《中国农产品贸易发展报告》。自2006年起，《中国农产品贸易发展报告》每年出版一部。

2. 计划和市场双重管理阶段(1979—1991 年)

中国共产党十一届中央委员会第三次全体会议以后,农村率先改革,农业生产迅速发展,粮、棉、油、糖等农产品连年增产,为农产品出口提供了稳定的产品来源,这就迫切要求对原有农产品外贸管理体制进行改革。为顺应形势发展的需要,中国政府逐步加快了整个外贸管理体制的改革步伐:改革单一的指令性计划管理体制,实行指令性计划、指导性计划和市场调节相结合,重新实行进出口许可证制度,建立外贸经营权审批制度,鼓励出口;在外贸全行业实行承包经营责任制,国家逐步运用价格、利率、退税、出口信贷等经济手段调控对外贸易,外贸的宏观调控体系逐步形成。1982 年,中国政府公布对 129 种商品实行进出口许可证管理,其余商品则放开经营。其中实行许可证管理的农产品有 64 种,农产品制成品有 10 种,两者占许可证管理商品种类的 57.4%。总体来看,尽管国家在这一时期对农产品对外贸易开始实行计划和市场双重管理,但是农产品对外贸易体制改革仍处于探索阶段。

3. 复关和入世①准备阶段(1992—2001 年)

这一阶段,中国确立了建设社会主义市场经济体制的目标,为进一步加大对外开放力度,围绕复关和入世,加快了对整个外贸管理体制的市场化改革。通过连续大幅度降低关税、深化汇率体制和价格机制改革等举措,外贸管理方式和手段逐渐与国际规则和惯例接轨。1992—1997 年,中国连续 4 次大幅度降低进口关税税率,其中,1996 年 4 月降低了 4 900 个税号的关税税率,1997 年 10 月再次降低了 4 878 个税号的关税税率。经过几次大的降税改革后,中国农产品平均进口关税水平由 1992 年的 51%降至 2001 年的 21%,中国逐步取消了一些非关税壁垒,对汇率体制也进行了重大改革:自 1994 年 1 月 1 日起,国家实施以市场供求为基础的、单一的、有管理的浮动汇率制度。此外,20 世纪 90 年代后期还出台有关政策以严厉打击农产品走私活动,进一步规范了农产品进出口秩序;制定了农业生物技术安全管理法规,建立转基因产品生产许可证登记和销售标识制度;加快了动植物卫生检验检疫制度建设,加强农产品双边贸易谈判及反倾销调查。

4. 入世后的全面开放阶段(2002 年以后)

在中国加入世界贸易组织的谈判过程中,中国政府在农业方面做出了一系列承诺。其主要包括关税减让、关税配额、国内支持、出口补贴、农业的服务领域和动植物检疫。

第一,关税减让。中国承诺农产品关税税率由 1992 年的平均水平 46.6%降低到 1999 年的 21.2%,2004 年进一步降低到 15.5%左右。其中,对美国所关注的肉类、园艺产品和加工食品等 86 项农产品或农产品加工品的关税在 2004 年下降到 14.5%。

第二,关税配额。中国对小麦、玉米、大米、棉花、植物油、食糖、羊毛、天然橡胶等重要农产品实行关税配额管理。其中,粮食(小麦、玉米、大米)在 2002 年的关税配额量为 1 830.8 万吨,到 2004 年为 2 215.6 万吨;棉花在 2002 年的关税配额量为 81.85 万吨,到 2004 年为 89.4 万吨;植物油(豆油、棕榈油、菜籽油)在 2002 年的关税配额量为 579.69 万吨,到 2004 年为 799.8 万吨。

第三,国内支持。中国农产品"黄箱"政策的国内综合支持量(AMS),包括农业投资和投入品补贴在内,最高可以达到农产品产值的 8.5%。"黄箱"政策的国内支持分为针对具体产品(特定产品)和不针对具体产品(非特定产品)两类来计算。中国确定的特定产品为大米、玉

---

① 复关是指恢复中国在《关税与贸易总协定》中缔约国的地位;入世是指中国加入世界贸易组织。

米、小麦、棉花4种;非特定产品是指政府对农产品及农业生产资料的其他补贴和农业投资补贴,如贷款贴息。

第四,出口补贴。中国承诺取消农产品的出口补贴,包括价格补贴、实物补贴以及发展中国家可以享有的对出口产品加工、仓储、运输的补贴。

第五,农业的服务领域。中国承诺在未来2～4年内允许国外企业在中国设立从事农业、林业、畜牧业、渔业有关服务的合营企业;允许设立仓储服务的合营企业;允许国外服务企业从事化肥、农药、农膜、成品油的批发和零售。

第六,动植物检疫。中国在《中美农业合作协议》中承诺,解除长期以来对美国部分地区小麦、柑橘和肉类的进口禁令;允许美国矮腥黑穗病(TCK)疫区小麦在每50克不超过3万个TCK孢子的标准内可以进入中国市场;认可美国农业部有关猪肉、牛肉和禽肉的卫生标准;允许美国农业部食品安全和检疫服务机构批准的工厂向中国出口肉类。

入世以后,中国不仅完全履行了当初的承诺,而且在开放市场方面做出了比当初承诺更多的举措。如2004年中国临时取消了13%的进口增值税以促进小麦进口;2003—2005年主动扩大进口配额大量进口棉花;2005年中国农产品平均进口关税税率已下降为15.3%,仅为世界贸易组织所有成员平均水平的1/4;从2006年1月1日起,中国进一步降低100多个税目的进口关税税率,其中农产品平均进口关税税率由15.3%降到15.2%。除一些岛国和个别农业规模大、竞争力很强的国家,其他国家农产品关税水平都比中国高。随着世界贸易组织多哈回合农业谈判以及中国与一些国家和地区自由贸易区谈判的推进,中国农产品对外贸易政策还将不断进行改革与调整。

(二)农产品对外贸易地位与作用的演变

回顾70多年的发展历程,中国的农产品对外贸易大致可以分为四个阶段:缓慢发展阶段(1949—1978年);持续增长阶段(1979—1993年);波动徘徊阶段(1994—2001年);入世后的全面发展阶段(2002年以后)。每个阶段的变化都与国家宏观经济形势的变化紧密相关,具有鲜明的时代特征。

1. 缓慢发展阶段(1949—1978年)

这一阶段,由于新中国在国际上既面临着冷战时期西方资本主义阵营的政治、经济和外交封锁,又遭遇与苏联关系的破裂,因此中国需要独立自主、自力更生,依靠自己的力量尽快建立独立自主的工业体系。农业担负着为国家进口必要的工业设备而出口创汇的任务。这一阶段农产品贸易的主要特点有以下几个方面。

第一,规模小,增长慢。由于农业发展水平低,可供出口的产品数量少,农产品出口的规模一直很小,且增长缓慢。1953—1978年,中国农产品出口额多数年份在20亿美元左右,1978年才达到61亿美元。

第二,贸易伙伴不多,市场比较单一。意识形态之争超越了经济利益,贸易往来也分成东方和西方两大阵营。这一阶段,与中国开展农产品贸易的60多个贸易伙伴主要是东欧、亚非拉地区的社会主义国家和其他发展中国家。

第三,农业是对外贸易的支柱产业和贸易顺差的主要来源。改革开放前,农产品出口占中国出口总额的比重较大,在出口创汇方面做出了巨大贡献(表15-1)。1954年7月,中共中央在《关于加强市场管理和改造私营商业的指示》中规定,关于各种商品国内市场销售和出口的关系,除粮食、油料等物资特殊规定限量出口,其他物资在今后一个相当长的时期内的一般方针应当是国内市场的销售服从出口的需要。有些商品，如肉类，应该压缩国内市场的销售，保证出口。有些商品，如水果、茶叶和各种小土产，应尽先出口，多余的再供国内市场销售。只有这样，才能保证必要的出口，以换回国家建设所必需的工业设备。这一阶段某些农产品的出口是通过对国内消费量的压缩来实现的，而并不意味着这些农产品国内供给不足的情况有了根本性的改变。

第四，土畜产品贸易在农产品对外贸易中占有重要地位。按照过去的习惯，农产品分为粮油食品和土畜产品，土畜产品包括茶叶、土产和畜产。虽然这一阶段的土畜产品进出口总额小于粮油食品进出口总额，但是土畜产品创造的贸易顺差大于粮油食品创造的贸易顺差。1950—1979 年，粮油食品累计出口额为 265.82 亿美元，累计进口额为 157.47 亿美元，贸易顺差为 108.35 亿美元；土畜产品累计出口额为 155.18 亿美元，累计进口额为 20.41 亿美元，贸易顺差达 134.77 亿美元。①

表 15-1　1950—1979 年中国农产品进出口情况

年份	进出口		出口		进口	
	金额/亿美元	比重/%	金额/亿美元	比重/%	金额/亿美元	比重/%
1950—1959	83.36	30.3	78.62	59.6	4.74	3.3
1960—1969	132.54	35.9	82.87	42.6	49.67	28.5
1970—1979	382.98	28.5	259.51	39.2	123.47	18.2

资料来源：沈觉人，《当代中国》丛书编辑部．当代中国对外贸易：下册．北京：当代中国出版社，1992：31。

注：本表农产品包括粮油食品、土畜产品及其加工品。金额是指各年份数字的总和；比重是指占中国同期进出口总额、出口总额、进口总额的比重。

2．持续增长阶段（1979—1993 年）

在农村率先改革以后，农业的持续丰收为农产品出口提供了稳定的产品来源，同时，日益灵活的外贸企业经营机制推动了农产品贸易的发展。中国农产品对外贸易在这个阶段呈现的主要特点有以下几个方面。

第一，规模持续扩大，顺差明显增加。从 1979 年开始，中国农产品进出口总额超过 100 亿美元，1989 年达到 200 亿美元。在这十五年中，农产品对外贸易额有 11 年处于增长状态。1984 年以后农产品对外贸易一直保持顺差，1993 年达到了 41.7 亿美元的历史最高水平。

第二，贸易伙伴增多，市场逐步多元化。这一阶段，与中国有农产品贸易往来的国家和地区由原来的 60 多个发展到世界绝大部分国家和地区；主要进出口市场也发生了根本性变化，由原来的以社会主义国家为主转向以市场经济国家和地区为主，美国、日本、加拿大和澳大利亚等国家以及西欧、东南亚等地区成为中国主要的农产品贸易伙伴。

第三，农产品对外贸易在中国对外贸易中的地位下降。这一阶段，农产品对外贸易额在中国对外贸易总额中所占的比重呈下降趋势。出口额所占的比重由 1980 年的 26%下降到 1993 年的 14%，进口额所占的比重由 1980 年的 34%下降到 1993 年的 8%。从这个侧面反映了中国的农业与工业在国民经济中所占比重的变化，农业为国家工业化出口创汇的作用已经大为降低。

① 沈觉人，《当代中国》丛书编辑部编辑：《当代中国对外贸易》下册，北京：当代中国出版社，1992 年，第 36 页、第 50 页。

第四，出口产品逐渐集中，比较优势开始显现。在出口迅速增加的同时，中国农产品对外贸易的比较优势逐步显现。园艺类产品、畜产品和水产品等劳动密集型产品成为主打品种，三项合计约占农产品出口总额的60%。其中，园艺类产品在20世纪80年代初所占的比重约为25%，其后稍有下降，1993年保持在20%左右；畜产品所占的比重由20世纪80年代初的25%下降到1993年的15%；水产品呈现快速增长态势，20世纪80年代初所占的比重为6%，1985年以后快速上升，1993年达到13%左右。

3. 波动徘徊阶段(1994—2001年)

这一阶段，中国建设社会主义市场经济体制的目标更加清晰，各项改革全面展开并深入推进；加入世界贸易组织谈判进程加快，对外开放程度明显提高，全方位、宽领域、深层次的开放局面逐步形成；农业发展进入了以主要农产品基本平衡、丰年有余为主要特征的新阶段。这一阶段，中国农产品对外贸易的主要特点有以下几个方面。

第一，规模有所扩大，增长徘徊波动。1995年农产品进出口总额突破300亿美元，迈上了新台阶。1998年之后有所下滑，至2001年仍未恢复到1995年的水平。这一阶段，中国农产品年出口额基本稳定在150亿～160亿美元的水平，年均为159.5亿美元，年际间波动很小；进口则不稳定，前期多后期少，进口额最多的1997年是进口额最少的1999年的2.3倍。进口的波动直接造成了这一阶段农产品对外贸易规模的徘徊不前。与上一阶段相比，农产品年均顺差由8.7亿美元增至23.9亿美元。

第二，主要进口来源地和主要出口市场有相对集中的趋势。主要进口来源地相对集中在北美洲、南美洲等地区，美国成为中国最大的农产品进口来源地；主要出口市场相对集中在亚洲，日本成为中国最大的农产品出口市场。

第三，农产品对外贸易在中国对外贸易中的地位继续下降。这一阶段，农产品对外贸易额在中国对外贸易总额中所占的比重继续呈下降趋势。出口额所占的比重由1994年的13%下降到2001年的6%，进口额所占比重由1994年的11%下降到2001年的5%。

第四，贸易结构发生变化，比较优势产品和比较劣势产品的差距更加明显。在出口方面，水产品、水果及蔬菜、畜产品占农产品出口总额的比重进一步提高，达65%。其中，水产品占25%，水果和蔬菜占23%，畜产品约占17%。在进口方面，大豆进口急剧增加，成为这一时期各方关注的焦点。

4. 入世后的全面发展阶段(2002年以后)

2001年年底，中国加入了世界贸易组织。以此为标志，中国的对外开放进入了新的发展阶段。在这个阶段，农产品对外贸易的主要特点有以下几个方面。

第一，贸易规模不断扩大，从长期顺差转为持续性逆差，且逆差不断扩大。农产品对外贸易迅速增长，进口增速明显高于出口增速。2001—2020年，农产品进出口总额、出口额、进口额分别增长了7.91倍、3.77倍、13.51倍。中国已成为全球第二大农产品贸易国，既是大豆、谷物、棉花、猪肉、羊肉最大的进口国，也是蔬菜、水产品最大的出口国。由于大豆等农产品进口快速增长，从2004年开始，中国农产品对外贸易从长期顺差转为持续性逆差(表15-2)。

第二，主要进口来源地和主要出口市场相对集中。2020年，10个最大的农产品进口来源地占中国农产品进口总额的66.2%，其中巴西占20.5%；10个最大的农产品出口市场占中国农产品出口总额的65.3%，其中日本占12.6%(表15-3)。

表 15-2　2001—2020 年中国农产品进出口情况　　亿美元

年份	进出口总额	出口额	进口额	贸易差额
2001	279.0	160.5	118.5	42.0
2002	306.1	181.3	124.7	56.6
2003	403.8	214.1	189.7	24.4
2004	514.5	233.6	280.9	−47.2
2005	563.4	275.5	287.9	−12.4
2006	635.5	313.8	321.7	−7.8
2007	781.8	369.9	412.0	−42.1
2008	992.4	404.7	587.7	−183.0
2009	922.4	395.4	527.0	−131.6
2010	1 219.3	493.7	725.5	−231.8
2011	1 555.9	607.2	948.7	−341.5
2012	1 757.3	632.5	1 124.8	−492.3
2013	1 866.9	678.3	1 188.7	−510.4
2014	1 945.0	719.6	1 225.4	−505.8
2015	1 875.6	706.8	1 168.8	−462.0
2016	1 845.6	729.9	1 115.7	−385.8
2017	2 013.9	755.3	1 258.6	−503.2
2018	2 177.1	804.5	1 372.6	−568.1
2019	2 300.7	791.0	1 509.7	−718.7
2020	2 484.5	765.0	1 719.4	−954.4

资料来源：农业农村部国际合作司，农业农村部农业贸易促进中心．中国农产品贸易发展报告(2021)．北京：中国农业出版社，2021：191。贸易差额正数为顺差，负数为逆差。

表 15-3　2020 年中国农产品主要进口来源地和主要出口市场

主要进口来源地			主要出口市场		
国家或地区	进口额/亿美元	占农产品进口总额比重/%	国家或地区	出口额/亿美元	占农产品出口总额比重/%
巴西	353.0	20.5	日本	96.6	12.6
美国	237.6	13.8	中国香港	88.4	11.6
澳大利亚	94.7	5.5	美国	65.1	8.5
新西兰	89.8	5.2	越南	54.9	7.2
泰国	78.1	4.5	韩国	48.8	6.4
加拿大	72.2	4.2	泰国	42.9	5.6
阿根廷	62.6	3.6	马来西亚	35.1	4.6
印度尼西亚	61.0	3.5	印度尼西亚	23.4	3.1
法国	51.0	3.0	菲律宾	23.1	3.0
俄罗斯	40.9	2.4	中国台湾	21.0	2.7
前 10 位合计	1 140.9	66.2	前 10 位合计	499.3	65.3

资料来源：农业农村部国际合作司，农业农村部农业贸易促进中心．中国农产品贸易发展报告(2021)．北京：中国农业出版社，2021：205。

第三，农产品对外贸易在中国对外贸易中的地位继续下降。这一阶段，中国农产品对外贸易额在中国对外贸易总额中所占的比重继续呈下降趋势，降至5%以下。

第四，贸易结构继续调整。中国的劳动密集型产品出口增加，自然资源密集型产品，尤其是土地密集型产品大量进口。在进口农产品中，大豆被大量进口尤其引人注目。同时，中国农产品出口品种迅速增加，由900多种发展到1 300多种，许多小商品成为骨干出口品种，大蒜、花生、烤鳗、蘑菇罐头、苹果汁、香菇、蜂蜜等农产品或农产品加工品的出口量已位居世界第一。在出口农产品结构改善的过程中，中国已逐步形成了一批特色农产品生产、加工基地。例如，山东的蔬菜出口基地、云南的花卉出口基地和福建的烤鳗加工基地等(表15-4)。

表15-4　2020年中国农产品进出口结构

农产品出口			农产品进口		
类别	金额/亿美元	比重/%	类别	金额/亿美元	比重/%
出口总额	765.0	100	进口总额	1 719.4	100
水产品	190.4	24.9	畜产品	475.7	27.7
蔬菜	149.3	19.5	油籽	433.0	25.2
水果	83.5	10.9	水产品	155.6	9.0
畜产品	54.3	7.1	水果	110.4	6.4
饮品类	46.6	6.1	植物油	99.3	5.8
粮食制品	22.3	2.9	粮食(谷物)	95.2	5.5
油籽	17.5	2.3	饮品类	66.1	3.8
糖料及糖	17.0	2.2	棉麻丝	43.0	2.5
坚果	15.0	2.0	糖料及糖	27.5	1.6
粮食(谷物)	10.8	1.4	粮食制品	26.3	1.5
药材	9.2	1.2	坚果	20.9	1.2
调味香料	5.7	0.7	饼粕	13.6	0.8
干豆(不含大豆)	4.7	0.6	干豆(不含大豆)	10.7	0.6
饼粕	4.3	0.6	蔬菜	10.4	0.6
花卉	3.9	0.5	粮食(薯类)	8.1	0.5
精油	3.1	0.4	调味香料	2.9	0.2
植物油	3.0	0.4	精油	2.7	0.2
棉麻丝	1.6	0.2	花卉	2.4	0.1
粮食(薯类)	0.2	0.0	药材	1.2	0.1
其他农产品	122.9	16.1	其他农产品	114.5	6.7

资料来源：农业农村部国际合作司，农业农村部农业贸易促进中心．中国农产品贸易发展报告(2021)．北京：中国农业出版社，2021：201。

二、农业资本流动

(一)农业利用外资政策的演变

在新中国成立后的前30年，中国在一系列外部条件约束下对利用外资进行了积极的探索，积累了成败两方面的经验和教训。自改革开放以来，中国对外开放领域不断拓展，层次不断提升，利用外资规模快速增长，利用外资方式不断创新，引进和利用外资取得了巨大成就，积累了丰富而宝贵的经验。农业利用外资政策从属于国家利用外资政策。

1. 改革开放前的利用外资政策

新中国成立后，百废待兴，急需大量的建设资金。20 世纪 50 年代，中国对于利用外资推动国内经济建设持较为积极的态度，制定了一些鼓励、吸引外资的政策。进入 20 世纪 60 年代，中苏关系恶化，中国总结了苏联逼债的教训，认为利用外资不符合“独立自主、自力更生”原则，确立了“既无内债，又无外债”目标，并于 1969 年实现了。中国对于利用外国直接投资的态度则是既不允许外国人在中国投资，也不向外国输出资本。进入 20 世纪 70 年代，受“文化大革命”的影响，中国对利用外资仍持否定态度。随着世界格局的显著变化，发达国家和发展中国家之间的经济往来日益增多，中美关系逐渐解冻，中国的国际环境好转，国内对“左”的思潮的反思为中国扩大对外经济交流创造了有利条件，中国对利用外资的态度也发生了变化，开始了新的尝试。肯定和采取了利用外国信贷的办法正是这一时期中国利用外资的一项突破。从 1972 年开始，中国试办短期外汇贷款业务。1973 年 5 月，国务院发布《短期外汇贷款试行办法》，1973 年共筹措外汇资金 10 亿美元，其中最大的项目是用来支持发展远洋船队进行渔业捕捞。

总体而言，在改革开放前，中国利用外资是在封闭式的进口替代工业化战略指导下进行的，利用外资完全从属于高度集中的计划经济体制，在利用外资的制度建设方面呈现法律不健全、政策不稳定的特点。在这个时期，中国利用外资规模有限，有限的外资主要投向了工业化建设，用于农业的资金微乎其微。

2. 改革开放后的利用外资政策

改革开放后，利用外资是对外开放的重要内容之一，更是建设中国特色社会主义的伟大实践之一。这一时期大致可以划分为四个阶段。

1)第一阶段:1978—1991 年

这一阶段是利用外资的复苏与调整阶段，政策取向是利用外资环境明显放开，但仍在经历反复调整与曲折发展。在这个阶段，中国为了推动外资流入采取了一系列政策措施:一是除了消除在利用外资问题上“左”的路线的影响以及加强基础设施建设，还开展了涉外立法工作，以便为外商投资创造必要的舆论氛围、物质条件和法律保障。这些法律法规在实施过程中还得到了必要的修订。二是为了充分利用沿海地区的有利条件，促进包括利用外资在内的对外开放工作，建立了经济特区和开放城市，并不断增加开放城市和开放地区。三是为了加强利用外资的工作，国务院建立了专门的管理机构，国务院还多次下放外商投资项目的审批权限，不断放宽对外商投资领域的限制。这些政策和措施促进了中国利用外资的发展。

2)第二阶段:1992—2001 年

这一阶段是利用外资的快速发展阶段，政策取向是进一步鼓励和支持利用外资。在 1992 年邓小平同志的“南方谈话”以后，“三资”企业获得了前所未有的、宽松的政策环境。1997 年，中国共产党第十五次全国代表大会以后，“三资”企业不再只是社会主义经济必要和有益的补充，而是社会主义经济的重要组成部分。

改革开放初期，为了吸引外资，中国制定了许多对外商投资的优惠政策。经过 10 多年的改革开放，中国已经吸收了大量外资。形势的变化使中国必须对外资政策进行适当的调整，规范化的外商直接投资制度无疑成为中国引进外资改革的重点。国家计划委员会、国家经济贸易委员会和对外贸易经济合作部于1995年6月联合颁布了《指导外商投资方向暂行规定》和《外商投资产业指导目录》，将外商投资产业分为鼓励、允许、限制、禁止四大类，并制定了相应的配套措施和政策，共有六类项目被列为鼓励类外商投资项目，其中第一类属于农业新技术、农业综合开发和能源、交通、重要原材料工业建设的项目。外商直接投资迅速增加，并很快成为中国利用外资的主要形式。

3)第三阶段:2002—2011年

这一阶段是利用外资的稳步发展阶段，政策取向是借助中国加入世界贸易组织的契机，不断完善国内利用外资的制度体系。为了兑现加入世界贸易组织时的承诺，中国对外商投资的制度安排进行了广泛的调整，修订了一系列涉及外商投资的法律法规，制定了一些法律法规，例如，《外国投资者并购境内企业暂行规定》《指导外商投资方向规定》等，多次修订《外商投资产业指导目录》。经过一系列改革，基本落实了外资“国民待遇”，同时，中国逐渐提高引进外资的门槛，鼓励外商投资企业在中国开展研发活动，技术先进型外商投资显著增加。

4)第四阶段:2012年以后

这个阶段是利用外资的高质量发展阶段，政策取向是提高利用外资的综合优势和整体效益。自党的十八大以来，中国特色社会主义进入新时代，提出了扩大开放的新要求，发生了从被动接受国际经贸规则到主动参与制定国际经贸规则的巨大转变，党中央提出并实施了一系列推进中国对外开放的改革和发展战略。2013年，中国共产党第十八届中央委员会第三次全体会议提出构建开放型经济新体制。2015年，《中共中央　国务院关于构建开放型经济新体制的若干意见》成为中国开放型经济新体制建设的顶层规划和施工路线图。2017年，中国全面实施了准入前国民待遇加负面清单管理制度。2017年以后，国家发展和改革委员会、商务部先后共同发布了《外商投资准入特别管理措施(负面清单)》5个版本。其中，2017年版有63条特别管理措施，而2021年版只有31条特别管理措施。《外商投资准入特别管理措施(负面清单)》(2021年版)在“农林牧渔业”方面规定:“小麦新品种选育和种子生产的中方股比不低于34%，玉米新品种选育和种子生产须由中方控股;禁止投资中国稀有和特有的珍贵优良品种的研发、养殖、种植以及相关繁殖材料的生产(包括种植业、畜牧业、水产业的优良基因);禁止投资农作物、种畜禽、水产苗种转基因品种选育及其转基因种子(苗)生产;禁止投资中国管辖海域及内陆水域水产品捕捞。”由此可知，中国营造了更加公平、透明、便利和更有吸引力的营商环境，外商投资稳步增长，利用外资的质量进一步提高，更多外资流向了高新技术产业。

总体而言，改革开放后，中国不断推动对外开放，对外经济技术交流的管理机构不断建立和健全，法律法规体系不断完善，人才队伍不断壮大，营商环境持续改善，利用外资规模不断扩大。2018年，中国实际使用外商直接投资1 383亿美元，直接投资规模为1983年的151倍，年均增长15.4%。截至2018年年底，中国累计设立外商投资企业960 725家，实际使用外商直接投资21 492亿美元，中国连续27年成为外资流入最多的发展中经济体。①

(二)农业利用外资的实践

改革开放前，中国利用外资很少，有限的外资主要投向了工业化建设，农业领域利用的外资寥寥无几。改革开放后，中国利用外资规模逐步扩大，农业利用外资也从无到有、从小到大

① 《辉煌70年》编写组:《辉煌70年:新中国经济社会发展成就(1949—2019)》，北京:中国统计出版社，2019年，第174-175页。

地逐步发展。根据农业利用外资的发展过程,农业利用外资的变化过程可以分成三个阶段。

1. 第一阶段:起步阶段(1978—1991年)

这一阶段是中国利用外资的复苏阶段与调整阶段。农业部门积极争取利用外资,引进技术,同时积极争取多边、双边及民间的财政、物资和技术援助,大力提倡农业企业采用补偿贸易、来料加工、合作生产、合资经营等方式,与国外进行经济合作,以促进中国农业对外经济和技术合作事业的发展。

外资的来源渠道基本上可分为三类:一是由国际多边机构提供的贷款或赠款;二是双边政府之间的经济技术合作的贷款或赠款;三是以合资、合作、独资企业为主要形式所吸收的资金。作为中国引进外资的探索和起步阶段,就农业而言,本阶段的利用外资主要是以国际组织或者政府间的贷款为主,外商直接投资为辅。其中,由国际多边机构提供的贷款或赠款和双边政府之间的经济技术合作的贷款或赠款是农业利用外资的重要来源。提供贷款或赠款的国际多边机构主要有世界银行、亚洲开发银行、联合国粮食及农业组织、联合国开发计划署、世界粮食计划署、国际农业发展基金、欧洲联盟等,其中世界银行提供的贷款占国际多边官方资本的比重为最多,世界粮食计划署向中国提供的援助金额占援助总金额的比重为最多。双边政府之间的经济技术合作的贷款或赠款主要是国家与国家之间的政府贷款和赠款,这些国家主要有日本、加拿大、澳大利亚、德国、意大利、荷兰、瑞典、丹麦和比利时等,其中来自日本的贷款和赠款最多。

20世纪70年代末至80年代初,中国农业主要接受国际组织提供的小型无偿援助项目。其特点是资金无偿使用,援助规模较小,一般在100万美元以下。这些项目的启动揭开了中国农业利用外资的序幕。20世纪80年代中期到20世纪90年代初,中国从世界银行、亚洲开发银行和国际农业发展基金吸收贷款是农业利用外资的主要渠道。除此以外,中国还利用来料加工、来样加工、补偿贸易等形式的农业外商直接投资。在1983年之前农业外商直接投资还处于萌芽阶段,随着经济发展和农业综合生产水平的提高,农业外商直接投资也开始获得了快速的增长。由于官方资本在农业利用外资中处于上升趋势,所以农业外商直接投资在农业利用外资总额中的比重只是略有波动,始终为10%～20%。农业外商直接投资在这个阶段还没有成为农业利用外资的主要方向和选择。①

从1979年开始,虽然农业利用外资实现了从无到有的飞速发展,但是与中国利用外资的情况相比,农业利用外资的比重是比较小的。1979—1985年,农业利用外资项目数占中国利用外资项目数的15%,协议额占总金额的5.60%;农业外商直接投资项目数占中国外商直接投资项目数的7%,协议额占总金额的1.93%。1989—1990年,即"七五"末期,农业利用外资项目数占中国利用外资项目数的6.25%,协议额占总金额的8.85%;农业外商直接投资项目数占中国外商直接投资项目数的3.19%,协议额占总金额的2.70%(表15-5、表15-6)。

2. 第二阶段:发展阶段(1992—2001年)

这个阶段是中国利用外资的快速发展阶段。在这个阶段,中国经济高速增长,中国对外开放总体格局初步形成,对外贸易、利用外资都获得了长足的发展。

① 宋洪远:《农村改革三十年》,北京:中国农业出版社,2009年,第326页。

表 15-5　1979—1990 年农业利用外资及其占中国利用外资的比重

年份	农业利用外资		中国利用外资		农业所占比重/%	
	项目数/个	协议额/亿美元	项目数/个	协议额/亿美元	项目	协议额
1979—1985	971	21.5	6 510	384	15	5.60
1989—1990	834	20.7	13 280	234	6.25	8.85

资料来源：宋洪远．农村改革三十年．北京：中国农业出版社，2009：322。

表 15-6　1979—1990 年农业外商直接投资及其占中国外商直接投资的比重

年份	农业外商直接投资		中国外商直接投资		农业所占比重/%	
	项目数/个	协议额/亿美元	项目数/个	协议额/亿美元	项目	协议额
1979—1985	464	3.1	6 797	160.8	7	1.93
1989—1990	417	3.3	13 052	122	3.19	2.70

资料来源：宋洪远．农村改革三十年．北京：中国农业出版社，2009：323。

1)中国利用外资的情况和宏观经济形势密切相关

第一个小阶段：1992—1997 年。1992 年，在邓小平“南方谈话”和党的十四大精神的鼓舞下，改革开放不断取得新进展，生产、建设、流通和对外经济技术交流全面发展。但是中国经济在继续前进中出现了一些新的问题，中国经济开始出现过热的情况。1993 年是经济过热最明显的一年。在引进外资方面，1993 年，中国利用外资项目数 83 595 个、协议额 1 232.73 亿美元都是 20 世纪 90 年代的最大数据。其中，农业利用外资项目数 1 715 个、协议额 26.13 亿美元也都是 20 世纪 90 年代的最大数据。党中央、国务院高度重视经济发展中出现的问题，采取了一系列措施加强宏观调控，中国经济在 1994—1997 年逐步实现了“软着陆”。在此过程中，中国利用外资项目数和协议额不断下降，农业利用外资项目数和协议额也有所下降。

第二个小阶段：1998—2001 年。1998 年，亚洲发生了金融危机，中国则发生了历史罕见的长江中下游和嫩江、松花江流域的特大洪水等重大自然灾害。面对新情况、新问题，党中央、国务院加强宏观调控，采取一系列应对措施，以使经济保持平稳增长。尽管如此，1998 年和 1999 年仍然是 20 世纪 90 年代中国经济增长的一个低谷，经济增长率只有 7.8%、7.7%。1999 年中国利用外资项目数和协议额都是 20 世纪 90 年代最少的，相对而言，农业利用外资项目数和协议额相对稳定，受到的冲击略小一些。

2)外商直接投资快速增加

外商直接投资大大超过了国外贷款和援助，成为中国利用外资的主导方式，农业领域中的利用外资也出现了同样的趋势。1991 年，农业外商直接投资协议额只占农业利用外资协议额的 17.88%，1992 年已占 78.64%。利用国外援助，包括粮食援助和技术援助的数额明显减少；政府和国际机构的贷款项目有所增长；外商直接投资项目金额大幅上升，所占比例则呈直线上升趋势，这是农业利用外资在这个阶段的新变化。①

3)农业利用外资在中国利用外资中的比重仍然较小

农业利用外资项目数占中国利用外资项目数的比重低于 4%，除 1991 年是 6.45%，协议

① 宋洪远：《农村改革三十年》，北京：中国农业出版社，2009 年，第 326 页。

额占全国的比重在其余年份都只有2%左右。农业外商直接投资项目数占中国外商直接投资项目数的比重低于5%,除1999年是3.57%,协议额占全国的比重在其余年份都只有2%左右。总体而言,农业利用外资协议额占全国的比重低于利用外资项目数占全国的比重,说明农业外资项目的平均规模低于中国外资项目的平均规模;农业外商直接投资协议额占全国的比重低于项目数占全国的比重,说明农业外商直接投资项目的平均规模也低于中国外商直接投资项目的平均规模。农业外商直接投资项目协议额在这个阶段平均不超过200万美元(表15-7、表15-8)。

表15-7　1991—2001年农业利用外资及其占中国利用外资的比重

年份	农业利用外资		中国利用外资		农业所占比重/%	
	项目数/个	协议额/亿美元	项目数/个	协议额/亿美元	项目	协议额
1991	334	12.64	13 086	195.83	2.55	6.45
1992	1 023	9.41	48 858	694.39	2.09	1.36
1993	1 715	26.13	83 595	1 232.73	2.05	2.12
1994	1 066	10.07	47 646	937.56	2.24	1.07
1995	914	18.17	37 184	1 032.05	2.46	1.76
1996	804	13.38	24 673	816.10	3.26	1.64
1997	814	10.66	21 138	610.58	3.85	1.76
1998			19 850	632.01		
1999			17 022	520.09		
2000			22 347	711.30		
2001			26 140	719.76		

资料来源:历年的《中国对外经济统计年鉴》。表中有部分空白是该年鉴没有相关数据。

表15-8　1991—2001年农业外商直接投资及其占中国外商直接投资的比重

年份	农业外商直接投资		中国外商直接投资		农业所占比重/%	
	项目数/个	协议额/亿美元	项目数/个	协议额/亿美元	项目	协议额
1991	325	2.26	12 978	119.77	2.50	1.89
1992	1017	7.40	48 764	581.24	2.09	1.27
1993	1704	12.19	83 437	1 114.36	2.04	1.09
1994	1062	9.72	47 549	826.80	2.23	1.18
1995	903	17.36	37 011	912.82	2.44	1.90
1996	797	10.65	24 556	732.77	3.25	1.45
1997	814	10.65	21 001	510.04	3.88	2.09
1998	876	12.04	19 799	521.02	4.42	2.31
1999	762	14.72	16 918	412.23	4.50	3.57
2000	821	14.83	22 347	623.80	3.67	2.38
2001	887	17.62	26 140	691.95	3.39	2.55

资料来源:历年的《中国对外经济统计年鉴》。

3. 第三阶段:入世以后(2002年以后)

这个阶段是中国利用外资的稳步发展阶段。在中国加入世界贸易组织的过渡期(2001年

12月11日至2006年12月11日)结束以后,中国农业及相关行业的大多数领域都已向外商开放。《外商投资产业指导目录》经过多次修订,农业对外开放不断扩大。2017年,中国全面实施了准入前国民待遇和负面清单管理制度;2021年,《外商投资准入特别管理措施(负面清单)》减少到了31条,其中农林牧渔业方面减少到4条。

1)外商直接投资是中国在农业领域利用外资的主要形式

就中国外商直接投资而言,项目数没有什么明显的规律性变化,实际使用金额在整体上保持着不断增长的趋势,只是少数年份有些波动;就农业外商直接投资而言,项目数和实际使用金额都看不出规律性的变化,波动比较明显。农业外商直接投资项目数占中国外商直接投资项目数的比重低于4%,实际使用金额占中国实际使用金额的比重低于2%。农业利用外资仍然表现出和前两个阶段一样的特点,即在中国利用外资中,农业利用外资的比重小、项目平均规模小(表15-9)。

表15-9　2002—2020年农业外商直接投资及其占中国外商直接投资的比重

年份	农业外商直接投资		中国外商直接投资		农业所占比重/%	
	项目数/个	实际使用金额/亿美元	项目数/个	实际使用金额/亿美元	项目	实际使用金额
2002	975	10.28	34171	527.43	2.85	1.95
2003	1 116	10.01	41 081	535.05	2.72	1.87
2004	1 130	11.14	43 664	606.30	2.59	1.84
2005	1 058	7.18	44 001	603.25	2.40	1.19
2006	951	5.99	41 473	658.21	2.29	0.91
2007	1 048	9.24	37 871	747.68	2.77	1.24
2008	917	11.91	27 514	923.95	3.33	1.29
2009	896	14.29	23 435	900.33	3.82	1.59
2010	929	19.12	27 406	1 057.35	3.39	1.81
2011	865	20.09	27 712	1 160.11	3.12	1.73
2012	882	20.62	24 925	1 117.16	3.54	1.85
2013	757	18.00	22 773	1 175.86	3.32	1.53
2014	719	15.22	23 778	1 195.62	3.02	1.27
2015	609	15.34	26 575	1 262.67	2.29	1.21
2016	558	18.98	27 900	1 260.01	2.00	1.51
2017	706	10.75	35 652	1 310.35	1.98	0.82
2018	741	8.01	60 533	1 349.66	1.22	0.59
2019	495	5.62	40 888	1 381.35	1.21	0.41
2020	493	5.76	38 570	1 443.69	1.28	0.40

资料来源:历年的《中国对外经济统计年鉴》《中国贸易外经统计年鉴》。从2006年起,国家统计局将《中国对外经济统计年鉴》和《中国市场统计年鉴》加以整合,编辑出版《中国贸易外经统计年鉴》。

2)并购成为农业领域外商直接投资的重要手段

由于农业生产经营受当地自然和社会经济条件的制约,农产品的生产、加工、营销等存在很大的差异性。许多农业企业,特别是农业龙头企业都拥有部分适应中国农产品市场的核心技术和稳定的销售渠道，跨国公司瞄准中国那些规模较大、有品牌和营销渠道等优势的农业龙头企业作为并购的首选对象，以此来保持其在中国农业市场竞争中的优势，弱化对手的竞争能力。近年来，有关外资并购中国农业龙头企业的现象屡见不鲜，尤其是在乳业、大豆等行业格外明显，如美国高盛控股双汇、比利时英博收购福建雪津啤酒、跨国公司并购中国大豆压榨企业等。这些跨国公司有进一步向农业生产资料市场、粮食加工和流通领域蔓延的趋势。

3)农业领域外资的区域分布很不平衡

随着中国对外开放的不断扩大，农业外资项目逐步遍及全国。由于东部地区最早实行对外开放，东部地区利用外资起步较早，利用外资数量较多，成效较为明显，特别是广东、福建、山东等沿海地区。这种情况和中国外资利用情况相吻合。与沿海地区相比，中国农业的主要产区、农业历史悠久的中西部地区的农业利用外资项目数相对较少。

(三)农业对外投资政策的演变

中国对外投资起步于20世纪70年代末，迄今已成为重要的资本输出国。对外投资的政策目的从最初旨在弥补国内市场与资源的不足逐渐演变为促进国内经济增长，最终成形为互利共赢、共同发展。由此，遵守市场经济规则，以共同发展为导向的对外投资管理思路日臻完善。回顾历史，中国对外投资发展经历了三个阶段。

1. 探索起步阶段(1978—2000年)

1979年8月，国务院颁布的《关于经济改革的15项措施》提出“出国开办企业”，由此为中国企业对外投资提供了政策支撑。由于中国外汇储备有限，且企业不具备海外投资经验，对外直接投资受到严格管制。截至1985年年底，经中国政府批准的中方企业累计对外投资仅1.97亿美元。①

进入20世纪90年代，随着对外投资规模的逐渐扩大和投资经验的不断积累，企业“走出去”不断受到肯定，并逐渐上升至国家战略层面。1993年，中国共产党第十四届中央委员会第三次全体会议审议并通过了《中共中央关于建立社会主义市场经济体制若干问题的决定》，社会主义市场经济体制初步确立，对中国对外经济贸易政策进行了深入调整，在吸引外资的同时，充分利用国际和国内两个市场、两种资源，优化资源配置，积极扩大中国企业的对外投资和跨国经营。2000年，中国共产党第十五届中央委员会第五次全体会议审议并通过了《中共中央关于制定国民经济和社会发展第十个五年计划的建议》，首次明确提出实施“走出去”战略。至此，中国对外开放由过去的主要强调“引进来”逐步转变为“引进来”与“走出去”并重的格局。

2. 促进发展阶段(2001—2012年)

2003年中国开启简化对外投资管理程序的试点工作，依据商务部《关于做好境外投资审批试点工作有关问题的通知》，在北京、天津和上海等12个省区市开展下放审批权的改革试点工作。2004年7月，国务院发布《关于投资体制改革的决定》，目标在于改革政府对企业投资的管理制度，按照“谁投资、谁决策、谁受益、谁承担风险”的原则，落实企业投资自主权。2004年10月，国家发展和改革委员会出台《境外投资项目核准暂行管理办法》，将中国企业对外投资由审批制改为核准制。商务部于2005年10月出台《境外投资开办企业核准工作细则》，从东道国投资环境、安全状况、与中国的政治经济关系、是否符合中国境外投资导向政策、地区布

① 郝宇彪、张志勤、云喆：《中国对外投资管理的历史演变：管理方式、投资主体与政策目的》，《社会科学动态》2021年第9期。

局等方面规定了核准细则。2009 年 3 月,商务部颁布的《境外投资管理办法》进一步下放核准权限、简化核准程序,对外投资管理体制不断向便利化方向发展。

2006 年,商务部、农业部和财政部联合发布了《关于加快实施农业"走出去"战略的若干意见》,成立了 10 部门组成的农业"走出去"工作部际协调领导小组,由此,在国家层面正式确立了农业"走出去"战略。2016 年,农业部制定了《农业"走出去"发展规划》。2008 年,商务部和农业部牵头成立了由 14 个部门组成的境外农业资源开发合作部际工作机制。这些举措为农业"走出去"提供了政策支持,促进了农业对外投资的发展。

3. 趋向成熟阶段(2013 年以后)

根据党的十八大以来对构建开放型经济新体制的要求,为促进对外投资,实现高质量发展,充分体现企业主体地位,简化审核管理程序,相关部门大力推进简政放权、放管结合、优化服务,投资便利化取得实质性进展,为"走出去"实现跨越发展奠定制度基础。为促进和规范境外投资,加快境外投资管理职能转变,2014 年 4 月,国家发展和改革委员会出台《境外投资项目核准和备案管理办法》,将中国对外投资管理由核准制改为备案制。2014 年 10 月,商务部颁布实施新的《境外投资管理办法》,其核心宗旨在于促进和规范境外投资,以提高境外投资便利化水平。2015 年,中国对外直接投资额首次超过吸收利用外资额,成为直接投资净流出国。2017 年 12 月,国家发展和改革委员会发布《企业境外投资管理办法》,总体确立"鼓励发展+负面清单"的管理办法,强化对外投资政策的透明度和引导性。

2013 年 12 月,农业部牵头组建了由 21 家单位组成的农业对外合作部际联席会议制度。在该制度框架下,新时期支持农业对外合作的顶层设计被初步构建。① 农业对外合作部际联席会议各成员单位发挥各自优势,积极为中国农业对外合作创造良好的条件。以资金支持为例,2018 年,农业对外合作部际联席会议框架下的商业性、政策性、开发性金融机构支持农业对外合作贷款余额达 1 096 亿元,27 个农业"走出去"项目获得信用保险和股权投资基金支持。② 2022 年 1 月,农业农村部公布的《"十四五"农业农村国际合作规划》在农业对外投资方面提出,农业对外投资规模平稳增长,力争年均增速高于中国对外直接投资平均增速;农业对外投资结构进一步优化,从事良种培育、农资生产、加工仓储、物流销售等环节的企业明显增多,投资占比继续扩大;跨国农业企业集团国际竞争力显著增强;推动新建及完善一批功能完备、规模和效益较好的境外农业合作示范区和农业对外开放合作试验区;推动企业开展农业对外投资合作以带动东道国和国内农业发展等。

(四)农业对外投资的实践

1985 年,中国第一支远洋船队奔赴西非海岸从事远洋渔业作业,开启了中国农业对外投资的先河。中国农业对外投资在 20 世纪 80 年代以设立合资企业为主,主要涉及渔业和林业资源的合作开发。20 世纪 90 年代,中国企业通过承担农业援助项目的方式到受援国开展农业投资,主要以国有企业为主。如 1990 年中国农垦(集团)总公司通过这种方式在赞比亚投资建设了第一个农场,并以此获得了在国外开展农业投资的宝贵经验;1998 年,中国农垦(集团)总公司在赞比亚投资的农场增加到 3 个,产业涉及种植业、养殖业及农畜产品加工业,产业链不断被拓展。

---

① 农业部将农业多边双边交流、对外贸易与投资、科技合作、对外援助、参与全球粮农治理等都纳入农业对外合作的范畴。

② 韩俊:《新中国 70 年农村发展与制度变迁》,北京:人民出版社,2019 年,第 201 页。

进入21世纪以后，农业对外投资快速增加。不过，无论是投资流量，还是存量，农业对外投资在中国对外投资中的比重都很小。2003—2020年，中国农业对外直接投资流量从0.813 6亿美元增加到10.786 4亿美元，增加了12倍；农业对外直接投资流量在中国对外直接投资流量中的比重从2.85%下降到0.70%，下降了2.15个百分点（表15-10）。根据国家统计局的数据，2004—2020年，农业对外直接投资存量从8.342 3亿美元增加到194.349 5亿美元，增加了22倍；2020年中国对外直接投资存量为25 806.584 4亿美元，农业对外直接投资存量占比为0.75%。

表15-10　2003—2020年农业对外直接投资及其占中国对外直接投资的比重

年份	农业对外直接投资流量/万美元	中国对外直接投资流量/万美元	农业所占的比重/%
2003	8 136	285 465	2.85
2004	28 866	549 799	5.25
2005	10 536	1 226 117	0.86
2006	18 504	1 763 397	1.05
2007	27 171	2 650 609	1.03
2008	17 183	5 590 717	0.31
2009	34 279	5 652 899	0.61
2010	53 398	6 881 131	0.78
2011	79 775	7 465 404	1.07
2012	146 138	8 780 353	1.66
2013	181 313	10 784 371	1.68
2014	203 543	12 311 986	1.65
2015	257 208	14 566 715	1.77
2016	328 715	19 614 943	1.68
2017	250 769	15 828 830	1.58
2018	256 258	14 303 731	1.79
2019	243 920	13 690 756	1.78
2020	107 864	15 371 026	0.70

资料来源：历年的《中国统计年鉴》。在2018年以前，指标名称为“对外直接投资净额”；在2018年以后，指标名称为“对外直接投资流量”。

在具体的投资区域上，中国农业对外直接投资存量分布在六大洲的100多个国家和地区，涵盖粮、棉、油、糖、胶、畜牧、渔业、农资、农机等多个类别，涉及科技研发、生产、加工、流通、贸易等产业链上的各个环节。中国农业对外直接投资不仅分享了中国农业的发展理念、模式、技术和经验，还带动了当地农民就业和脱贫致富，已成为共建利益共同体和命运共同体的民生工程的最佳结合点之一。

在20世纪80年代以前，大多“走出去”的中国农业企业以承担国家的对外援助项目为主。随着民营企业综合实力的增强，民营企业逐渐发展成为中国农业“走出去”的新生力量。这些“走出去”的企业不仅有中粮集团有限公司、中国农业发展集团有限公司、中水集团远洋股份有限公司、中国农垦（集团）总公司等大型国有企业，也有浙江卡森集团、青岛瑞昌科技产业有限公司等民营企业。除了农业企业对外投资的积极性日益高涨，一些已经“走出去”的非农企业借助国际能源、电信和农业工程平台在海外开展了经济作物的合作与开发。①

中国农业对外投资已经由单纯的自然资源投资开始走向自然资源、企业资源的综合投资，投资方式也由单纯租种土地生产初级农产品转变为开发、合资、并购等多种形态，大大提升了中国农业“走出去”的内涵。海外并购已经成为中国农业对外投资的主要方式，并取得了一定成就。例如，2014 年中粮集团有限公司先后以 12.9 亿美元收购荷兰尼德拉公司 51%的股权，以 22.5 亿美元收购香港来保公司 100%的股权；2017 年中国化工集团有限公司以 430 亿美元收购先正达 94.7%的股权，创下了中国企业海外并购金额的纪录，成为中国企业最大的海外收购案。②

三、农业对外合作

从广义上讲，农业多边双边交流、对外贸易与投资、科技合作、对外援助、参与全球粮农治理等都属于农业对外合作的范畴。

(一)农业多边双边交流与合作

建立农业多边、双边交流机制，以促进农业科技、贸易、投资等方面的合作共赢，是中国对外开放的重要组成部分。新中国成立后，农业多边双边交流与合作的发展大致经历了三个阶段。

1. 曲折发展阶段(1949—1978 年)

新中国成立后，苏联、其他东欧国家及亚洲社会主义国家最早承认新中国并建交，农业对外交流与合作随即展开。20 世纪 50 年代，由于西方国家对中国实行“封锁、禁运”，中国与苏联及其他东欧国家的农业交流与合作较为频密。中国邀请苏联及其他东欧国家的农业专家来中国考察和讲学，这种方式为新中国农业品种改良、新品种培育、农业机械化水平提升等发挥了不可替代的作用。同时，中国多次向苏联及其他东欧国家派遣农业技术人员以及农科留学生。此外，苏联及其他东欧国家也多次为中国援建农场、农机站。例如，20 世纪 50 年代中期，中国接受苏联援建黑龙江友谊农场，匈牙利援建山东兖州中匈友谊拖拉机站等，援建项目均由对方提供专家和设备。1960—1970 年，中国与苏联和其他东欧国家的农业交往随着国家外交关系的变化而逐步减少或中断。中国一方面继续援助朝鲜、古巴和越南等社会主义国家，另一方面也积极拓展与非洲、大洋洲和中东等地区的国家农业合作空间。20 世纪 70 年代初，随着中美关系、中日关系的改善以及中国在联合国合法权利的恢复，中国的国际地位显著提高，农业对外交流与合作的局面被迅速打开，对外交往范围由社会主义国家和第三世界国家发展到西方发达国家，与美国、加拿大、澳大利亚等国家的交往迅速增多。截至 1978 年，与中国建立外交关系的国家已达 110 多个，这为中国广泛深入地开展农业对外交流与合作创造了良好的外部环境。

2. 快速发展阶段(1979—2001 年)

1)与其他各国建立农业双边交流与合作关系

改革开放后，农业对外交流与合作快速发展。中国积极和各国建立农业双边交流与合作

---

①　韩俊：《新中国 70 年农村发展与制度变迁》，北京：人民出版社，2019 年，第 212-213 页。

②　韩俊：《新中国 70 年农村发展与制度变迁》，北京：人民出版社，2019 年，第 213 页。

关系，包括签署农业科技合作协议、成立科技合作混合委员会或农业科技合作工作组、建立农业合作联合委员会或工作组等。合作对象既有美洲国家、欧洲国家、大洋洲国家，如美国、法国、德意志联邦共和国、澳大利亚、丹麦、荷兰、新西兰、比利时、瑞典、加拿大、意大利、西班牙、奥地利、挪威、芬兰、爱尔兰、英国、瑞士和冰岛等；又有亚洲国家、非洲国家、拉丁美洲国家，如朝鲜、阿根廷、乌拉圭、印度尼西亚、印度、马来西亚、韩国、智利和泰国等；还有东欧国家，如南斯拉夫、匈牙利、保加利亚、波兰、德意志民主共和国等。20 世纪 60 年代被中断的中苏农业技术交流也于 1982 年得到恢复。截至 20 世纪末，中国已同 140 多个国家建立了多层次、多形式、多渠道的农业交流与合作关系。

2)与国际组织、机构开展农业多边交流与合作

中国积极和国际组织与机构开展农业多边交流与合作。这些国际组织和机构包括联合国粮食及农业组织、联合国开发计划署、世界粮食计划署、欧洲共同体(欧洲联盟前身)、欧洲联盟、世界银行、亚洲开发银行、国际农业发展基金、国际农业研究磋商组织和国际原子能机构等。

20 世纪 70 年代末，中国开始与国际农业研究磋商组织接触并建立联系。1979 年，首先与国际水稻研究所签署了科技合作协议，此后，又与国际玉米小麦改良中心、国际马铃薯研究中心、国际植物遗传资源委员会、国际半干旱地区热带作物研究中心、国际干旱地区农业研究中心、国际热带农业研究中心、国际食物政策研究所、农业研究国际服务中心等 8 个国际农业科研机构签署了合作协议，双方根据平等互利、成果共享的原则，在种质资源交换、合作研究、信息交流、人才培养等方面进行了广泛且深入的交流与合作。1983 年，中国农业代表团第一次出席了国际农业研究磋商组织在华盛顿召开的年会。1984 年，中国正式加入该组织，成为其资助国之一。中国的加入有力地促进了中国与该组织所辖的各个农业研究中心的交流与合作。

3. 全面发展阶段(2001 年以后)

1)农业双边交流与合作进入提质和增速阶段

在 2001 年中国“入世”以后，农业双边交流与合作进入提质和增速阶段，并取得积极成果。中国积极推动双边农业交流与合作，以建立农业合作联合委员会或工作组的方式来不断提升合作的规范、程度和效益。截至 2020 年年底，在双边领域中，中国已与世界 140 多个国家开展农业合作，与 94 个国家建立了稳定的农业合作关系，共建立了 176 个联合实验室或研究中心，与“一带一路”沿线的 80 多个国家签署了农渔合作协议。①

中国积极推进自由贸易区的建设，并在自由贸易区的框架下推动农业贸易、投资、检验检疫等合作。中国已初步形成立足周边、辐射“一带一路”沿线国家、面向全球的自由贸易区网络。截至 2018 年年底，中国已与东盟各国以及智利、巴基斯坦、新西兰、新加坡、秘鲁、哥斯达黎加、冰岛、瑞士、韩国、澳大利亚、格鲁吉亚、马尔代夫共 12 个经济体签署了双边或区域自由贸易协定；与中国香港、中国澳门分别签署了《内地与香港关于建立更紧密经贸关系的安排》《内地与澳门关于建立更紧密经贸关系的安排》；与中国台湾地区签署了《海峡两岸经济合作框架协议》。自由贸易区的实施促进了中国与贸易伙伴之间的农产品贸易。以中国-东盟自由贸

① 中国国际经济交流中心课题组、杜鹰、张秀青等：《新时期我国农业对外开放与高质量发展问题研究》，《全球化》2022 年第 1 期，第 5-26 页。

易区为例，受自由贸易区降税和需求拉动的影响，中国与东盟的农产品贸易发展迅速，2003—2018年贸易额年均增长14%，高于中国对全球11.9%的增速。2018年，中国(大陆)与这些已生效的自由贸易伙伴之间的农产品贸易额合计820亿美元，占当年农产品贸易总额的37.8%。[①]

2020年11月，东盟10国和中国、日本、韩国、澳大利亚、新西兰共15个亚太国家正式签署了《区域全面经济伙伴关系协定》(Regional Comprehensive Economic Partnership，RCEP)。2021年3月，中国完成RCEP核准，成为率先批准协定的国家。2022年1月1日，RCEP正式生效。RCEP的生效实施标志着全球人口最多、经济贸易规模最大、最具发展潜力的自由贸易区正式落地，这对促进区域农业交流与合作必然会发挥积极作用。

2)与国际组织的农业多边交流与合作

在多边领域，中国与联合国粮食及农业组织、世界粮食计划署、世界动物卫生组织、国际农业研究磋商组织、世界贸易组织、国际农业发展基金、世界银行、上海合作组织、国际植物新品种保护联盟、非洲联盟等组织建立了长期稳定的农业合作关系，形成了中国与联合国粮食及农业组织"粮食安全特别计划"框架下的"南南合作"、东盟与中日韩农业合作、上海合作组织农业合作、中国-中东欧国家农业经贸合作论坛、中国-中东欧国家农业合作促进联合会等机制，加入了八个区域性渔业管理组织。[②]

自1996年联合国粮食及农业组织在"粮食安全特别计划"框架下启动"南南合作"计划以来，作为最早参与者之一，中国一直积极参与其中。早在2006年，中国便与联合国粮食及农业组织签署了备忘录，成为第一个与联合国粮食及农业组织建立"南南合作"战略伙伴关系的国家。此后，双方合作关系不断加深。"南南合作"项目对受援国的农业和农村经济的发展、农民收入的增加、生活条件的改善做出了积极贡献。2011年12月，联合国粮食及农业组织和联合国开发计划署联合授予中国政府"南南合作"特别贡献奖。2019年6月23日，农业农村部副部长屈冬玉高票当选联合国粮食及农业组织新一任总干事，成为该组织74年历史上首位中国籍总干事。

(二)农业科技交流与合作

中国农业对外科技交流与合作的方式多种多样，包括引进种质资源、交换情报资料、派专家互访、召开学术讨论会、进行合作研究、互相邀请专家讲学指导和咨询、派遣专业人员出国实习进修培训、采取技术转让、引进技术设备、举办展览和观摩学习等。农业对外科技交流与合作对推动中国农业科技进步起到了重要作用。以下详细介绍引进种质资源和引进技术装备的情况。

1. 引进种质资源[③]

自新中国成立70多年以来，中国引进了十几万份动植物种质资源。在推广和应用的数百个作物品种中，约有一半是从国外引进或利用引进材料育成的。将国外引进的优异种质与中国的品种材料相结合，通过改造和创新培育了一批新的优良品种，促进了中国农业科技与生产的发展，巨大的经济与社会效益由此产生。

---

① 韩俊:《新中国70年农村发展与制度变迁》，北京:人民出版社，2019年，第215-216页。

② 农业农村部国际合作司:《新中国成立70周年农业对外合作取得新突破》，《农业信息化》2019年第11期，第43-44页。

③ 韩俊:《新中国70年农村发展与制度变迁》，北京:人民出版社，2019年，第207-208页。

1)引进重要栽培作物

中国主要栽培作物大约有600种，其中约300种原产于中国，其余均为国外引进。以蔬菜为例，中国现有栽培蔬菜约209种，原产于中国的蔬菜种质(包括次生起源的)只有41种，从国外引进的蔬菜种质占80%。

2)引进农作物优良品种

通过引进综合性状好、适应性强的作物优良品种，这些作物优良品种经试验示范后直接应用于生产，有效地提高了中国作物的产量和品质。以小麦为例，中国直接推广和应用的引进品种就达80多个。其中，推广面积超过50万亩的品种有近30个，超过百万亩的品种有15个，超过千万亩的品种有6个。意大利小麦品种阿夫(Funo)、郑引1号(St. 1472/506)，美国品种甘肃96(CI 12203)，澳大利亚品种碧玉麦(Quality or Florence)在中国直接推广和应用的面积达千万亩以上。每次主栽品种的更替也促使中国小麦生产达到一个新的水平。

3)引进优异种质

引种数量最多的还是优异、特异种质，即一些优良品种以及那些具有一种或多种优良遗传因素但又不能作为优良品种直接推广和应用的品种材料。通过试验鉴定用于育种和其他科研领域，这些材料极大地促进了中国农业科学技术的发展。以水稻为例，引进的水稻材料经测选、杂交等途径来获得籼型杂交水稻强优势恢复系。如泰引1号、IR24、密阳46等多个种质资源对中国籼型杂交水稻培育和发展起到了重大的推动作用。在畜禽方面，从意大利引进的皮埃蒙特良种肉牛通过杂交改良后促进了中国高档肉牛的繁殖育种；在水产方面，引进了大菱鲆(多宝鱼)、罗非鱼等品种，其中罗非鱼已经成为中国优势出口的农产品。此外，中国还引进了大量的草业种质资源以及蔬菜、花卉等园艺作物种质资源。

2. 引进技术装备

新中国成立后，中国就开始学习国外先进经验，引进技术、装备。20世纪50年代，中国向苏联学习小麦密植、植棉技术，草田轮作、机械化耕作栽培技术，农田防护林技术等；20世纪60年代，引进的手扶拖拉机经过消化、吸收和创新被广泛推广和应用。

1)引进技术

大批先进适用的农业生产技术的引进加快了中国农业科技进步速度。地膜覆盖栽培、保护性耕作、节水灌溉、设施农业等都是从国外引进或是在引进的基础上创新、提升和发展起来的先进适用技术。这些技术的推广和应用已产生了良好的经济社会效益。以塑料薄膜地面覆盖技术为例，于1979年由日本引进至1989年的十年间，其推广面积就已经达到20多万公顷。这种技术在瓜、菜、玉米、花生、棉花等作物上使用产生的经济效益显著。国外的水稻机械化高产栽培技术、网箱养鱼、雏鸡雌雄鉴别技术、家畜冷冻精液、人工授精、胚胎移植、塑料大棚设施园艺、秸秆氨化技术、青贮饲料技术、畜禽饲养标准及饲料配方等在中国推广和应用的效果都很理想。①

2)引进装备

多种机械设备的引进大大加快了中国农业现代化的进程。如引进的养鸡成套设备经过消化、吸收、创新被装备在许多城市郊区兴办的大型机械化养鸡场。引进的养猪、养乳牛、养兔、饲料加工、孵化、挤奶器械，种子检验加工、设施园艺、耕作喷灌、收割、脱粒干燥、推土、挖掘等机械以及乳品、马铃薯、面包、葡萄酒、啤酒、皮革、鱼粉、屠宰、烤鸡等加工机械设备和渔轮、渔

① 韩俊:《新中国70年农村发展与制度变迁》，北京:人民出版社，2019年，第208页。

业资源调查船、农用飞机、打暗洞的鼠道犁、秸秆粉碎机、割草机等都有效地提高了劳动生产率,促进了中国农副产品资源的开发和综合利用。[1]

(三)农业对外援助

中国的对外援助在维护国家主权和安全利益,支持第三世界国家的民族解放事业,实现与世界各国之间的互利合作、共同发展,推动全球治理体系变革等方面发挥了重要作用。新中国成立后,农业对外援助大致经历了三个阶段。

1. *初步发展阶段(1949—1977 年)*

从 1953 年开始,中国就向第三世界友好国家提供农业援助。20 世纪 50 年代,中国农业对外援助的对象主要是朝鲜、越南、蒙古国等周边国家,一些社会主义阵营的其他国家以及其他发展中国家。这种援助格局的形成是中国在“冷战”国际背景下采取“一边倒”外交方针的结果。20 世纪 60 年代,在与美苏两大国关系紧张的局势下,“两个中间地带”成为中国外交和经济合作的主要对象,特别是亚洲、非洲和拉丁美洲“第一中间地带”成为中国农业对外援助的主要对象。1964 年,周恩来总理在访问非洲时提出中国对外援助的八项原则,[2]此后,中国农业对外援助在该框架的指导下不断向前推进。1967 年,中国与几内亚、马里等多个非洲国家先后签订援助协议。除提供粮食等涉农物资援助,中国还承担了一些涉农成套项目的援助。在此期间,中国也对其他社会主义国家进行了援助。进入 20 世纪 70 年代后,中国恢复在联合国的合法权利,国际地位显著提高,在外交领域的建交工作也取得重大突破。1971—1974 年,中国先后派出 600 多名农业技术专家到塞拉利昂、卢旺达等国家开展农业技术援助,以接替中国台湾地区的农耕队。而之前接受中国援助的其他发展中国家和社会主义国家依然是中国的农业对外援助的对象。总体来看,从新中国成立到改革开放前,中国农业对外援助以无偿援助为主,涉及粮食援助、物资援助、派遣专家和成套项目等。

2. *体制调整阶段(1978—2000 年)*

1978 年改革开放后,根据国内外形势的不断变化,中国对外援助工作开始进行调整和不断改革。在坚持八项原则的基础上,结合援助工作经验和受援国的基本情况,中国对外援助将“平等互利、讲求实效、形式多样、共同发展”作为新时期开展相关工作的准则。在整个对外援助工作不断调整的大背景下,中国农业对外援助逐渐向多种形式的互利合作转变。首先,为了推动援助项目的持续有效发展,中国与部分受援国通过代管、租赁以及合资经营的方式来保障一些已建成项目的可持续性。其次,中国农业对外援助的对象拓展到拉丁美洲及南太平洋地区的发展中国家。

进入 20 世纪 90 年代后,为巩固对外援助的成果并提升对外援助资金的使用效果,中国对对外援助工作体制,尤其是对对外援助方式和资金来源进行改革。改革后的中国对外援助主

---

① 韩俊:《新中国 70 年农村发展与制度变迁》,北京:人民出版社,2019 年,第 208-209 页。

② 对外援助八项原则主要内容可以概括为:A. 中国政府一贯根据平等互利的原则对外提供援助。B. 严格尊重受援国家的主权。C. 以无息或低息贷款的方式提供经济援助,在需要的时候延长还款期限,以尽量减少受援国家的负担。D. 中国政府对外援助的目的是帮助受援国家逐步走上自力更生、经济上独立发展的道路。E. 中国政府帮助受援国建设的项目,力求投资少、收效快,使受援国家能增加收入,积累资金。F. 中国政府提供由自己所生产的、质量最好的设备和物资,并且根据国际市场的价格议价。如果所提供的设备和物资不合乎商定的规格和质量,中国保证退还。G. 中国政府在对外提供任何一种技术援助时保证做到使受援国家人员充分掌握这种技术。H. 中国派出的专家与受援国自己的专家一样享受同样的物质待遇,不允许有任何特殊要求和享受。

要为3种方式:政府贴息优惠贷款、援外项目合资合作和无偿援助。对外援助资金来源从仅依靠国家财政资金转变为由金融机构和企业资金共同出资。具体而言,对外援助逐步实施"大经贸战略",在此背景下建立了一批农业对外援助项目,如科特迪瓦农机装配项目自1998年开展以来,其生产和销售的农机产品品种全、质量好、价格适中,市场效益良好。总体来看,改革开放后,中国的农业对外援助方式向互利合作转变,资金来源也不断呈现多元化趋势。

3. 全面发展阶段(2001年以后)

自进入21世纪以来,在经济持续快速增长、综合国力不断增强的基础上,中国对外援助资金保持快速增长,2002—2009年平均年增长率为29.4%。[①] 除通过传统双边渠道商定援助项目,中国还在国际和地区层面加强与受援国的集体磋商,并多次宣布一揽子有针对性的对外援助政策和措施。在农业领域,以2006年中非合作论坛的召开为契机,农业技术示范中心是在新时代背景下产生的新援助方式,并逐渐成为中国对外农业援助的主要方式。农业技术示范中心遵循"政府引导、企业主体、科技支撑、市场运作"的原则,由商务部和农业农村部协同管理。农业技术示范中心项目可分为建设、技术合作和可持续发展3个时期。其被建成后主要通过试验、示范和培训等方式促进受援国的农业发展。在受援国同意的情况下,承办企业可以对农业技术示范中心进行商业化经营,以长久保持农业技术示范中心的援助功能。在2010年以后,中国援建的农业技术示范中心陆续竣工。与此同时,向受援国派遣的农业对外援助专家和项目以及在中国实施的农业管理与技术奖学金培训的项目也在不断开展。

"十三五"时期,农业农村部系统累计向23个国家派出225名农业专家,推动新技术转移428项,在中国举办400余期对外援助培训班,受训的国外农业官员、技术人员逾1.1万人次,有力地服务了国家总体外交大局。[②]

四、农业的交流与合作的启示

中国农业对外开放直接关系到利用两个市场、两种资源,以确保国家粮食安全和重要农产品有效供给;关系到不断提高中国农业国际竞争力,以促进农业高质量发展;关系到广泛开展国际合作,以提升中国在全球粮农治理中的话语权。中国农业走向全面对外开放的时间还不太长。对外开放面对着日趋复杂的国际环境和百年未有的大变局以及中国农业向高质量发展转变还处在爬坡过坎的艰难时期,农业对外开放不可避免地存在不少问题和挑战。这些问题和挑战包括但不限于:①在农产品对外贸易方面,贸易逆差已成常态,主要进口来源地较为集中,供应链的可控性面临挑战;②在农业利用外资方面,外资通过并购中国农业企业逐步实现了对某些行业的全产业链控制,可能会对国家经济安全产生不利影响,例如,食用植物油行业;③在农业对外投资方面,农业"走出去"企业竞争能力不强,中国的服务体系还有待进一步完善,国外投资环境和政策环境还不够稳定,农业"走出去"的政策还需进一步放宽[③];④在农业科技交流与合作方面,良种"引进—退化—再引进—再退化"的怪圈至今都没有被打破。[④] 今

---

① 韩振国、杨静、李晶:《新中国70年农业"走出去"的历程探究》,《世界农业》2020年第6期,第104-109页,第119页。

② 农业农村部:《"十四五"农业农村国际合作规划》,2022年1月。

③ 宋洪远:《大国根基:中国农村改革40年》,广州:广东经济出版社,2018年,第347-349页。

④ 中国国际经济交流中心课题组、杜鹰、张秀青等:《新时期我国农业对外开放与高质量发展问题研究》,《全球化》2022年第1期,第5-26页。

后的工作需要直面这些问题和挑战,积极探索解决和改善这些问题的办法。

思考题

1. 农产品对外贸易政策的变化如何影响农产品对外贸易的发展?
2. 农业利用外资政策的变化如何影响农业利用外资的实践?
3. 农业对外投资政策的变化如何影响农业对外投资的实践?
4. 农业多边双边交流与合作有什么作用和意义?
5. 农业科技交流与合作有什么作用和意义?
6. 农业对外援助对中国有什么作用和意义?

量化历史研究
方法与案例篇

专题十六　量化历史方法与研究进展

早在 20 世纪中叶，量化分析方法逐步走入经济史领域，中国的农业经济史研究也引入了更加丰富的计量分析方法。通过计量分析，中国学者在农业生产、农产品市场、农民物质生活水平和外部冲击等方面的研究有了长足进步。未来，如何利用数据电子化等方式将计量分析方法更好地服务于中国农业经济史研究是本学科的重要探讨方向。

一、中国农业经济史量化分析方法的发展现状

农业经济史是用政治、经济、文化等综合的观点来研究农业生产与技术、农业经济、农村社会及农业思想历史演进及其规律性的一门交叉学科。其研究范围非常广泛，涉及农业科学、经济、历史、地理、政治、资源、生态和工程等多个相关学科，运用自然科学、社会科学，或者交叉方法开展研究。定量化研究方法已经成为重要的研究工具和手段之一。

经济史领域早在 20 世纪中叶就引入了量化分析方法，但受到技术发展水平的限制，新史学发展缓慢。随着互联网、大数据等电子信息技术的兴起，政府和学界推进的历史数据库和档案库数字化工作为量化历史研究提供了丰富的素材，经济学和历史学研究中的量化分析方法发展迅速。

中国古代以农立国，社会经济各个方面均可归于农业，中国古代经济史在本质上就是农业经济史，因此早期的经济史量化研究和农业经济史量化研究在本质上是一样的。农业经济史量化研究是农业经济史和计量经济学的交互融合。从浩如烟海的史料中提取统计口径一致、资料来源统一的能够达到量化模型处理要求的数据是一个长期累积的过程。早期的农业经济史量化研究多包含于历史学科之内，从经济学角度出发的研究较少，且主要集中于数据收集和基础统计分析，包括统计描述、地理位置分布、不同数据间的相关关系分析等。后期的农业经济史量化研究逐渐引入了更丰富的计量分析方法。例如，方差分析、回归分析、聚类分析、主成分分析、因子分析、双重差分法、时间序列模型以及面板模型等。

以被广泛使用的双重差分法为例，双重差分法（Differences-in-Differences，DID）是主流经济学研究使用的计量方法之一。双重差分法既可以作为检验外部冲击影响的评估方法，又可用于对政府的政策效果进行评估。由于政策或其他外部冲击的效应可能需要一段时间才能显现，与短期经济学研究相比，经济史数据更为丰富，且具有多期优势，该方法能在农业经济史量化研究中得以广泛应用。李楠和张铎利用府级数据划分对照组和实验组，构建 DID 模型来比较旱灾前后的重灾区和非重灾区人口数量的变化，进而估计光绪年间的大旱灾对人口损失的净效应。① Chen 和 Kung 使用 DID 方法分析 1600—1910 年中国玉米种

---

① 李楠、张铎：《1876—1879 光绪大旱灾人口损失的再估计：基于历史自然实验的考察》，《中国经济史研究》2019 年第 5 期，第 101-113 页。

植数据，发现新物种的确大大增加了人口数量。[①] 胡鹏和李军以1776—1840年的华北小麦市场为例，利用粮价、自然灾害和政府救灾行为的核心数据，采用综合中介效应模型对政府救灾行为进行了实证分析。[②] 总之，主流的计量模型方法在农业经济史量化研究中使用得较为广泛。

二、中国农业经济史量化研究对相关研究领域的巨大推动作用

量化历史方法不仅是用数据说话，更是提供了一种系统研究手段。第一，量化分析中的结构分析可以研究经济现象中变量之间的相互关系。例如，农业产量的增加原因可能是多种多样的，但是原因影响的程度是不同的。如果不进行详细的量化分析，增产的原因就很难确定。第二，量化分析方法可以进行政策评价。历史上的各个阶段会针对当时的实际经济社会条件颁布和执行诸多相关政策。量化分析方法可以有效检验由不同的政策所产生的影响的差异。第三，量化分析方法可以检验发展理论假说。已有相关研究会根据资料提出诸多假说，量化分析方法可以检验该假说是否成立，同时可以修正或深化该假说，从而完善相关理论。随着中国经济史量化分析方法的发展，发展迅速的农业经济史量化研究有效推动了对农业生产、市场形成、农民物质生活水平和检验外部冲击等方面的研究。

（一）农业生产情况

1984年，德·希·珀金斯的著作《中国农业的发展（1368—1968年）》的发行是中国农业生产量化研究的重要起点。自此，中国学者打破了原有的局部、短暂的片段式研究模式，有效推动了中国农业历史生产研究。珀金斯根据史料总结了1400—1957年的中国粮食单产量情况发现，中国人均粮食产量为400～700斤。粮食增产的主要原因一方面是耕种面积扩大，20世纪中叶中国耕地面积总数已经是14世纪后期中国耕地面积总数的四倍；另一方面是单产量提高、人口增加、良种使用和水利建设措施共同作用的结果。虽然受资料和研究范围的限制，珀金斯的研究较为粗略，但其为后来的研究奠定了良好的基础。众多学者围绕珀金斯的研究展开了讨论。赵冈认为在战国初期到两汉时期，旱地作物单产量增加幅度最大的主要原因是农业技术的进步和工具的改良；在两汉到唐宋时期，粮食总产量增加的主要原因是依靠减少直至废除休耕来增加的土地利用率以及高产稻米的推广，旱地作物的亩产量并没有增加；在宋到清朝中期，由于精耕细作、复种指数上升和新品种的引进等，粮食产量大幅增加，于乾隆年间达到顶峰。[③] 粮食产量在20世纪上半期跌入谷底。高王凌肯定了赵冈等的探索，但认为粮食亩产量的估算方法有待进一步探讨。因为不同粮食品种的亩产量的差异较大，而中国历代耕地面积数据可靠性又低，由点及面式估计得到的总产量的准确性有待商榷。同时，使用实收地租变化推测产量变化也不准确。实收地租下降的主要原因是农民身份地位的提高和佃农因抵触情绪所做的反抗，而非产量下降。[④]

---

① CHEN S, KUNG K S. The malthusian quagmire? Maize and population growth in China, 1550-1910. Ssrn Electronic Journal, 2012.

② 胡鹏、李军：《自然灾害影响市场整合的政府路径——基于1776—1840年华北小麦市场的实证分析》，《中国经济史研究》2019年第3期，第84-96页。

③ 赵冈：《农业经济史论集：产权、人口与农业生产》，北京：中国农业出版社，2001年。

④ 高王凌：《关于近代粮食亩产量的估算问题——＜清代粮食亩产量研究＞读后》，《中国经济史研究》2000年第2期，第156-160页。

部分学者讨论了其他时期或其他要素对亩产量的影响。李伯重提出，综合“天”“地”“人”三个因素变化来分析亩产量是十分必要的，自然环境与人类努力的变化及两者与农业的关系是一个非常重要又复杂的问题。① 史志宏利用19世纪上半期的2 000多个样本研究中国粮食亩产量及总产量发现，清代(除清初顺治时期)的粮食生产在亩产量和总产量均比明代万历时有较大幅度的提高，在道光年间达到了顶峰。② 随后，彭凯翔提出，如果能将亩产数据库与民国对农家生产的微观调查以及其他变量放在一起分析或能更好地确定要素禀赋、气候、相对价格、作物和技术选择等对亩产量的影响，进而外推出各个时期、各个地区相对系统的亩产量。③总体来说，中国农民是在粗放型边际而不是集约型边际上有效地提高产量的，因而避免了农业产量降低的问题。

还有学者研究了农产品的种植结构和农业生产资料的演变。黄玉玺和李军研究了清代直隶地区的粮食种植结构发现，小麦、豆类面积不断增加，粟米种植比重有所下降，而高粱、玉米和甘薯等作物因其高产抗灾的特性被不断推广，于清代末期跻身主粮行列，粮食种植结构得到丰富和优化。④ 游海华分析了清代末期与民国时期闽西地区的林业的发展，包括茶叶、香菇和竹笋的种植面积的变化。⑤ 在农业生产资料和生产条件演变方面，珀金斯认为在15—20世纪，随着人口的增长，农具的数量和价值也大致同速增长，其质量或品种并无重大改进。

(二)市场形成及价格

市场整合或称一体化是指一个区域乃至一个国家的市场由贸易网络连接，形成供求比较平衡的状况。市场化的程度从一定层面上说明了经济、社会的发展程度。鸦片战争之前，中国是否已经形成统一的全国市场，这是正确认识此前几个世纪里中国经济发展状况和西方所起作用的关键问题之一。量化研究方法有效地推动了该领域的研究。

魏永理认为近代中国没有形成统一的国内市场的主要原因在于没有统一的货币制度、度量衡制度以及内地赋税制度。⑥ 吴承明认为中国市场的转化从16世纪(明朝嘉靖、万历年间)开始，由于没有与之相配合的政治制度，以至在19世纪甚至有一些倒退，直至20世纪早期仍旧没有完成完全市场化。⑦ 马若孟和王广义基于满洲农村实态调查等系列报告，认为农村市场结构竞争非常激烈，农民在一个竞争而非垄断的市场环境下进行决策。⑧

从20世纪80年代起，不少文献通过研究地区之间粮价的相关性来考察中国市场的整合程度。吴承明对此做了很好的综述，总结了市场整合研究的四种方法，即价格相关分析、价格

① 李伯重：《“天”、“地”、“人”的变化与明清江南的水稻生产》，《中国经济史研究》1994年第4期，第105-123页。

② 史志宏：《十九世纪上半期的中国粮食亩产量及总产量再估计》，《中国经济史研究》2012年第3期，第52-66页。

③ 彭凯翔：《历史视野下中国经济的长期变迁——近年中国经济史之计量研究综述》，《经济研究》2015年第5期，第178-191页。

④ 黄玉玺、李军：《自然与社会双重选择：清代直隶粮食种植结构变迁》，《兰州学刊》2019年第3期，第26-42页。

⑤ 游海华：《清末至民国时期赣闽粤边区农业变迁与转型》，《史学月刊》2005年第6期，第101-110页。

⑥ 魏永理：《论近代中国曾否形成统一的国内市场》，《兰州大学学报》1983年第1期，第100-111页。

⑦ 吴承明：《传统经济·市场经济·现代化》，《中国经济史研究》1997年第2期，第1-5页。

⑧ 马若孟、王广义：《清朝和民国时期满洲农村的社会经济变化：一些初步调查结果》，《中国农村研究》2018年第1期，第270-294页。

差相关分析、方差相关分析和离散性相关分析。[①] 彭凯翔在此基础上指出，清代粮价数据的名义价格通常是非平稳的，并在综述协整分析文献的基础上做了进一步的检验。[②] 在工业革命前夕，中国和欧洲粮食市场的整合程度是接近的，尤其是长江三角洲地区的市场整合并不逊色于英国。Shiue 指出，地理差异可能会造成现行市场制度类型存在巨大差异，反之不然，即使在缺乏低运输成本和大量区域贸易的情况下，一体化市场仍然存在。[③] 具体分地区来看，受自然条件的限制，北方河流（特别是黄河）无法像南方河流那样促进交通条件的改善和市场的发育，所以北方市场整合要弱于南方市场整合。

自然气候、政府干预及其他人为因素等主要影响着粮价和市场一体化的进程。对于农业生产而言，自然气候是最主要的原因之一，自然灾害对唐代米价的影响是极为明显的，但其在盛世和乱世体现了截然不同的结果；国家的赈灾措施对于稳定物价也有着积极的作用。随着经济的发展，与自然灾害相比，由其余因素造成的影响更大。如白银的输入。自清代以来，在人口增长和区域分工深化的背景下，市场化因素对于粮食价格的影响日益显现。这些研究表明，在考察气候变化、宏观经济与社会稳定的逻辑当中，其他相关因素的影响也有必要考虑。因为其他因素完全可能改变气候变化背后的政治经济学机制。例如，人口增长、白银存入或政府干预等。

（三）农民物质生活水平

农业经济史学者对中国农民物质生活水平主要从收入构成、粮食消费水平和金融借贷三个方面展开量化研究。

1. 收入构成

农户收入及结构的变化与中国在持续的工业化、城镇化、现代化进程中的历史事件息息相关。康熙中期，农工群体的年户均财富分配额仅 40.56 两白银，远低于非生产性群体（官僚、宗室、八旗兵丁）的 201.58 两白银和生产性群体（商人）的 139.68 两白银；而恩格尔系数较高的江南农户户均消费 51.12 两，说明农工生产性群体并没有资本积累的能力，从量化的角度印证了中国传统社会的小农贫困，而这种收入分配的不合理在一定程度上导致了近代中国的落后。关永强利用《全国土地调查报告纲要》的数据估算了南方农村各阶层之间的基尼系数一般在 0.4 左右，北方农村各阶层之间的基尼系数则大多在 0.45 以上，进一步结合燕京大学和金陵大学等单位的调查数据分析发现，农村地区的整体基尼系数在 0.5 以下，不同阶层之间的收入差距并未达到悬殊的程度。[④]

近代的农家经营模式发生了变动，它不再是传统的耕织结合的经营模式，而是演变为四种模式：一是以农业为主，以市场导向的家庭手工业生产为辅；二是以农业为辅，以市场导向的家庭手工业生产为主；三是纯农业经营户；四是纯手工业经营户。整体而言，近代的农家经营以农工结合的兼业模式为主，且维生型的农工结合的经营模式始终占据主导地位。这种模式或许在一定程度上制约了中国近代农村工业化的发展进程。农户人均纯收入在整体呈现上升趋

---

① 吴承明：《利用粮价变动研究清代的市场整合》，《中国经济史研究》1996 年第 2 期，第 90-96 页。

② 彭凯翔：《历史视野下中国经济的长期变迁——近年中国经济史之计量研究综述》，《经济研究》2015 年第 5 期，第 52-66 页。

③ SHIUE C H：Transport costs and the geography of arbitrage in eighteenth-century China. The American Economic Review，2002，92(5)：1406-1419.

④ 关永强：《近代中国的收入分配：一个定量的研究》，北京：人民出版社，2012 年。

势，收入结构的变化趋势呈现为家庭经营性纯收入占比下降、工资性收入占比上升、财产性收入占比先降后升、转移性收入在20世纪初期得到较大的提升。

2. 粮食消费水平

近代，农民生活水平接近贫困或绝对贫困的生活水平。清末民初，农户五口之家一年的热量摄入量约为2 682 750千卡，人均每日的热量摄入量约为1 470千卡，这些数据远低于世界银行界定的维持人体生存的每日最低热量摄入量2 150千卡。中国营养学家界定的维持中国农村居民每日最低热量摄入量为2 100千卡，由此可知，中国近代农民更可能是处于绝对贫困的状态。

3. 金融借贷

借贷在近代中国农民的生产生活中扮演着重要角色。虽然银行业等金融组织已经存在，但是与农村居民关系紧密的金融组织仍以当铺和钱庄为主。在农户的经营和生活总支出中，借款额、贷款额的占比分别为18.28%和26.06%，而储蓄的占比仅为2%；1934年80.7%的农户借贷来自民间私人借贷；14.3%的农户借贷来自钱庄、当铺等旧式金融机构；5%的农户借贷来自新式金融机构，月息为2%～3%；北方农民的借贷成本高于南方，其对借贷的依赖程度更高。南方也并非没有问题，如长江中下游地区的农户普遍负债、地权趋于集中、土地市场清淡、地权非常态异动等多重看似矛盾的现象交织在一起，说明中国农村经济面临着前所未有的严峻形势。

(四)外部冲击

与短期经济研究相比，经济史量化研究在检验外部冲击的长期影响方面更具优势。例如，外来优秀作物品种的引进、自然灾害、战争和政策等外部冲击会对农业生产造成总体或结构、长期或短期的影响，进而改变国家形态或社会控制方式。众多学者从经济发展、饮食结构、生活水平，甚至生态环境等方面研究了美洲作物的传入对中国的影响。

明清时期，美洲作物(甘薯、玉米等)的传入增加了复种指数，粮食亩产量得到提高。其耐寒特性促使更多的农民开垦了山地、废地，耕地总面积和粮食总产量得到了增加。因此，一方面，美洲作物的传入不仅改变了中国农业种植结构，也促进了小农经济的快速发展，奠定了分散型家庭农场生产关系的发展基础，极大地影响了中国农民经济和社会的发展；另一方面，美洲作物的传入影响了中国居民的饮食生活。例如，在清代山区，玉米、番薯等作物取代传统杂粮的地位而成为山地居民的主粮；在平原地区，这些作物主要用于救荒或用作辅助性杂粮，直至民国时期才加大其在居民饮食结构中的比重。

即使如此，由美洲作物的传入带来的生产力的提高并没有带来农民实际生活水平的提升，城市化水平和人均实际工资也并没有得到明显增加。同时，美洲作物易长高产的特征使得农民深度开荒。虽然这样能增加粮食产量，但是人口滋蔓繁殖、灾害频发、生态破坏扩大和饥饿问题没有得到解决，人口和土地的矛盾更趋尖锐，中国居民生存危机加深。这种状况对原有的经济社会体系造成了巨大冲击。有学者甚至发现美洲作物的种植与农民起义存在复杂的关系。如玉米的引种与农民起义的发生率存在U形关系：虽然玉米的引种在短期内确实有助于降低由气候灾害引发的农民起义的发生率，但清朝中后期，在玉米播种时间久的地区更易发生水旱灾害，农民起义更易爆发。然而，耐寒作物红薯的种植则大大减轻了干旱对起义的影响。

自然灾害对农业生产的冲击是巨大的。气候灾害既会导致较严重的饥荒，与农民起义之间存在正相关关系，也会显著增加游牧民族南侵事件的发生。陈强指出，以农耕文化为主体的政权被征服的概率会随着降水稀少而上升，旱灾驱使游牧民族为了生存而进攻农耕汉族；在一定程度上，以农耕文化为主体的政权是否被征服取决于它与由游牧民族建立的政权的时间差。如果用气候冲击与王朝周期来解释农耕民族与游牧民族的北方边界纬度变化（华夷冲突的结果更多地表现为两者边界的变化，而非完全征服），类似结果也可以得到。[①] 赵红军利用公元前 246 至公元 1911 年的时间序列数据实证分析发现，温度的升高（降低）倾向于减少（增加）社会不稳定程度，而异常降雪对社会不稳定的作用是结构性的，两者对社会不稳定均具有较长期的影响。[②] 胡鹏和李军梳理了大量的自然灾害相关数据，详细分析了清代数据的可得性和可用性，并以西安府的方志文献为例，利用量化和统计分析法探讨重建清代府级自然灾害事件序列的方法。[③]

三、农业经济史量化研究面临的挑战

首先，部分学者对该研究存在的基本意义和价值提出了挑战。在早期的经济史量化研究中，道格拉斯·诺斯、安格斯·麦迪森、卡洛·西波拉以及吴承明、赵冈、郭松义、李伯重等史学家进行了大量的经济史量化工作。他们通过收集资料、量化各种指标，然后计算相关系数，或者通过画图展示相关性。这些历史学家在早期的经济史量化研究中做的主要是描述性的工作，完全的量化研究还需要对因果关系进行统计和检验。正因为如此，许多历史学者就说“量化史学只是把历史学家已经知道的结论用数据说一遍”。虽然经济史量化研究不断深入，但是争议并未减少。部分学者坚定地认为量化分析方法只能佐证已有的研究观点，不能创造新的观点；很多从事量化历史研究的学者则对此不敢苟同，这一争论也是量化历史理论研究的热点议题之一。

其次，注意对调研数据材料的可靠性和典型性进行充分考量，避免以偏概全、误用数据而得出谬误。农业经济史量化研究应该以历史研究为基础，从历史现象和历史问题出发，收集适宜的数据，找到合适的方法进行定量研究。与此同时，由于经济学专业在获取和筛选史料方面存在困难，且文字、图片等形式的史料被转化为量化数据的难度更大，而历史学专业在量化分析方面处于弱势，因此经济学的学者和历史学的学者有必要进行更紧密的合作。

近年来，中国古籍数字化发展迅速。第一，中国很多学术单位和图书档案管理部门都开始了大规模、系统化地历史材料收集与整理，并建立了文献保存或文献索引型数据库。例如，国家与地方档案馆的文献材料数码化工程；国家清史工程对清代文献的收集和整理；中国社会科学院近代史研究所整理和电子扫描了约 19 万件珍贵档案等。第二，众多大学也开展了类似古籍数字化工作。例如，山西大学中国社会实践研究中心已开展对清史文献的收集与整理；复旦大学建立了一套中国历史时期连续变化的基础地理信息库，其可为研究者提供 GIS 数据平台、时间统计以及查寻工具和模型。第三，很多小型数据库被建立。例如，东京大学东洋文化研究所的汉籍影像数据库、大型新版古籍丛书数目数据库、民国时期期刊全文数据库和民国时

---

① 陈强：《气候冲击、王朝周期与游牧民族的征服》，《经济学》（季刊）2015 年第 1 期，第 373-394 页。

② 赵红军：《气候变化是否影响了我国过去两千年间的农业社会稳定——一个基于气候变化重建数据及经济发展历史数据的实证研究》，《经济学》（季刊）2012 年第 2 期，第 691-722 页。

③ 胡鹏、李军：《重建清代府级自然灾害事件序列的可行性论证与方法探讨——基于西安府方志文献的量化和统计分析》，《苏州大学学报（哲学社会科学版）》2020 年第 2 期，第 84-96 页。

期期刊篇名数据库(1911—1949)等。

虽然这些数据库的数字化比较完善,但是大多数据库并未将数据整理为直接可用的纯数字信息型数据库,在使用时仍需要具备较多的与历史和农业经济相关的专业知识。以粮食价格数据为例,学者们认为要充分考虑价格数据的形式。胡鹏和李军指出,以清代中后期直隶小麦市场的整合分析为例,采用协整分析法发现,公历化处理数据不仅会改变数据自身的统计特征和平稳性,而且会影响直隶全省和各府(州)的市场整合的分析结果;公历化处理数据对计量结论的影响范围和程度各不同,且没有特定的规律,因此以公历形式粮价数据为基础的清代粮食问题研究结论的准确性尚需进一步商讨。① 对于"粮食价格库"与"粮食价格表"两套清代粮价数据资料而言,胡鹏和李军建议,乾隆年间和嘉庆年间取"粮食价格库"数据,道光年间至宣统年间以"粮食价格表"资料为基础,并补充"粮食价格库"数据。② 粮价数据的前期处理已经如此繁杂,可见,深入开展农业经济史量化研究所承担的巨大工作量。

最后,代理变量的选择在农业经济史量化研究中十分重要。其原因有两个方面:一是收集的历史资料可能存在数据缺陷,或者历史资料在较长历史时期会出现保存问题。例如,历史上并没有降水量数据,陈强、Bai 和 Kung 都以每十年的干旱年数作为降水稀少的代理变量,以每十年的黄河决堤年数作为降水充沛的代理变量。③-④ 又如,赵红军在研究农业生产对古代经济社会稳定的影响时,⑤其理想情形是利用经过统一核算的农业亩产量数据。由于可获数据有限,他最终使用了历代米价作为农业生产变化的代理变量。其依据是当农业受到较大的气候变化和自然灾害的不利影响时,米价通常会倾向于上涨,反之米价会倾向于下降。二是农业经济史量化研究还有历史数据难以获取、难以量化描述的难题。陈志武等在研究民国时期农村借贷的利率问题时,选择以各县自耕农的平均比例作为代理变量,他们认为该数值越高,高利贷放款人(剥削阶级)的势力就越弱。使用代理变量同样需要大量史料的支持。⑥ 例如,Zhao 在分析主要贸易国的变化时,使用美国白银流入量作为代理变量,以表示流入中国的白银总量。⑦

四、农业经济史量化研究的发展趋势

农业经济学理论需要来自经济史料的事实验证,历史研究有助于农业经济学家发现那些对任何时期农业发展都可能会产生影响的潜在力量。定量分析是中国经济史学的重要发展走

① 胡鹏、李军:《农历抑或公历?数据形式对数理分析结果的影响——以清代中后期直隶小麦市场整合分析为例》,《中国经济史研究》2016 年第 4 期,第 107-114 页。

② 胡鹏、李军:《两套清代粮价数据资料综合使用之可行性论证与方法探讨——基于文献学和统计学方法的分析》,《中国社会经济史研究》2016 年第 2 期,第 36-44 页。

③ 陈强:《中国历史上为何数次被游牧民族征服——气候冲击与王朝周期的作用》,《经济资料译丛》2013 年第 2 期,第 66-68 页。

④ BAI Y, KUNG J K-s: Climate shocks and sino-nomadic conflict, The Review of Economics and Statistics, MIT Press, 2011, 93(3): 970-981.

⑤ 赵红军:《气候变化是否影响了我国过去两千年间的农业社会稳定——一个基于气候变化重建数据及经济发展历史数据的实证研究》,《经济学》(季刊)2012 年第 2 期,第 691-722 页。

⑥ 陈志武、彭凯翔、袁为鹏:《高利贷与贫困陷阱:孰因孰果——反思民国时期农村借贷的利率问题》,《量化历史研究》2017 年第 1 期,第 1-32 页。

⑦ ZHAO H J: American Silver Inflow and the Price Revolution in Qing China. Review of Development Economics, 2016, 20(1) 294-305.

向之一，其与农业经济史结合而产生的农业经济史量化研究将会前景广阔。中国几千年的农业发展历史蕴含着丰富的可供发掘的规律和经验，从历史的长视角展开对农业问题发展脉络的理顺和客观分析，可以总结更具规律性和经得起长期考验的结论，从而为指导未来农业的发展提供更稳健的政策建议。量化分析方法应用于农业经济史研究既有助于增加对农业经济史问题的研究精度和研究深度，也有助于在研究重要的农业经济史问题时取得一致性的结论，从而消除定性农业经济史研究的概念化、抽象化的空洞感，以增强研究结论的可信度和接受度。

在过去的20年中，由于计算机信息技术的迅速发展，农业经济史量化研究拥有数量巨大、类型丰富的研究资料。农业经济史量化研究在中国还处于发展阶段，其原始数据的挖掘、整理、标准化等工作还需要史学家和经济学家共同努力。数据的电子化则是下一阶段的重点工作，该项基础工作的推进能够大力推进农业经济史量化研究的进展。从农业经济史的研究进展来看，随着历史大数据时代的到来，如何高效率地处理大规模史料并从中获取规律性认识，是当代历史学面临的新挑战。经过数十年的发展完善，量化分析方法已经在应对大规模数据库和发现因果关系方面领先一步。将量化分析方法和历史大数据结合起来既是新史学的重要内容，也是一种必然趋势。① 以农为本的文明古国无疑是农业经济史最宝贵、最齐全的数据来源。从有文字记载的商朝开始，其已有3 000多年，尤其从唐宋时期开始，中国有了较为详细且系统的文字记录。若这些资料能被开发和利用，农业经济史的研究一定会有巨大的发展。

思考题

1. 计量方法是如何影响农业经济史研究的？
2. 应当如何综合运用定量研究与定性研究两种研究方法？
3. 量化研究的发展趋势是什么？

① 林展、陈志武：《量化历史与新史学——量化历史研究的步骤和作为新史学的价值》，《史学理论研究》2021年第1期。

专题十七　量化历史研究的应用

在大数据时代的背景下，新史学中的计量史学以量化历史研究的形式再次成为学术界的焦点之一。农业经济本就具有经济学科属性，运用量化历史研究方法探讨中国农业经济史问题也是大数据时代农业经济史研究的内在逻辑。量化历史研究法在清代粮价研究中得到了广泛的应用，并取得了丰硕的研究成果。本专题以“清代粮价资料库”与《清代道光至宣统间粮价表》两套清代粮食价格数据库为基础，分别以清代中期顺天府和华北地区的粮食市场为例来展现量化历史研究方法的两种核心分析方法——统计分析法和计量分析法在农业经济史研究中的应用方式。

一、清代粮食价格研究概述

清代粮食价格数据资料是研究清代经济史的重要数据史料，许多经济学家和历史学家在此基础上展开了详细的研究，并取得了引人注目的成果。历来对于清代粮食价格数据的整理开始得较早，整理成果也较多。总体来讲，影响较为广泛的有“清代粮价资料库”与《清代道光至宣统间粮价表》。

现存粮食价格数据主要来源于清代粮食价格奏报制度下的粮食价格清单。清代粮食价格单的整理工作始于民国年间。20 世纪 30 年代，柳诒徵搜集和整理了江苏国学图书馆、档案馆所藏光绪年间江苏各府、州、县逐月呈报的米价细册，汤象龙等学者从宫中档案抄录并整理了道光至光绪年间全国 2 万余份粮食价格单。自 20 世纪 70 年代以来，彭信威从《清实录》《东华录》和《清史稿》等历史文献资料中辑录出约 900 件米价资料，形成了清代十年平均米价序列；Chuan 和 Kraus 从故宫档案、《李煦奏折》和《雍正朱批谕旨》等历史文献资料中整理了清代江南地区的大米价格数据；王道瑞对中国第一历史档案馆所藏的 3 万余件粮食价格清单数据进行了整理和编辑；蒋建平从《李煦奏折》和《雍正朱批谕旨》等历史文献资料中摘录了康熙年间至雍正年间苏州和江浙地区的大米价格，并制作成了统计表和趋势图；李明珠从军机档、朱批奏折和上谕档等历史档案中整理了直隶省的粮食价格数据。[①] 具有里程碑意义的是，在 2009 年前后，王业键主持整理和编制的“清代粮价资料库”（以下简称“粮食价格库”）与中国社会科学院经济研究所编写的《清代道光至宣统间粮食价格表》（以下简称“粮食价格表”）两套清代粮食价格数据资料相继问世。这两套清代粮食价格数据资料成为研究清代粮食价格相关问题的基础，并由此在国内外掀起了对清代粮食价格研究的热潮。之后，一批具有代表性的研究成果

---

① 柳诒徵：《江苏各地千六百年间之米价》，《史学杂志》1930 年第 3-4 期；彭信威：《中国货币史》，上海：上海群联出版社，1954 年；CHUAN H. KRAUS R A：Mid-Ching rice markets and trade：an essay in price history. Harvard University Press，1975；王道瑞：《清代粮价奏报制度的确立及其作用》，《历史档案》1987 年第 4 期；蒋建平：《清代前期米谷贸易研究》，北京：北京大学出版社，1992 年；李明珠：《华北的饥荒》，北京：人民出版社 2016 年。

也相继问世。①

(一)粮食价格研究内容

国内外有关清代粮食价格的研究主要集中于粮食价格奏报制度、粮食价格数据可靠性、粮食价格变动、粮食价格变动的影响因素、粮食价格变动的社会影响和市场整合等问题。

(二)粮食价格奏报制度

Wilkinson 最早对清代的粮食价格奏报制度进行了讨论;Chuan 和 Kraus 在研究清代物价史时对清代粮食价格奏报制度进行了介绍,并讨论了其可靠性;陈金陵和王道瑞也对该制度做了较为详细、系统的介绍;王业键也对此进行了全面系统的研究,其关注点主要在粮食价格信息收集以及粮食价格核查方面。按照王业键的观点,不同地区的粮食价格来源不同,市场较为发达的地区一般为批发价格,市场较为落后的地区一般为产地价格;穆崟臣在其研究中指出,清代雨雪粮食价格奏报制度包括粮食价格奏报、雨雪分寸以及收成奏报,三者构成了清代较为完善的粮政信息收集制度。这对于保证政策制定、维护政府统治的作用巨大。②

(三)粮食价格数据可靠性

Chuan 和 Kraus 率先对官方粮食价格的可靠性做出了正面评价,认为地方官员既可能成为粮食的买入方,也可能成为粮食的卖出方,因此其没有倾向性造假动机;在清代的粮食价格奏报制度中,各级官员之间利益牵制,经常报告与特别报告相互钩稽,因此其造假成功的可能性也较小。Marks 通过对 1738—1795 年广东粮食价格单和广西粮食价格单相邻月份的大米价格重复率的统计来检验米价数据的真实性,并得出官方数据与真实数据大体相近的结论。Wang 和陈春声都认为,未设专门机构进行核查检验是清代粮食价格奏报制度的一大漏洞,但清代官方粮食价格资料在总体上是真实、可靠的。王业键发现粮食价格存在连续数月不变的现象,据此可检验粮食价格资料的可靠性,通过利用统计方法进行检验,得到了不同地区的粮食价格可靠性检测表。彭凯翔认为受当时统计手段和技术的制约,没有人为扭曲的数据也并不一定准确,总体而言,官方数据还是可靠的。③

(四)粮食价格变动

20 世纪 50 年代,一些学者从货币的视角研究清代粮食价格的长期趋势。彭信威在《中国货币史》中分析了清代粮食价格的长期走向:清初,粮食价格高企,康熙初年出现缓慢下降的趋

---

① 彭凯翔:《清代以来的粮价:历史学的解释与再解释》,上海:上海人民出版社,2006 年;颜色、刘丛:《18 世纪中国南北方市场整合程度的比较——利用清代粮价数据的研究》,《经济研究》2011 年第 12 期。

② WILKINSON E P: Studies is chinese price history, garland publication, 1980; CHUAN H, KRAUS R A: Mid-Ching rice markets and trade: an essay in price history, Boston: Harvard University Press, 1975;陈金陵:《清朝的粮价奏报与其盛衰》,《中国社会经济史研究》1985 年第 3 期;王道瑞:《清代粮价奏报制度的确立及其作用》,《历史档案》1987 年第 4 期;王业键:《清代的粮价陈报制度》,《故宫季刊》1978 年第 1 期;穆崟臣:《清代雨雪折奏制度考略》,《社会科学战线》2011 年第 11 期。

③ CHUAN H, KRAUS R A: Mid-Ching rice markets and trade: an essay in price history, Boston: Harvard University Press, 1975; MARKS R B: Food supply, market structure and rice price in eighteenth century south china: the qianlong long wave", late imperial China, 1991, 12(2); Wang Y: Secular trends of rice prices in the Yangzi delta, 1638-1935, Chinese History in Economic Perspective, Berkeley: University of California Press, 1992;陈春声:《市场机制与社会变迁—18 世纪广东米价分析》,广州:中山大学出版社,1992 年;王业键、陈仁义、温丽平等:《清代粮价资料之可靠性检定》//《清代经济史论文集》(二),台北:稻乡出版社,2003 年,第 289-315 页;彭凯翔:《清代以来的粮价:历史学的解释与再解释》,上海:上海人民出版社,2006 年;彭信威:《中国货币史》,上海:上海群联出版社,1954 年。

势，并在之后的五十年基本保持稳定，18世纪中期，粮食价格又出现上涨，直到19世纪中期，粮食价格才小幅回跌，之后粮食价格又上涨。依据《雍正朱批谕旨》，全汉昇和王业键整理并分析了广东、浙江等中南部十二省的米价指数发现，米价在雍正时期并非长期增长，此时的社会经济发展较为稳定。岸本美绪是日本学者中研究清代粮食价格的主要代表。通过地方志资料、大量笔记与文集，她对江南地区的粮食价格进行了较为详细的研究，制作了江南地区万历时期至乾隆时期的大米价格表。她分析发现江南地区的米价在总体上是长期上涨的，具体表现为渐涨—暴涨—下跌—渐涨—暴涨—渐涨的趋势。方行通过研究湖南地方志资料，结合相关文集与比较资料发现，自康熙后期起，湖南农民的粮食收入有所增加，将其与江南地区的米价进行比对可知，两地之间的差价逐渐缩小。卢锋和彭凯翔通过构建近400年来的中国粮食价格序列，分析了中国大米价格长期趋势变化，指出自19世纪末开始，中国米价存在一个持续百年的长期上升阶段。之后，谢美娥通过对方志史料，并结合"清代粮价数据库"中的中国台湾地区的米价进行了时间序列分析，发现中米价格可靠性最高，并从供给、需求等方面分析了米价变动的影响因素。① 还有许多学者使用时间序列方法对粮食价格的周期性问题进行了研究。通过直接观察，Wang发现苏州米价存在四年的短周期；通过进一步研究以及多组米价趋势图的对比，Wang发现米价可能存在20～30年的长周期。彭凯翔通过自17世纪以来建立的苏州米价序列，利用STM估计程序也证实了粮食价格存在4～5年的短周期和较明显的20～30年的长周期。②

1. 粮食价格变动原因

粮食价格变动的长期影响因素主要集中于人口和货币。彭信威认为，清代银钱购买力呈现持续下降的趋势，清代产银不足，因此大量白银自外国进入中国，乾隆时期的物价持续上涨。全汉昇认为乾隆时期物价的持续上升是一场世界范围内的物价革命，美洲白银的流入是主导因素。林满红通过研究萧山米价发现，乾隆时期的经济发展分为经济萧条期和经济繁荣期：前期的人口增长速度大于货币的增长速度造成了粮食价格上涨超过一般物价；后期则呈现相反的状况。陈仁义等认为，大量美洲白银的进入导致乾隆时期苏州米价的持续上涨，粮食供给的增长速度略低于货币供给的增长速度和货币流通速度，而人口增长率与粮食供给增长率大体相同。彭凯翔认为，与人口对粮食价格变化的影响相比，货币对粮食价格的影响更为巨大。货币因素是19世纪以后中国粮食价格上升的主要原因。③ 粮食价格变动的短期影响因素主要

① 彭信威：《中国货币史》，上海：上海群联出版社，1954年；全汉昇、王业键：《清雍正年间(1723—35)的米价》//中央研究院历史语言研究所：《中央研究院历史语言研究所集刊》1959年第30卷；岸本美绪：《清代前期江南的米价动向》，《史学杂志(日本东京大学)》1978年第9期；[日]岸本美绪：《清代前期江南的物价动向》，《东洋史研究》1979年第4期；方行：《清代前期湖南农民卖粮所得释例》，《中国经济史研究》1989年第4期；卢锋、彭凯翔：《我国长期米价研究(1644—2000)》，《经济学》(季刊)2005年第1期；谢美娥：《自然灾害、生产收成与清代台湾米价的变动(1738—1850)》，《中国经济史研究》2010年第4期。

② WANG Y：Food supply and grain prices in the Yangtze delta in the eighteenth century//The second conference on modern Chinese economic history. The Institute of Economics，Academic Sinic，1989；彭凯翔：《清代以来的粮价：历史学的解释与再解释》，上海：上海人民出版社，2006年。

③ 彭信威：《中国货币史》，上海：上海群联出版社，1954年；全汉昇：《美洲白银与十八世纪中国物价革命的关系》//中央研究院历史语言研究所：《中央研究院历史语言研究所集刊》1957年；林满红：《与岸本教授论清乾隆年间的经济》//中央研究院历史语言研究所：《中央研究院近代史研究所集刊》1997年第28卷；陈仁义、王业键、胡翠华：《十八世纪苏州米价的时间数列分析》，《经济论文丛刊》1999年第3期；彭凯翔：《清代以来的粮价：历史学的解释与再解释》，上海：上海人民出版社，2006年。

集中于战乱、政策、市场流通、特殊人群和灾荒等。冯汉镛探讨了地主阶级对米价的影响；安部健夫发现清代中期的华中与华南等省份的粮食贸易较为发达，绘制了粮食贸易路线图，并指出受官方收购等原因的影响，粮食输出地的粮食市场易出现价格暴涨；王业键和陈春声以福建粮食市场为研究对象，发现季节与灾荒会导致粮食价格波动；陈东有研究了康熙年间的粮食价格，发现商人在粮食市场中具有重要作用，有助于市场价格的平抑；魏建猷通过对非官方历史资料的分析，指出明清时期的土地与粮食均有极端价格的出现，且两者变动趋势相反。其主要是由社会稳定时期与动乱时期农业发展的差异所致。①

2. 粮食价格变动的社会影响

全汉昇和王业键、邓云乡、吴量恺、谢天佑等分别从粮食价格与生活用品、工资等方面的关系探讨了粮食价格对民生的影响。王业键从物价波动的视角分析了太平天国革命爆发的原因，认为银价上升极大地削弱了农民的购买力，此时长江一带的税赋为全国平均水平的两倍，市场变化的沉重打击导致百姓不满情绪越来越高，进而发生了暴力革命；岸本美绪指出，粮食价格低贱也会对农业生产造成沉重打击，康熙前期的"熟荒"严重影响了农民的生产收入和百姓生活。② 当然，由粮食价格上涨所产生的影响并不都是负面的，邓永飞认为，尽管粮食价格上涨使湖南土地开垦过度，经济结构单一，社会分化加速，但是其提高了水稻生产技术，促进了农村、工商业、市镇经济的发展。③

(五)市场整合

大多数学者认为，自 18 世纪以来中国的市场整合情况较好，至少存在范围或大或小的整合市场。Chuan 和 Kraus 最早将经济统计方法引入中国历史时期粮食价格变动的研究。通过比较和分析 1713—1719 年苏州和 1913—1919 年上海米价季节变动情况，他们认为 18 世纪前半期中国东南地区存在一个范围较大的整合市场；侯杨方通过对 1921—1937 年商业组织及统计机构的米价记录进行分析，认为无论中国市场，还是国际区域市场，它们的市场整合程度水平都比较高；Marks 和陈春声运用相关分析法分别对乾隆年间和 1738—1769 年两广地区的粮食市场整合情况进行了考察，认为当时两广地区的市场整合程度较高，甚至与同时期的法国相当；Shiue 和 Keller 运用协整分析法对 18 世纪中国南方的粮食价格数据进行分析，发现其市场发育程度并未显著落后于工业革命前的欧洲；颜色和刘丛通过对 1742—1795 年十五省的府

① 冯汉镛：《清代的米价与地主操纵》，《工商导报》(增刊)1951 年；[日]安部健夫：《粮食供需研究——视为〈雍正史〉的一章》，《东洋史研究》1957 年第 4 期；王业键、陈春声：《十八世纪福建的粮食供需与粮价分析》，《中国社会经济史研究》1987 年第 2 期；陈东有：《康熙朝米价中的商人行为》，《中国社会经济史研究》1995 年第 3 期；魏建猷：《明清两代的田价与米价》，上海：上海书店出版社，2007 年。

② 全汉昇、王业键：《近代四川合江县物价与工资的变动趋势》//《中央研究院历史语言研究所集刊(故院长胡迪先生纪念论文集)》上册，1962 年；邓云乡：《清代三百年物价述略》，《复印报刊资料(经济史)》1982 年第 10 期；吴量恺：《清代前期农业经济中的短雇与资本主义萌芽》，《华中师范大学学报(人文社会科学版)》1983 年第 5 期；吴量恺：《清前期农业雇工的工价》，《中国社会经济史研究》1983 年第 2 期；谢天佑：《论中国封建社会大规模农民战争周期性爆发的原因》，《华东师范大学学报(哲学社会科学版)》1983 年第 3 期；谢天佑：《气候·收成·粮价·民情——读〈李煦奏折〉》，《中国社会经济史研究》1984 年第 4 期；L J，CAMPBELL C，TAN G：Infanticide and family planning in late imperial China：the price and population history of rural liaoning 1774-1873//Chinese History in Economic Perspective，Berkeley：University of California Press，1992；王业键：《十九世纪前期物价下落与太平天国革命》，《第一届全国历史学学术讨论会》，1996 年；[日]岸本美绪：《清代中国的物价与经济波动》，北京：社会科学文献出版社，2010 年。

③ 邓永飞：《米谷贸易、水稻生产与清代湖南社会经济》，《中国社会经济史研究》2006 年第 2 期；氏著：《清代中后期湖南的环境恶化与水稻生产》，《中国社会经济史研究》2013 年第 4 期。

级月度价格数据进行分析，发现18世纪中国南方粮食市场的整合程度显著优于北方粮食市场的整合程度。① 也有学者认为清代并不存在整合的市场。Wilkinson 通过对清末陕西银钱以及大米、小麦、小米和大豆等粮食价格进行分析，发现除西安府，陕西省内其他地方的粮食市场几乎没有联系；Cheung 通过对大米价格进行分析，认为18世纪的中国并未形成全国性的、结构完整的大米市场。②

二、清代粮食价格数据的统计分析和应用

清代粮食价格资料有“清代粮价资料库”与《清代道光至宣统间粮食价格表》两套数据资料。各种证据显示，《清代道光至宣统间粮食价格表》和“清代粮价资料库”具有一致性。该表数据源于由台北故宫博物院和第一历史档案馆发行的馆藏的粮食价格清单。该库数据由20世纪30年代陶孟和、汤显龙等抄录的宫中档案为蓝本整理而成，只是抄录整理的时间不同。③王砚峰的研究显示，1930—1937年，北平社会调查所在组织和整理清代档案时抄录了道光时期至宣统时期军机处各省督抚奏折10万余件，其中包含各省粮食价格清单2万余件，汤象龙等据此编制了有关道光时期至宣统时期粮食价格的统计表，但诸多原因导致相关的后续工作未见延续，直到2004年国家清史编纂委员会启动《清代道光至宣统间粮食价格表》项目，中国社会科学院经济研究所主持并进行了整理、校勘工作，《清代道光至宣统间粮食价格表》最终于2009年出版问世。④ 另据“粮食价格库”介绍显示，该库由经济史学者王业键于20世纪70年代开始主持建置。其数据来自藏于台北故宫博物院所有的粮食价格清单以及第一历史档案馆的《宫中粮食价格单》327卷微缩胶片。

由对“粮食价格库”和“粮食价格表”两套粮食价格数据资料源流的简要梳理可知，两套粮食价格数据资料所依据的数据来源是一致的，只是抄录整理的时间不同：“粮食价格表”的抄录时间早于“粮食价格库”的抄录时间，即为粮食价格清单尚未分散的20世纪30年代。从文献学的角度来看，“粮食价格库”和“粮食价格表”所依据的数据来源具有一致性，其相应的粮食价格数据值是否也一致？此时就需要运用量化统计的方法进行验证。我们以顺天府为例来展现量化统计分析在中国农业经济史中的应用。

在范围上，选取两套数据资料中时间跨度重合的部分，根据“粮食价格库”的使用说明，将“粮食价格库”道光时期至宣统时期的公历价格形式按照天数加权平均的方法还原为农历形式，然后按照道光时期至宣统时期(1821年2月至1910年5月)、道光时期(1821年2月至1851年1月)、

① CHUAN H, KRAUS R A: Mid-Ching rice markets and trade: an essay in price history, Boston: Harvard University Press, 1975；侯杨方：《长江中下游地区米谷长途贸易(1912—1937)》，《中国经济史研究》1996年第2期；MARKS R B:“Rice prices, food supply, and market structure in eighteenth-century south of China”. Late Imperial China, 1991, 12(2): 64-116；陈春声：《市场机制与社会变迁——18世纪广东米价分析》，广州：中山大学出版社，1992年；SHIUE C H, KELLER W. Markets in China and Europe on the eve of the industrial revolution, The American Economic Review, 2007, 97(4): 1189-1216；颜色、刘丛：《18世纪中国南北方市场整合程度的比较——利用清代粮价数据的研究》，《经济研究》2011年第12期。

② WILKINSON E P: Studies in chinese price history, New York: garland publication, 1980；CHEUNG S: The price of rice: market integration in the eighteenth-century china, Bellingham: Center Western Washington University, 2008。

③ 罗畅由此判断“粮食价格库”和“粮食价格资料”所依据的数据来源不同，将之作为两套粮食价格数据资料差异的主要方面之一。然而，通过对相关文献的梳理可知，两者数据资料实际均源于清代粮食价格奏报体系下的粮食价格清单。

④ 王砚峰：《清代道光至宣统间粮价资料概述——以中国社科院经济所图书馆馆藏为中心》，《中国经济史研究》2007年第2期。

咸丰时期(1851 年 2 月至 1862 年 1 月)、同治时期(1862 年 1 月至 1875 年 2 月)、光绪时期(1875 年 2 月至 1909 年 1 月)和宣统时期(1909 年 1 月至 1910 年 5 月)六个时间段进行比较。在方法上,先计算“粮食价格库”数据值相对于“粮食价格表”而呈现的差异幅度①,按照统计学惯例以 1%、5%和 10%水平为标准,统计其在各组所占的比重(相对频数),进而判断两组数据值一致性程度。

如表 17-1 所列,在“粮食价格库”和“粮食价格表”同时序数据值中,各个时期的各个粮种的整体一致性较高,在 2 884 个观测值中,1%、5%和 10%统计水平下的数据值一致的数量分别为 2 401、2 756 和 2 812,即一致性程度分别达到 83%、96%和 98%。由此可以判断,虽然“粮食价格库”和“粮食价格表”的数据值存在一定的差异,但考虑在农历-公历转换时科学记数和小数点位数保留、抄录时的人为失误等因素,从统计学意义上讲,两套粮食价格数据资料具有较高的一致性。

表 17-1　“粮食价格库”与“粮食价格表”顺天府粮食价格数据值的差异幅度的相对频数统计　%

时间段	统计水平	粟米		高粱		糜米		小麦		黑豆		总计
		最低价	最高价	最低价	最高价	最低价	最高价	最低价	最高价	最低价	最高价	
道光至宣统	≤1	77	82	79	86	86	85	78	84	82	93	83
	≤5	95	96	97	96	97	94	91	96	96	98	96
	≤10	97	100	98	97	97	97	96	98	98	98	98
道光	≤1	73	78	78	90	88	88	78	85	82	94	83
	≤5	93	98	99	98	99	96	90	97	99	98	97
	≤10	95	100	100	99	99	100	98	99	100	99	99
咸丰	≤1	82	100	100	100	100	100	73	100	91	100	95
	≤5	100	100	100	100	100	100	91	100	100	100	99
	≤10	100	100	100	100	100	100	100	100	100	100	100
同治	≤1	84	89	80	83	81	77	78	92	89	92	85
	≤5	100	98	100	98	98	95	95	100	100	100	99
	≤10	100	100	100	98	100	97	97	100	100	100	99
光绪	≤1	77	84	84	93	92	93	82	84	86	99	87
	≤5	93	93	99	99	99	96	95	99	97	100	97
	≤10	96	100	99	99	99	99	99	100	100	100	99
宣统	≤1	67	67	40	33	47	53	60	33	27	60	49
	≤5	93	93	60	60	60	60	60	60	40	67	65
	≤10	93	93	60	60	60	67	67	67	60	67	69

值得注意的是,宣统时期,两套粮食价格数据资料数据值的差异比较明显,除小麦最高价和最低价数据值,其他粮种的最高价数据值和最低价数据值在 1%、5%和 10%统计水平下的一致性程度均不到 70%。

除了涵盖时间和公布形式不同,“粮食价格库”和“粮食价格表”两套粮食价格数据资料的

① 假设“粮食价格库”和“粮食价格表”中相应粮种的价格数据值分别为 Pi 和 Pj,则数据值差异幅度 $R=|(Pi-Pj)/Pj|$。

不同还体现在有效数据频数方面。[①]

顺天府的粟米、高粱、糜米、小麦和黑豆五个粮种的价格数据在"粮食价格库"和"粮食价格表"中的时间跨度都是一致的。如图 17-1 所示,"粮食价格库"中的五个粮种数据的时间跨度共为 1 573 个公历月,其中乾隆时期为 293 个公历月、嘉庆时期为 301 个公历月、道光时期为 360 个公历月、咸丰时期为 132 个公历月、同治时期为 158 个公历月、光绪时期为 312 个公历月、宣统时期为 17 个公历月;"粮食价格表"中的五个粮种数据的时间跨度共为 1 119 个农历月,其中道光时期为 371 个农历月、咸丰时期为 136 个农历月、同治时期为 161 个农历月、光绪时期为 420 个农历月、宣统时期为 31 个农历月。

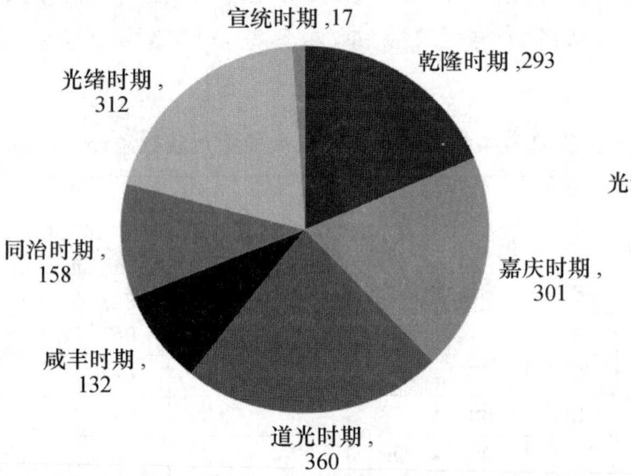

"粮食价格库"时间跨度

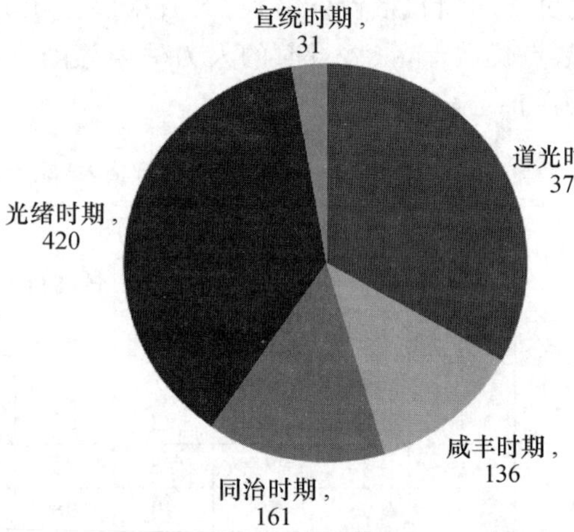

"粮食价格表"时间跨度

图 17-1 顺天府粮食价格数据在"粮食价格库"和"粮食价格表"中的时间跨度

有效数据频数和有效数据相对频数可以较为直观地反映"粮食价格库"和"粮食价格表"中可用数据的数量和连续性。[②] 我们按照全时期(1771 年 10 月/1821 年 2 月至 1910 年 5 月/1911 年 7 月)、乾隆时期(1771 年 10 月至 1796 年 2 月)、嘉庆时期(1796 年 2 月至 1821 年 2 月)、道光时期(1821 年 2 月至 1851 年 1 月)、咸丰时期(1851 年 2 月至 1862 年 1 月)、同治时期(1862 年 1 月至 1875 年 2 月)、光绪时期(1875 年 2 月至 1909 年 1 月)和宣统时期(1909 年 1 月至 1910 年 5 月/1911 年 7 月)八个时间段进行比较和分析。[③]

统计结果如表 17-2 所列,"粮食价格表"可用数据的数量和连续性整体较优,有效数据频数和有效数据相对频数数值均优于"粮食价格库";"粮食价格库"收录了乾隆时期和嘉庆时期

① 罗畅:《两套清代粮价数据资料的比较与使用》,《近代史研究》2012 年第 5 期,第 142-156 页。

② 与有效数据对应的是缺失数据,两者的频数之和等于样本的时间跨度(公历月或农历月个数),相对频数之和等于 1。有效数据频数反映了可用数据的数量,有效数据相对频数体现了其在整体样本中的单位占比,故也可解释为其在整体样本中的密度或连续性。另外,考虑文章篇幅,表 17-2 不再列出缺失样本的有效数据频数和有效数据相对频数。同时,由于顺天府乾隆年间至宣统年间各个粮种的有效数据频数基本一致,表 17-2 的统计量仅以一个粮种代之。

③ "粮食价格库"和"粮食价格表"在宣统时期的粮食价格数据涵盖的时间范围有所区别,"粮食价格库"的起讫日期分别是 1771 年 10 月和 1910 年 5 月,"粮食价格表"的起讫日期是 1821 年 2 月和 1911 年 7 月,所以表 17-2 及其相关论述中涉及的"粮食价格库"和"粮食价格表"所指的时间段有所不同。

的数据，且其可用数据的数量和连续性较好。对于全时期相对频数只有 46.27%而言，乾隆时期和嘉庆时期的 83.96%和 75.42%的优势明显

表 17-2　“粮食价格库”与“粮食价格表”顺天府粮食价格数据有效数据频数和有效数据相对频数差异统计

数据资源	有效数据	全时期	乾隆时期	嘉庆时期	道光时期	咸丰时期	同治时期	光绪时期	宣统时期
粮食价格库	频数	770	246	227	127	13	65	43	17
	相对频数/%	46.27	83.96	75.42	35.28	9.85	41.14	13.78	100.00
粮食价格表	频数	1065	—	—	360	122	161	392	30
	相对频数/%	95.17	—	—	97.04	89.71	100.00	93.33	96.77

通过比较和分析可以做出判断：综合使用两套清代粮食价格数据资料进行相关研究具有较强的可行性。其原因有二：其一，“粮食价格库”和“粮食价格表”的粮食价格数据具有同一性，即数据来源相同、数据值一致性较高，这为综合使用这两套粮食价格数据资料提供了前提条件；其二，“粮食价格库”和“粮食价格表”的粮食价格数据具有互补性，即“粮食价格库”中质量较优的数据是“粮食价格表”所没有的，“粮食价格表”的数据弥补了“粮食价格库”中质量较差数据的劣势，这就增加了综合使用这两套粮食价格数据资料的现实价值。

三、清代粮食价格数据的实证分析和应用

在诸多清代粮食价格数据的实证分析和应用中，涉及市场整合的应用最为广泛。本部分将以自然灾害影响市场整合为例来展现清代粮食价格数据的实证分析和应用。

(一)自然灾害影响市场整合的机制

学界对于价格整合与市场整合的关系还有一定的争论。受历史文献资料的限制，在探讨历史时期的市场整合问题时，将价格整合作为市场整合指标是一种比较有效的方法。① 随着全球气候变化问题的趋热，学者们开始关注历史时期的气候变化，尤其是在极端气候条件下的自然灾害对市场整合的影响。通过对 18 世纪中国西南地区大米价格的分析，李中清认为市场、气候和战争等因素共同促进了粮食的市场整合；Shiue 通过对中国旱涝历史记录数据和清代粮食价格数据的分析，发现 18 世纪中国南方气候相关度对粮食价格相关度有正向影响；阮建青和李垚利用 1746—1795 年中国的粮食价格数据和旱涝灾害数据实证分析了自然灾害与市场整合的关系，认为自然灾害促进了市场演进。②

清代的政府救灾行为主要依托于保民思想、荒政思想以及以此思想为基础的蠲恤制度。通过对乾隆《钦定大清会典》、光绪《钦定大清会典事例》和同治《钦定户部则例》等文献的整理

① FEDERICO G：How much do we know about market integration in europe，The Economic History Review，2012，65(2)；吴承明：《利用粮价变动研究清代的市场整合》，《中国经济史研究》1996 年第 2 期；朱琳：《数理统计方法在清代粮价研究中的应用与发展》，《中国经济史研究》2015 年 1 期。

② 李中清：《中国西南边疆的社会经济：1250—1850》，北京：人民出版社，2012 年，第 248-255 页；SHIUE C H：Transport costs and the geography of arbitrage in eighteenth-century China，The American Economic Review，2002，92(5)；阮建青、李垚：《自然灾害与市场演进——基于 18 世纪清代粮食市场的研究》，《浙江大学学报(人文社会科学版)》2018 年第 1 期。

可知,清代的政府救灾行为主要分为赏给、减免、缓征、借贷、改征和粜粜等六类。[①]

政府救灾行为通过调节市场供求关系促进了市场整合。虽然难以严格地将清代政府救灾行为的宗旨界定为调节市场供需关系(尚未有证据显示当时的统治者有类似的现代市场理念),但是其从客观效果达到了调节市场供需关系的目标。当发生自然灾害时,市场中的粮食供给量减少,供给量小于需求量。此时,不同类型的政府行为会根据相应的制度安排介入,在增加市场相对供给量的同时,降低市场相对需求量:一方面,通过赏给、借贷或出粜等行为把粮食投入市场,市场的供给量得到增加;另一方面,通过减免或缓征等行为,粮食的征收被减少,市场的需求量被降低。当政府行为在市场同时实行时,相关市场的供需关系将共同受到调节,从而造成价格的同步变动,并产生对市场整合的积极作用。虽然清代政府的各类救灾行为主要是短期行为,但其到清代中期时已成定制,并成为影响市场发展的正式制度。通过调节自然灾害时期的粮食市场供需关系,自然灾害对市场整合就产生了长期影响。

(二)实证研究设计

为实证考察自然灾害的影响机制,本专题设定了两个实证模型。

其一,为考察自然灾害频率是否以及如何对市场整合施加影响,在控制反映交易成本因素的府(州)间地理距离变量和航道连通虚拟变量的基础上,检验自然灾害与市场整合之间的关系,如公式(17-1)所示。

$$PC_{ij}=\beta_0+\beta_1 Nat_{ij}+\beta_2 Dis_{ij}+\beta_3 Riv_{ij}+\beta_4 Nat_{ij} Dis_{ij}+\beta_5 Nat_{ij} Riv_{ij}+\mu \tag{17-1}$$

其二,为进一步研究自然灾害是否会通过中央政府的救灾行为对市场整合施加作用,本文采用中介效应检验方法进行考察。Mickinnon 等的研究表明,已有的各种中介效应检验方法在统计检验错误和检验功效时各有优劣,单一方法的适用性较低。[②] 温忠麟等在现有各种方法的基础上,构建了一个检验效果较高的综合中介效应检验程序。[③] 我们采用该检验程序进行中介效应检验。具体而言,回归方程如公式(17-2)至公式(17-3)所示,检验程序如图 17-2 所示。

$$PC_{ij}=C+\alpha Nat_{ij}+\beta_1 Dis_{ij}+\beta_2 Riv_{ij}+\beta_3 Nat_{ij} Dis_{ij}+\beta_4 Nat_{ij} Riv_{ij}+\mu_1 \tag{17-2}$$

$$Rel_{ij}=C+\gamma Nat_{ij}+\mu_2 \tag{17-3}$$

$$PC_{ij}=C+\alpha' Nat_{ij}+\delta Rel_{ij}+\beta_1 Dis_{ij}+\beta_2 Riv_{ij}+\beta_3 Nat_{ij} Dis_{ij}+\beta_4 Nat_{ij} Riv_{ij}+\mu_3 \tag{17-4}$$

公式(17-1)至(17-4)中,PC 为市场整合指标变量;Nat 为自然灾害变量;Rel 为政府救灾行为变量;Dis 为地理距离变量;Riv 为航道连通虚拟变量;角标 i 和 j 分别为配组的华北 44 个府(州)。

1. 市场整合指标变量

对历史时期市场整合的测度主要通过分析价格变动的关系来实现。如果将价格整合作为

① 在遭遇自然灾害时,清代政府也会采取截留或调运等行为。在通常情况下,所截留和调运的粮食或是源于各地常平仓所存的粮食或是源于他地采买,也就是说,截留和调运粮食在本质上或为延时粜粜或为即时粜粜,其最终仍根植于粜粜行为,故未单独列出。

② MACKINNON D P et al.:Comparison of methods to test mediation and other intervening variable effects,Pyschological Methods,2002,7(1).

③ 温忠麟、张雷、侯杰泰等:《中介效应检验程序及其应用》,《心理学报》2004 年第 5 期;温忠麟、叶宝娟:《中介效应分析:方法和模型发展》,《心理科学进展》2014 年第 5 期。

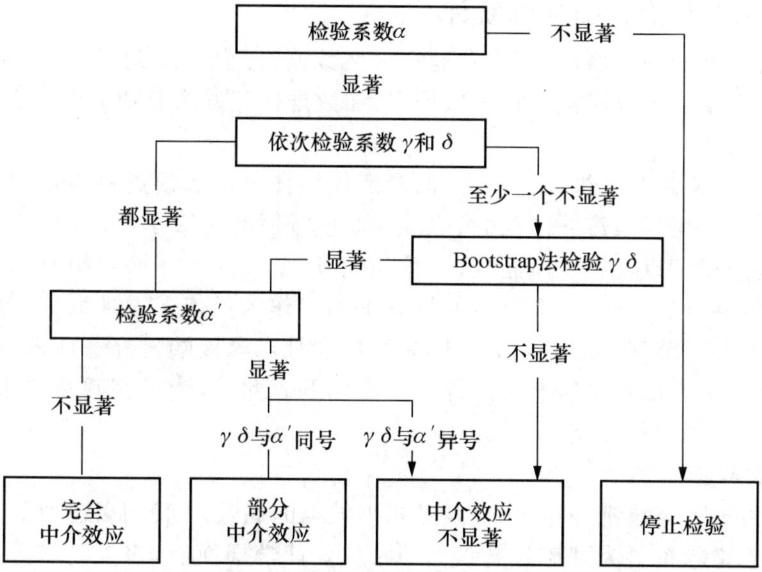

图 17-2　中介效应检验

市场整合的指标考虑，价格差相关分析就会相对更加合理，也可以排除长期趋势的影响。我们把两府(州)之间的价格差相关系数作为市场整合测度变量。

2. 自然灾害变量和政府救灾行为变量

在重建年度府级自然灾害序列和季度府级政府行为序列的基础上，[①]分别计算配组府(州)之间各类自然灾害同时发生的频率之和以及政府实施救灾行为的频率，以代表自然灾害变量和政府救灾行为变量。

3. 地理距离变量和航道连通虚拟变量

运输成本是影响市场整合程度的重要因素，在回归分析中应给予控制。运输成本的高低主要由地理距离和运输方式决定：当运输方式相同时，地理距离越远，单位商品的运输费用越高；当地理距离相同时，水运成本低于陆运成本。[②] 此外，由于自然灾害与运输成本可能存在一定的相关性，模型中还被加入自然灾害与反映运输成本因素的地理距离变量和航道连通虚拟变量的交互项，如旱涝灾害会影响商路运输的效率。

① 清代粮食价格的数据特点和粮食价格奏报程序通过两个步骤建立年度府级自然灾害序列和季度府级政府行为：第一步，分别建立县级样本单位的自然灾害年度数据和政府救灾行为季度数据，若该县当年(或当季)有自然灾害(或政府救灾行为)，记作“1”，反之则记作“0”；第二步，分别以县级年度自然灾害数据和县级府级政府救灾行为数据为基础，建立府级样本单位自然灾害年度数据和政府救灾行为季度数据，若府(州)下属县(州)中有自然灾害(或政府救灾行为)，记作“1”，反之则记作“0”。有关清代粮食价格数据特点和粮食价格奏报程序详见王业键：《清代的粮价陈报制度及其评价》//王业键：《清代经济史论文集》第 2 册，台北：稻乡出版社，2003 年，第 1-36 页；王砚峰《清代道光至宣统间粮价资料概述——以中国社科院经济所图书馆馆藏为中心》，《中国经济史研究》2007 年第 2 期；罗畅《两套清代粮价数据资料的比较与使用》，《近代史研究》，2012 年第 5 期；余开亮《粮价细册制度与清代粮价研究》，《清史研究》2014 年第 4 期。此种量化统计方法在客观上存在一定的缺陷，即只反映了自然灾害和政府救灾行为的整体情况，没有体现等级程度和规模。针对这种缺陷，笔者正在设计和论证有效的定级标准和方法。

② 华北地区的小麦的单位距离的水运运输成本为陆运的 1/10～2/10，具体参见同治《钦定户部则例》卷 16《直省各仓脚费》，早稻田大学图书馆藏。

(三)数据来源与变量描述性统计

对于数据选择和处理方面而言，本专题在价格数据、历史自然灾害数据、地理距离与河运航道数据的基础上增加了政府救灾行为数据，还在数据处理方法上做了进一步优化。

1. 小麦价格数据

我们以“粮食价格库”和“粮食价格表”两套清代粮食价格数据资料为基础，按照胡鹏和李军总结的处理方式，[①]建立1776—1840年华北44府(州)的府级季度序列，同时，考虑到清代粮食价格数据的形成特点，以立春、立夏、立秋、立冬四个节气所在的农历月为基础，取该月与其前后各一个月(共计三个月)粮食价格的计算平均值作为代表。这种取值方式具有的优势：其一，避免了由“四立”节气对应的农历日期为月初或月末等极端情况造成的数据采样有偏的问题；其二，避免了由农历月可能造成的计量不变问题。此外，为了客观反映粮食价格变动情况，本文不对缺失数据进行补充。

2. 自然灾害数据

由于《中国近五百年旱涝分布图集》及其扩展数据的局限，[②]我们以《中国三千年气象记录总集》辑录的方志文献资料为基础进行统计。[③] 从统计学层面看，该资料涉及1776—1840年华北地区各类自然灾害的记载共计4 545条：样本范围覆盖了华北地区348个县级行政单位中的319个，约占总范围的91.7%；样本频度有1 529条，约合33.6%的记载缺少季度或月份信息，因此可以有效建立府级年度自然灾害序列。[④]

3. 政府救灾行为数据

按照归纳类别，政府救灾行为数据根据《清实录》整理、统计。[⑤] 从统计学层面看，直接涉及1776—1840年华北地区各类政府救灾行为的史料有1 458条：样本内容涉及了已归纳的所有六类政府救灾行为；样本范围覆盖了华北所有县级行政单位；样本频度为逐日的日度数据，因此可以有效地重建府级季度政府救灾行为序列。

4. 地理距离数据

本专题利用中国历史地理信息系统(CHGIS)提供的经纬数据集。该数据库提供了1820年华北44个府州具有行政中心职能的城市的经纬度，据此可得到各府之间的直线距离。

5. 水运航道数据

根据刘秀生、邓亦兵、松浦章和朱琳等的研究成果，[⑥]结合清高宗、清仁宗和清宣宗三朝《清实录》的相关记载，将清代中期华北地域范围的河运航道确定为漳河航道、卫河航道、大运

---

① 胡鹏、李军：《农历抑或公历　数据形式对数理分析结果的影响——以清代中后期直隶小麦市场整合分析为例》，《中国经济史研究》2016年第4期；《两套清代粮价数据资料综合使用之可行性论证与方法探讨——基于文献学和统计学方法的分析》，《中国社会经济史研究》2016年第2期。

② 局限性的主要表现：其一，华北地区只有12个固定观测站，不但难以与具体府(州)对应，而且在地域范围上没有覆盖全部44个府(州)，代表性值得商榷；其二，只涉及了干旱和洪涝两种灾害类型，而根据相应的史料记载，风雹、冷冻和虫害等也会影响粮食生产和粮食价格。

③ 张德二：《中国三千年气象记录总集》，南京：凤凰出版社，江苏教育出版社，2004年，第2547-3015页。

④ 本专题的研究对象为粮食市场，我们仅统计干旱、洪涝、霜冻、雹灾和虫害五类可能直接影响粮食生产的自然灾害。

⑤ 《清实录》，北京：中华书局，1985年，第21-38册。

⑥ 刘秀生：《清代内河商业交通考略》，《清史研究》1992年第4期；邓亦兵《清代前期的粮食运销和市场》，《历史研究》1995年第4期；松浦章：《清代内河水运史研究》，董科译，南京：江苏人民出版社，2010年，第104-137页；朱琳：《清代淮河流域的粮价、市场与地方社会》，北京：经济科学出版社，2016年，第93-98页。

河航道和淮河航道四条。① 其中，漳河航道连通了顺天府、天津府、河间府、冀州、顺德府和广平府六个府(州)，卫河航道连通了顺天府、天津府、河间府、临清州、大名府、彰德府、卫辉府、怀庆府、开封府和河南府十个府(州)，大运河航道连通了顺天府、河间府、临清州、东昌府、济宁州、兖州府、曹州府、徐州府和淮安府九个府(州)；淮河航道连通了淮安府、泗州、凤阳府、颍州府、陈州府、许州、汝州、光州和汝宁府九个府(州)。

表 17-3 和表 17-4 给出了主要变量的描述性统计特征和 *Pearson* 相关系数矩阵。据其中的数据显示，其一，从主要变量的描述性统计看，本专题考察的是 1776—1840 年价格差相关系数、自然灾害、政府救灾、地理距离和航道连通等变量，这些变量均显示出较大的变化，这就为考察自然灾害的影响机制和政府救灾行为的作用提供了可能。其二，从主要变量的 *Pearson* 相关系数矩阵看，自然灾害和政府救灾变量均为 1%显著水平，其与价格差相关系数变量呈正相关，表明自然灾害和政府救灾行为对市场整合数据产生了影响；地理距离和航道连通与价格差相关系数呈显著正相关，表明在探究在自然灾害影响机制时需要控制相关变量；自然灾害与地理距离呈显著负相关，说明在模型中加入自然灾害与反映运输成本因素变量交互项是合理的。

表 17-3　主要变量的描述性统计

变量名称	单位	均值	最小值	最大值	标准差
价格差相关系数	—	0.288	0.002	0.850	0.166
自然灾害	%	0.199	0.000	0.862	0.151
政府救灾	%	0.127	0.004	0.734	0.099
地理距离	1 000 千米	0.371	0.028	0.931	0.182
		计数=0		计数=1	
航道连通	(是=1)	818		128	

表 17-4　主要变量的 *Pearson* 相关系数矩阵

变量名称	市场整合	自然灾害	地理距离	航道连通
自然灾害	0.235*** (0.000)			
地理距离	−0.597*** (0.000)	−0.272*** (0.000)		
航道连通	0.223*** (0.000)	0.061* (0.060)	−0.165*** (0.000)	
政府救灾行为	0.542*** (0.000)	0.500*** (0.000)	−0.558*** (0.000)	0.313*** (0.000)

注：括号内为 *P* 值；*、**、*** 分别表示在 10%、5%和 1%的水平上显著。

① 清代中期，华北地区黄河航道的航运价值较低，鲜有商品运输的记载，故未将其纳入。

(四)实证检验结果与分析

实证检验的顺序:首先,在控制贸易成本因素的基础上,考察自然灾害对1776—1840年小麦市场整合的影响;其次,利用综合中介效应检验方法,检验自然灾害是否能通过影响政府救灾行为作用于市场整合;最后,通过改变样本分期标准和增加市场整合指标变量的方式,进行稳健性检验。

1. 自然灾害对市场整合的影响

表17-5列出了自然灾害对市场整合影响的回归结果。第1列显示自然灾害频率和小麦价格差相关系数在1%水平上呈显著正相关;第2～5列显示在控制了反映运输成本因素的地理距离变量和航道连通虚拟变量后,自然灾害变量的系数仍然显著,自然灾害频率每上升1%,价格差相关系数上升约0.34%。这些结果表明自然灾害对市场整合存在显著影响。同时,表17-5的回归结果揭示了运输成本对市场整合有着显著影响。其一,地理距离与价格差相关系数在1%水平上呈显著负相关,航道连通与价格差相关系数在1%水平上呈显著正相关,表明在运输成本的制约下,地理距离对市场整合有抑制作用,而水运条件对市场整合有促进作用。其二,自然灾害和地理距离的交互项与价格差相关系数在1%水平上呈显著负相关,表明自然灾害对市场整合的影响随着地理距离的增加而减小;自然灾害和地理距离的交互项与价格差相关系数呈不显著负相关,表明水运条件可能会降低自然灾害对市场整合的影

表 17-5　自然灾害对市场整合影响的回归结果

变量名称	R1	R2	R3	R4	R5
自然灾害	0.258*** (0.035)	0.086*** (0.030)	0.084*** (0.029)	0.306*** (0.060)	0.335*** (0.063)
地理距离		−0.524*** (0.025)	−0.505*** (0.025)	−0.389*** (0.037)	−0.379*** (0.037)
航道连通(是=1)			0.062*** (0.013)	0.064*** (0.013)	0.096*** (0.024)
自然灾害×地理距离				−0.656*** (0.155)	−0.694*** (0.157)
自然灾害×航道连通					−0.141 (0.091)
常数项	0.237*** (0.009)	0.465*** (0.013)	0.451*** (0.013)	0.406*** (0.017)	0.400*** (0.017)
观察值	946	946	946	946	946
Adjusted-R^2	0.05	0.36	0.38	0.39	0.39

注:括号内为标准误差;*、**、***分别表示在10%、5%和1%的水平上显著。

响，但作用并不显著。这些结果与当前多数学者的研究结论一致。①

2. 自然灾害通过政府救灾行为影响市场整合的中介效应检验

为考察自然灾害是否能通过政府救灾行为对市场整合施加作用，本专题进一步选取政府救灾行为频率作为中介变量进行中介效应检验，其结果如表 17-6 所列。

表 17-6 的回归结果显示，在自然灾害影响价格差相关系数的过程中，自然灾害变量和政府救灾行为变量均呈显著相关，且均为正相关，因而存在以政府救灾行为为中介变量的中介效应。该中介效应在总效应中所占的比例为 53%，即在自然灾害对市场整合的影响中，53%是通过政府救灾行为产生的间接影响。

表 17-6 自然灾害通过政府救灾行为影响市场整合的中介效应

变量名称	R1	R2	R3
被解释变量	价格差相关系数	政府救灾行为	价格差相关系数
自然灾害	0.335***	0.767***	0.159**
	(0.063)	(0.043)	(0.064)
政府救灾			0.536***
			(0.061)
运输成本因素控制	是	否	是
常数项	0.400***	0.102***	0.325***
	(0.017)	(0.007)	(0.019)
观察值	946	946	946
Adjusted-R^2	0.39	0.25	0.43
中介效应检验	系数符号相同，部分中介效应显著		
中介效应	中介效应＝0.176 中介效应/总效应＝53%		

注：括号内为标准误差；*、**、*** 分别表示在 10%、5%和 1%的水平上显著。

3. 稳健性检验

为保证回归结果会受到制度和经济社会变迁等因素的影响，我们就借鉴阮建青和李垚的方法将 1776—1840 年平均分为五个时期进行稳健性检验。② 在对每一期变量进行重建的基础上，将五个时期的样本放在一期回归，并加入时期虚拟变量进行控制。由于通过相关分析法

① SHIUE C H：Transport costs and the geography of arbitrage in eighteenth-century China. The American Economic Review，2002，92（5）；KELLER W，SHIUE C H：Market integration and economic development：a long-run comparison. Review of Development Economics，2007，11(1)；YU L：Two essays on price movement across China's regions，Hong Kong：The University of Hong Kong，Ph. D. thesis，2010；王业键、黄莹珏：《清中叶东南沿海的粮食作物分布、粮食供需及粮价分析》//中央研究院历史语言研究所：《中央研究院历史语言研究所集刊》第 70 本第 2 部分，第 363-397 页；陈仁义、王业键、胡翠华：《十八世纪苏州米价的时间数列分析》，《经济论文》（中国台北）1999 年第 3 期；颜色、刘丛：《18 世纪中国南北方市场整合程度的比较——利用清代粮价数据的研究》，《经济研究》2011 年第 12 期；阮建青、李垚：《自然灾害与市场演进——基于 18 世纪清代粮食市场的研究》，《浙江大学学报（人文社会科学版）》2018 年第 1 期。

② 有关相关分析法的局限性详见 HARRISS B："here is Method in My Madness：Or is It Vice Versa? Measuring Agricultural Market Performance"，*Food Research Institute Studies*，1979，17(2)。

评价市场整合有一定的局限，可能存在伪整合的情况，①我们就借鉴布伦特和坎农提出的方法，即在建立向量误差修正模型（VEC）的基础上，通过价格调整速度半衰期来建立市场整合指标变量，检验回归结果的稳健性。② 如表 17-7 和表 17-8 所列，无论自然灾害对市场整合的影响，还是自然灾害通过政府救灾行为影响市场整合的中介效应，回归结果与此前都基本一致，表明我们的实证结果具有一定的稳健性，即自然灾害对市场整合施加了显著影响，且存在以政府救灾行为为中介变量的显著中介效应。③

表 17-7　自然灾害对市场整合影响的稳健性检验

变量名称	R1	R2	R3	R4
自然灾害	0.100***	0.116***	1.407*	3.650*
	(0.019)	(0.040)	(0.844)	(1.891)
贸易成本因素控制	否	是	否	是
常数项	0.510***	0.661***	−2.785**	−0.2418***
	(0.005)	(0.012)	(0.179)	(0.437)
观察值	4 730	4 730	137	137
Adjusted-R^2	0.01	0.09	0.02	0.10

注：R1 和 R2 两列为样本分期累加回归结果；R3 和 R4 两列为采用价格调整速度半衰期作为市场整合指标变量的回归结果。括号内为标准误差；*、**、*** 分别表示在 10%、5%和 1%的水平上显著。

表 17-8　政府救灾行为中介效应的稳健性检验

变量名称	R1	R2	R3	R4	R5	R6
被解释变量	价格差相关系数	政府救灾行为	价格差相关系数	调整速度半衰期	政府救灾行为	调整速度半衰期
自然灾害	0.116***	0.258***	0.077**	3.650*	0.429***	1.796
	(0.040)	(0.007)	(0.041)	(1.891)	(0.0619)	(1.923)
政府救灾行为			0.144***			4.482***
			(0.040)			(1.431)

① 阮建青、李垚：《自然灾害与市场演进——基于 18 世纪清代粮食市场的研究》，《浙江大学学报（人文社会科学版）》2018 年第 1 期。

② 该方法的理论基础是古诺关于市场整合的定义，即整个疆域的各个部分因商业关系不受限制而联合在一起，市场内的价格能方便而迅速地调节为同样的水平。市场整合存在长期和短期两个层面的含义：价格序列存在长期均衡关系；在短期内，市场价格会偏离长期均衡水平，但能够及时而迅速地调整和恢复。对于长期层面而言，通过建立向量自回归模型（VAR）进行协整分析，可判断价格序列是否存在协整关系。对于短期层面而言，在 VAR 模型的基础上建立向量误差修正模型（VEC），根据误差修正项系数计算调整速度半衰期{Half-Life，$HL=\ln(0.5)/\ln(1+\gamma\alpha)$，$\alpha$ 为误差修正项系数，$\gamma\equiv[1-1]$}，其数值越大，表明调整周期越长，市场整合程度越低；反之，数值越小，表明调整周期越短，市场整合程度越高。在回归分析中，我们取调整速度半衰期的自然对数的负数形式（取负数形式主要为便于和采用价格差相关系数回归结果做比较——其均与市场整合程度为正向关系）。模型的具体设计：第一，协整方程形式选取“无确定性趋势，并且协整方程带截距项”的模型；第二，在滞后期考虑这是季度数据，选取 4 阶滞后项估计 VAR 模型（3 阶滞后项估计 VEC 模型），在 VAR 模型和 VEC 模型中加入季节虚拟变量；第三，对于长期层面协整关系的判断而言，当出现 λ_{max} 和 λ_{trace} 结果不一致时，根据 Enders 的建议，选择两者结果共同支持的结论，并采用 5%显著水平标准；第四，在 ADF 检验和协整分析时，统一采用 5%显著水平标准；第五，对于短期层面调整关系的判断而言，排除误差修正项系数均不显著或只有滞后项系数显著两种情况。

③ 用价格调整速度半衰期作为市场整合指标变量的中介效应检验结果有所差异应为完全中介效应，其可能是由样本范围差异所致。如广平府、汝宁府和海州三个府（州）的小麦价格序列由于为水平平稳序列，所以在分析时并未被纳入。

续表 17-8

变量名称	R1	R2	R3	R4	R5	R6
贸易成本因素控制	是	否	是	是	否	是
时期控制	是	是	是	—	—	—
常数项	0.661***	0.075***	0.939***	−0.2418***	0.0046***	−3.031***
	(0.012)	(0.075)	(0.014)	(0.437)	(0.013)	(0.466)
观察值	4730	4730	4730	137	137	137
Adjusted-R^2	0.09	0.20	0.09	0.10	0.25	0.20
中介效应检验	系数符号相同，部分中介效应显著			检验系数不显著，完全中介效应显著		
中介效应	中介效应=0.040 中介效应/总效应=34%			中介效应=0.1509 中介效应/总效应=100%		

注：R1、R2 和 R3 三列为样本分期累加回归结果；R4、R5 和 R6 三列为采用价格调整速度半衰期作为市场整合指标变量的回归结果。括号内为标准误差；*、**、*** 分别表示在 10%、5%和 1%的水平上显著。

从历史的维度考察经济问题是理解真实经济关系的重要途径。“试验场”的历史为我们提供了“真实”的模拟环境，为实证分析提供了天然的干扰控制和确定的结果。从经济史角度考察自然、市场与政府的关系，有助于我们深化对相关问题的认识。

在粮食价格、自然灾害和政府救灾行为的核心数据的基础上，我们以 1776—1840 年华北小麦市场为例，采用综合中介效应检验程序，对政府救灾行为的中介效应进行了实证分析，结果表明，清代中期，自然灾害对市场整合施加了显著影响，且存在以政府救灾行为为中介变量的显著中介效应，即政府救灾行为是自然灾害影响市场整合的重要路径。考虑制度与社会经济变迁因素以及采用另一个市场整合指标变量后的回归结果表明，该结论具有一定的稳健性。

思考题

1. 粮食价格研究为什么会成为量化历史研究应用的主题之一？
2. 量化分析方法与史学传统方法在研究结论方面有什么不同？

参考文献

[1]埃瑞克·G. 菲吕博顿,鲁道夫·瑞切特. 新制度经济学[M]. 孙经纬,译. 上海:上海财经大学出版社,1998.

[2]安格斯·麦迪森. 世界千年经济史[M]. 伍晓鹰,等译. 北京:北京大学出版社,2003.

[3]敖文蔚. 中国近代社会与民政(1906—1949)[M]. 武汉:武汉大学出版社,1992.

[4]班固. 汉书[M]. 北京:中华书局,1962.

[5]班固. 汉书[M]. 颜师古注. 北京:中华书局,1975.

[6]包世臣. 答族子孟开书[M]//齐民四术:卷 2. 潘竟翰点校. 北京:中华书局,2001.

[7]北京市档案馆. 民国时期北京(平)金融档案史料选编[M]. 北京:新华出版社,2020.

[8]本庄荣治郎. 常平仓の研究[M]. 内外出版株式会社. 大正十四年.

[9]毕沅校注. 墨子[M]. 吴旭民校点. 上海:上海古籍出版社,2014.

[10]卜风贤. 传统农业时代乡村粮食安全水平估测[J]. 中国农史,2007(4):19-30.

[11]卜风贤. 传统农业时代灾荒风险和粮食安全评价[C]//中国灾害防御协会. 灾害风险管理与空间信息技术防灾减灾应用研讨交流会论文集.[出版者不详],2007:17.

[12]卜凯. 中国土地利用[M]. 成都:成城出版社,1941.

[13]卜祥瑞,卜祥信. 简明中国金融史[M]. 长春:吉林大学出版社,1990.

[14]财政部农业财务司. 新中国农业税史料丛编:第 5 册 1950—1983 年中央和大区的农业税政策法规[M]. 北京:中国财政经济出版社,1986.

[15]财政部农业财务司. 新中国农业税史料丛编:第 1 册 第一、二次国内革命战争时期革命根据地的农业税政策法规[M]. 北京:中国财政经济出版社,1987.

[16]曹贯一. 中国农业经济史[M]. 北京:中国社会科学出版社,1989.

[17]曹诗图. 地理环境概念辨析[J]. 地理学与国土研究,1999(2):68-71.

[18]曹树基,刘诗古. 传统中国地权结构及其演变[M]. 上海:上海交通大学出版社,2014.

[19]曹钟瑜. 农民银行论. 农村经济[J]. 1935(1):9-56.

[20]陈登原. 中国田赋史[M]. 上海:上海书店出版社,1984.

[21]陈旉. 陈旉农书校释[M]. 刘铭校释. 北京:中国农业出版社,2015.

[22]陈高佣. 中国历代天灾人祸表:上、下[M]. 上海:上海书店,1986.

[23]陈光焱. 中国财政通史:清代卷[M]. 北京:中国财政经济出版社,2006.

[24]陈翰笙,薛暮桥,冯和法. 解放前的中国农村:第 2 辑[M]. 北京:中国展望出版社,1989.

[25]陈合营,郝小宝. 农业产业化中的组织模式与制度比较分析:以陕西杨凌区村奶牛产业为例[J]. 理论导刊,2005(12):50-52,55.

[26]陈剑波. 人民公社的产权制度:对排它性受到严格限制的产权体系所进行的制度分析[J].经济研究,1994(7):47-53.

[27]陈明辉. 基于农民视角的中国农民银行农贷政策检讨:以湖北为个案(1935—1945)[J].

社会科学动态,2018(8):90-94.
[28]陈强．气候冲击、王朝周期与游牧民族的征服[J].经济学(季刊),2015,14(1):373-394.
[29]陈强．中国历史上为何数次被游牧民族征服:气候冲击与王朝周期的作用[J].经济资料译丛,2013(2):66-68.
[30]陈少锋,朱文龙,谢志民．中央苏区法制建设研究[M]．南昌:江西高校出版社,2017.
[31]陈守实．中国古代土地关系史稿[M]．上海:上海人民出版社,1984.
[32]陈寿．三国志[M]．裴松之注．北京:中华书局,1959.
[33]陈述彭．地球系统科学:中国进展·世纪展望[M]．北京:中国科学技术出版社,1998.
[34]陈廷煊．近代中国地主土地所有制下的租佃关系[J].中国经济史研究,1991(4):42-55.
[35]陈维藩．合作金库论[J].金人,1935(27):543-546.
[36]陈文华．农业考古[M]．北京:文物出版社,2002.
[37]陈文华,张忠宽．中国古代农业科学技术成就展览资料汇编[G]. 1980.
[38]陈文毅．关于土地分类与评价问题的探讨[M]//农业经济论丛:第3册．北京:中国农业出版社,1982.
[39]陈锡文,罗丹,张征．中国农村改革40年[M]．北京:人民出版社,2018.
[40]陈锡文．我国农业农村的60年沧桑巨变[J].求是,2009(19):33-36.
[41]陈锡文,赵阳,陈剑波,等．中国农村制度变迁60年[M]．北京:人民出版社,2009.
[42]陈颖光,李锡勋．合作金融[M]．重庆:正中书局,1946.
[43]陈兆适．湖南的合作金库[J].中国合作,1942(10):56-63.
[44]陈振骅．农业信用[M]．上海:商务印书馆,1937.
[45]陈争平．金融史话[M]．北京:社科文献出版社,2000.
[46]陈志钢,毕洁颖,聂凤英,等．营养导向型的中国食物安全新愿景及政策建议[J].中国农业科学,2019,52(18):3097-3107.
[47]成功伟．合作运动中的“不合作”:抗战时期的川省合作指导室与县合作金库之间的矛盾[J].西南民族大学学报(人文社科版),2010,31(11):269-273.
[48]成功伟,刘卫．抗战时期的农本局与四川农村合作金融建设(1937—1942)[J].江汉论坛,2016(7):118-124.
[49]成升魁,董纪昌,刘秀丽,等．新时代中国国民营养与粮食安全研究中的关键科学题:第249期“双清论坛”综述[J].中国科学基金,2021,35(3):426-434.
[50]承载．春秋穀梁传译注:上[M]．上海:上海古籍出版社,2016.
[51]崔寔．四民月令辑释[M]．缪启愉辑释．北京:中国农业出版社,1981.
[52]崔永辑．我国土地金融事业之回顾与展望[J].中农月刊,1942(2):29-34.
[53]戴家龙,赵建．中西经济思想纲要[M]．合肥:安徽大学出版社,2002.
[54]戴建兵．中国近代纸币1840-1949年中国近代官银钱号、省、市银行纸币简史[M]．贵阳:贵州人民出版社,1993.
[55]戴丽华．近代中国农业税的演变及其原因分析[J].农业考古,2013(4):73-75.
[56]德·希·珀金斯．中国农业的发展(1368—1968年)[M]．宋海文,等译,伍丹戈校．北京:上海译文出版社,1984.
[57]邓绍辉．咸同时期中央与地方财政关系的演变[J].史学月刊,2001(3):52-59.

[58]邓拓．中国救荒史[M]．北京：北京出版社，1998.
[59]邓显鹤．沅湘耆旧集：五卷[M]．长沙：岳麓书社，2007.
[60]丁力．论两类农业产业化[J].经济理论与经济管理，1999(3)：60-65.
[61]丁宗智．八年来之合作金融．金融知识[J].1945(1/2)：115-140.
[62]董煟．救荒活民书(附拾遗)[M]//丛书集成初编．北京：中华书局，1985.
[63]杜吟棠．农业产业化经营和农民组织创新对农民收入的影响[J].中国农村观察，2006，5(3)：9-18，80.
[64]鄂尔泰，张廷玉，等．授时通考(全二册)[M]．北京：中华书局，1956.
[65]樊宝敏，李智勇．中国森林生态史引论[M]．北京：科学出版社，2008.
[66]范小建．抓住机遇 加快发展 把龙头企业做大做强[J].农村经营管理，2006(3)：6-8.
[67]范晔．后汉书[M]．北京：中华书局，1965.
[68]方行，经君健，魏金玉．中国经济史通史：清代卷[M]．北京：经济日报出版社，2000.
[69]方修琦，郑景云，葛全胜．粮食安全视角下中国历史气候变化影响与响应的过程与机理[J].地理科学，2014，34(11)：1291-1298.
[70]房玄龄等．晋书[M]．北京：中华书局，1974.
[71]房玄龄注．管子[M]．刘绩补注，刘晓艺校点．上海：上海古籍出版社，2015.
[72]费孝通．江村经济[M]．上海：商务印书馆，2001.
[73]冯和法．中国农村经济资料续编[M]．上海：黎明书局，1935.
[74]冯勇，韩一军．外商投资支持农业现代化战略研究[M]．北京：中国农业出版社，2017.01.
[75]冯友兰．中国哲学简史[M]．天津：天津社会科学院出版社，2005.
[76]凤纯德．四川省合作金库及各县合作金库之概观．中国合作[J].1940(5/6)：47-51.
[77]付红．民国时期现代农村金融制度变迁研究：以南京国民政府时期为中心[M]．北京：中国物资出版社，2009.
[78]傅晨．农民专业合作经济组织的现状及问题[J].经济学家，2004(5)：101-109.
[79]高亨注．诗经今注[M]．上海：上海古籍出版社，2018.
[80]高建国．中国自然灾害经济损失趋势评价[J].国际地震动态，1994(9)：8-11.
[81]高王凌．关于近代粮食亩产量的估算问题：《清代粮食亩产量研究》读后[J].中国经济史研究，2000(2)：156-160.
[82]高向军．土地经济学教程[M]．北京：中共中央党校出版社，2005.
[83]龚关．国民政府与中国农村金融制度的演变[M]．天津：南开大学出版社，2016.
[84]龚关．中国农民银行办理土地金融探析[J].中国农史，2009，28(4)：63-73.
[85]龚胜生．清代两湖地区的玉米和甘薯[J].中国农史，1993(3)：47-57.
[86]顾尧章．新县制下合作金库规程之商榷[J].中农月刊，1941，(6).
[87]关永强．近代中国的收入分配：一个定量的研究[M]．北京：人民出版社，2012.
[88]关永强．农村土地产权制度的历史借鉴：近代中国地权分配研究述评[J].南开经济研究，2015(3)：131-139.
[89]管仲．管子[M]．李山译注．北京：中华书局，2009.
[90]管子校正[M]//诸子集成．北京：中华书局，1954.

[91]郭德宏．旧中国土地占有状况及发展趋势[J].中国社会科学,1989(4):199-212.
[92]郭德宏．中国近现代农民土地问题研究[M]．青岛:青岛出版社,1993.
[93]郭红东,徐旭初,邵雪伟,等．我国农民专业合作经济组织发展的完善与创新:对浙江省实践的分析[J].中国软科学,2004(12):1-9.
[94]郭文韬．中国农业科技发展史略[M]．北京:中国科学技术出版社,1988.
[95]国风．中国农业的历史源流[M]．北京:经济科学出版社,2006.
[96]国家统计局．中国统计年鉴 1983[M]．北京:中国统计出版社,1983.
[97]国家统计局．中国统计年鉴 2000[M]．北京:中国统计出版社,2000.
[98]国家统计局．中国统计年鉴 2001[M]．北京:中国统计出版社,2001.
[99]国家统计局．中国统计年鉴 2007[M]．北京:中国统计出版社,2007.
[100]国家统计局．中国统计年鉴 2008[M]．北京:中国统计出版社,2008.
[101]国家统计局．中国统计年鉴 2021[M]．北京:中国统计出版社,2021.
[102]国家统计局国民经济综合统计司．新中国六十年统计资料汇编[M]．北京:中国统计出版社,2010.
[103]国家统计局农村社会经济调查司．中国农村全面小康监测报告 2009[M]．北京:中国统计出版社,2010.
[104]国鲁来．合作社的经营规模与组织效率[J].农村经营管理,2005(9):13-15.
[105]国民党中央土地委员会．全国土地调查报告纲要．
[106]国民政府财政部．财政年鉴(三编):第三篇[M]．北京:商务印书馆,1948.
[107]国民政府主计处．农村人口分布//统计月报．1932 年 1/2 月专刊．
[108]海瑞．海瑞集:上册[M]．陈义钟编校．北京:中华书局,1962.
[109]海闻．中国乡镇企业研究[M]．北京:中华工商联合出版社,1997.
[110]韩长赋．新中国农业发展 70 年 政策成就卷[M]．北京:中国农业出版社,2019.
[111]韩德章．浙西农村之借贷制度[J].社会科学杂志,1932(2):139-185.
[112]韩俊．新中国 70 年农村发展与制度变迁[M]．北京:人民出版社,2019.
[113]韩茂莉．宋代农业地理[M]．太原:山西古籍出版社,1993.
[114]韩茂莉．中国古代农作物种植制度略论[J].中国农史,2000(3):91-99,64.
[115]韩文昆,王元琪．二三十年代中国农民田赋负担及农家生活贫困化分析[J].陕西经贸学院学报,2000(4):64-67.
[116]韩振国,杨静,李晶．新中国 70 年农业“走出去”的历程探究[J].世界农业,2020(6):104-109,119.
[117]郝宇彪,张志勤,云喆．中国对外投资管理的历史演变:管理方式、投资主体与政策目的[J].社会科学动态,2021(9):36-44.
[118]何炳棣．美洲作物的引进、传播及其对中国粮食生产的影响(三)[J].世界农业,1979(6):25-31.
[119]何凡能,李美娇,杨帆．近 70 年来中国历史时期土地利用/覆被变化研究的主要进展[J].中国历史地理论丛,2019,34(4):5-16.
[120]何红中,惠富平．中国古代粟作史[M]．北京:中国农业科学技术出版社,2015.
[121]何军,张兵,应瑞瑶．乡镇企业股份合作制的制度逻辑[J].中国农村经济,2001(7):50-

55,60.
[122]何平．论清代赋役制度的定额化特点[J].北京社会科学,1997(2):130-137.
[123]何平．清代赋税政策研究[M]. 北京:中国社会科学出版社,1998.
[124]贺昌群．汉唐间封建土地所有制形式研究[M]. 上海:上海人民出版社,1964.
[125]贺峰,雷海章．论生态农业与中国农业现代化[J].中国人口·资源与环境,2005(2):23-26.
[126]贺耀敏．中国古代农业文明[M]. 南京:江苏人民出版社.
[127]赫治清．中国古代灾害史研究[M]. 北京:中国社会科学出版社,2007.
[128]洪瑞坚．土地金融业务的检讨[J].中农月刊,1944,(1).
[129]侯厚培,侯厚吉．农业金融论[M]. 上海:商务印书馆,1936.
[130]侯守礼,王威,顾海英．不完备契约及其演进:政府、信任和制度——以奶业契约[J].中国农村观察,2004(6):46-54,81.
[131]侯哲葊．合作金融论[M]. 南京:中国合作学社,1936.
[132]侯哲葊．农村合作运动[M]. 上海:黎明书局,1931.
[133]胡钢．明清时期土地市场化趋势的加速[J].古今农业,2005(2):88-96.
[134]胡鹏,李军．两套清代粮价数据资料综合使用之可行性论证与方法探讨:基于文献学和统计学方法的分析[J].中国社会经济史研究,2016(2):36-44.
[135]胡鹏,李军．农历抑或公历　数据形式对数理分析结果的影响:以清代中后期直隶小麦市场整合分析为例[J].中国经济史研究,2016(4):107-114.
[136]胡鹏,李军．重建清代府级自然灾害事件序列的可行性论证与方法探讨:基于西安府方志文献的量化和统计分析[J].苏州大学学报(哲学社会科学版),2020,41(2):180-190.
[137]胡鹏,李军．自然灾害影响市场整合的政府路径:基于 1776—1840 年华北小场的实证分析[J].中国经济史研究,2019 (3):84-96.
[138]胡英泽．近代华北乡村地权分配再研究:基于晋冀鲁三省的分析[J].历史研究,2013(4):117-136,191.
[139]华南农业大学农业历史遗产研究室编,李惠林著．中国植物的驯化(续)[M]//农史研究:第 19 辑．林枫林,译,黄雅文校．北京:中国农业出版社,1990.
[140]桓宽．盐铁论[M]. 上海:上海人民出版社,1974.
[141]黄榦．勉斋先生黄文肃公文集:六函四十册[M]. 北京:北京图书馆出版社,2005.
[142]黄鉴晖．中国钱庄史[M]. 太原:山西经济出版社,2005.
[143]黄天华．中国税收制度史[M]. 上海:华东师范大学出版社,2007.
[144]黄通．土地金融问题[M]. 上海:商务印书馆,1942.
[145]黄玉玺,李军．自然与社会双重选择:清代直隶粮食种植结构变迁[J].兰州学刊,2019(3):26-42.
[146]黄肇兴．中国合作金库发展史之鸟瞰．新中华[J].1943(10/11):31-34.
[147]黄宗智．长江三角洲小农家庭与乡村发展[M]. 北京:法律出版社,2014.
[148]黄宗智．华北的小农经济与社会变迁[M]. 北京:中华书局,2009.
[149]黄祖辉,邵科．合作社的本质规定性及其漂移[J].浙江大学学报(人文社会科学),2009,39(4):11-16.

[150]黄祖辉,徐旭初,冯冠胜．农民专业合作组织发展的影响因素分析:对浙江省专业合作组织发展现状的探讨[J].中国农村经济,2002(3):13-21.
[151]黄祖辉．中国农民合作组织发展的若干理论与实践问题[J].中国农村经济,2008(11):4-7,26.
[152]《辉煌 70 年》编写组．辉煌 70 年 新中国经济社会发展成就 1949—2019[M]. 北京:中国统计出版社,2019.
[153]贾绍华．告别皇粮国税:漫谈农业税[M]. 北京:中国税务出版社,2009.
[154]贾思勰．齐民要术校释．缪启愉校释．北京:中国农业出版社,1998.
[155]贾谊．贾谊新书[M]. 上海:上海古籍出版社,1989.
[156]贾谊．论积贮疏[M]//贾谊集．上海:上海人民出版社,1976.
[157]姜宏业．中国地方银行史[M]. 长沙:湖南出版社,1991.
[158]姜宏业．中国金融通史[M]. 北京:中国金融出版社,2008.
[159]蒋晓伟．中国经济法制史[M]. 北京:知识出版社,1994.
[160]蒋永穆,郭晓鸣,纪志耿．农业产业化经营的模式创新研究:基于成都市的案析[J].经济体制改革,2006(6):93-98.
[161]蒋玉珉．依托型农村专业合作社制度创新分析[J].中国农村经济,2004(11):24-28.
[162]蒋兆成．明清时期杭嘉湖地区乡镇经济试探[J].中国社会经济史研究,1986(1):62-72.
[163]金陵大学农学院农业经济系．豫鄂皖赣四省之典当业[M]. 南京:金陵大学农业经济系,1936.
[164]晋冀鲁豫边区财政经济史编辑组．抗日战争时期晋冀鲁豫边区财政经济史资料选编:第2 辑[M]. 北京:中国财政经济出版社,1990.
[165]靳桂云．龙山文化居民食物结构研究[J].文史哲,2013(2):99-111,167.
[166]靳相木．试论农业产业组织创新:着重于农业产业化实践的理论解释及比析[J].农业技术经济,1998(1):34-38,19.
[167]经济部．经济法规汇编:第四辑[M].1940.
[168]瞿同祖．清代地方政府[M]. 范忠信,何鹏,晏锋,译．北京:法律出版社,2011.
[169]康金莉．国民政府时期合作金库制度的探索与失败[J].中国经济史研究,2014(4):109-119.
[170]康书生．基础金融概论[M]. 北京:中国物资出版社,1995.
[171]柯华主．中央苏区财政金融史料选编[M]. 北京:中国发展出版社,2016.
[172]孔祥毅．民国山西金融史料[M]. 北京:中国金融出版社,2013.
[173]匡珊吉．四川军阀统治下的田赋附加和预征[J].四川大学学报(哲学社会科学版),1981(1):79-85.
[174]黎翔凤．管子校注[M]. 北京:中华书局,2004.
[175]李敖主．齐民要术[M]. 天津:天津古籍出版社,2016.
[176]李伯重．“天”、“地”、“人”的变化与明清江南的水稻生产[J].中国经济史研究,1994(4):105-123.
[177]李博文,邵书慧．不同政策环境下农产品价格波动特征分析:以棉花和大豆[J].世界农业,2018 (11):100-107,271.

[178]李昌宝．近代中央银行思想变迁研究．北京：中国商业出版社，2012.
[179]李超民．常平仓：美国制度中的中国思想[M]．上海：上海远东出版社，2002.
[180]李超民．中国古代常平仓思想对美国新政农业立法的影响[J].复旦学报（社会科学版），2000(3)：42-50.
[181]李昉．太平广记卷[M]．北京：中华书局，1961.
[182]李纲．李纲全集[M]．长沙：岳麓书社，2004.
[183]李国祥，杨昶．明实录类纂：经济史料卷[M]．武汉：武汉出版社，1993.
[184]李华瑞．抄劄救荒与宋代赈灾户口的调查统计[J].历史教学（下半月刊），2013(3)：63.
[185]李辉．中国儿童生长状况：营养和发育变化趋势[J].中国循证儿科杂志，2009(5)：405-410.
[186]李撝谦．农业金融[M]．南京：金陵大学农业经济系，1943.
[187]李剑平，李赟安．中国农村金融改革理论与实践探索[M]．北京：华文出版社，2018.
[188]李金铮．传统与变迁：近代华北乡村的经济与社会[M]．北京：人民出版社，2014.
[189]李景汉．定县农村借贷调查[J].中国农村，1935(6)：57-79.
[190]李竞雄，杨守仁，周可湧．作物栽培学[M]．北京：高等教育出版社，1958.
[191]李军，辛贤．中国古代社会救荒中的寻租行为[J].中国农村观察，2007(1)：62-70，79.
[192]李良玉．建国初期的土地改革运动[J].江苏大学学报（社会科学版），2004(1)：39-44.
[193]李茂岚．中国农民负担问题研究[M]．太原：太原经济出版社，1996.
[194]李民，王健．尚书译注[M]．上海：上海古籍出版社，2012.
[195]李楠，张铎．1876—1879 光绪大旱灾人口损失的再估计：基于历史自然实验的考察[J].中国经济史研究，2019(5)：101-113.
[196]李宁．大力发展农民专业合作组织，促进农业产业化深化升级[J].农村经营管理，2006(3)：39-40.
[197]李奇流．合作金库业务论．四川合作金融季刊[J].1941(2/3)：38-45.
[198]李起元．民国长清县志：卷 5 食货志上・田赋[M]．北京：凤凰出版社，2004.
[199]李群．中国农业史概论[M]．北京：科学出版社，2021.
[200]李山，轩新丽．管子[M]．北京：中华书局，2019.
[201]李文海．夏明方．朱浒．中国荒政书集成：第 1 册[M]．天津：天津古籍出版社，2010.
[202]李文治．中国近代农业史资料[M]．北京：生活・读书・新知三联书店，1957.
[203]梁家勉．中国农业科学技术史稿[M]．北京：中国农业出版社，1989.
[204]梁启超．杂答某报[N]．新民丛报，1906(16).
[205]廖运凤．对合作制若干理论问题的思考[J].中国农村经济，2004(5)：4-9.
[206]林甘泉．中国封建土地制度史[M]．北京：中国社会科学出版社，1990.
[207]林和成．改组中国农民银行为中央农业银行之检讨．湖南大学季刊[J].1936(3)：11-43.
[208]林和成．中国农业金融[M]．上海：中华书局，1936.
[209]林坚，王宁．公平与效率：合作社组织的思想宗旨及其制度安排[J].农业经济问 002(9)：46-49.
[210]林嵘．七年来中国农民银行之农贷[J].中农月刊，1940(1)：74-110.
[211]林一山．胶东社会研究[J].胶东大众，1942，(30).

[212]林毅夫．技术、制度与中国农业发展[M]．上海：上海人民出版社，2005.

[213]林展，陈志武．量化历史与新史学：量化历史研究的步骤和作为新史学的价 J]．史学理论研究，2021，119(1)：51-64，158.

[214]刘安．淮南子[M]．高诱注．上海：上海古籍出版社，1989.

[215]刘安．淮南子[M]．上海：上海古籍出版社，1989.

[216]刘慧宇．论四联总处战时金融运作与代中央银行制形成[J].中国经济史研究，2020(2)：158-174.

[217]刘金海，宁玲玲．土地承包经营权：农民的财产权利[J].经济体制改革，2003(6)：77-80.

[218]刘锦藻．田赋考·八旗田制[M]//清朝续文献通考．北京：商务印书馆，1955.

[219]刘克祥，陈争平．中国近代经济史简编[M]．杭州：浙江人民出版社，1999.

[220]刘克祥．20 世纪 30 年代土地阶级分配状况的整体考察和数量估计：20 世纪 30 年代土地问题研究之三[J].中国经济史研究，2002(1)：19-35.

[221]刘平．近代中国银行监管制度研究 1897-1949[M]．上海：复旦大学出版社，2018.

[222]刘平．稀见民国银行史料四编：下[M]．上海：上海世纪出版社，2017.

[223]刘相荣．朝阳经济史[M]．沈阳：辽宁大学出版社，1993.

[224]刘向集录．战国策笺证：下[M]．范祥雍笺证．范邦瑾协校．上海：上海古籍出版社，2006.

[225]刘孝诚．中国财政通史：中华民国卷[M]．北京：中国财政经济出版社，2006.

[226]刘昫．旧唐书[M]．北京：中华书局，1975.

[227]柳晓阳．农村专业合作社机制与职能转型初探[J].农业经济问题，2005(9)：10-12，79.

[228]龙登高．中国传统地权制度及其变迁[M]．北京：中国社会科学出版社，2018.

[229]娄敏．信用、风险与土地市场：民国时期押租制度再研究：以江津县债务类司法档案为核心[J].史林，2018(2)：105-114，219.

[230]吕不韦．吕氏春秋[M]．高诱，毕沅校，徐小蛮标点．上海：上海古籍出版社，2014.

[231]吕不韦．吕氏春秋[M]．陆玖译注．北京：中华书局，2011.

[232]罗必良．两个农业经济组织的不同命运：农村经济组织制度的实证分析之[J]．南方农村，1999(5)：4-8.

[233]罗必良，潘光辉．鹅公岭村的股份合作制：从封闭走向开放[J].中国农村经济，2004(5)：17-23.

[234]罗俊．战时农业金融问题．中国农村[J].1939(8/9)：2-8.

[235]骆耕漠．近年来中国农村金融中的新事态[J].中国农村，1935(9)：6-17.

[236]骆耕漠．信用合作事业与中国农村金融[J].中国农村，1943(2)：1-14.

[237]骆友生，张红宇．家庭承包责任制后的农地制度创新[J].经济研究，1995(1)：69-80.

[238]马克思，恩格斯．马克思恩格斯全集：第 8 卷[M]．北京：人民出版社，1961.

[239]马若孟，王广义．清朝和民国时期满洲农村的社会经济变化：一些初步调查结果[J].中国农村研究，2018(1)：25.

[240]马彦丽，林坚．集体行动的逻辑与农民专业合作社的发展[J].经济学家，2006(2)：40-45.

[241]马义娟．土地评价与土地管理[M]．北京：中国科学技术出版社，2004.

[242]马札亚尔．中国农村经济研究[M]．陈代青，彭桂秋，译．太原：山西人民出版社，2015.

[243]满志敏．中国历史时期气候变化研究[M]．济南:山东教育出版社,2009.
[244]毛泽东．论联合政府[M]//毛泽东选集:第3卷．北京:人民出版社,1991.
[245]毛泽东．毛泽东选集:第1卷[M]．北京:人民出版社,1991.
[246]毛泽东．毛泽东选集:第3卷[M]．北京:人民出版社,1991.
[247]宓公干．典当论[M]．上海:商务印书馆,1936.
[248]缪建平．高度重视农民专业合作组织的作用:关于发展农民专业合作组织动因、必然性和实现途径的探讨[J].农村合作经济经营管理,1999(3):7-9,29.
[249]倪玉平．中国历史上为何存在“黄宗羲定律”[J].人民论坛,2021(20):110-112.
[250]宁可．地理环境在社会发展中的作用[J].历史研究,1986(6):3-20.
[251]牛若峰．农业产业化经营发展的观察和评论[J].农业经济问题,2006(3):8-15,79.
[252]牛若峰．农业产业一体化经营的理论与实践[J].经济研究参考,1997(54):2-21.
[253]农业出版社编辑部．金薯传习录 种薯谱合刊[M]．北京:中国农业出版社,1982.
[254]彭凯翔．历史视野下中国经济的长期变迁:近年中国经济史之计量研究综述[J].经济研究,2015 (5):52-66,178-191.
[255]彭尼·凯恩．中国的大饥荒(1958—1961)[M]．北京:中国社会科学出版社,1993.
[256]彭秀良．守望与开新 近代中国的社会工作[M]．石家庄:河北教育出版社,2010.
[257]彭熠,和丕禅,李勇．浙江民营资本介入农业产业化问题分析及对策[J].中国软科学,2006(1):69-75.
[258]彭泽益．中国近代手工业史资料:第2卷[M]．北京:生活·读书·新知三联书店,1957.
[259]骈宇骞．贞观政要[M]骈骅译．北京:中华书局,2009.
[260]普列汉诺夫．谈谈历史[M]//普列汉诺夫哲学著作选集:第2卷．北京:生活·读书·新知三联书店,1961.
[261]戚亚强,夏国祥．略论晚清田赋改革思想[J].江苏工业学院学报(社会科学版),2004(4):60-62.
[262]齐成喜,陈柳钦．农业产业化经营的金融支持体系研究[J].农业经济问题,2005(8):43-46.
[263]齐海鹏,孙文学．中国财政史[M]．大连:东北财经大学出版社,2012.
[264]祁冰．20世纪上半期中国共产党土地政策的演变研究[M]．沈阳:辽宁大学出版社,2019.
[265]綦好东．我国现行农地产权结构的缺陷及重构的实证分析[J].农业经济问题,1998(1):18-22.
[266]乔启明．农业金融[M]．重庆:中央训练委员会,1943.
[267]秦池江,张立中．中国金融大百科全书(卷三):上编[M]．北京:中国物资出版社,1999.
[268]秦晖,苏文．田园诗与狂想曲:关中模式与前近代社会的再认识[M]．北京:语文出版社,2010.
[269]秦小红．农民制度理性[M]．广州:中山大学出版社,2017.
[270]秦兴洪．中国革命的理论与实践[M]．广州:广东高等教育出版社,1997.
[271]邱濬．大学衍义补:第1册[M]．郑州:中州古籍出版社,1995.

[272]区季鸾．广东之典当业[M]．广州：国立中山大学经济调查处，1934.
[273]曲振涛，张新知．外国货币侵华与掠夺史论(1845—1949)[M]．北京：中国财政经济出版社，2007.
[274]任大鹏，郭海霞．多主体干预下的合作社发展态势[J].农村经营管理，2009(3)：22-24.
[275]任继周．中国农业系统发展史[M]．南京：江苏科学技术出版社，2015.
[276]茹春浦．农民的负债与整理[J].农村合作月报，1936(4)：41-52.
[277]森普尔．地理环境之影响[M]．陈建民，译．上海：商务印书馆，1943.
[278]上海人民出版社．上海经济史话：第2辑．[M]上海：上海人民出版社，1963.
[279]尚春霞．清代赋税法律制度研究(1644—1840)[M]．北京：光明日报出版社，2011.
[280]尚侠主．伪满历史文化与现代中日关系：上[M]．北京：商务印书馆，2014.
[281]邵科，徐旭初．成员异质性对农民专业合作社治理结构的影响：基于浙江省88家合作社的分析[J].西北农林科技大学学报(社会科学版)，2008(2)：5-9.
[282]社会主义市场经济条件下农民中介组织的发育和完善课题组．论社会主义经济条件下农民中介组织的发育和完善[J].中国农村经济，2002(3)：4-12.
[283]沈觉人，《当代中国》丛书编辑部．当代中国对外贸易[M]．北京：当代中国出版社，1992.
[284]沈约撰．宋书[M]．北京：中华书局，1974.
[285]沈志忠．汉代五谷考略[J].中国农史，1998(1)：104-106.
[286]生秀东．农业产业化的陷阱：论政府、企业、农民各自目标对农业产业化经影响[J].中州学刊，2000(2)：9-12.
[287]石德兰．农村金融与合作[M]．欧阳苹，张履鸾译．上海：中华书局，1939.
[288]石攀峰．抗战时期贵州省县级合作金库放款业务述论[J].成都师范学院学报，2018，34(12)：104-109.
[289]石攀峰．抗战时期中国农民银行土地金融活动考察[J].暨南学报(哲学社会科学版)，2015，37(4)：12-17.
[290]石声汉．氾胜之书今释 初稿[M]．北京：科学出版社，1956.
[291]实业部中国经济年鉴编纂委员会．中国经济年鉴[M]．上海：商务印书馆，1936.
[292]实业部中央农业实验所农业经济科．各省农村金融调查．农情报告，1934(11)：33-41.
[293]史建云．近代华北平原地租形态研究：近代华北平原租佃关系探索之一[J].近代史研究，1997(3)：168-184.
[294]史建云．近代华北平原佃农的土地经营及地租负担：近代华北平原租佃关系探索之二[J].近代史研究，1998(6)：99-119.
[295]史念海．由历史时期黄河的变迁探讨今后治理黄河的方略[M]．北京：生活·读书·新知三联书店，1981.
[296]史培军，宫鹏，李晓兵，等．土地利用/覆盖变化研究的方法与实践[M]．北京：科学出版社，2000.
[297]史志宏．十九世纪上半期的中国粮食亩产量及总产量再估计[J].中国经济史研究，2012(3)：52-66.
[298]寿勉成．我国合作金库之沿革与将来．银行周报[J].1947(1)：39-44.
[299]睡虎地秦墓竹简整理小组．睡虎地秦墓竹简[M]．北京：文物出版社，1978.

[300]司法行政部．民商事习惯调查报告录:民国十九年(1930年).

[301]司马迁．史记[M]. 北京:中华书局,1959.

[302]斯大林．论辩证唯物主义和历史唯物主义[M]//斯大林选集:下．北京:人民出版社,1979.

[303]宋洪远．大国根基:中国农村改革40年[M]. 广州:广东经济出版社,2018.

[304]宋洪远．农村改革三十年[M]. 北京:中国农业出版社,2009.

[305]宋濂等．元史[M]. 北京:中华书局,1976.

[306]速水佑次郎．发展经济学:从贫困到富裕[M]. 李周,译．北京:社会科学文献出版社,2003.

[307]速水佑次郎,弗农·拉坦．农业发展的国际分析[M]. 郭熙保,张进铭,等译．北京:中国社会科学出版社,2000.

[308]孙百亮,梁飞．清代山东自然灾害与政府救灾能力的变迁[J].气象与减灾研究,2008(1):61-66.

[309]孙顺顺．学术史视野下井田制研究的演进[D]. 济南:山东大学,2020.

[310]孙文学,齐海鹏,于印辉,等．中国财政史[M]. 大连:东北财经大学出版社,2008.

[311]孙亚范．我国农民专业合作经济组织创新的成本约束及化解[J].经济问题探索 2004(2):29-33.

[312]孙燕京,张研．民国史料丛刊续编:494 经济·金融[M]. 郑州:大象出版社,2012.

[313]孙诒让．墨子间诂[M]. 孙启治点校．北京:中华书局,2001.

[314]孙毓棠等．清代的垦田与丁口的记录[C]//清史论丛．北京:中华书局,1957.

[315]孙兆乾．江西农业金融与地权异动之关系[M]. 台北:成文出版社有限公司,1977.

[316]谈敏．法国重农学派学说的中国渊源[M]. 上海:上海人民出版社,2014.

[317]谭其骧．何以黄河在东汉以后会出现一个长期安流的局面:从历史上论证黄河中游的土地合理利用是消弭下游水害的决定性因素[J].学术月刊,1962(2):23-35.

[318]谭秋成．市场的性质与企业所有权安排:乡镇集体企业产权改革的经验[J]国农村观察,2000(1):30-36,80.

[319]汤因比．历史研究:上册[M]. 曹未风,等译．上海人民出版社,1959.。

[320]唐启宇．农民银行与农村合作事业．农业周报[J].1929(11):283-284.

[321]唐启宇．中国作物栽培史稿[M]. 北京:中国农业出版社,1986.

[322]唐勇．"俱乐部品"不可或缺条件下的农村经济组织制度创新:浙江省临海盘镇西兰花产业合作社案例研究[J].农业经济问题,2003(9):54-58.

[323]唐兆民．地理环境综合研究[M]. 成都:电子科技大学出版社,2016.

[324]陶继侃．中国田赋之积弊及其整理[M]∥方显廷．中国经济研究:下册．北京:商务印书馆,1938.

[325]陶冶,王任,冯开文．制度变迁视角下中国农民合作经济的发展[J].西北农林科技学学报(社会科学版),2021,21(3):54-63.

[326]天津市钱币学会．天津近代钱币[M]. 北京:中国金融出版社,2004.

[327]田学斌．中国人的经济学[M]. 北京:中国言实出版社,2015.

[328]脱脱等．金史[M]. 北京:中华书局,1975.

[329]脱脱等．宋史[M]．北京：中华书局，1977．
[330]万国鼎．五谷史话[M]．北京：北京出版社，2018．
[331]万国鼎．中国田制史[M]．北京：商务印书馆，2011．
[332]汪洪法．农业金融体系的研究[M]．曲江：广东省银行经济研究室，1932．
[333]王昉．中国古代农村土地所有权与使用权关系：制度思想演进的历史考察[M]．上海：复旦大学出版社，2005．
[334]王夫之．读通鉴论[M]．北京：中华书局，1975．
[335]王符．潜夫论笺校正[M]．汪继培笺．北京：中华书局，1985．
[336]王钢，钱龙．新中国成立70年来的粮食安全战略：演变路径和内在逻辑[J]．中国经济，2019（9）：15-29．
[337]王家范．百年颠沛与千年往复[M]．上海：上海远东出版社，2001．
[338]王茂林．中国粮食问题及主产区政策研究[J]．管理世界，1996(5)：1-5．
[339]王明清．挥麈录[M]．王松清点校．上海：上海古籍出版社，2012．
[340]王钦若．册府元龟[M]．北京：中华书局，1960．
[341]王世颖．农业金融简论[M]．重庆：中国合作事业协会，1947．
[342]王西玉．新形势下农民同土地关系的再认识：对当前农地问题一些现象的[J]．中国农村经济，2003(10)：4-8．
[343]王希凡，杨学成．试论中国农户企业化[J]．中国农村经济，2004(5)：31-34．
[344]王小映．土地股份合作制的经济学分析[J]．中国农村观察，2003(6)：31-39．
[345]王秀清，谭向勇．百年农经：第2部　20世纪50—80年代[M]．北京：中国农业出版社，2005．
[346]王延熙，王树敏．皇朝道咸同光奏议：户政类・赋役．清光绪二十八年上海久敬斋石印本．
[347]王寅生．高利贷资本论[J]．中国农村，1934(1)：3-37．
[348]王玉莲．论农民经纪人的作用与队伍建设问题[J]．学术交流，2004(2)：97-99．
[349]王桢．东鲁王氏农书译注．缪琪愉译注．上海：上海古籍出版社，1994．
[350]王志莘，吴敬敷．农业金融经营论[M]．上海：商务印书馆，1936．
[351]王宗培．中国之合会[M]．南京：中国合作学社，1935．
[352]卫龙宝，卢光明．农业专业合作组织实施农产品质量控制的运作机制探析：江省部分农业专业合作组织为例[J]．中国农村经济，2004(7)：36-40，45．
[353]魏宏运．晋察冀抗日根据地财政经济史稿[M]．北京：档案出版社，1990．
[354]魏建．金融扎根、与人民一体和国家能力源泉：北海银行低利贷款的启示[J]．管理世界，2021，37(5)：46-59．
[355]魏建．职工持股与股份合作制：以诸诚的股份合作制为例[J]．中国农村观察，1998(5)：53-57．
[356]魏竞初．广西合作事业回顾[J]．建设研究，1942，(6)．
[357]魏丕信，十八世纪中国的官僚制度与荒政[M]．徐建青，译．南京：江苏人民出版社，2003．
[358]魏收．魏书：第8册[M]．北京：中华书局，1974．
[359]魏永理．论近代中国曾否形成统一的国内市场[J]．兰州大学学报，1983(1)：100-111．

[360]魏源．魏源全集[M]．长沙：岳麓书社，2004.
[361]温铁军．中国农村基本经济制度研究："三农"问题的世纪反思[M]．北京：中国经济出版社，2000.
[362]巫宝三．论我国农业企融制度与贷款政策[J].金融知识，1942(4).
[363]吴宝华．美国之农业金融[M]．上海：商务印书馆，1938.
[364]吴宾．中国古代粮食安全问题研究[D]．杨凌：西北农林科技大学，2007.
[365]吴承明．传统经济·市场经济·现代化[J].中国经济史研究，1997(2)：1-5.
[366]吴承明．利用粮价变动研究清代的市场整合[J].中国经济史研究，1996(2)：90-96.
[367]吴承禧．中国银行业的农业金融[J].社会科学杂志(北平)，1935，6(3)：464-510.
[368]吴国靖，郑纪业，赵泉，等．苹果价格波动特征及影响因素分析[J].中国农业信息，2019，31(4)：94-104.
[369]吴慧．中国历代粮食亩产研究[M]．北京：中国农业出版社，1985.
[370]吴景平，戴建兵．近代以来中国金融变迁的回顾与反思[M]．上海：上海远东出版社，2012.
[371]吴景平．近代中国的金融风潮[M]．上海：东方出版中心，2019.
[372]吴景平．中国近代金融史十讲[M]．上海：复旦大学出版社，2019.
[373] 吴可，王彩琴．宋元明清十三经注疏汇要：第 12 册[M]．北京：中共中央党校出版社，1996.
[374]吴明刚．苏区合作社经济的发展历程、基本形式及意义：以闽西苏区合作社经济发展为例[J].上海：中国合作经济，2021(Z1)：38-41.
[375]吴朋飞，李娟，费杰．明代河南大水灾城洪涝灾害时空特征分析[J].干旱区资源与环境，2012，26(5)：13-17.
[376]伍玉璋．中国合作运动小史[M]．上海：中国合作学社，1929.
[377]武汉金融志办公室．武汉近代货币史料[M]．武汉：中国人民银行武汉市分行金融研究室编印，1982.
[378]夏亨廉，肖克之．中国农史辞典[M]．北京：中国商业出版社，1994.
[379]夏家善．袁氏世范[M]．贺恒祯，杨柳注释．天津：天津古籍出版社，2016.
[380]夏明方．"旱魃为虐"：中国历史上的旱灾及其成因[N]．光明日报，2010-4-27(12).
[381]夏明方．民国时期自然灾害与乡村社会[M]．北京：中华书局，2000.
[382]夏悦，王国会，沈禹颖，等．黄土高原草地植被的嬗变[J].草业科学，2021，38(9)：1869-1881.
[383]谢迪斌．20 世纪以来中国农地产权制度的演变特征与启示[J].学术研究，2005(5)：28-35.
[384]谢子诚．合作金库制度之研究[J].中农月刊，1940(4)：71-81.
[385]本刊编辑部．新中国成立 70 周年农业对外合作取得新突破[J].农业工程技术，2019，39(33)：43-44.
[386]徐畅．二十世纪二三十年代华中地区农村金融研究[M]．济南：齐鲁书社，2005.
[387]徐光春．马克思主义大辞典[M]．武汉：崇文书局，2017.
[388]徐光启．农政全书校注[M]．石声汉校注．上海：上海古籍出版社，1979.

[389]徐光启撰，西北农学院古农学研究室整理．农政全书校注：上[M]．石声汉校注．上海：上海古籍出版社，1979.
[390]徐松．宋会要辑稿：食货[M]．上海：上海古籍出版社，2014
[391]徐旭初．中国农民专业合作经济组织的制度分析[M]．北京：经济科学出版社，2005.
[392]徐旭初．走向供应链管理　农业合作社的困境与创新[J].农村经营管理，2007(1)：15-17.
[393]徐渊若．德国之农业金融[M]．上海：商务印书馆，1936.
[394]徐渊若．日本之农业金融[M]．上海：商务印书馆，1935.
[395]徐元诰撰，王树民，沈长云点校．国语集解[M]．北京：中华书局，2002.
[396]薛理禹．明代丁银源流考[J].历史教学(下半月刊)，2010(10)：7-13.
[397]薛暮桥．中国农村中的高利贷[J].福建县政，1936(1)：53-62.
[398]薛树薰．合作金库本质之鸟瞰[J].中农月刊，1944(9)：17-29.
[399]严中平等．中国近代经济史统计资料选辑[M]．北京：科学出版社，1955.
[400]严中平．中国棉纺织史稿[M]．北京：科学出版社，1955.
[401]言穆渊．我国银行经放农贷之数量(一九三一至三七)[J].经济学报，1941(2)：200-239.
[402]阎万英，尹英华．中国农业发展史[M]．天津：天津科学技术出版社，1992.
[403]燕红忠．中国金融史[M]．上海：上海财经大学出版社，2020.
[404]杨伯峻．孟子译注[M]．北京：中华书局，2019.
[405]杨承训，阎恒．股份合作制：社会主义市场经济下新型“合作工厂”[J].经济研究，1994(8)：42-47.
[406]杨德才．中国经济史新论(1840—1949)[M]．北京：经济科学出版社，2004.
[407]杨德寿．中国供销合作社发展史[M]．北京：中国财政经济出版社，1998.
[408]杨端六．清代货币金融史稿[M]．武汉：武汉大学出版社，2007.
[409]杨国桢．论中国永佃权的基本特征[J].中国社会经济史研究，1988(2)：10-16.
[410]杨国桢．明清土地契约文书研究[M]．北京：中国人民大学出版社，2009.
[411]杨金深．农村经济的战略突破口：发展农业企业[J].农业经济问题，2004(2)：66-68.
[412]杨清泉．论 1941 年中国农民银行土地金融处的成立及其初期工作[J].农业考古，2020(1)：95-103.
[413]杨庆媛，陈展图，信桂新，等．中国耕作制度的历史演变及当前轮作休耕制度的思考[J].西部论坛，2018，28(2)：1-8.
[414]杨瑞璟．宋代乡村社会经济关系研究[M]．昆明：云南大学出版社，2018.
[415]杨天宇．周礼译注[M]．上海：上海古籍出版社，2016.
[416]杨西孟．中国合会之研究[M]．上海：商务印书馆，1935.
[417]杨锡绂．陈米贵之由疏[M]//皇朝经世文编：卷 39．台北：台湾大学出版社，1989.
[418]杨永芳．土地法学[M]．开封：河南大学出版社，2007.
[419]杨肇遇．中国典当业[M]．上海：商务印书馆，1929.
[420]杨子慧．中国历代人口统计资料研究[M]．北京：改革出版社，1996.
[421]姚公振．十年来之中国农民银行[J].经济汇报，1942，(11).
[422]姚公振．中国农业金融史[M]．郑州：河南人民出版社，2018.

[423]姚公振．中国战后农业金融政策[M]．上海：中华书局，1944.
[424]姚升．小宗农产品价格波动特征及其影响因素研究：以大蒜类耐储藏农产品例[J].价格理论与实践，2021 (8)：100-103，186.
[425]姚贤镐．中国近代对外贸易史资料(1840—1895)[M]．北京：中华书局，1962.
[426]姚洋，支兆华．政府角色定位与企业改制的成败[J].经济研究，2000(1)：3-10，79.
[427]叶谦吉．我国合作金库制度的检讨．财政评论[J].1940(5)：39-63.
[428]叶夏声．国父初期革命纪略[M]．广州：孙总理侍卫同志社，1948.
[429]叶显恩．略论珠江三角洲的农业商业化[J].中国社会经济史研究，1986(2)：16-29.
[430]叶振鹏．20 世纪中国财政史研究概要[M]．长沙：湖南人民出版社，2005.
[431]易棉阳．抗战时期四联总处农贷研究[J].中国农史，2010，29(4)：76-87.
[432]应瑞瑶，何军．中国农业合作社立法若干理论问题研究[J].农业经济问题，2002(7)：2-7.
[433]应瑞瑶．农民专业合作社的成长路径：以江苏省泰兴市七贤家禽产销合作例[J].中国农村经济，2006(6)：18-23.
[434]尤云弟．四联总处与抗战初期上海金融市场变动[J].民国档案，2016(4)：89-97.
[435]游海华．清末至民国时期赣闽粤边区农业变迁与转型[J].史学月刊，2005(6)：101-110.
[436]于省吾．商代的穀類作物[J].东北人民大学人文科学学报，1957(1)：81-107.
[437]于树德．信用合作社经营论[M]．上海：中华书局，1921.
[438]于素云．中国近代经济史[M]．沈阳：辽宁人民出版社，1983.
[439]余也非．中国历代粮食平均亩产量考略[J].重庆师范学院学报(哲学社会科学版)，1980(3)：8-20.
[440]俞坤丰．我国蔬菜价格波动特征及调控建议[J].价格理论与实践，2021 (4)：90-93.
[441]宇赟．试论土地革命时期几部土地法规的立法意义[J].延安大学学报(哲学社会科学版)，1997(1)：64-69.
[442]喻国华．论营销型农业企业供应链发展模式[J].企业经济，2005(3)：60-62.
[443]袁斌昌．民间资本与农业相结合的农业企业化经营制度[J].湖北大学学报(哲学会科学版)，2005(4)：425-427.
[444]袁采．富置产当存仁心[M]//夏家善．袁氏世范．贺恒祯，杨柳注释．天津：天津古籍出版社，2016.
[445]袁方，宋静存．中国改革发展文库下[M]．北京：团结出版社，1999.
[446]袁远福．中国金融简史[M].2 版．北京：中国金融出版社，2005.
[447]苑鹏．股份合作制与乡镇企业制度创新[J].中国农村经济，1995(12)：48-52，44.
[448]苑鹏．试论合作社的本质属性及中国农民专业合作经济组织发展的基本条件农村经营管理，2006(8)：15，16-21.
[449]臧知非．秦汉土地赋役制度研究[M]．北京：中央编译出版社，2017.
[450]曾康霖，刘锡良，缪明杨．百年中国金融思想学说史 ：第 2 卷(上)[M]．北京：中国金融出版社，2018.
[451]曾濰嘉．古代农作物种植结构的变迁与区域农业经济的发展[J].农村经济与科技，2017，28(4)：167-168.
[452]曾雄生．中国农学史[M]．福州：福建人民出版社，2012.

[453]曾艺．野稻驯化，万年之源：认识江西万年稻[J].农村·农业·农民(A版)，2021(5)：57-59.

[454]翟印礼．做大做强农民科技经纪人队伍[J].农业经济，2004(6)：22-24.

[455]詹玉荣．中国农村金融史[M]．北京：北京农业大学出版社，1991.

[456]战明华，吴小钢，史晋川．市场导向下农村专业合作组织的制度创新：以浙江上盘镇西兰花合作社为例[J].中国农村经济，2004(5)：24-30.

[457]张朝晖．抗战大后方合作金库网络的构建及其特点[J].西南大学学报(社会科学版)，2016，42(6)：175-182.

[458]张洪祥．日本在华殖民史研究[M]．南京：南京出版社，2019.

[459]张锦鹏．宋朝租佃经济效率研究[J].中国经济史研究，2006(1)：72-78.

[460]张居正．张太岳集[M]．上海：上海古籍出版社，1984.

[461]张觉撰．荀子译注[M]．上海：上海古籍出版社，2012.

[462]张盼盼，白军飞，成升魁，等．信息干预是否影响食物浪费：基于餐饮业随机试验[J].自然资源学报，2018，33(8)：1439-1450.

[463]张青红．新中国成立初期土地改革中的民主协商[J].当代中国史研究，2020(2)：120.

[464]张绍言．合作金融概论[M]．上海：中华书局，1947.

[465]张廷玉．明史[M]．上海：上海古籍出版社，1988.

[466]张文奎．人文地理学词典[M]．西安：陕西人民出版社，1990.

[467]张翔．新中国成立后少数民族地区土地改革运动研究述评[J].学理论，2013(12)：168-170.

[468]张晓山．农民专业合作社的发展趋势探析[J].管理世界，2009(5)：89-96.

[469]张学恕．中国长江流域近代经济发展研究[M]．太原：山西经济出版社，2017.

[470]张跃庆，张念宏，冯晓宏，等．经济百科辞典[M]．北京：中国工人出版社，1989.

[471]章有义．本世纪二三十年代我国地权分配的再估计[J].中国社会经济史研究，1988(2)：3-10.

[472]章有义．明清及近代农业史论集[M]．北京：中国农业出版社，1997.

[473]章有义．中国近代农业史资料[M]．北京：生活·读书·新知三联书店，1958.

[474]赵尔巽等．清史稿：食货[M]．北京：中华书局，1987.

[475]赵冈．历史上的土地制度与地权分配[M]．北京：中国农业出版社，2003.

[476]赵冈．农业经济史论集：产权、人口与农业生产[M]．北京：中国农业出版社，2001.

[477]赵冈．永佃制研究[M]．北京：中国农业出版社，2005.

[478]赵冈．中国历史上生态环境之变迁[M]．北京：中国环境科学出版社，1996.

[479]赵冈．中国土地制度史[M]．北京：新星出版社，2006.

[480]赵红军．气候变化是否影响了我国过去两千年间的农业社会稳定：一个基气候变化重建数据及经济发展历史数据的实证研究[J].经济学(季刊)，2012(2)：691-722.

[481]赵丽云，郭齐雅，李淑娟，等．加强营养调查与监测，改善中国居民营养与健康状[J].卫生研究，2019，48(4)：517-522.

[482]赵俪生．日知录[M].2版．成都：巴蜀书社，1996.

[483]赵俪生．中国土地制度史[M]．济南：齐鲁书社，1984.

[484]赵之恒,牛耕,巴图．大清十朝圣训[M]．北京:北京燕山出版社,1998.
[485]赵志军,贝云．小麦 秦统一天下的力量[J].国学,2011(4):9-11.
[486]赵志军．小麦传入中国的研究:植物考古资料[J].南方文物,2015(3):44-52.
[487]浙江省财政厅农业税处．新农业税制度讲话[M]．杭州:浙江人民出版社,1959.
[488]郑观应．盛世危言[M]．辛俊玲评注．北京:华夏出版社,2002.
[489]郑厚博．贵州省县合作金库业绩之分析[J].中农月刊,1941(11):35-59.
[490]郑林庄．农村经济及合作[M]．上海:商务印书馆,1935.
[491]郑林庄．战后中国农业金融[M]．成都:西南印书局,1945.
[492]郑起东．转型期的华北农村社会[M]．上海:上海书店出版社,2004.
[493]郑玄注,孔颖达等正义．黄侃经文句读[M]//礼记正义．上海:上海古籍出版社,1990.
[494]郑学檬．简明中国经济通史[M]．北京:人民出版社,2005.
[495]郑学檬．中国赋役制度史[M]．上海:上海人民出版社,2000.
[496]郑有贵．土地改革是一场伟大的历史性变革:纪念《中华人民共和国土地改》颁布 50 周年[J].当代中国史研究,2000(5):6-16.
[497]治明．农村金融机构改革之我见[J].华北合作,1942,8(2):8-10.
[498]中共中央　国务院关于做好二〇二二年全面推进乡村振兴重点工作的意见[N]．人民日报,2022-02-23(1).
[499]中国大百科全书总编辑委员会地理学编辑委员会．中国大百科全书:地理学[M]．北京:中国大百科全书出版社,1990.
[500]中国国际经济交流中心课题组,杜鹰,张秀青,等．新时期我国农业对外开放与高量发展问题研究[J].全球化,2022,114(1):5-26.
[501]中国近代金融史编写组．中国近代金融史[M]．北京:中国金融出版社,1985.
[502]中国经济情报杜．中国经济论文集:第 2 集[M]．上海:生活书店,1935.
[503]中国科学技术协会主编,中国自然资源学会编著．中国资源科学学科史[M]．北京:中国科学技术出版社,2017.
[504]中国农村经济研究会．中国土地问题和商业高利贷[M]．上海:黎明书局,1937.
[505]中国农民负担史编委会．中国农民负担史:第 1 卷[M]．北京:中国财政经济出版社,1991.
[506]中国人民银行．中国共产党领导下的金融发展简史[M]．北京:中国金融出版社,2012.
[507]中国社会科学院,中央档案馆．中华人民共和国经济档案资料选编 1949—1952:农业卷[M]．北京:社会科学文献出版社,1990.
[508]中华人民共和国国史全鉴编委会．中华人民共和国国史全鉴:第 2 卷 1954—1959[M]．北京:团结出版社,1996.
[509]中央研究院历史语言研究所校印．明太祖实录[M]．台北:中央研究院历史研究所,1962.
[510]中央研究院社会调查所广西经济调查团．广西省农户经济调查表．北京:中国社会科学院经济研究所图书馆藏．
[511]中央银行经济研究处．中国农业金融概要[M]．上海:商务印书馆,1936.
[512]钟崇敏．发行土地债券推进土地金融业务问题[J].中农月刊,1948,(6).

[513]钟金雁．宋代东南乡村经济的变迁与乡村治理研究[M]．昆明：云南大学出版社，2017.
[514]钟钦武．“排法”：山东抗日根据地货币斗争新探[J].中国社会经济史研究，2021(3)：68-82.
[515]钟祥财．中国古代农业生产结构和生产资料的管理思想[M]//复旦经济论丛．上海：上海社会科学院出版社，1986.
[516]周葆銮．中华银行史[M]．郑州：河南人民出版社，2018.
[517]周谷城．中国社会史论[M]．长沙：湖南教育出版社，2009.
[518]周立群，曹利群．农村经济组织形态的演变与创新：山东省莱阳市农业产业查报告[J].经济研究，2001(1)：69-75，83-94.
[519]周龙华．从两则土地税税额材料看宋代的土地买卖[J].贵州社会科学，1992(1)：45-47，41.
[520]周其仁．中国农村改革：国家和所有权关系的变化（上）——一个经济制度变迁回顾[J].管理世界，1995(3)：178-189，219-220.
[521]周耀平．抗战中培养起来的合作金库制度．时事类编[J].1939(35)：55-69.
[522]周育民．晚清财政与社会变迁[M]．上海：上海人民出版社，2000.
[523]周远廉，谢肇华．清代租佃制研究[M]．沈阳：辽宁人民出版社，1986.
[524]周志初，李琦．晚清田赋负担水平若干问题的考察[J].江苏大学学报（社会科学版），2005(6)：40-44.
[525]朱长文．吴郡图经续记[M]．台北：成文出版社有限公司，1983.
[526]朱红林．张家山汉简＜二年律令＞集释[M]．北京：社会科学文献出版社，2005.
[527]朱若溪．农村金融流通之设施[M]．苏州：江苏省立教育学院研究实验部，1934.
[528]朱若溪．农村经济及合作[M]．上海：中华书局，1935.
[529]朱守银，张照新．南海市农村股份合作制改革试验研究[J].中国农村经济，2002(6)：43-47.
[530]朱寿朋．光绪朝东华录：五[M]．北京：中华书局，1958.
[531]朱熹．四书章句集注[M]．北京：中华书局，1936.
[532]朱湘玉．山东近代经济史述丛[M]．济南：山东大学出版社，1990.
[533]朱学新．降低农产品交易费用的制度选择[J].农业经济问题，2005(12)：30-33，79.
[534]朱轶士．从合会之优点说到信用合作[J].农行月刊，1936(6)：38-42.
[535]朱荫贵．近代中国金融与证券研究[M]．上海：上海人民出版社，2012.
[536]竺可桢．中国近五千年来气候变迁的初步研究[J].中国科学，1973(2)：168-189.
[537]主计处统计局．第一次中华民国统计年鉴[M]．南京：中国文化事业公司，1947.
[538]祝明，王东明．防灾减灾救灾新格局[M]．北京：国家行政学院出版社，2018.
[539]庄绰．鸡肋编[M]．萧鲁阳点校．北京：中华书局，1983.
[540]邹逸麟．历史时期黄河流域水稻生产的地域分布和环境制约[M]//椿庐史地论稿．天津：天津古籍出版社，2005.
[541]邹逸麟．我国生态环境演变的历史回顾：中国环境变迁问题初探（上）[J].秘书工作，2008(1)：38-40.
[542]邹逸麟．正确应对我国生态环境的重大变化：中国环境变迁问题初探（下）[J].秘书工

作,2008(2):43-45.

[543]邹逸麟. 中国历史地理概述[M]. 上海:上海教育出版社,2007.

[544]ARRIGO L. Land ownership concentration in China: the buck survey revisited[J]. Modern China, 1986(3):259-360.

[545]BAIY, KUNG K S. Climate shocks and Sino-nomadic conflict[J]. Review of Economics and Statistics, 2011, 93(3):970-981.

[546]CHENS, KUNG K S. The Malthusian quagmire? maize and population growth in China, 1550-1910[J]. Ssrn Electronic Journal, 2012.

[547]COOK ML. The future of U. S. agricultural cooperatives: a neo-institutional approach [J]. American journal of agricultural economics, 1995, 77(5):1153-1159.

[548]FULTON M, GIBBINGS J. Response and adaption: Canadian agricultural co-operatives in the 21st century[M]. Miscellaneous Publications, 2000.

[549]FULTON, MURRAY. The future of Canadian agricultural cooperatives: a property rights approach [J]. American Journal of Agricultural Economics, 1995, 77 (5): 1144-1152.

[550]KAIWEN, FENG. A study on the outline history of the household responsibility system in rural China since 1949: the organizations, institutions, and their changes[J]. African and Asian Studies, 2004, 3(3/4):219-244.

[551]SHIUE C H, Transport costs and the geography of arbitrage in eighteenth-century China[J]. The American Economic Review, 2002, 92(5):1406-1419.

[552]WEITZMANM, XU C. Chinese township village enterprises as vaguely defined cooperations[J]. Journal of Comparative Economics, 1994, 18(2):121-145.

[553]ZHAO H, American silver inflow and the price revolution in Qing China[J]. Review of Development Economics, 2016, 20(1):294-305.

[554]OLSON, M. The logic of collective action[M]. Boston: Harvard University Press, 1965.

[555]PIERRE-ETIENNE W, WONG R B. Nourish the people: the state civilian granary system in China, 1650-1850[M]. Ann Arbor: University of Michigan Press, 1991.

[556]WALTER HMALLORY. China: land of famine[M]. New York: American Geographical Society, 1926.